근대 중앙아시아의 혁명과 좌절

Revolution and Its Failure in Modern Central Asia

– The Rise and Fall of Muslim State (1864~1877) in Eastern Turkestan –

Hodong Kim

Published by SAKYEJUL Publishing LTD.
Seoul, Korea, 1999

근대 중앙아시아의 혁명과 좌절

– 신강(新疆) 무슬림 국가(1864~1877) 연구 –

김호동 지음

사계절

머리말

본서의 주제를 선택하고 집필을 위한 준비에 착수한 것은 1983년, 그러니까 지금부터 16년 전의 일이다. 당시 박사과정 학생이었던 나는 논문제출 자격시험을 통과한 뒤 논문의 주제를 정하고는 필요한 사료들을 읽기 시작했고, 그 다음 해인 1984년 여름부터 6개월 동안은 영국, 프랑스, 스웨덴, 터키 등지를 다니면서 도서관과 박물관에 소장되어 있는 귀중한 자료들을 모았다. 1985년부터 본격적인 집필에 들어가 1년 반 만인 1986년 5월, 완성된 논문으로 학위를 받을 수 있었다. 미국에서 받은 학위였기 때문에 원문은 영어로 쓸 수밖에 없었다. 논문이 끝난 직후 출판하라는 권유를 받기도 했지만, 그러지 않기로 마음을 먹었다. 그 까닭은 2-3년 동안 하나의 주제에만 매달려 골똘히 생각하다 보니 사고의 균형감각을 잃어버린 느낌이어서, 논문으로부터 어느 정도 '거리'를 두고 차분히 바라볼 수 있는 시간적인 여유를 갖고 싶었기 때문이다.

1986년 한국에 돌아온 나는 새로운 주제를 탐구하기 시작했고, 관심은 주로 두 방면, 즉 중앙아시아 초원의 유목민족사와 14세기 이슬람화 이후의 중앙아시아의 무슬림 사회로 향했다. 이렇게 해서 이 두 분야에 관한 글들을 쓰고 점점 더 많은 시간과 흥미가 그 쪽으로 쏠리는 동안, 2-3년 정도 지난 뒤 수정하려고 했던 박사논문은 제본된 채 서가에 꽂혀 조금씩 먼지의 두께만 더해가게 되었다. 가끔씩 '죄책감' 비슷한 심정으로 한두 章을 골라 보충과 수정을 가해서 국내 학술지에 발표하기도 했지만 그것은 결코 전면적인 '補修'라고 할 수는 없었다.

그러다가 지난해 봄, 이제는 논문과의 '거리'가 너무 멀어져 자칫하면 영영 내 손에서 멀어져버릴지도 모른다는 위기감과 함께 이 일을 더이상 미루어둘 수 없음을 깨닫고, 등을 떼밀리듯이 본격적인 수정작업에 착수하게 되었다.

그러나 이제 정작 모두 끝내놓고 보니 처음에 거창하게 내걸었던 목표에는 턱없이 부족한 결과가 되고 말았다. 전체에 고르게 가필되지 않았으니 마치 퇴락한 집을 새로 단장했지만 그런 대로 깨끗하게 칠해진 부분과 옛 모습이 그대로 드러난 몰골이 섞여 있다고나 할까. 그렇지 않아도 부끄럽던 나의 게으름과 우둔함이 더욱 원망스럽기만 하다. 후련함보다는 아쉬움이 떠나지 않는 것도 이런 까닭이 있기 때문이지만, 선학제현들의 냉철한 비판에 잘 견뎌낼까 하는 불안한 심정으로 이제 이 글을 내 손에서 떠나 보내 세상에 내놓게 된 것이다. 부족한 글이지만 그래도 우리나라의 중앙아시아 역사연구에서 장차 울창한 숲을 예고하는 작은 묘목이 되었으면 하는 턱없는 바람도 없는 것은 아니나, 하다못해 다른 사람들에게 옳고 그른 길이라도 보여주는 이정표라도 되지는 않겠는가.

이 글을 쓰기까지 말로 다할 수 없는 마음의 빚을 진 분들께 감사드리고 싶다. 학생시절에 학문의 행로를 이끌어주시던 민두기 선생님과 조셉 플렛처 선생님, 이제 비록 한 분은 퇴직하시고 또 한 분은 幽明을 달리하셨지만, 두 분이 아니었다면 이 글은 존재할 수도 없었을 터이니 늦게나마 고개숙여 감사드린다. 또한 공부하는 것을 타고난 업으로 여기며 정진하시는 같은 학과 선생님들이 혹여 내가 나태의 길에 들어서지 않을까 걱정하며 항상 든든한 손길로 잡아주었고, 어설픈 주장에도 면박을 주지 않고 참아주신 학계의 선배·동학들의 관용과 이해가 있었기에 부끄러움을 무릅쓰고 출판할 엄두를 낼 수 있었다. 특히 미국에서의 바쁜 와중에도 시간을 내어 사진자료를 입수해준 주경철 교수와 한승현군에게 고마움의 뜻을 전한다. 또한 가족들의 변함없는 사랑과 신뢰에 대해 이 글이 충분한 응답이 되지는 않겠지만 헛된 기대가 아니되도록 작은 노력을 기울인 것으로 보아주면 좋겠다. 흔쾌히 출판을 맡아주신 사계절 출판사의 강맑실 사장, 어수선한 글을 단정한 모습으로 만들어준 조영준 팀장과 이성옥님께도 감사드린다. 마지막으로 노년의 시련들을 꿋꿋이 견디며 항상 기도로써 감싸주시는 부모님께 여기에 서린 나의 모든 애정과 함께 이 책을 드린다.

1999년 7월 28일 아침

저자

序 論

예부터 '西域'이라는 이름으로 널리 알려져왔고 18세기 이후에는 청나라에 의하여 '新疆'('새로이 획득한 강역')이라는 명칭으로도 불리게 된 동투르키스탄은 동서교통의 대동맥이 지나는 중간에 위치해 있기 때문에 주변의 문명권에서 벌어지는 변화에 영향받지 않을 수 없었다. 즉 동아시아와 서아시아, 그리고 북방의 초원에서 중대한 일들이 벌어지면 그 파장은 곧 이곳으로 전달되어 이 지역의 역사를 변화시키는 요인으로 작용했다. 이는 과거 흉노·돌궐·위구르·몽골·준가르와 같은 유목국가의 등장과 소멸, 혹은 중국과 서아시아의 강력한 제국의 성쇠가 이 지역의 역사를 어떻게 굴절시켰는지 그 구체적인 사례들을 열거하지 않아도 자명하게 드러나는 사실이다.

19세기 후반의 동투르키스탄은 바로 그러한 시대였다. 세계적인 규모의 변화와 그로 인해 연쇄적으로 야기된 구체제의 동요가 가져온 여파는 아시아 대륙의 가장 중심부인 이곳에까지 느껴졌고, 이 시기에 동투르키스탄 사회가 받은 충격은 그 뒤 이곳 사람들의 운명에 결정적인 영향을 미쳤던 것이다. 그런 의미에서 19세기 후반 동투르키스탄의 역사에 대한 연구는 그 지역 자체에 대한 미시적인 분석만으로 해결될 수 있는 문제는 아니며, 중앙아시아를 둘러싼 주변 지역의 역사적 변화, 즉 근대로의 이행기에 일어난 세계사의 변화와 맞물려 있다는 점에서 각별한 의미를 지닌다고 할 수 있다.

19세기 60년대와 70년대의 동투르키스탄은 문자 그대로 격동과 혼란의 시대였고 이곳 주민들이 경험한 변화와 충격은 실로 엄청난 것이었다. 이 혼란은 1864년 무슬림들의 대대적인 반청 봉기와 함께 시작되어 1877년 청조에 의한 재정복으로 일단 막을 내렸다. 봉기를 성공시킨 무슬림들은 처음에는 각지에 독자적인 정권들을 세웠으나 곧 서투르키스탄의 코칸드에서 넘어온 야쿱 벡이라는 인물이 그들을 통합, 일리 계곡을 제외한 신강 전역을 지배하는 단일한 무슬림 국가가 탄생하게 되었고, 그 뒤 약 10여 년간 독립된 정권을 이루면서 존속했던 것이다. 비록 청의 재정복으로 인해 실패로 끝나고 만 혁명이긴 했지만 중국의 정치적 지배로부터 독립을 획득하고 무슬림에 의한 독립국가를 건설했던 이 격앙된 10여 년의 경험이 동투르키스탄 주민들에게 지워지지 않는 역사적 유산으로 남게 된 것은 당연한 일이다.

이 시기가 갖는 이러한 중요성에도 불구하고 그에 상응하는 심도 있는 연구가 이루어졌다고 보기는 어렵다. 무슬림 국가가 붕괴되고 1년도 채 못 된 1878년에 출판된 영국인 부울저(D. C. Boulger)의 책[1]이 지금까지 고전적인 연구서로 여겨져오고 있으며, 이 시대에 동투르키스탄에서 어떤 일이 일어났는지를 알고자 하는 학자들은 여전히 그의 책을 참조할 수밖에 없는 실정이다. 그러나 부울저의 책은 자료의 한계는 물론이지만 당시 '아시아적인'(Asiatic)인 현상들을 바라보는 '서구인' 특유의 편견과 오류들로 인해 자칫 역사의 진실을 호도할 위험성마저 안고 있다. 그럼에도 불구하고 지금도 이것을 애용하고 있는 것은 그것을 대신할 만한 상세하고도 포괄적인 연구서가 없기 때문일 것이다.

물론 그 뒤 러시아와 중국에서 부울저가 이용할 수 없었던 자료들을 활용한 연구서들이 나와 우리 지식의 공백을 상당 부분 채워준 것은 사실이다.[2] 필자도 본서에서 그들의 연구를 적극적으로 활용하여 새로이 발견된 사실이나 주장이 있으면 받아들였다. 그러나 양국의 연구가 지니고 있는 한계도

---

1) *The Life of Yakoob Beg ; Athalik Ghazi, and Badaulet ; Ameer of Kashgar*(London, 1878).

2) 대표적으로 몇 가지만 들어보면 러시아의 D.I.Tikhonov, "Vosstanie 1864 g. v Vostochnom Turkestane"(*Sovetskoe vostokovedenie*, 5, 1948) ; V.P.Iudin, "Nekotorye istochniki po istorii vosstaniia v Sin'tsiane v 1864 godu", *Trudy Instituta istorii, arkheologii i etnografii im. Ch.Ch.Valikhanov, Akademii Nauk Kazakhskoi SSR*, no.15(1962) ; A.Khodzhaev, *Tsinskaia imperiia, Dzhungariia i Vostochnyi Turkestan*(Moskva, 1979) ; D.A.Isiev, *Uigurskoe gosudarstvo Iettishar*(Moskva, 1981)와, 중국의 包爾漢(부르한 샤히디), 「論阿古栢政權」『歷史硏究』 1958年 第3期 ; 紀大椿 「試論1864年新疆農民起義」『民族硏究』 1979年 第2期 등이 있다.

지적하지 않을 수 없으니, 그것은 중·소 분쟁이라는 날카로운 대립 속에서 양국의 변경이면서 동시에 소수민족 거주지인 동투르키스탄의 역사가 정치적인 이해관계에 붙들려 주관적인 해석의 표적이 되었다는 사실이다. 역사적 '사실'에 당파적 '해석'이라는 囚衣를 입힐 때 어떠한 결과가 초래될지는 묻지 않아도 알 수 있는 일이다.

필자는 본서에서 기왕의 이러한 편향된 해석의 한계를 극복해보려고 시도했다. 물론 어떠한 역사연구도 완벽하게 '객관적'일 수만은 없으며 필자가 그러한 입장을 고수하고 있다고 주장하는 것도 아니다. 역사적 현상을 파악하는 인식의 주체로서 연구자가 가질 수밖에 없는 '주관성'까지 배제될 수는 없는 노릇이지만, 가능한 자신이 속한 민족·문화·국가가 의식·무의식적인 모습으로 강요하는 특정한 가치관의 지평을 넘어, 역사적 사실들이 놓여 있는 그 맥락의 흐름을 자연스럽게 이해하고 또 드러내 보여주는 것이 전혀 불가능한 일은 아닐 것이다. 필자는 그것을 위해 먼저 1860년대와 70년대에 동투르키스탄 사회를 휩쓸고 간 격랑의 직접적인 체험자이자 희생자이기도 했던 그곳 무슬림들의 눈으로 바라보는 것이 필요하다고 생각했다.

신강 무슬림 봉기를 당시 현지인들의 눈으로 보기 위해서는 무엇보다도 먼저 그들 자신이 직접 손으로 써서 남긴 기록들을 수집하여 거기에 투영된 그들의 관점을 이해하는 작업이 선행되어야 할 것이다. 따라서 필자는 구미 각국의 도서관과 박물관에 필사본의 형태로 보관되어 있는 그 같은 기록들을 힘닿는 데까지 모으려고 노력했고, 그러던 도중 스웨덴의 룬드(Lund) 대학 도서관의 군나르 야링 컬렉션(Gunnar Jarring Collection)에 소장된 사이라미作『하미드史』(*Târîkh-i ḥamîdî*)의 사본을 학계에서는 처음으로 활용하는 분외의 성과를 거두기도 했다.[3]

3) 사이라미(Mullâ Mûsa b. Mullâ 'Îsa Sayrâmî)의『安寧史』(*Târîkh-i amniyya*)와 그 개정본『하미드史』에 대해서는 필자의「위구르 歷史家 사이라미(1836-1917)의 歷史著述에 나타난 傳統과 近代」,『東洋史學硏究』, 第57輯(1997)을 참조하시오.

필자가 구할 수 없었던 사본들의 경우에는 중국이나 러시아 학자들의 글을 간접적으로나마 이용하여 그 내용을 반영시키려고 했다. 필자는 무슬림들이 남긴 이러한 글들을 읽고 정리하면서, 당시 그들이 봉기를 일으킬 때 느꼈던 감정의 격앙에 어느 정도라도 동참할 수 있었고, 또 그들이 처음에 걸었던 희망들이 깨지고 무슬림 국가가 무너지는 것을 보면서 느꼈던 깊은 좌절감에 대해 아쉬움도 느낄 수 있었다.

무슬림측 기록은 우리에게 그들의 관점에서 사태를 볼 수 있게 한다는 것 이외에 또 다른 중요한 의미를 지니고 있다. 그들의 기록은 1864년 봉기가 일어난 뒤 그 지역에서 실제로 어떠한 일들이 일어났는지 다른 자료로는 도저히 알 도리가 없어 생겨난 지식의 공백을 메워준다. 혁명이 성공을 거둔 뒤 청조의 관리들은 대부분 자폭의 길을 택했거나 학살당했고 따라서 청조가 무슬림 진영 내부에서 벌어진 상황에 대해서 아무런 정보를 갖지 못한 것은 당연한 일이었다. 중국인들이 남긴 자료는 봉기가 일어나던 초기 상황과 마지막에 재정복할 때를 제외하고는 별다른 도움이 되지 않기 때문에, 우리는 다양한 무슬림측 자료들을 비교함으로써 비로소 희미하게나마 사태의 진상을 파악할 수 있게 된다.

이처럼 필자는 우선적으로 무슬림측 자료들이 제공하는 '관점'과 '사실'을 취하려고 노력했지만, 이것 역시 많은 문제점들을 안고 있다는 사실을 부인하지는 않는다. 이들 무슬림 사료들도 더러는 특정한 권력집단을 옹호하는 편향된 시각을 보여주는가 하면, 이슬람으로의 경도가 지나쳐 객관적인 사실들이 은폐되기도 하고, 자신들의 성취에 도취되어 사실을 과장하거나 아니면 상당한 시간이 흐른 뒤 기억을 더듬어서 쓰는 과정에서 부정확한 기술들이 도처에서 발견되기 때문이다. 따라서 이러한 오류를 반복하지 않기 위해서 또 다른 부류의 자료들, 즉 1860년대 후반과 70년대에 그곳을 방문하여 관찰한 결과를 상세하게 남긴 영국과 러시아인들의 기록[4]을 참조하지 않

4) 무엇보다도 T.D.Forsyth를 단장으로 하는 영국 사절단의 보고서인 *A Report of a Mission to*

으면 안 된다.

이 밖에도 특정한 문제, 예를 들어 동투르키스탄 무슬림 국가의 대외관계를 알기 위해서는 영국 외무성의 문서나 오스만 제국의 외교문서들을 활용할 수밖에 없다.[5] 이렇게 다양한 사료들을 모아서 비교·검토한 뒤 합리적이고 상식적인 판단에 근거하여 역사의 진실에 접근하려고 하였다.

본서의 목적은 무엇보다도 먼저 1864년 무슬림 봉기에서 시작하여 1877년 청군의 재정복에 이르기까지 동투르키스탄에서 어떤 일들이 일어났는지를 밝히는 데에 있다. 그동안 적지 않은 연구를 통해 많은 사실들이 밝혀졌지만, 여전히 우리가 갖고 있는 역사적 지식의 커다란 공백은 메워지지 않은 채로 남아 있기 때문이다. 필자의 목표는 이 시기에 대한 구체적이면서도 종합적인 성격의 서술을 통해 일차적으로는 사실들을 복원하고 나아가 그것들이 갖는 역사적 의미를 음미하는 데에 있다. 이를 위해 본서를 다음과 같은 순서로 구성했다.

먼저 1장 「혁명의 배경」에서는 1864년 무슬림 봉기가 일어나게 된 직접·간접적인 원인을 분석하고 있다. 그해 6월 4일 밤 쿠차라는 도시에서 처음으로 봉기가 일어나게 된 정황과 그것을 촉발시킨 원인에 대해서 설명한 뒤, 시대를 거슬러올라가 지난 1세기 동안 청조의 신강 지배가 어떠한 문제점과 한계를 지니고 있었는가를 서술하고, 나아가 서쪽에 인접한 코칸드 칸국과 청조와의 관계의 변천을 통해 이 지역의 특수한 위상을 분석했다. 마지막으로 19세기 중반에 가까워지면서 청조와 코칸드 양국 안에서 벌어진 내부적 혼란과 그로 인해 초래된 신강의 정치적·사회경제적 상황의 악화를

Yarkund, 1873-1874(Calcutta, 1875)와 A.N.Kuropatkin을 단장으로 하는 러시아 사절단의 보고서인 *Kashgariia*(St.Peterburg, 1879)가 있다. 후자는 W.E.Gowan에 의해 Kashgaria : *Eastern or Chinese Turkestan*(Calcutta, 1882)으로 부분 번역되었다.

5) 오스만측 자료들 가운데 일부는 인쇄본으로 출판되어 *Kenan Bey âsârı*(Istanbul, 출판연도 불명)와 *Osmanli develti ile Kafkasya, Türkistan ve Kırım Hanlıkları arasındaki münasebetlere dâir arşiv belgeleri(1687-1908)*(Ankara, 1992)가 있다.

설명했다.

2장 「혁명의 확산과 성격」은 쿠차에서 시작된 혁명이 어떻게 다른 지역으로 급속하게 확산돼갔는가 하는 문제를, 중요한 도시들을 대상으로 구체적으로 하나씩 검토했다. 즉 봉기가 일어난 순서대로 쿠차, 우룸치, 야르칸드, 카쉬가르, 호탄, 일리의 경우를 분석하고, 이들 지역에 들어선 5개의 무슬림 정권의 특징을 지적한 뒤, 이들 사이에서 벌어진 지역내 주도권 장악을 위한 내전을 쿠차 원정군의 활동을 중심으로 살펴보았다. 이어서 1864년 봉기의 성격 규정을 둘러싼 중국과 러시아 학자들의 시각을 비판적으로 검토한 뒤 필자 나름의 입장을 정리해보려고 했다.

3장 「야쿱 벡 정권의 탄생」은 신강내 무슬림 세력들을 통합하고 독자적인 국가를 건설한 장본인 야쿱 벡 개인에 대한 분석으로 시작된다. 그를 '위대한 성전사'로 혹은 '풍운아'로 바라보는 왜곡된 관점을 비판하고, 이를 위해 그가 신강으로 넘어오기 전 코칸드 칸국에서 어떠한 활동을 했었는가를 재구성하려고 노력했다. 이어서 그가 소수 인원을 데리고 신강으로 들어온 뒤 많은 어려움과 우여곡절 끝에 도약의 발판을 마련하고, 그 뒤 코칸드에서 망명한 7000명에 가까운 군사집단을 받아들임으로써 통일을 위한 전기를 이룩하여 결국 타림 분지 남부 전역과 우룸치 지역까지 병합하여 국가의 기틀을 확고히 하는 과정을 설명했다.

4장 「무슬림 정권의 통치체제」는 야쿱 벡에 의해 건설된 국가가 어떠한 조직에 의해 운영되었는가를 분석한 것인데, 특히 이 문제는 자료의 부족으로 인해 기존 연구에서는 거의 도외시돼왔던 부분이다. 필자는 먼저 중앙과 지방의 통치조직과 그 내용을 밝히고, 이어 거의 4만 명에 이르는 군대를 어떻게 충원·운영할 수 있었는가, 또 대외적인 위협에 대처하기 위해 어떻게 군비를 증강했는가 하는 점들을 고찰해보았다. 또한 그러한 행정조직과 군대의 운영에 필수적인 재정의 확보를 위해 실시되었던 징세제도를 분석했고, 비록 초보적 분석이기는 하지만 이를 통해 야쿱 벡 정권이 지니고 있던 한계도 아울러 보여주려고 했다.

5장 「국제관계의 전개」는 먼저 야쿱 벡 정권와 밀접한 국가적 이해관계를 지니고 있던 영국과 러시아 두 열강 사이의 각축관계, 그리고 이들이 야쿱 벡 정권과 어떠한 과정을 통해 외교적 관계를 맺게 되었는가 하는 점들을 설명했다. 특히 주목되는 것은 오스만 제국과의 관계인데, 야쿱 벡은 자신의 정치적 위상의 강화 및 군비의 증강을 위해 오스만과의 관계를 적극적으로 추진했다. 필자는 오스만측 외교문서들을 활용함으로써 이 문제를 비교적 상세하게 고찰하려고 했다.

마지막으로 6장 「무슬림 정권의 붕괴」는 섬서·감숙 지방의 회민들을 진압하고 이 지역을 평정한 청조의 군대가 신강으로 들어오면서 야쿱 벡의 국가가 무너지는 과정에 대한 설명이다. 左宗棠이 이끄는 청군이 섬서·감숙 지역의 반란을 평정하는 데에도 수많은 인명의 손실과 여러 해의 시일을 필요로 했는데, 어떻게 4만 명에 가까운 상비군과 상당한 군비와 훈련을 갖춘 신강의 무슬림 군대가 그렇게 쉽게 무너지고 말았을까 하는 의문에 대한 대답이기도 하다. 다가오는 청군을 앞에 두고 야쿱 벡은 어떠한 대책을 세웠으며 그 문제점은 무엇이었는가를 살펴보고, 이어서 사분오열되어 무너지고 만 무슬림 진영의 최후에 대해 설명했다.

필자는 이상의 내용들을 서술함에 있어 앞에서 언급한 것처럼 무슬림들의 입장에서 보고 또 그들의 글을 최대한 활용하려고 노력했다. 필자가 이러한 입장을 강조하는 까닭은 특히 중앙아시아史 분야의 연구에서 '외부'의 눈을 통해 바라보는 경향이 강하기 때문이다. '중앙아시아'라고 하면 많은 사람들이 먼저 실크로드를 떠올리고 동서교류를 운운하는 것이 현실이다. 그러나 중앙아시아는 국외자의 눈에 비친 모습을 갖기도 하지만 그 자신의 의미만으로 존재하는 역사무대이기도 하다. 우리가 중국이나 일본을 연구할 때 한·중 교류사나 한·일 교류사의 입장에서만 볼 수는 없는 것이 아닌가. 그러한 연구가 중요하지 않은 것은 아니나 문제는 중앙아시아의 경우 특히 그런 면이 지나칠 정도로 부각되어 있다는 데에 있다.

필자는 19세기 후반 신강에서 10여 년에 걸쳐 일어난 무슬림들의 거대한 봉기, 뒤이어 벌어진 내전, 무슬림 국가의 성립과 그 붕괴과정을 묘사함에 있어, 강 건너 불 보듯한 입장에 선 사람들의 눈이 아니라 그것을 자신의 운명으로 받아들이며 살아갔던 사람들이 말하는 것에 가장 먼저 귀기울이고, 그리고 난 뒤에 다른 '국외자'들의 이야기를 참고로 하려고 했다. 그렇게 할 때 비로소 중앙아시아의 민족들도 다른 지역의 경우처럼 자기 역사의 '주인'이 되는 당연한 권리를 누릴 수 있으리라고 생각했기 때문이다.

1章 ‖ 革命의 背景

1. 쿠차 무슬림 蜂起

(1) 쿠차 : 1864년 6월 4일 밤

신강 지역의 무슬림들이 1864년 청조의 지배에 항거하는 봉기의 횃불을 처음으로 올린 곳은 쿠차(Kucha, 庫車)였다. 이 도시는 타림 분지 북부에 위치하여 동서를 가로지르는 실크로드상의 요충지였기 때문에 예부터 중국인들이 서역을 지배할 때 중요한 거점으로 삼던 곳이었다. 기원전 60년에 漢나라가 이 지방을 제압하기 위해 설치한 西域都護府도 바로 이 쿠차 근교에 두어졌고, 唐나라 때 安西都護府가 자리잡은 곳도 바로 여기였다. 쿠차가 이처럼 중시되었던 이유는 서로는 카쉬가르, 동으로는 투르판과 하미를 연결하는 교통로의 중앙에 위치해 있어 천산산맥의 남쪽 기슭을 따라가는 간선도로를 통어하기에 아주 편리한 위치에 있었기 때문이다. 뿐만 아니라 쿠차에서 남쪽으로 타클라마칸 사막을 건너면 최단거리로 호탄에 이를 수 있어 서역 남부도 장악할 수 있고, 북으로는 천산산맥 사이로 나 있는 고개를 넘어서 천산 북방의 유목민들의 근거지인 율두즈 초원에 이를 수 있기 때문에 전략적으로 매우 긴요한 지점이었다.

그러나 청나라가 타림 분지를 정복하는 과정에서 쿠차성 내외가 크게 훼손되었고 주민들의 숫자도 급격히 줄어들었다. '무슬림들의 호구가 3-5萬家를 헤아리던 大城'이 정복 직후에는 겨우 1000戶 정도만이 남게 되었다는 1777년(乾隆 42)의 기록이 있고,[1] 1873-74년 이곳을 방문한 영국 사절단도 淸側의 조사를 근거로 성내에 거주하는 호구수는 800호 정도이고, 그 근교

1) 椿園, 『西域總志』(一名 『西域聞見錄』, 嘉慶戊寅年 强恕堂藏板 ; 臺北 文海出版社 影印, 1966), 26r.

의 호구수까지 합치면 2000호, 그리고 쿠차 관할하에 있는 村莊의 호구수까지 모두 합쳐야 6000호에 이르며, 호당 7인으로 계산하면 4만 2000명의 인구가 되는 셈이라고 했다.[2] 따라서 1870년대 城內와 근교의 戶數만 계산해도 6000호의 호탄, 5000호의 야르칸드, 5000호의 카쉬가르 등[3]과 비교할 때 상당히 작은 규모(2800호)임에 분명하며, 비록 쿠차가 청조의 지배하에서 '南路八城'의 하나로 손꼽혔던 것은 사실이지만 과거와 같은 중요성은 상실한 셈이었다. 뿐만 아니라 천산 북방을 장악한 청이 그곳을 근거로 삼아 신강 전역에 대한 군사적 지배를 확고히 했기 때문에 쿠차가 갖는 전략적 중요성은 과거에 비해 현저하게 감소되었는데, 이는 쿠차에 1인의 辦事大臣 휘하에 20명의 屬吏들과 300명의 병사들만이 주둔하고 있다고 한 1804년(嘉慶 9)에 편찬된 자료의 기록을 통해서도 확인할 수 있다.[4]

바로 이곳에서 1864년 무슬림들의 대봉기가 처음 시작되었고 소수의 청군으로서는 노도처럼 밀려드는 무슬림들을 막아내기에 역부족일 수밖에 없었다. 1864년 6월 4일 밤에 쿠차에서 일어난 상황에 대하여 사이라미는 다음과 같이 묘사하고 있다.

> 갑자기 하늘의 재앙이나 신의 징벌이 내리듯, 어느 날 밤 몇몇 퉁간들이 술렁거리다가 쿠차성 바깥(way-shâng, 즉 外廂)에 있는 바자르에 불을 지르고 손에 잡히는 대로 이교도들을 죽였다. 이때 양기히사르의 하킴(ḥâkim, 省長)의 아들인 알라야르 한 벡(Allâhyâr Khân Beg)이 심통해하던 몇몇 무슬림들을 이끌고

---

2) *A Report of a Mission to Yarkund, 1873-1874*(Calcutta, 1875), p.44. 이 글은 1873-74년 T.D.Forsyth를 단장으로 카쉬가리아를 방문했던 영국측 사절단이 작성한 매우 상세한 보고서로서, 야쿱 벡 치하의 이 지역의 정치 · 경제 · 사회적인 상황에 관한 일급의 자료이며, 아울러 여러 장의 寫眞들도 첨부되어 있어 그 생생한 모습을 전해주고 있다.

3) *Mission to Yarkund*, pp.32-39, p.62. 이 보고서에 나타난 숫자는 Ch.Ch.Valikhanov의 1858-1859년의 보고내용과 거의 일치하고 있다. Cf. "O sostoianii altyshara ili shesti vostochnykh gorodov Kitaiskoi provintsii Nan-Lu(Maloi Bukharii) v 1858-1859 godax"(*Ch.Ch. Valikhanov : Sobranie sochinenii v piati tomakh*, tom 3, Alma-Ata, 1985), p.161.

4) 『回疆通志』(1925년 校印本, 臺北 文海出版社 影印, 1966) 卷10, 3r-3v.

퉁간들과 연합하여, 퉁간과 무슬림들이 모두 한마음 한뜻으로 협력하여 관리와 암반(ambân, 즉 大臣)의 衙門(yâmûn)들에 불을 질렀다. 동이 틀 때까지 많은 이교도들을 죽였다. 그리고 해가 뜨자마자 관리들은 병사들을 데리고 나와 교전했으나 당해내지 못하고 패배하고 말았다. 퉁간과 무슬림들은 승리했고 중국인(Khiṭây)들은 정복당했다. 회력 1281년 무하람 1일 토요일 밤, Jawzâ 節期였고 뱀의 해였다.[5]

여기서 '퉁간'(Tungan)이란 당시 신강에 살던 투르크계 무슬림들이 '이슬람을 믿는 漢人'을 일컬어 부르던 호칭으로, 청나라측 자료에는 '東干'이라고 옮겨졌으며 '漢回'라는 말과 같은 의미로 사용되었다.[6] 이에 비해 신강 주민의 대다수를 구성하던 투르크계 무슬림은 오늘날과 같이 '위구르'와 같은 민족명칭을 사용하지 않았고 다만 자신들을 '무슬림'(Musalmân)이라고만 불렀다.[7]

당시 쿠차성은 '버드나무 가지와 모래흙을 섞어서' 쌓은 성벽으로 둘러쳐져 있었고 성의 둘레는 약 17-18킬로미터 정도였다.[8] 이는 당시 타림 분지의 오아시스 도시들의 성벽 구조와 크게 다르지 않았으니, 석벽이 아니라 토벽이라는 점이 그러하고, 성벽의 길이도 13킬로미터 정도의 호탄, 14킬로미터 정도의 카쉬가르와 큰 차이가 없었다.[9] 다만 야르칸드·카쉬가르 등

---

5) TH/Jarring, 33v-34r. Jawzâ 절기는 태양력에 따른 12절기 가운데 하나로, 5월 22일부터 6월 21일까지의 시기이다.

6) 한문자료에는 '東干'으로 표기되어 있는 이 말의 語源에 대해서는 다양한 見解가 있는데, M.Hartmann, *Chinesisch-Turkestan : Geschichte, Verwaltung, Geistesleben und Wirtschaft* (Halle a.S., 1908), pp.104-105 ; S.R.Dyer, "Soviet Dungan Nationalism : A Few Comments on Their Origin and Language"(*Monumenta Serica*, 33, 1977-78), pp.349-362.

7) '위구르'라는 말이 민족명칭으로 사용되기 시작한 것은 1930년대 이후의 일이었다. 한편 19세기 무슬림측 자료에 '키르기즈'나 '카자흐'와 같은 명칭이 보이는 것은 사실이나, 이것 역시 하나의 민족개념으로 사용되었다기보다는 투르크계 정주 무슬림들과 구별되는 유목생활을 하던 부족집단의 명칭으로 사용되었던 것이다.

8) 『回疆通志』 卷10, 2v.

9) 『回疆通志』 卷7, 2r ; 卷8, 3r, 11r. 다만 과거 모굴 칸국의 수도였던 야르칸드만은 성벽이 상당

다른 도시에서는 청의 군인·관리·상인 등이 거주하기 위해 舊城 옆에 별도로 新城을 건설한 반면,[10] 쿠차의 경우에는 舊城 자체가 두 부분으로 분할되어, 한쪽에는 청군·상인·몽골인들이 살고 다른쪽에는 무슬림들이 살았다는 점이 달랐다.[11] 아마 청의 정복과정에서 쿠차 시내의 인구가 많이 감소했고 그로 인해 성내에 상당한 공간이 활용될 수 있었기 때문이었을 것이다.

사이라미는 쿠차 봉기가 회력 1281년 무하람 1일, 즉 서기 1864년 6월 6일에 일어난 것이라고 했지만, 당시 쿠차에 주둔하던 청조의 辦事大臣 薩靈阿(Salinga)가 "5월 초하루 이곳의 한인과 회민 逆匪들이 모여서 난리를 일으키니 속히 파병하여 구원해주기를 청합니다"라고 보고[12]한 것으로 보아 음력 5월 1일, 즉 양력 6월 4일로 보아야 마땅할 것이다. 왜냐하면 사이라미의 기록은 후일 자신의 기억에 의존해서 작성된 것인 반면, 청측의 기록은 사건이 일어나던 당시 현지 군관들의 보고서를 그대로 옮겨놓은 것이기 때문이다.

사이라미는 그날 밤 봉기를 주도한 퉁간 지도자로 쿠차에 거주하는 마슈르 아훈드(Mâ Shûr Akhûnd), 마룽 아훈드(Mâ Lûng Akhûnd), 샴스 웃 딘 할리파(Shams ad-Dîn Khalîfa)라는 세 사람의 이름을 들었다.[13] 앞의 두 사람은 '馬'姓을 갖고 있는 것으로 보아 퉁간이었던 것으로 추측되며, 마지막 사람 역시 퉁간인데 다만 이름을 이슬람식으로 바꾼 것으로 보인다.[14]

히 길어서 48킬로미터에 달했다.

10) 한자로는 전자를 回城, 후자를 漢城 또는 滿城이라고 불렀으며, 토착민들은 전자를 Kuhna Shahr('舊城'), 후자를 Yangi Shahr('新城')라고 불렀다.

11) *Mission to Yarkund*, p.44.

12) 淸 傅恆 等 奉勅 撰, 『欽定平定陝甘新疆回匪方略』(文淵閣 四庫全書本) 卷68, 1r-2r.

13) TH/Jarring, 28r ; TA/Pelliot, 29v ; TA/Pantusov, p.34 ; TA/Jarring, 34v ; TH/Baytur, p.158. 앞의 두 사본에는 "Mâ Shûr Akhûnd Mâ Lûng Akhûnd Shams ad-Dîn Khalîfa"로, 뒤의 세 사본에는 "Mâ Shûr Akhûnd Mâ Lûng Shams ad-Dîn Khalîfa"되어 있다. 'Mâ Lûng Shams ad-Dîn Khalîfa'는 한 사람으로 이해될 가능성도 있으나 앞의 두 사본의 기록에 비추어 두 사람으로 보아야 옳을 것이다. TA와 TH의 여러 사본에 대해서는 본서 말미의 「參考文獻」에 *Târîkh-i amniyya*와 *Târîkh-i ḥamîdî* 항목을 참조하시오.

14) 퉁간들은 오늘날 중국에서 '回族'이라는 이름으로 불리고 있는데, 여전히 馬姓이 압도적으로

따라서 위의 인용문은 쿠차 봉기를 처음 주도한 세력이 쿠차에 거주하던 퉁간들이었다는 점, 이들이 城外(外廂)의 바자르에 불을 지르고 '이교도'를 학살하자 청조에서 '纏頭回'(머리를 터번으로 두른 무슬림이라는 뜻)라 부르던 투르크계 무슬림들이 합세하여 성내의 관아를 공격하게 되었다는 점, 그리고 동이 튼 뒤 이를 진압하기 위해 나온 청군을 패배시키고 성을 점령하게 되었다는 점 등을 말해주고 있다.

현존하는 다른 무슬림측 자료나 청측의 기록들도 사이라미의 이러한 설명이 정확하다는 것을 입증해준다. 『集史』(*Jamî' at-tawârîkh*)의 작자인 핫지 유숩(Ḥâjjî Yûsuf)은 앞에서 지적한 3인의 주도로 퉁간들의 봉기가 시작되었고, 손에 도끼 · 괭이 · 몽둥이를 든 퉁간들이 밤중에 관아를 습격하여 불을 지르고 약 1000명의 중국인과 150명의 몽골인(Qalmaq)[15]들을 죽였다고 했다.[16] 당시 청측의 기록도 "漢回가 쿠차城을 불태웠"으며, "文藝와 薩靈阿를 비롯한 쿠차성의 문무 관리들이 모두 상해를 입었고, 아문과 창고와 상점들도 모두 불타버렸다"고 했다.[17] 또한 『戡定新疆記』라는 자료에도 "쿠차의 토착 회민인 馬隆 등이 外地의 匪賊인 田滿拉 · 蘇滿拉과 몰래 결탁하여 반란을 음모했고, 己亥에 무리를 이끌어 반란을 일으키고 쿠차를 불태웠다"는 기사가 보이며,[18] 『新疆圖志』 역시 "夏四月에 쿠차의 토착 회민 馬隆이 반란을 모의했다. 玉門 출신의 楊春 역시 회민 逆徒 가운데 하나였는데, 몰래 쿠차로

많은 숫자를 차지하고 있다. '馬'는 이슬람의 예언자인 '무함마드'(馬哈馬)의 頭音을 옮긴 것이라고 한다. 또한 당시 중국식 성명을 갖고 있던 퉁간들이 이슬람식으로 개명한 예도 흔하게 찾아볼 수 있다.

15) 여기서 '칼막'(Qalmaq)은 몽골인을 가리킨다. 원래 이 말은 중앙아시아의 무슬림들이 서몽골인들을 가리켜 부르던 것이었으나 후일 몽골인 전체에 대해 확대 사용되었다. 러시아인들도 이러한 용례에 따라 볼가 강 유역으로 이주한 토르구트(Torghut) 부족 몽골인들을 '칼묵'(Kalmuk)이라 불렀다.

16) D.I.Tikhonov, "Vosstanie 1864g.v Vostochnom Turkestane"(*Sovetskoe vostokovedenie*, 5, 1948), p.157.

17) 『淸實錄』 同治 3年 6月 乙酉.

18) 魏光燾 等撰, 『戡定新疆記』(袁同禮編, 新疆硏究叢書 第十種, 臺北, 1966), 卷1, 1r.

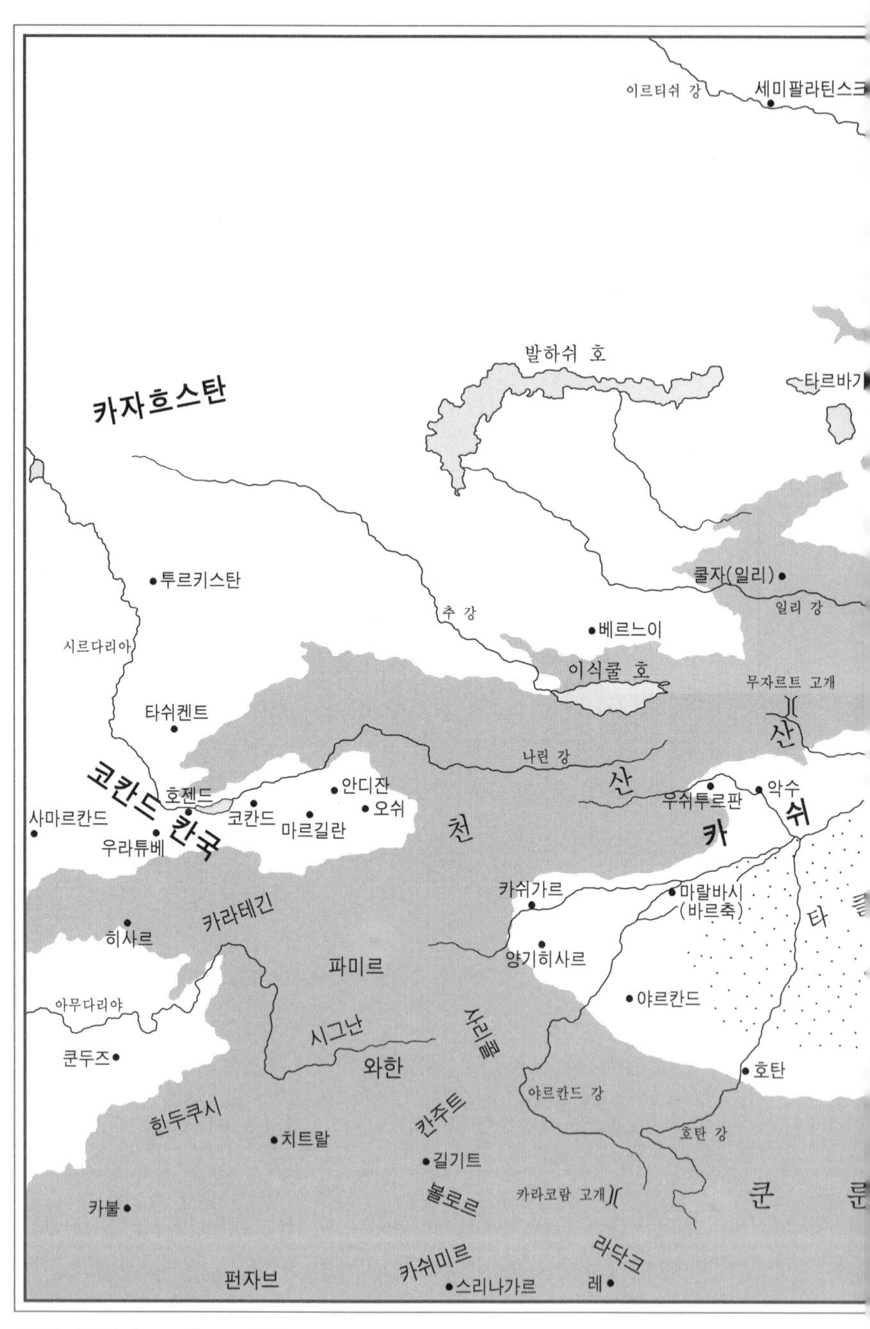

이르티쉬 강
세미팔라틴스크
발하쉬 호
타르바가
카자흐스탄
쿨자(일리)
일리 강
투르키스탄
추 강
베르느이
시르다리아
이식쿨 호
무자르트 고개
타쉬켄트
나린 강
산
코칸드 칸국
호젠드
안디잔
악수
사마르칸드
코칸드
오쉬
우쉬투르판
마르길란
우라튜베
천
산
카
쉬
카쉬가르
마랄바시
(바르축)
카라테긴
타
히사르
파미르
양기히사르
아무다리야
야르칸드
시그난
사리콜
쿤두즈
와한
호탄
야르칸드 강
힌두쿠시
칸주트
치트랄
호탄 강
길기트
카라코람 고개
쿤
카불
볼로르
라닥크
카쉬미르
펀자브
스리나가르
레

청대 신강과 코칸드 칸국

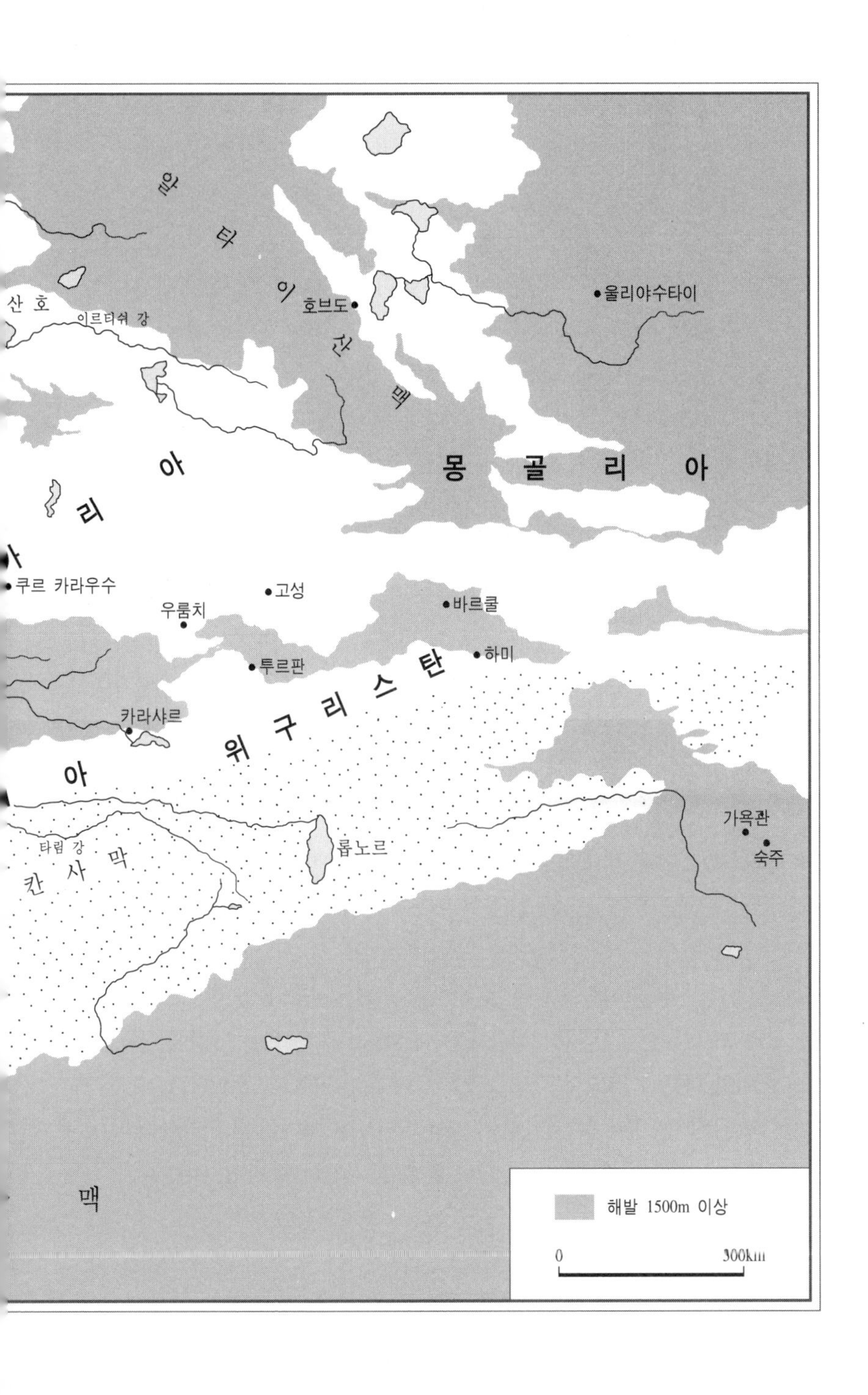

알
타
이
산
맥
호브도
울리야수타이
산 호
이르티쉬 강
아
몽 골 리 아
리
쿠르 카라우수
고성
우룸치
바르쿨
하미
투르판
위 구 리 스 탄
카라샤르
아
가욕관
숙주
롭노르
타림 강
칸 사 막
맥
해발 1500m 이상
0
300km

와서 회민의 두목인 黃和卓·田滿拉·蘇滿拉 등과 동시에 반란을 일으키기로 결탁했다. 己亥에 쿠차성을 불태우고 5월 壬寅에 성이 함락되어 〔쿠차〕 辦事大臣 薩靈阿, 양기히사르 領隊大臣 文藝, 야르칸드 幇辦大臣 武人布가 살해되었다"고 기록하고 있다.[19] 여기서 쿠차 봉기의 주모자로 지목된 馬隆이 바로 사이라미의 '마룽 아훈드'임은 의심의 여지가 없다. 그러나 『新疆圖志』에서 黃和卓 — '칸 호자'(Khân Khwâja)를 옮긴 말 — 은 후일 쿠차 무슬림 정권의 수령이 된 라시딘 호자(Râshidîn Khwâja)를 가리키는데, 그가 최초의 모의과정에서부터 주도적인 역할을 했다고 한 것은 사실과 다르다. 뒤에서 상세히 설명하겠지만 그는 봉기가 성공을 거둔 뒤에야 비로소 그것을 주도한 사람들에 의해 지도자로 추대되었을 뿐이다. 여기서 한 가지 흥미로운 사실은 청측의 기록에 田滿拉·蘇滿拉, 혹은 玉門 출신의 楊春과 같은 '外匪'의 개입이 지적되고 있다는 것이다. 滿拉은 물론 이슬람교의 宗務者인 '물라'(mullâ)를 옮긴 말이다.

어쨌든 무슬림측 사료나 중국측 사료들은 모두 1864년 6월 4일 밤에 일어난 봉기가 처음에는 퉁간이라 불린 '漢回'들에 의해 시작된 것임을 분명히 보여주고 있다.

쿠차 봉기에서 발견되는 이러한 특징은 신강 외의 다른 지역에서도 거의 동일하게 나타난다. 후에 상세하게 설명하겠지만 카쉬가르와 양기히사르에서는 퉁간 수비대장들이 '漢回들과 暗通'하여 봉기가 일어났고, 야르칸드에서도 '漢回들의 變亂'으로 시작되었으며, 우룸치에서도 퉁간 군관인 索煥章과 甘肅 지방의 漢回인 妥明의 모의로 발생했고, 일리에서도 퉁간들이 투르크계 무슬림의 협조를 얻어 봉기를 성공으로 이끌었기 때문이다. 이렇게 볼 때 호탄을 제외한 다른 지역에서는 모두 퉁간들이 처음 봉기를 일으킨 셈이 된다. 그렇다면 무엇 때문에 당시 신강 주민의 대다수를 차지하던 투르크계 무슬림, 즉 위구르인들이 아니라 퉁간들이 봉기를 시작하게 되었으며 '外

19) 袁大化 撰, 『新疆圖志』(臺北 文海出版社 影印本, 1965) 卷116, 1r.

匪'들은 이와 무슨 관련이 있었던 것일까?

(2) 퉁간 학살 소문

쿠차 봉기의 원인에 대해 사이라미는 다음과 같이 설명하고 있다.

> 그런데 이때 중국 황제의 나라를 영국(Englîsh) 기독교도들이 압도하고 버마(Bûrmâ)라는 지방에 있는 72개의 커다란 도시를 정복해버렸다. 몇몇 도시들을 파괴하기도 했다. 한편으로는 '우숭구이 창무자'(Ûsûnggûî Chanmûzâ)[20]라는 집단이 나라를 두고 다투었고, 다른 한편으로는 퉁간들이 분란을 일으켰다. 결국 퉁간들은 金積堡(Chingchûfû)에 머물지 못하여 인근 지방을 장악하기로 결정하고 서쪽으로 옮겨갔다는 것을 대칸(Ulugh Khân)이 듣고 이쪽 지방에 있는 수령들에게 다음과 같은 칙령을 보냈다. "일부 퉁간들이 반란을 일으켰다. 나는 충고도 하고 약속도 했지만, 자신들이 행한 잘못에 겁을 먹고 걱정하다가 〔이곳에〕 머물지 못하고 서쪽으로 향했다. 만약 그리로 가면 그쪽에 있는 퉁간들이 이들을 도와 합심하고 小百姓들을 동요케 할지도 모른다. 이 칙령을 보는 즉시 각 도시의 퉁간들을 없애고 그 결과를 나 대칸에게 보고하라"고 일리 장군(伊犁將軍)에게 명령을 내렸다. 장군도 놀라서 상의하여 말하기를 "퉁간들은 〔숫자가〕 많은 백성이다. 그들의 성품과 행동도 〔우리와〕 다르다. 〔그들이〕 조금이라도 냄새를 맡는다면 우리는 저녁과 같이 되고 그들은 아침과 같이 될지도 모른다. 內地에서 오고 있는 퉁간들은 旅程이 아직 머니 이곳의 퉁간들을 불러들여 부드러운 말로 충고를 하고 약속도 굳게 한다면 이들도 진정하고 농사일에 전념하지 않겠는가"라고 하면서 몇몇 퉁간들을 불러들여 약속과 충고를 해서 보냈다. 〔그러나 그들은〕 진정되지 않았고 밤마다 집으로 가지 않고 聖墓(mazâr)에서 지내면서 기도했다. 한 달에 한 번도 洗淨을 하지 않던 사람들이 하루에도

---

20) 사이라미가 말하는 이 집단은 '太平天國軍'을 가리킨다. '창무자'는 太平軍을 칭하던 '長毛子'를 옮긴 말로 보인다. 태평군과 관련하여 '우숭구이'라는 이름은 확인되지 않으나, 淸初에 반란을 일으켰던 吳三桂('우산궤이')를 옮긴 것이 아닌가 생각된다. 물론 吳三桂는 태평군이 아니었고 시대도 달랐지만, 청나라에 반란을 일으킨 집단으로 '吳三桂·長毛子'라는 표현이 위구르인들에게 알려진 것이 아닌가 추측된다.

몇 차례씩 洗淨을 했고 날이 갈수록 비통함이 더해갔다. 그러나 장군은 퉁간들의 행동을 알아채고 불안해하다가, 약속을 무시하고 "칸의 칙령을 실행하라!"고 大臣에게 편지를 보냈다.[21)]

이어서 사이라미는 당시 우룸치에 있던 소 달루야(Sô Dâlûya, 索大老爺 즉 索煥章)라는 퉁간 관리의 아들이 臺站(örtäng)에서 書記(siyah)로 일하고 있었는데 우연히 이 편지의 내용을 알게 되어 아버지에게 보고했고, 索煥章이 이 사실을 각 도시의 퉁간 수령들에게 알리자 쿠차에서 봉기가 일어난 것이라고 덧붙였다.[22)]

무함마드 알리 한 카쉬미리(Muḥammad 'Alî Khân Kashmîrî)가 봉기 직후인 1867-68년에 지은 韻文의 『勝戰書』(*Ẓafar-nâma*)[23)] 역시 퉁간을 학살하라는 명령이 '청의 황제'로부터 내려왔기 때문에 '쿠차 주민과 퉁간들'이 모여 봉기하게 된 것이라고 했다. 이처럼 이들 무슬림측 자료들은 신강에 살고 있는 퉁간들이 陝甘 지역에서 봉기한 퉁간들과 합세하여 청조에 반기를 들 것을 우려한 皇帝가 일리 장군에게 '퉁간 학살'을 지시한 사실이 누설되었기 때문에 쿠차 봉기가 일어난 것이라고 주장하고 있다.

그런데 과연 이러한 주장에는 근거가 있는 것일까. 이 점에서 1864년 9월 25일 同治帝의 아래와 같은 上諭는 주목할 만하다.

현재 신강 각지의 回匪들이 분란을 일으키고 있는 것은 필시 內地에서 도망쳐 간 奸民들이 謠言을 꾸며내 선동했기 때문일 것이다. 생각건대 그들은 선량한 회민(良回)들이 혹시 〔자기들의 말을〕 믿지 않을까 걱정하여, 먼저 회민들을 모두 誅滅시킬 것이라는 말을 퍼뜨림으로써 그들을 위협해 동참케 했을 것이다.[24)]

---

21) TH/Jarring, 30r-30v.
22) TH/Jarring, 30v.
23) *Ẓafar-nâma*, 20r-20v. 이 자료는 런던의 India Office Library(Ms. Turki 5)에 소장되어 있다.
24) 『淸實錄』 卷113, pp.23-24, 同治 3年 8月 癸巳.

이 上諭는 쿠차 봉기의 직접적인 계기가 퉁간들에 대한 '학살 소문'이었으며, 그것은 '內地에서 도망쳐간 奸民들'이 반란을 부추기기 위해 '조작'한 것에 불과하다고 보고 있는 것이다. 오늘날 우리가 퉁간 학살 명령이 과연 '조작된 소문'에 불과한 것인지 아닌지의 여부를 판단한다는 것은 아마 불가능할지도 모른다. 물론 황제가 그런 명령을 직접 내렸으리라고는 상식적으로 생각하기 힘드나, 그렇다고 이를 단순히 '조작'이라고 결론을 내리는 것도 성급한 일이다.

여기서 '학살 소문'의 진위 여부를 밝히기는 힘들지만 적어도 왜 그러한 소문이 퍼지게 되었는가는 확인할 수 있는데, 이것은 1862년 6월 섬서성 臨潼을 시작으로 섬서와 감숙 각지로 확대된 회민 봉기의 원인을 분석해보면 분명히 드러난다. 즉 그해 봄 태평천국군이 섬서로 들어오게 되자 이에 대항하기 위해 한인들은 관리들의 종용에 따라 團練을 조직했다. 그러나 團練은 회민들이 태평군과 연합할 것을 우려하여 회민에 대한 대대적인 학살을 자행하기 시작했다. 關中에서는 '剿回'·'滅回' 등의 구호를 외치며 회민들을 '殺戮淨盡'했던 것이다. 이러한 사정은 감숙에서도 마찬가지였다. 平涼府城에서도 관리들은 團練을 이용하여 '城內의 賊을 수색하여 모두 죽여버렸다'고 했고, 肅州에서도 1864년 관리가 團練들을 불러 '屠回'할 것을 은밀히 모의했다가 도리어 회민에 의해 肅州城이 점령되기도 했다.[25] 따라서 陝甘 지역에서 신강으로 온 '外匪'들이 신강의 퉁간들에게 이러한 사실들을 전해주었으리라는 것, 나아가 신강의 퉁간들도 '학살'의 위험을 느꼈으리라는 것은 의심할 여지가 없다.

당시 신강에 거주하던 퉁간의 숫자를 알려주는 자료는 없다. 1858-59년에 이 지역의 상황을 자세히 기록한 발리하노프(Ch.Ch.Valikhanov)에 의하면 퉁간들은 섬서·감숙·사천 등지에서 왔으며 대부분 식당을 경영하거나 수

25) 陝甘의 回民虐殺에 대해서는 吳萬善의 최근 연구 『清代西北回民起義研究』(蘭州大學出版社, 1991), pp.137-140을 참조하시오.

레를 갖고 茶輸送에 종사했다고 한다.[26] 이외에 신강에 주둔하던 綠旗兵 가운데에도 상당수가 陝甘 출신의 퉁간들이었던 것으로 보인다. 綠旗兵의 숫자는 중국측 자료에 근거할 때 4000-6000명 정도로 추정되지만,[27] 실제로는 이보다 훨씬 더 많아서 타림 분지, 즉 南路에만 1만 1000명 정도에 이르렀다고 한다.[28] 南路에 비해 중국 內地와 보다 가까운 北路(준가리아)와 東路(우룸치·투르판·바르쿨 등지)에는 더 많은 퉁간들이 거주했던 것이 분명하다. 특히 농경지가 넓게 존재하는 일리 계곡의 쿨자 지역에 사는 퉁간의 숫자가 1862년에 6만 명에 달했다는 보고도 있는 걸 보면,[29] "퉁간들은 많은 백성이다"라고 한 일리 장군의 말도 근거없는 것은 아니었다고 할 수 있다.

따라서 신강에 파견되어 있던 청조 관리들의 입장에서도 다수의 퉁간이 거주하고 있고 특히 상당수는 병사로 근무하고 있었기 때문에 이들이 陝甘 회민 봉기의 영향을 받을 경우 파국적인 결과가 초래될 것을 우려한 것은 당연한 일이었고, 일부 현지 관리들이 만약의 사태에 대비하기 위해 퉁간 병사들을 무장해제시키거나 주동이 될 만한 인물들을 사전에 투옥·처형시키라는 명령을 내렸을 가능성은 충분히 있었다. 사실 카라샤르에서는 실제로 '학살'이 일어났음을 시사하는 기록도 있다.[30] 결론적으로 '퉁간 학살'의 소문은 陝甘에서 실제로 발생한 회민 학살, 이 소식을 접하게 된 신강 지역 퉁간들의 위기의식, 陝甘 회민 봉기의 확산을 우려한 청조 관리들의 과도한 예방조치 등이 서로 얽히면서 생겨난 것이었다.

---

26) Ch.Ch. Valikhanov,"O sostoianii altyshara", pp.159-160.

27) 羽田明, 『中央アジア史硏究』(京都 : 臨川書店, 1982), p.76 ; 佐口透, 『新疆民族史硏究』(東京, 1986), pp.301-306.

28) Ch.Ch. Valikhanov, "O sostoianii altyshara", p.161에 의하면 카쉬가르에 5500명, 야르칸드에 2200명, 호탄에 1400명, 악수에 600명, 투르판에 800명, 바르쿨에 300명, 사이람에 300명이 주둔했고, 이외에 卡倫(qarawul, 즉 변방의 초소)과 臺站에도 있었으며, 商人과 기타 개인들을 합하면 '漢人'의 숫자는 1만 5000명을 넘지는 않았을 것이라고 한다.

29) E.Schuyler, *Turkistan : Notes of a Journey in Russian Turkistan, Khokand, Bukhara and Kuldja*, vol.2(London : Sampson Low, 1877), p.174, p.197.

30) 『陝甘新方略』 卷95, 23v-24r.

그러나 학살의 위험을 느낀 퉁간들이 시작한 봉기에 투르크계 무슬림들이 가담했고 곧 혁명군 내부의 주도권은 그들에게로 넘어갔다. 따라서 1864년 신강에서의 봉기는 '퉁간 봉기'에서 시작하여 '무슬림 봉기'로 발전한 것이라고 볼 수도 있다.

그러면 투르크계 무슬림들은 무엇 때문에 퉁간들의 봉기에 동참하게 된 것일까. 이 의문에 답을 구하기 위해서는 청조 지배하에 신강 주민의 대다수를 차지하던 그들의 상황을 이해하지 않으면 안 되며, 이는 곧 청의 신강 지배의 특징과 문제점을 살펴보는 데에서 찾아야 할 것이다.

2. 清의 新疆支配의 特徵과 限界

(1) 清의 新疆征服

청의 신강정복은 여러 가지 측면에서 역사적으로 매우 중요한 의미를 갖는다. 무엇보다도 먼저 청조는 만주는 물론, 내외 몽골과 티베트에 이어 천산 남북까지 그 판도 안에 편입시킴으로써 명조에 비해 그 강역을 거의 두 배 가량 확대시켰으며, 청의 신강정복은 漢·唐의 경우와는 달리 이 지역의 항구적인 편입과 '중국화'(Sinicization)를 가능케 했다는 점에 주목할 필요가 있다.[31] 더구나 청의 신강점령과 동시에 진행된 '최후의 유목국가'인 준가르의 붕괴는 "17세기 중반 이래 오이라트 국가가 중심이 되어 있던 국제관계의 체계 전체"를 붕괴시키는 결과를 초래하였다.[32] 즉 이것은 16-17세기

31) J.Fletcher, "Ch'ing Inner Asia c. 1800", *The Cambridge History of China*, ed. by D.Twitchett and J.K.Fairbank, vol. 10, pt. 1(Cambridge : Cambridge University Press, 1978), pp.35-36.

32) B.P.Gurevich, *Mezhdunarodnye otnosheniia v Tsentral'noi Azii v XVII – pervoi polovine XIX v*(Moskva, 1979), p.120.

이래 시작되어 19세기 후반에 완료되는 러시아와 淸의 내륙아시아로의 팽창 과정에서 하나의 정점을 이루는 동시에, 지난 2천년 동안 계속돼왔던 정주 국가와 유목국가의 대립에서 전자의 최종적인 승리를 의미하는 사건이기도 했다.

청의 신강정복에 대해서는 기왕에 상세한 연구들이 있기 때문에 여기서는 간략하게만 살펴보기로 한다. 그 발단은 1745년 준가르의 군주인 갈단 체렝(Galdan Tsereng ; 재위 1727–45)이 사망한 뒤 벌어진 계승권분쟁이었다. 여기서 열세에 처하게 된 아무르사나(Amursana)는 청조에 지원을 요청하게 되었고, 청은 이 기회를 이용하여 일리로 군대를 파견하여 점령해버렸다. 그러나 자신을 유일한 군주로 인정하지 않는 데 대해 불만을 품은 아무르사나가 곧 청에 반기를 들었지만 그 역시 패배하고 도주하고 말았다. 이로써 청조는 1757년 준가리아를 모두 석권하게 되었고, 1680년대 이래 중앙아시아를 장악하고 청조를 위협하던 '최후의 유목국가' 준가르는 사라졌다. 아울러 그곳의 유목민들도 13년간에 걸친 오랜 전쟁으로 인해 대부분이 사망하거나 도주하여 준가르인들은 사실상 자취를 감추게 되었다.

모두 10만 호를 헤아리던 준가르인들 가운데 9/10가 천연두로 죽거나 청군에 의해 살해되거나 혹은 카자흐 · 러시아 쪽으로 도주했고, 불과 1/10만이 이곳에 남아 "수천 리나 되는 지역에 오이라트(瓦剌)의 천막은 하나도 없다"고 할 정도가 되어버렸다는 魏源의 말[33]이 이를 잘 표현해준다. '오이라트'란 준가르를 포함한 서몽골인들에 대한 또 다른 명칭이었다. 따라서 이 지역에서 청조의 통치에 다시 반기를 들 만한 유목세력이란 존재하지 않게 되어버린 셈이었다.

한편 천산 이남의 타림 분지에서는 17세기 이래로 낙쉬반디(Naqshbandî)라는 이름의 이슬람 신비주의(수피) 교단의 장로들, 특히 마흐둠이 아잠(Makhdûm-i A'ẓam ; 1461/62–1515/16)이라는 인물의 후손들이 '호자'

33) 『聖武記』 上卷, p.156(道光 22년 撰 ; 北京, 中華書局本, 1984).

(khwâja) 혹은 '마흐둠자다'(makhdûmzâda)라는 존칭으로 불리며 聖·俗 양면에서 커다란 영향력을 행사하고 있었다. 특히 이들은 마흐둠이 아잠의 장자인 무함마드 아민(Muḥammad Amîn, 일명 Îshân-i Kalân ; 1597/98년 사망)의 아들 무함마드 유숩(Muḥammad Yûsuf ; 1652/53년 사망)과 손자 아팍 호자(Âfâq Khwâja, 본명은 Hidâyat Allâh ; 1693/94년 사망)를 추종하는 '白山黨'(Aq Taghliq)과, 마흐둠이 아잠의 또 다른 아들인 무함마드 이스학(Muḥammad Isḥâq ; 1579년 사망)을 추종하는 '黑山黨'(Qara Taghliq)으로 나뉘어 서로 치열한 대립을 벌여왔다.[34] 후기 모굴 칸국 말기인 17세기 말 이들 두 집단은 칸위를 둘러싼 분쟁에 개입하게 되었는데, 그 과정에서 축출당한 아팍 호자의 요청을 받은 준가르의 군주 갈단 보슉투 칸(Galdan Boshughtu Khan ; 1696년 사망)이 1680년경 카쉬가리아를 점령해버렸다. 이때부터 1757년까지 준가르는 흑산당과 백산당간의 대립을 이용하면서 호자들을 앞세워 이 지역을 간접적으로 지배해왔다. 물론 간헐적으로 준가르의 지배에서 벗어나려는 시도가 있기는 했지만 성공을 거두지는 못했다.

1755년 청군이 준가르를 정복할 당시 카쉬가리아는 흑산당계 호자들의 지배하에 있었고, 청은 준가르의 屬領이었던 카쉬가리아까지 장악하기 위해 일리에 인질로 붙잡혀 있던 백산당계 호자들, 즉 부르한 웃 딘(Burhân ad-Dîn)과 호자이 자한(Khwâja-i Jahân) 형제 — 청측 자료에는 '大·小 和卓木' 혹은 '和卓木兄弟'로 불렀다 — 를 풀어주고 이들을 앞장세워 정복을 기도했다. 이들은 1755년 말 흑산당의 저항을 압도하고 야르칸드와 카쉬가르

34) 黑山黨은 호자 이스학의 이름을 따라 '이스하키야'(Isḥâqiyya)라고도 불린다. 한편 오늘날 신강의 위구르 학자들은 白山黨을 '이쉬키야'(Ishqiyya)라는 이름으로 칭하기도 한다. 이 두 호자 집단의 충돌과정에 관해서는 R.B.Shaw, "The History of the Khôjas of Eastern Turkistân", *Journal of Asiatic Society of Bengal*, Extra No. 1897 ; 佐口透, 「東トルキスタン封建社會史序說 : ホジャ時代の一考察」, 『歷史學硏究』, no.134(1948), pp.1-18 ; H.G. Schwarz, "The Khwajas of Eastern Turkestan", *Central Asiatic Journal*, 20-4(1976), pp.266-296 ; 潘志平, 「和卓崇拜的興衰」, 『民族硏究』, 1992년 第2期, pp.61-67 ; 劉正寅, 「和卓家族興起前伊斯蘭教在西域的活動及其政治背景」, 『世界宗教硏究』, 1991년 第4期, pp.57-64 등을 참조하시오.

를 점령하는 데 성공했다. 그러나 이 호자 형제들, 특히 호자이 자한은 마치 아무르사나가 그러했던 것처럼 자신과 청의 정치적 의도가 서로 같지 않음을 깨닫고, 1757년 쿠차에 주둔하던 청의 장군을 살해함으로써 反淸 意志를 분명히 나타냈다. 이들의 움직임을 제압하기 위해 청조는 그 다음 해 투르판에서 약 1만 명의 군대를 서쪽으로 보냈다. 처음에 청군은 호자들의 완강한 저항에 부딪쳐 고전을 면치 못했으나 결국 1759년에는 카쉬가리아 전역을 점령하고, 호자 형제는 바닥샨(Badakhshan) 지방으로 도주하다가 그곳의 수령인 술탄 샤(Sulṭân Shâh)에 의해 살해되고 그 머리가 청측에 인도됨으로써 청의 신강정복이 완료되었다.[35] 이로써 청조의 '새로운 강역'이 된 천산 남북은 그 뒤부터 '新疆'이라는 이름으로 불리게 된다.[36]

그러나 이 신강의 남부지역, 즉 타림 분지의 상황은 청군의 가혹한 진압으로 인해 준가르 유목민 대다수가 사라진 천산 북방과는 판이하게 달랐던 것으로 보인다. 청조의 공식적인 호구조사 결과에 의하면 쿠차 以西, 즉 카쉬가리아(Kashgharia)의 인구는 약 23만 명으로 나타나는데 이는 課稅戶口에만 국한된 것이고 실제 인구는 더 많았을 것으로 추정된다. 이 점은 정복 직후인 1759년 청의 장군들의 보고에 카쉬가르·야르칸드·호탄 세 지역에서만 24만 명이 거주하는 것으로 되어 있다는 사실을 보아도 알 수 있으며,[37] 여기에 우쉬·악수·쿠차의 주민을 합하면 37만 명에 가까웠을 것으로 추정된다.[38]

이처럼 청조가 호자 형제들의 저항을 분쇄한 뒤에도 타림 분지의 원주민

---

35) 청의 回疆征服의 자세한 경과에 대해서는 佐口透의 『十七-十八世紀東トルキスタン社會史研究』(東京, 1963) 제1장(pp.11-66)을 참조하시오.

36) '新疆'이라는 말이 처음부터 천산 남북지역에 대한 고유명칭으로 사용된 것은 아니었다. 이 지역을 '新疆'으로 칭한 최초의 예는 1759년에 보이나, 그 후로도 이 말은 '西域' '西域新疆'이라는 표현과 함께 사용되다가 1820년 일리 장군 松筠이 편찬한 책에 道光帝에 의해 『欽定新疆識略』이라는 題名이 하사된 이후 보편적으로 사용되기 시작했다. 苗普生 主編, 『新疆歷史常識』 上(烏魯木齊 : 新疆人民, 1993), pp.239-242.

37) 佐口透, 『社會史研究』, pp.197-199.

38) 堀直, 「十八-二十世紀ウイグル族人口試論」, 『史林』, 60-4(1977), p.123.

들에 대해서는 준가르인들에 대해서 그러했던 것처럼 대대적인 살육을 자행하지는 않았지만, 그렇다고 해서 그것이 곧 청의 신강지배가 순탄하게 진행되리라는 걸 보장하는 것은 아니었다. 청조가 신강을 지배하면서 봉착한 가장 큰 문제는 그 주민들이 이슬람교를 신봉했고 '이교도'였던 청조로서는 이에 대해서 적절한 해답을 제시해줄 수 없었다는 것이다. 청 황제는 티베트 불교 신자들에 대해서는 종교를 보호하는 세속군주 '轉輪聖王'(Chakravartin)으로서의 역할을 부각시킬 수 있었고 불교 교리도 실제로 그러한 존재를 인정하고 있다.[39] 또한 몽골의 王公들에 대해서도 청의 황제는 자신이 몽골제국의 정통성을 계승했음을 강조하고 婚姻·朝見·圍獵 등의 방법을 통해 유대관계를 강화할 수 있었다. 반면 이슬람의 교리는 이교도의 지배를 원론적으로 거부하고 있다.

일반적으로 통용되는 이슬람 교리에 의하면 세계는 2개의 대립하는 圈域, 즉 무슬림이 다수를 점하고 율법(sharî'a)이 인정되는 '이슬람의 권역'(Dâr al-Islâm)과 율법을 무시하거나 무슬림과 협정(ṣulḥ)을 맺지 않은 정치권력이 지배하는 '전쟁의 권역'(Dâr al-Ḥarb)으로 나뉘어 있다. 후자는 궁극적으로 전자에 포섭되어야 할 부분으로 이는 '聖戰'(jihâd)에 의해서 성취되는 것이며 '성전'은 무슬림들이 준수해야 할 '믿음의 다섯 기둥' 가운데 하나로 여겨졌다. 만약 '전쟁의 권역'에 사는 무슬림에게 '성전'의 가능성조차 없다면 '移住'하는 길밖에 없고, 그것이 곧 '히즈라'(hijra)였다. 물론 이렇게 될 경우 두 권역 사이에 끊임없는 전쟁이 불가피하기 때문에 샤피이(Shâfi'î)와 같은 율법학파는 '협정의 권역'(Dâr al-Ṣulḥ)이라는 제3의 상태를 인정한다. 그러

39) Ch.Suzuki는 "China's Relation with Inner Asia : The Hsiung-nu, Tibet", *The Chinese World Oder : Traditional China's Foreign Relations*, ed. by J.K.Fairbank(Cambrdige, Mass. : Harvard University Press, 1968 ; 1970 repr.), pp.192-197에서 티베트의 달라이 라마와 만주 황제와의 관계를 'priest-patron'의 관계로 파악했다. 그러나 A.S.Martynov는 *Status Tibeta v XVII-XVIII vekakh v traditsionnoi Kitaiskoi sisteme politicheskikh predstavlenii*(Moskva, 1978), pp.152-155에서 이와 다른 견해를 표명하고 있다.

나 카쉬가리아의 무슬림들은 하나피(Ḥanafî) 학파를 추종했고 거기에서는 이러한 제3의 권역은 인정되지 않았다.[40] 더구나 만주 · 몽골 · 한인들 대다수가 신봉하는 불교는 무슬림의 눈으로 볼 때는 최악의 '우상숭배자'(but-parast)였다. 따라서 이는 '天命'을 받아 보편적 지배를 실현하려는 황제의 이념과 병립되기 어려웠던 것이다.[41]

호자 형제들은 1759년에 피살되고 말았지만 후일 호자 부르한 웃 딘의 아들 사림삭(Sarîmsâq)이 용케 재난을 피해 코칸드 칸국에 은신하고 있다는 사실이 알려지게 되었다. 따라서 1826년 그의 아들 자항기르(Jahângîr)가 카쉬가르를 침공했을 때 주민들이 대거 '성전'의 대열에 참여하여 카쉬가르 · 야르칸드 · 호탄과 같은 대도시를 함락시킨 것은 청조의 신강지배가 본원적으로 안고 있던 문제점이 극명하게 드러난 사건이었다. 즉 신강의 무슬림들은 여건이 허락하기만 한다면 언제든지 '성전'에 뛰어들 준비가 되어 있었던 것이다. 따라서 청의 신강지배 체제는 기본적으로 이러한 문제점에 대한 효과적인 대응을 고려한 것이 되지 않으면 안 되었다.

청조는 신강정복 직후 지역적 · 종교적 특수성을 감안하여 軍政과 民政의 분리정책을 수립했다. 즉 그것은 무슬림들의 반발을 방지하기 위하여 '이교도'인 자신들이 직접 지배의 전면에 나서는 것이 아니라 무슬림 토착관리들이 民政을 담당하되 청의 관리들이 이를 배후에서 통제하는 소위 '以夷制夷'의 간접적 지배였고, 무슬림들이 봉기했을 경우 이를 신속하게 분쇄할 수 있도록 충분한 병력을 배치하고 이들을 전적으로 청조 관리가 장악하는 군

40) M.Parvin & M.Sommer, "Dar al-Islam : The Evolution of Muslim Territoriality and Its Implication for Conflict Resolution in the Middle East", *International Journal of Middle East Studies*, 2(1980), pp.3-5 ; *Encyclopaedia of Islam*(2nd ed.), vol. 2, fasc. 24 & 25 (1961)에 수록된 "Dâr al-Ḥarb" "Dâr al-Islâm" "Dâr al-Ṣulḥ" 등의 항목.

41) 淸朝로부터 俸祿을 받는 무슬림 관리가 황제에게 다해야 할 '鹽의 義務'와 무슬림으로서 이교도에 대해 당위적으로 수행해야 하는 '聖戰' 사이에서 딜레마에 빠져 있는 무슬림의 입장에 대해서는 濱田正美의 「'鹽の義務'と'聖戰'との間で」, 『東洋史硏究』 52-2, 1993, pp.122-148에 잘 서술되어 있다.

사적 지배였던 것이다.

(2) 間接的 支配

청조는 토착무슬림들의 民政을 관할하기 위해 정복 이전부터 존재했던 '벡'(beg)이라는 토착수령층을 활용하여 그들을 중국적인 제도로 편입시키고 이를 伯克官制로 정착시켰다. 伯克, 즉 '벡'이란 몽골어의 '노얀'(noyan) 혹은 페르시아어로 '아미르'(amîr)와 동의어로서, 모굴 칸국의 시대에는 유목부족의 수령들을 지칭하는 투르크어로 중앙아시아에서는 이미 오래 전부터 널리 사용되었다.[42] 그러나 16세기에 들어와 모굴 유목민들이 천산 북방의 초원지대를 상실하고 그 근거지를 타림 분지로 옮긴 이후 정주화가 가속적으로 진행되어, 이미 모굴 칸국이 붕괴하기 이전인 17세기 후반에 과거의 유목수령들은 정주지배층으로 변신했고, 이들은 정주지역의 통치를 위해 기용된 관리들과 함께 새로운 지배층을 형성하게 되었다.[43] '벡'이라는 칭호는 당시 이러한 지배층을 일반적으로 지칭하는 '通稱'으로, 혹은 그 계층에 속하는 사람들의 이름 뒤에 身分을 알리기 위해 부가하는 '敬稱'으로 주로 사용되었기 때문에 하나의 정착된 '官稱'은 아니었다.

이것을 관칭호로 확립시킨 것이 바로 청조였다. 청은 신강정복 직후 조사를 실시하여 직능별로 구분되는 15종의 관칭호를 파악한 뒤 이 칭호 뒤에 일률적으로 '伯克'을 첨가하고, 3품 이하 7품에 이르기까지 品階를 정하여 지위의 고하를 나타냈다. 그리고 우선 清軍을 위해 공을 세운 '著姓回人'들과 적진에 가담하지 않은 사람들의 후손들을 벡으로 발탁하여 임명했다.[44] 이

---

42) K.A.Pishchulina, *Iugo-Vostochnyi Kazakhstan v seredine XIV - nachale XVI vekov* (Alma-Ata, 1977), pp.156-157. G.Clauson과 같은 언어학자는 '벡'이라는 말이 사실은 한자어 '伯'에서 나온 것이라고 주장한다. 그의 *An Etymological Dictionary of Pre-Thirteenth-Century Turkish*(Oxford, 1972), p.322 참조.

43) 嶋田襄平, 「ホーヂャ時代のベク達」, 『東方學』(제3집, 1952), pp.70-74.

44) 佐口透, 『社會史研究』, pp.104-105.

들은 200batman[45]의 토지와 100명의 種地人—燕齊라고도 불렸으며 이는 yänchi를 옮긴 말이다—을 받은 3품 벡에서부터 30batman의 토지와 8명의 種地人을 받은 7품 벡에 이르기까지 청조로부터 品階에 따라 養廉地와 種地人을 지급받았다.

청대에 두어진 벡 관칭호를 조사한 佐口透는 도시의 무슬림 사무를 총괄하는 하킴 벡(ḥâkim beg), 그를 보좌하는 이식아가 벡(ishikaghâ beg), 財庫를 관리하는 하자나치 벡(khazanachi beg), 水利를 담당하는 미랍 벡(mîrâb beg), 이슬람 율법에 따라 재판을 처리하는 카디 벡(qâḍî beg) 등 대체로 직능에 따라 구분되는 35종의 벡 관칭호들을 찾아내었다.[46] 그러나 각종 벡의 명칭이 含意하는 이러한 직능상의 차이는 1829年(道光 9) 이후 실제로 그 의미를 상실하게 되었다. 즉 자항기르의 침입 이후 카쉬가리아 농촌지역에 대한 통제력을 강화하기 위해 벡 관리의 定員은 늘리지 않은 채 도시에 있던 벡들을 村莊으로 移置했는데, 이로써 이들은 村莊에서의 행정 전반을 처리하게 되었지만 여태까지 갖고 있던 직함—예를 들어 미랍 벡, 하자나치 벡, 카디 벡 등—을 그대로 유지하는 경우가 많았다. 따라서 그 후로 벡의 명칭은 직능과 실제적으로 무관하게 되어버렸다.[47]

벡으로 임명된 관리의 정원은 南路가 270명 내외였고, 청정복에 앞서 준가르에 의해 일리 계곡으로 강제 이주되어 농사를 짓게 된 北路의 위구르인들—몽골어로 '耕種人'이라는 뜻을 지닌 '타란치'(taranchi)라는 이름으로 불렸다—을 관리하기 위해 20명 정도의 벡이 추가로 두어졌다.[48] 이들에게 임기가 정해져 있었던 것은 아니지만 그 지위는 세습되지 않았는데, 이는 소수 토착지배층의 수중에 권력이 지나치게 집중되는 것을 막기 위해서였

45) 청대 신강에서 농경지의 크기를 나타내는 단위로, 곡식 5石3斗를 파종할 수 있는 땅이 1 batman에 해당한다.

46) 佐口透, 『社會史硏究』, pp.109-124.

47) 堀直, 「淸朝の回疆統治についての二,三問題」, 『史學雜誌』(88-3, 1979), pp.15-19.

48) 佐口透, 『新疆民族史硏究』(東京, 1986), pp.281-284.

다. 또한 '回避制'를 실시하여 本鄕 이외의 지역에서 근무하도록 규정한 것도 在地土豪의 성장을 예방하기 위한 조치였다.

그러나 3품 벡을 제외하고는 이러한 回避制가 엄격히 적용되지는 않았다. 南路 중요도시에 두어진 하킴 벡들 가운데 상당수는 투르판이나 하미의 郡王家에 속하는 인물들이었는데, 이는 정복시부터 청조에 극히 협조적이었던 이들을 통해 카쉬가리아를 통제하는 동시에 그곳에 독자적인 정치세력의 형성을 저지하기 위함이었다. 이외에도 청조는 고위관리들의 충성심을 고취시키기 위해 3품과 4품 벡들로 하여금 수년에 한 번씩 北京으로 와 황제를 알현하는 '輪班入勤'을 실시했다.[49]

청조는 이들 '벡' 관리들의 업무를 보조하기 위해 '바시'(bashi, 巴什)라는 칭호를 갖는 補助吏들을 두었다. 일본에 소장된 야르칸드 지역의 戶賦冊에 의하면 그곳의 城廂과 소속 大小村莊에 모두 84명의 밍바시(mingbashi, 明巴什 ; '千戶長'을 의미)와 346명의 유즈바시(yüzbashi, 玉孜巴什 ; '百戶長'을 의미)가 배치되어 있음을 보여주고 있다. 전자는 城廂의 各區와 大莊에, 후자는 小莊에 배치되어 있었다. 다만 그 이름이 의미하듯이 반드시 什進制的으로 '千戶'나 '百戶'를 관할했던 것은 아니다. 그들은 벡을 보조하며 징세업무에 종사했던 것으로 보인다.[50] 밍바시와 유즈바시 외에 쾩바시(kökbashi)가 있었고,[51] 준가리아에는 엘릭바시(elligbashi ; '五十戶長'을 의미)와 온바시(onbashi ; '十戶長'을 의미)라는 명칭도 보였다.[52]

이러한 '바시'의 존재는 이미 모굴 칸국 시대의 여러 勅令들에서 보이고

---

49) 回避制와 入勤制의 구체적인 내용은 佐口透, 『社會史硏究』, pp.148-160 참조.

50) 堀直, 「清朝の回疆統治」, pp.19-20. 이 戶賦冊의 정식명칭은 「葉爾羌城莊里數回戶正賦各項冊」으로 東京大學 東洋文化硏究所 大木文庫에 소장되어 있다. 그 내용은 堀直의 「東京大學 東洋文化硏究所藏 『葉爾羌城莊里數回戶正賦各項冊』」, 『甲南大學紀要』(文學編, 51, 1983)에 정리되어 있다.

51) TH/Jarring, 31r-31v ; TH/Baytur, pp.169-170 ; TA/Pelliot, 35r-35v.

52) W. Radloff, *Proben der Volksliteratur der nördlichen türkischen Stämme*, vol. 1, pt. 6 (St. Peterburg, 1886), p.27(text), p.35(translation).

있어[53] 청조의 정복 이후 새로이 형성된 계층이 아니라 전부터 농촌지역에 존재하던 有力者層이었음을 알 수 있다. 그러나 이들은 청조지배하에서 벡처럼 官品을 받지도 않았고 種地와 種地人 등의 특혜도 받지 못한 '補助吏'에 불과했다. 1864년에 무슬림들이 봉기하기 직전에 쿠차의 '바시'들이 '官人'(manṣabdâr)들에게 과도한 세금에 대해 항의했다가 도리어 투옥된 사건은 이들이 벡과는 계층적 이해를 달리했음을 보여주는 좋은 예이다.[54] 한편 '바시'들과는 계층적 성격이 다른 '다루가'(darugha)라는 이름으로 총칭되는 補助吏들이 있었는데, 이들은 관청이나 군대에서 업무수행을 돕는 기능을 했다. tungchi(通事, 즉 통역인), darugha-begi(衙前), mîrâkhûr-begi(馬夫), chäkchi(傳令), bichikchi(書記) 등이 이에 속했다.[55]

청의 신강지배에서 한 가지 주목할 만한 점은 종교적인 문제에 대해서도 간접적인 지배방식을 고수했다는 사실이다. 중앙아시아를 포함하여 이슬람권에서는 律法(sharî'a)을 學習·宣布·執行하는 '울라마'('ulamâ, 즉 學者團)라고 불린 계층이 있었고, 군주도 율법과 관련된 문제들은 이들에게 일임하던 관행을 갖고 있었다. 예를 들어 모굴 칸국의 압둘 카림 칸('Abd al-Karîm Khân ; 1591/92)은 한쪽으로는 아미르(amîr)들을, 다른쪽으로는 카디(qâḍî, 判官)와 무프티(muftî, 法律家)들을 불러놓고 律法(sharî'a)에 관한 것이면 後者가, 慣習法(tûra)에 관한 것이면 前者가 처리하도록 했다고 한다.[56] 이들 학자단은 그들 나름의 위계질서가 있었다. 발리하노프는 1850년대 후반 카쉬가리아에 이들의 지도자인 1인의 '總掌教'(shaykh al-islâm) 휘하에 '大判官'(qâḍî kalân) 2인, '軍判官'(qâḍî 'askar) 1인, '監督'(ra'îs) 1인, 그리고 여러 명의 '高等判官'(qâḍî quḍât), '學者'(a'lam), '軍檢察官'(muftî

53) 이러한 칙령의 한 예는 G.Raquette, *Eine kaschgarische Wakf-Urkunde aus der Khodscha-Zeit Ost-Turkestans*(Lund, 1930)에서 볼 수 있다.

54) 이에 관해서는 본서 1장 4절의 내용을 참조하시오.

55) "O sostoianii Altyshara", p.172.

56) Maḥmûd Churâs의 『編年史』(O.F.Akimushkin, *Khronika*, Moskva, 1976), 49r.

al-'askar) 등이 있었고, 그 아래에는 일반판관과 검찰관들이 있었다고 기록하고 있다.[57)]

물론 이러한 직책을 갖는 종교인들은 청지배 이전부터 존재했었지만, 청조 역시 종교적인 문제나 訴訟에 대해서는 가능하면 개입하지 않고 무슬림들의 손으로 해결하도록 했고, 이를 위해 벡관리들 가운데 일종의 法官이라 할 수 있는 카디 벡(qâḍî beg ; 정원 26명)을 두어 '詞訟'과 '刑名事務'를 관장토록 했고, 무흐타십 벡(muḥtasib beg ; 5명)을 두어 經典을 가르치고 風俗·敎化를 담당하도록 했다.

청조는 이러한 간접적 지배방식으로 신강 무슬림 사회의 일부 지배층을 親淸勢力으로 만드는 데에는 성공했지만, '세금을 납부하는' 평민들(albankash)은 二重의 支配層을 갖게 된 셈이었다. 따라서 무슬림 대중들의 불만이 높아졌을 때 토착지배층은 이것을 수용할 입장이 못 되었고 신강 무슬림 사회가 위기에 처했을 때에도 變革을 주도하는 세력이 될 수 없었다. 따라서 이러한 변혁의 주도권은 자연 종교인들 가운데 청조와 타협하지 않은 세력, 즉 수피 장로들의 손으로 넘어가게 된 것이다. 1820년대 자항기르의 침입 이래 청조의 신강지배에 가장 큰 도전이 바로 이들 수피 장로, 그 중에서도 청조와 끝까지 타협하지 않았던 白山黨系 長老들에 의해 계속 제기된 까닭도 바로 여기에 있었다.

(3) 軍事的 支配

청의 신강지배의 군사적 성격은 무엇보다도 먼저 '軍府制'에서 드러난다. 신강 전역은 천산산맥을 중심으로 北路·南路·東路의 세 부분으로 나뉘었고 이들은 모두 일리(伊犁)에 있던 將軍府의 통제를 받았다. 일리에 주둔하

---

57) "O sostoianii Altyshara", p.181. 같은 글, pp.172-173도 참조. qâḍî는 소송에 대해 법률적 결정을 내리는 사람이며, muftî는 fatvà, 즉 중요한 문제에 대한 법률적 의견을 제출할 수 있는 사람을 지칭한다.

는 將軍 이하 각지에 파견된 大臣들(參贊大臣 · 領隊大臣 · 協辦大臣)은 內地와는 달리 대부분이 軍官들이었다. 北路는 일리와 타르바가타이(塔城)의 두 地區로 나뉘었고, 南路는 東四城 — 우쉬(烏什) · 악수(阿克蘇) · 쿠차(庫車) · 카라샤르(喀喇沙爾) — 과 西四城 — 카쉬가르(喀什噶爾) · 양기히사르(英吉沙爾) · 야르칸드(葉爾羌) · 호탄(和闐) — 등 '八城'으로 구성되어 카쉬가르의 參贊大臣의 일차적인 지휘를 받으며 최종적으로 일리 장군의 통제를 받았다. 東路는 최고 지휘관인 우룸치(烏魯木齊) 都統이 軍制上으로는 일리 장군의 지휘를 받지만 民政上으로는 陝甘總督의 결재를 받는다는 점에서 南路나 北路와는 구별된다.[58] 이것은 東路가 內地와 지리적으로도 가까울 뿐 아니라 청의 신강정복시 가장 먼저 자발적으로 歸附했다는 정치적인 고려도 있었기 때문인 듯하다. 우룸치 · 바르쿨 등지에 예외적으로 郡縣이 두어진 곳이 있었다든가, 하미와 투르판에 札薩克(Jasaq) 郡王領이 두어진 것[59]도 바로 東路의 이러한 특수성 때문이었다.

將軍 이하 各級 大臣에 이르는 고위관리들은 대부분이 八旗에 속하는 만주 · 몽골인들이었다. 1760년에서 1874년까지 신강에 파견되었던 235명의 고관들의 민족별 배경을 조사한 결과에 의하면 '漢人일 가능성이 있는' 5명(2.1%)을 제외하고는 모두 非漢人이었다.[60] 1884년 建省 이전에 신강에 근무했던 고관 619명의 배경을 조사한 또 다른 연구도 滿洲 76.6%, 蒙古 9.4%, 漢人 2.2%, 未詳 11.8%의 분포를 보이고 있어 위의 결과와 거의 일치하고 있다.[61] 이러한 漢人忌避政策은 신강 재정복에 공을 세운 漢人 劉錦棠을 建省과 함께 1884년 初代 甘肅新疆巡撫로 임명함으로써 비로소 무너지게

58) 羽田明, 『中央アジア史研究』, p.74.

59) 曾問吾, 『中國經營西域史』(上海, 1936 ; 1986 重印), pp.301-302.

60) Wen-djang Chu, *The Moslem Rebellion in Northwest China 1862-1878 : A Study of Government Minority Policy*(The Hague : Mouton, 1966), pp.178-181.

61) 林恩顯, 『清朝在新疆的漢回隔離政策』(臺北 : 商務印書館, 1988), p.128. 清代 新疆各地 관리들의 명단과 재임기간은 胡正華 主編, 『新疆職官志 : 1762-1949』, 新疆維吾爾自治區人民政府辦公廳, 1992에 상세히 나와 있다.

되었다.

신강지배의 군사적 성격을 말해주는 또 다른 측면은 '防兵制'이다. 신강에 주둔하는 병사들은 주둔방식에 따라 携眷, 즉 가족을 동반하고 정착해 사는 駐防兵과, 單身으로 일정 기간(3-5년)만 근무하다가 本隊로 돌아가는 換防兵으로 구분되었다. 또한 兵力의 種類에 따라 滿·蒙人으로 구성된 八旗兵과 漢人으로 구성된 綠旗兵, 그리고 기타 만주와 몽골 지방에서 이주해온 시보(錫伯)營, 솔론(索倫)營, 다구르(達呼爾)營, 차하르(察哈爾)營이 있었다.[62] 北路와 東路에는 주로 駐防兵이 배치된 것에 비하여 南路에는 모두 換防兵만이 파견되었고, 南路의 換防兵은 대부분 陝甘內地와 우룸치에서 分撥된 綠旗兵이었지만 카쉬가르·야르칸드·양기히사르에는 일리에서 파견된 약 500명의 八旗兵도 배치되어 있었다.[63] 이들의 숫자는 시기에 따라 약간씩 변화하긴 했지만, 乾隆年間의 경우를 보면 신강 전역에 배치된 防兵의 총수는 약 3만 명으로서, 이 가운데 北路에 1만 6300명(54%), 東路에 7400명(25%), 南路에 5000-6000명(17-20%) 정도가 주둔하고 있었다.[64]

그런데 신강에 주둔하던 청의 병력수는 그 후 상당한 증가를 보였다. 우선 南路 換防兵의 경우 원래 6000여 명 수준이었던 것이 1832년경에는 1만 수천 명이 되었다는 기록이 있으며,[65] 魏源 역시 유숩의 침공 이후 西四城에는 전부터 주둔하던 6000명 이외에, 일리에서 騎兵 3000, 陝甘에서 綠營兵 4000을 추가로 파병하여 주둔시켜 新舊兵力이 1만 2000명이 되었으며, 이외에도 악수와 우쉬에 각각 1000명씩 있다고 했다.[66] 이는 1858-59년 카쉬가리아를 조사하여 당시 '알티샤르'(Altishahr ; '六城')에 주둔하는 병력을 1만 5000명으로 본 발리하노프의 기록[67]과 거의 일치하고 있다. 또한 1853년 戶

62) 羽田明, 전게서, pp.75-76.
63) 魏源, 『聖武記』 上, pp.159-160.
64) 林恩顯, 『清朝在新疆的漢回隔離政策』, pp.129-131.
65) 『清實錄』 道光 12年 2月 乙巳.
66) 『聖武記』 上, p.195.
67) "O sostoianii Altyshara", p.175. 그는 또 p.161에서 南路에 주둔하는 '中國駐屯兵'(Kitaiskie

部의 上奏에서 '南北兩路의 駐兵이 4만여 명'[68]이라고 한 것으로 보아 北路의 兵數도 증가한 것이 확실하며, 여기에 東路의 병력까지 합하면 거의 5만 명에 이르렀던 것으로 추측된다.

南路의 換防兵이 증가하게 된 계기는 1826년 자항기르의 침입사건이었다. 청조는 이를 막기 위해 3만 6000명이라는 대규모 군대를 파견했고 작전이 끝난 뒤에도 1만여 명이 그대로 잔류하게 된 것이다. 그 전에는 위구르인들이 집중적으로 거주하던 南路에 현지민과의 마찰이 일어나지 않도록 최소한의 병력만, 그것도 현지민과 격리된 '滿城'에 따로 주둔시켰고, 주력부대는 北路와 東路에 배치하여 만약의 사태가 발생하면 일리나 우룸치에서 신속하게 병력을 파견한다는 생각이었다. 그러나 자항기르의 침입사건으로 말미암아 南路 주둔군의 취약성이 여지없이 드러났을 뿐 아니라, 일단 카쉬가리아의 중요도시들이 함락되면 일리나 우룸치의 원병만으로는 사태를 해결하기가 힘들었다. 따라서 內地에서 大軍을 증파해야 하는데, 반란소식을 접한 뒤 蘭州에서 군대를 조직하여 카쉬가리아에 도착할 때까지는 6개월이나 소요되었다.[69] 결국 이러한 문제점 때문에 청조는 南路 換防兵을 늘릴 수밖에 없었던 것이다.

청이 신강을 정복한 직후 수립한 기본정책 중의 하나는 '量入爲出'이었지만 이것은 거의 실현 불가능한 원칙이나 마찬가지였다. 정복 직후인 1761년 말 軍機大臣이 乾隆帝에게 보고한 내용에서 신강에 주둔하는 1만 7000여 명의 馬·步兵이 필요로 하는 식량은 신강내 屯田에서 생산되는 것으로 충당하지만 그들에게 주어지는 봉급(鹽菜銀) 33만 3400餘兩 가운데 5만 8000餘兩만이 신강의 賦稅로 충당하고 나머지 27만 5000餘兩은 內地에서 보충해주고

garnizony)이 카쉬가르 5500명, 야르칸드 2200명, 호탄 1400명, 악수 600명, 투르판 800명(총 1만 500명)이라고 했는데, 여기에는 東路에 속하는 투르판은 포함되어 있지만 南路八城 가운데 양기히사르, 우쉬, 쿠차, 카라샤르가 빠져 있다.

68) 『淸實錄』 咸豐 元年 4月 癸巳.

69) Ch.Ch.Valikhanov, "O sostoianii Altyshara", p.176.

있었음이 확인된다.[70] 그 후 거듭된 호자들의 침입에 대비해 청군의 숫자가 늘어났기 때문에 필요한 경비가 더 늘어난 것은 당연했다. 1853년에는 신강의 南北兩路에 주둔하는 4만여 명의 병사를 유지하기 위한 歲需經費가 140-150萬兩에 이르렀다는 기록이 보이고,[71] 魏源은 內地 各省에서 신강으로 송부하는 경비는 180萬兩에 이른다고 지적했다.[72] 더구나 증가된 南路 換防兵들의 상당수가 陝甘地域에서 파견되어왔고 이들에게 봉급과 식량은 물론이지만 任地로 왕래할 때 장비·상여금·여비도 지급해야 했기 때문에 많은 부담을 안겨주었다.[73] 자항기르 사건 이후 급격히 증대된 軍餉을 충당하기 위하여 南路 各地의 隱田이나 私墾地를 조사하기도 했고 漢人 屯田을 실시하기도 했으나 기대만큼의 성과를 거두지는 못했다.[74] 결국 신강의 경비는 신강에서의 稅收와 내지로부터의 補助金에 의존할 수밖에 없었는데, 1840년대에 들어와 아편전쟁 이후 폭증한 軍費로 인해 내지에서조차 보조금을 보내줄 수 없게 되자 신강의 稅收는 늘어날 수밖에 없었고, 이는 곧 신강 무슬림들의 사회경제적 상황을 악화시키는 결과를 초래했던 것이다.

3. 코칸드 칸국의 干涉

(1) 淸·코칸드의 初期接觸

코칸드 칸국이 서투르키스탄의 세 칸국의 하나로 성장하는 기틀을 닦은

70) 『欽定平定準噶爾方略』, 「續編」 卷15, 1r-2r.
71) 『淸實錄』 咸豐 3年 4月 癸巳.
72) 『聖武記』 卷11, p.487.
73) 『淸實錄』 道光 12年 2月 乙巳.
74) 佐口透, 『社會史硏究』, pp.233-260 ; V.S.Kuznetsov, *Ekonomicheskaia politika Tsinskogo pravitel'stva v Sin'tsiane*(Moskva, 1973), pp.42-88.

것은 청의 신강정복이 있기 직전인 1740년대의 일이었다. 무슬림 사료들은 코칸드 칸국 건설의 시작을 16세기 중반경 우즈벡의 一支인 밍(Ming) 부족에 속하는 알툰 비식(Altun Bishik ; '황금요람')이라는 인물에서 찾고 있으나 당대의 역사자료에서 그의 존재를 실제로 확인하기는 어렵다.[75] '알툰 비식'의 후손들은 그 후 약 2세기에 걸쳐 훼르가나 계곡에 자리잡은 유목 밍부족의 수령으로 '비이'(bî)[76]라는 칭호만을 갖고 지냈던 것으로 보인다. 이들이 어떤 과정을 통해 정치권력을 강화해 나갔는지 그 내부적인 사정을 알기는 어려우나, 1740년 서투르키스탄 전역을 뒤흔들어놓은 커다란 정치적 변동이 그 계기가 되었던 것으로 보인다. 즉 그해에 부하라 칸국과 히바 칸국은 아프간 출신의 나디르 샤(Nâdir Shâh ; 1747년 사망)의 침공을 받아 그에게 복속하게 됨으로써 정치적 권위를 상실하게 되었고,[77] 이는 여태까지 부하라 칸국에게 복속하던 밍부족의 수령들로 하여금 정치적인 독립을 꾀할 수 있는 기회를 부여해준 것이다. 압둘 카림 비이('Abd al-Karîm Bî ; 치세 1733/34-1750/51)는 사마르칸드와 부하라가 나디르 샤에 의해 함락되던 1740년에 舊城(Eski Qurghan)이라는 곳에 새로운 성채를 건설했고 이는 그 후 코칸드(Khoqand)라는 이름으로 불리게 되었다.[78] 그가 1745년 준가르의 군주 갈단 체렝이 보낸 사신들을 살해한 것도 밍부족의 정치적 성장을 반영해주고 있다.[79]

1750년대에 준가르를 무너뜨리고 천산산맥의 남북을 모두 정복한 청조는 西隣의 카자흐·키르기즈는 물론 코칸드와도 직접적인 접촉을 갖게 되었다. 최초의 접촉은 청군을 지휘하던 장군 兆惠가 카쉬가리아에서 쫓겨난 호자

---

75) V.Nalivkin, *Kratkiia Istoriia Kokandskago Khansva*(Kazan, 1886), pp.4-6 ; A.Dozon의 佛譯本 *Histoire du Khanat de Khokand*(Paris, 1889), pp.61-64.

76) bî 혹은 bii는 beg과 어원을 같이하며 모두 '수령'을 뜻한다. 현대 터키어에서 'Mr.'의 뜻으로 사용되는 bey도 동일한 어원에서 나왔다.

77) L.Lockhart, *Nâdir Shâh*(London, 1938), pp.185-196.

78) V.Nalivkin, *Kratkiia istoriia*, p.59.

79) 潘志平, 『中亞浩罕國與淸代新疆』(中國社會科學出版社, 1991), pp.41-42.

형제들의 도주로를 차단하기 위해 1759년 자신의 侍衛를 코칸드의 이르다나 벡(Irdana Beg 혹은 Erdeni Beg, 額爾德尼伯克 ; 치세 1751-70), 마르길란(Marghilan)·안디잔(Andijan)·나망간(Namangan) 등지와 키르기즈의 에디게네(Edigene, 額德格納) 부족의 수령인 핫지 비이(Ḥâjjî Bî, 阿濟畢)에게 사신으로 보낸 것이었다. 이에 대해 이르다나와 핫지 비이 등은 "부하라 以東에 있는 우리들 21만 인은 모두 〔황제의〕 臣僕"임을 인정하는 서한을 보내왔다.[80] 그러나 이것만으로 코칸드가 청조에 대해 정치적인 복속을 표명했고 그럼으로써 '藩屬朝貢關係'가 성립된 것이라고 보기 힘들다는 사실은 코칸드가 그 직후에 취했던 태도를 통해 분명히 드러나고 있다. 청조 이전의 여러 중원 왕조들과 '조공관계'를 맺었던 서투르키스탄의 국가들처럼 코칸드 역시 자국의 경제적 실리를 위하여 청이 요구하는 정치적 명분을 수용한 것에 불과했기 때문이다.

1760년 11월 두 명의 코칸드 사신이 카쉬가르를 방문하여 가축판매시 商稅를 면제해줄 것을 요청했으나, 청조는 사신들의 경우에만 상세의 면제를 허락하고 다른 상인들에게는 이를 불허했는데,[81] 이는 카쉬가리아와의 교역을 둘러싸고 양측의 이해가 충돌할 가능성을 시사하는 것이었다.

2년 뒤인 1762년 코칸드와 청조간에 일종의 '힘겨루기'라고 할 만한 사건이 발생했다. 그해에 이르다나는 훼르가나 지방에서 가장 동쪽에 위치하여 카쉬가리아와 접경하는 오쉬(Osh)라는 도시를 공격하여 전술한 키르기즈의 수령 핫지 비이의 손에서 이를 빼앗아버렸다. 이에 핫지 비이는 청조측에 요구하기를, 이르다나에게 압력을 가하여 그 도시를 자기에게 되돌려주도록 해달라고 했고, 청은 이르다나에게 그렇게 하기를 종용했으나 이르다나는 이를 완강히 거부했을 뿐 아니라, 1763년 청조에 答信을 보내 스스로 '칸'을 칭하고 '카쉬가르嶺', 즉 테렉 다반(Terek Daban)을 양국의 경계로

80) 『清實錄』 乾隆 24年 9月 庚申 ; 『準噶爾方略』, 正編, 卷78, 10v-13v ; 卷82, 5r-6r.
81) 『準噶爾方略』, 續編, 卷7, 13r-15v.

하자는 제의를 하기에 이르렀다.[82] 그가 이러한 태도를 취했던 것은 카쉬가르의 이식아가 벡이었던 압둘 라힘('Abd ar-Rahîm, 阿布都喇伊木)이 1762년 겨울 비밀리에 그에게 서한을 보내 청이 코칸드에 대해 군사적 행동을 취하지 못하리라는 것과 만약 코칸드가 카쉬가르를 공격하면 자신이 이에 내응하겠다고 통고한 것[83]과도 무관하지 않았던 것으로 보인다.

뿐만 아니라 청의 신강정복에 대응하여 당시 西隣의 무슬림 세력들이 아프간 두라니(Durani) 朝의 군주 아흐마드 샤(Aḥmad Shâh ; 1773년 사망)의 주도하에 반청 무슬림 연합전선을 모색하고 있었던 점도 코칸드의 강경입장을 부추겼을 것이다. 발리하노프의 기록에 의하면 1762년 코칸드와 타쉬켄트를 지배하던 이르다나 비이, 호젠트와 우라테페를 지배하던 파질 비이(Faḍîl Bî), 카자흐의 술탄 등이 아흐마드 샤에게 편지를 보내 "불신자의 공격으로부터 무슬림 세계를 구원"해달라고 요청했으며, 1763년 봄에는 아프간의 군대가 코칸드와 타쉬켄트 사이에 배치되었고, 아흐마드 샤는 무슬림권 전역에 '성전'(ghazât)을 촉구하는 사신을 보냈다고 한다. 발리하노프는 카쉬가리아의 우쉬(Ush) 주민들이 1765년 반란을 일으킨 것도 바로 무슬림권의 지원을 기대했기 때문이라는 매우 흥미있는 해석도 덧붙이고 있다.[84]

그런데 그의 이 같은 기록은 당시 러시아측의 보고와도 거의 일치하고 있다. 즉 이에 의하면 이르다나가 카자흐의 술탄 아블라이(Ablai)에게 서한을 보내 아흐마드 샤의 사신이 코칸드를 방문했다는 사실과 만약 청조가 코칸드를 공격할 경우 아흐마드 샤가 도울 것에 합의했다는 사실을 알렸으며, 1764년 1월 오렌부르그(Orenburg)를 방문한 호젠트의 한 상인도 아흐마드 샤가 청과의 전쟁이 일어날 경우를 대비하여 10만 명의 군대를 모아 칸다하

82)『準噶爾方略』, 續編, 卷19, 22r-22v.

83)『準噶爾方略』, 續編, 卷26, 4v-6v.

84) "O sostoianii Altyshara", p.137. Cf. V.C.Kuznetsov, "Imperiia Tsin i musul'manskii mir", *Tsentral'naia Aziia i sosednie territorii v srednie veka*(ed. B.E.Larichev ; Novosibirsk, 1990), pp.107-108.

르(Kandahar)의 북쪽에 집중배치해 놓았다고 진술했다는 것이다.[85] 당시 청의 조정도 무슬림권의 이러한 動靜에 대한 보고를 받고 있었는데, 다만 아프간이 병력을 동원하여 '부하라를 공격하려 한다'고 이해했던 것 같다.[86] 물론 '팽창정책'을 추구하던 아흐마드 샤[87]가 이교도에 대한 성전을 구실로 내세우고 청측의 기록처럼 실제로는 부하라 침공을 의도했을 가능성도 배제할 수 없다. 그러나 아프간과 부하라 등의 무슬림 군대가 1765년 바닥샨을 침공하여 일찍이 호자 형제를 살해하여 청조를 도와준 술탄 샤를 죽여 그 보복을 한 것이라든지, 아흐마드 샤가 1761년 인도를 공격하여 비무슬림 세력을 격파한 예[88]를 볼 때, 실제로 청조에 대한 군사적 기도를 했을 가능성이 매우 높았던 것으로 보인다.

무슬림 국가들의 '공동전선'은 아프간 내부사정의 악화와 중앙아시아 무슬림 세력들의 분열로 인해 구체적인 성과를 거두지 못하고 무위로 끝나고 말았지만, 이 과정에서 드러난 코칸드측의 태도는 코칸드가 앞으로 단순히 청의 '조공국'으로 만족하지 않을 것임을 충분히 예상케 하는 것이다. 뿐만 아니라 일반적으로 코칸드에서 '칸'의 칭호를 처음으로 취한 인물이 알림 칸('Alîm Khan)이었던 것으로 알려져 있지만,[89] 전술했듯이 코칸드의 지배자들 가운데 처음으로 '칸'을 칭한 사람은 바로 이르다나였고 그것이 설사 청조에 대한 외교적 시위였다고 하더라도 이는 당시 코칸드측의 정치적 자신감을 반영하는 것이라고 할 수 있다.

---

85) Gurevich, *Mezhdunarodnye otnosheniia*, pp.194-196.

86) 潘志平, 『中亞浩罕國』, pp.52-53.

87) V.Gregorian, *The Emergence of Modern Afghanistan*(Stanford : Stanford University Press, 1969), p.49.

88) A.Ahmad, *Studies in Islamic Culture in the Indian Environment*(Oxford : Oxford University Press, 1964), pp.208-209.

89) Nalivkin, *Kratkiia istoriia*, p.76 ; V.A.Romodin, "Some Sources on the History of the Farghânah and the Khôqand Khânate(16th to 19th cc.) in the Leningrad Mss. Collection", *XXV International Congress of Orientalists : Papers Presented by the USSR Delegation*(Moskva, 1960), p.18.

이르다나의 叔侄인 나르부타(Narbuta ; 치세 1770-1798/99)의 치세에 코칸드 칸국은 나망간, 안디잔, 쿠람마(Kuramma) 등지를 영역 안에 편입하고 경제도 발전했다. 청조는 나르부타와 비교적 우호적인 외교관계를 유지했지만, 청조가 신강정복에 완강히 저항했다가 죽음을 당한 호자 부르한 웃딘의 아들 사림삭의 반환을 요구하면서 이것이 양측 사이에 새로운 외교적 걸림돌로 떠올랐다. 청이 사림삭의 생존을 알게 된 것은 1761년의 일이었지만, 1784년에 가서야 비로소 사림삭이 성년이 되어 카쉬가리아의 무슬림 지도층 인사들에게 비밀리에 서신을 전달하고 '銀物을 科斂'했다는 사실을 알게 되었다.[90] 청조는 즉각 사림삭의 생존과 카쉬가리아와의 연락이 장차 어떠한 위험성을 내포하는지를 깨닫고 나르부타에게 당시 코칸드 영내에 거주하고 있던 사림삭을 반환할 것을 요구했다. 그러나 나르부타로서는 聖者의 후예이자 무슬림 대중의 열렬한 종교적 숭배대상인 '호자'의 신분에 있는 사람을 잡아서, 그것도 이교도에게 넘겨준다는 것은 종교적으로나 정치적으로 너무나 위험한 일이었다. 청조는 나르부타에게 선물을 주기도 하고 혹은 코칸드 상인의 출입을 금하여 압력을 가해보기도 했으나, 그의 마음을 돌리는 데 실패했다.[91]

코칸드는 1785-1792년간 캬흐타의 露·淸 변경시장이 폐쇄된 것을 이용하여 중국의 물품을 사서 러시아에 파는 중개무역을 통해 많은 이익을 챙겼고, 이에 따라 밀무역이 성행하면서 나르부타 치세의 말년이 되면서 청과 코칸드의 이해가 날카롭게 충돌하기 시작했다. 이는 코칸드 상인에 대한 여러 종류의 제약을 낳게 했고, 심지어 청조는 카쉬가리아의 여자와 코칸드인과의 혼인도 금지했다.[92]

나르부타 뒤를 이은 알림 칸(치세 1799-1809)과 우마르 칸('Umar Khan

90) 佐口透, 『社會史硏究』, pp.97-98.

91) V.S.Kuznetsov, *Tsinskaia imperiia na rubezhakh Tsentral'noi Azii(vtoraia polovina XVIII - pervaia polovina XIX v.)*, Novosibirsk, 1983, pp.59-60.

92) 같은 책, p.60.

: 치세 1809-1822)의 치세에 코칸드 칸국은 급속한 팽창과 번영을 누리기 시작했다. 서남쪽으로 우라테페(Uratepe)를 장악하고 서북쪽으로는 타쉬켄트와 투르키스탄을 편입시킴으로써 칸국의 영역은 거의 배증했다.[93] 새로 편입된 지역들은 북으로는 러시아, 남으로는 부하라 칸국을 연결하는 국제 교역로의 길목에 위치에 있었기 때문에 코칸드로서는 경제적인 측면에서 매우 중요한 의미를 지녔다. 코칸드 상인들이 카쉬가리아를 근거로 교역에 종사했던 것은 당연한 일이었다. 심지어 사신들도 '조공'을 칭하며 入覲했지만 실은 교역에 더 큰 관심이 있었다. 우마르 칸의 시대인 1810년 하미에 도착한 코칸드의 사신단이 갖고 온 화물이 너무 많아 軍초소에서 88輛의 수레를 빌려서 실을 정도였다고 한 보고는 이를 잘 말해주고 있다.[94]

코칸드 칸국의 정치적 성장과 카쉬가리아 무역의 증대는 양측의 첨예한 이해충돌을 야기하게 되었고 이는 이미 알림 칸의 시대부터 나타나기 시작했다. 코칸드측의 사료인 『샤루흐의 歷史』(*Tavârîkh-i shahrukhiyya*)는 다음과 같이 기록하고 있다.

> 조상 때부터 중국의 황제에게 충성과 복속을 해오던 카쉬가르의 '七城'(haft kishvar)의 지도자들(valiyân)은 몇 해 전부터 〔황제에게〕 자신들이 복속해 있다는 사실을 고려하거나 준수하지도 않고 복속의 머리를 돌리고 예절의 손을 공손한 가슴에 얹지도 않았다. 〔그들은〕 우리의 용맹한 명령 가운데 티끌만한 것이라도 어기지 않고 '七城'(haft shahr)의 안디잔 사람들(Andijânî)에 대한 지배권을 우리의 손에 위임했다. 이밖에도 매 년 〔그곳〕 각 지역의 수령들은 그 지방의 생산물에 상응해서 자신들이 믿을 만한 大人들을 사신으로 보내 헌물과 공납(pîsh-kash va târtûq)의 형태로 선물을 바치고 문안을 여쭙고 있다.[95]

93) 이 시기 코칸드 칸국의 팽창에 대해서는 *Istoriia Kirgizskoi SSR*, vol. 1(Frunze, 1984), pp.490-499 ; A.Kh.Khasanov, *Narodnye dvizheniia v Kirgizii v period Kokandskogo khanstva*(Moskva, 1977), pp.25-31을 참조하시오.

94) 佐口透, 『社會史研究』, p.350.

95) *Tavârîkh-i shahrukhiyya*는 Mullâ Niyâz Muḥammad b. Mullâ 'Ashûr Muḥammad

청조가 코칸드측의 이러한 주장처럼 카쉬가리아에 머무는 '안디잔인', 즉 코칸드 출신 사람들에 대한 통제권을 완전히 포기하고 카쉬가리아의 수령들이 코칸드로 매년 '헌물과 공납'을 보내는 것을 허용했다고 보기는 어렵지만, 당시 청측의 자료들은 위의 주장에 전혀 근거가 없지는 않음을 보여주고 있다. 예를 들어 알림 칸은 카쉬가르로 들어가는 코칸드 상인들의 화물에 대해 청조측에 전액면세를 요청했다가 반액면세를 인정받기도 했고, 이러한 면세요청을 카쉬가리아의 하킴으로 하여금 자기 대신 주장토록 하기도 했으며, 카쉬가르에 주재하는 코칸드 상인의 대표 — '후다이다'(huda-i da)[96] — 에게 서신을 보내 재화도 요구했던 것으로 알려졌다.[97] 심지어 알림 칸은 청의 조정에 보낸 서신에서 황제를 '친구'(dust)라고 불러 청측으로부터 "外夷恭順之道에 속하는 것이 아니다"라고 배척받기도 했다.[98]

코칸드와 카쉬가리아 사이의 교역량이 팽창하고 많은 수의 코칸드 상인들이 카쉬가리아의 여러 도시에 거주하게 되자, 알림 칸의 뒤를 이은 우마르 칸은 1813년 청조의 인가를 받아 배치했던 코칸드 상인들의 대표 '후다이다'를 폐지하는 대신 코칸드의 군주가 임명하는 '카디 벡'(qâḍî beg)을 두어 그를 통해 코칸드 출신 상인들을 감독하고 징세할 수 있도록 해달라고 요구했다.[99] 이는 사실상 코칸드측의 치외법권적 지위를 인정하는 것이기 때문에 청조로서는 받아들일 수 없었다. 우마르 칸은 1817년 동일한 요구를 다시 제출했지만 이 역시 거절당했다. 1820년에 그는 '카디 벡'이라는 명칭을

Khôqandî가 쓴 역사서로서 1885년 Pantusov에 의해 Kazan에서 인쇄본이 출판되었다. Pantusov는 書名을 *Tâ'rîkh-i Shahrukhî*라고 달았지만 原題名이 *Tavârîkh-i shahrukhiyya* 임은 p.24에 "*Tavârîkh-i shahrukhiyya nâm nihâde*"라는 구절에서 확인된다. 동투르키스탄에 관한 부분은 T.K.Beisembiev, "Ta'rikh-i Shakhrukhi o Vostochnom Turkestane", *Iz istorii Srednei Azii i Vostochnogo Turkestana XV - XIX vv.* (Tashkent, 1987)을 참고하시오.

96) 이 말은 '商頭'를 의미하는 滿洲語이다. J. Fletcher, "Ch'ing Inner Asia C. 1800", p.89.

97) 佐口透, 『社會史硏究』, pp.386-388.

98) 潘志平, 『中亞浩罕國』, pp.83-84.

99) J. Fletcher, 전게논문, p.89.

'악사칼'(aqsaqal, '흰 수염'이라는 뜻으로 耆老를 의미)로 바꾸어 다시 요청했지만, 청조는 이것도 받아들이지 않았다. 그러나 청은 나중에 우마르 칸이 비밀리에 이미 악사칼을 배치해놓았음을 알게 되었다.[100)]

이렇게 카쉬가리아를 둘러싼 코칸드와 청조와의 이해충돌, 즉 카쉬가리아와의 무역 또는 그곳을 통한 중국과의 무역을 통해 보다 많은 이익을 거두고자 했던 코칸드측과 '조공국'에 불과한 코칸드에게 교역상의 특권을 인정하기를 거부했던 청조와의 대립은 결국 무력충돌로 발전하게 된다.

(2) 호자들의 侵攻과 코칸드 칸국

자항기르(1790-1828)는 부르한 웃 딘의 아들인 사림삭의 아들이었다. 이들 백산당계 호자들은 서투르키스탄으로 도주해온 뒤에도 카쉬가리아에 대한 자신들의 지배권을 포기하지 않았고 이교도 중국에 대한 '성전'을 통해 이를 되찾으려는 꿈을 버리지 않았다. 우마르 칸은 자항기르가 카쉬가리아를 침범하지 못하도록 자신의 감시하에 두고 이에 대한 대가로 청으로부터 일정한 액수의 보상을 받았던 것으로 보인다.[101)] 자항기르는 1820년 우마르 칸에게 카쉬가르에 대한 '성전'을 제의했으나 이것이 받아들여지지 않자, 그해 여름 카쉬가르 북변의 산지로 가서 그곳에 있는 사약(Sayaq) 部와 총 바기시(Chong Baghish) 部 등 키르기즈인들의 지원을 구해 그는 수란치(Suranchi, 蘇蘭奇)라는 인물이 이끄는 키르기즈 유목민 300여 명과 함께 카쉬가르 변경을 침입했지만[102)] 청군에 의해 격퇴되고 말았다. 그러나 이것은 앞으로 있게 될 보다 대규모의 본격적인 침입의 전주곡에 불과했다.

1822년 우마르 칸의 뒤를 이어 그의 아들인 무함마드 알리(Muḥammad 'Alî, 혹은 줄여서 Madalî라고도 부른다. 치세 1822-42)가 칸이 되었다. 그해

100) 佐口透, 『社會史硏究』, pp.389-392.
101) Naliykin, *Kratkiia istoriia*, p.109.
102) 『欽定平定逆裔方略』 卷1, 1r-2r.

여름 대지진이 훼르가나 지역을 강타하며 혼란스러워지자 자항기르는 그 틈을 타서 감시의 눈을 벗어나 알라이(Alai) 산지로 도주하여 그곳의 키르기즈인들에게로 피신했다.[103] 2년 동안 그곳에 숨어 살던 자항기르는 1825년 수백 명의 키르기즈인들을 다시 규합하여 카쉬가르를 공격했는데, 이 역시 실패로 끝나고 말았다. 청조는 자항기르의 근거지를 소탕하기 위해 나린(Narin) 강 부근으로 소규모 군대를 파견했으나 도리어 키르기즈인들에게 습격받아 거의 전멸하고 말았는데, 이는 오히려 자항기르를 추종하던 무리의 사기를 크게 높여주는 결과를 초래했다.[104] 자항기르는 1825년을 카쉬가리아 각지에 자신의 밀사를 보내 그곳의 추종자들과 접촉하고 전쟁에 필요한 자금을 모금하는 등 카쉬가르 침공을 위한 준비로 분주하게 보냈다.[105]

1826년 마침내 그는 주로 키르기즈인들로 구성된 추종자들을 데리고 안디잔의 하킴을 지냈던 이사 다드하('Îsâ Dâdkhwâh)에게 지휘를 맡겨[106] 카쉬가르 근교에 있던 아르투쉬(Artush)로 들어왔고, 그곳에 있던 사툭 보그라 칸(Satuq Boghra Khan)의 성묘를 참배함으로써 침공을 시작했다.[107]

---

103) *Muntakhab at-tavârîkh*, 340r-340v ; Nalivkin, *Kratkiia istoriia*, p.126. 전자의 기록에 의하면 자항기르는 무함마드 알리 칸 즉위 직후에도 탈출을 시도했다가 실패한 적이 있다. *Muntakhab at-tavârîkh*(『選史』)의 저자는 Ḥâjjî Muḥammad Ḥakîm valad-i Ma'ṣûm Khân으로, 필자는 본서에서 러시아 페테르부르그 사회과학원에 소장된 사본(D 90)을 이용했다. 이 사본의 마이크로필름을 구해서 보내준 미국 Tufts 대학의 B.Manz 여사에게 감사드린다.

104) Valikhanov, "O sostoianii Altyshara", p.142.

105) 『逆裔方略』 卷3, 5r-5v.

106) *Mission to Yarkund*, p.182 ; *Muntakhab at-tavârîkh*, 340v ; *Tavârîkh-i shahrukhiyya*, p.114. *Mission to Yarkund*에는 무함마드 알리 칸이 이사 다드하를 지휘관으로 보낸 것으로 기록되어 있지만, *Muntakhab*에는 이사 다드하가 무함마드 알리 칸을 피해 도망쳐 당시 알라이 산지의 타쉬쿠르간(Tashqurghan)에 있던 자항기르에 합류했고 그곳에 1년간 머물면서 자항기르 휘하의 사람들을 모아 군대를 조직했다고 한다. 중국측 기록도 자항기르 진영에 있던 'Îsâ와 Mûsâ 형제가 "코칸드의 逃臣"이라고 했다. Cf. 『逆裔方略』 卷12, 20v-23r. 한편 *Tavârîkh-i shahrukhiyya*는 Jahângîr의 침공을 Buzurg가 한 것처럼 잘못 기록하고 있다.

107) *Muntakhab at-tavârîkh*, 340v-341r ; 『逆裔方略』 卷12, 20v-23r에도 "牌罕巴爾墳園"(payghambar mazâr, 즉 '預言者의 聖墓')이 언급되어 있다. *Muntakhab*는 이 성묘에 아팍

이 소식을 들은 청측은 군대를 보내 성묘를 포위했고 상황이 불리해진 키르기즈인들은 대부분이 도망쳐버렸다. 그러나 부근의 무슬림들이 자항기르의 진영에 가담하기 시작했고, 아울러 키르기즈의 총 바기시 부족에 속하는 사람들이 대거 내려왔기 때문에 청군은 패퇴하고 말았다.

자항기르는 아무런 어려움 없이 카쉬가르 回城을 장악했고, 청군은 漢城에 갇혀버리는 상황이 되었다.[108] 이어 양기히사르·야르칸드·호탄 등지의 무슬림들도 이에 동참하여 청의 초소와 상인들을 공격하자 자항기르의 침공은 이제 카쉬가리아의 반란으로 확산되고 말았다.[109]

사태의 추이를 지켜보고 있던 코칸드의 무함마드 알리 칸은 자항기르가 예상외의 성공을 거두자, 그동안 코칸드 경제에서 카쉬가리아와의 무역이 차지하는 비중을 생각할 때 더이상 상황을 그대로 방치할 수 없음을 깨달았다. 더구나 자신의 감시하에 있었고 또 그리 우호적인 관계에 있지 않던[110] 자항기르가 아무런 사전동의도 없이 침공을 감행한 것이기 때문에 만약 자항기르가 카쉬가리아 전역을 장악하게 될 경우 코칸드측이 불이익을 당할 가능성도 배제할 수 없었다. 코칸드측의 자료들도 이 점을 분명히 지적하고 있다. 『샤루흐의 역사』는 칸 자신의 입을 빌려 카쉬가리아 출병의 이유로 ①"경험 없는 한 사람의 호자가 몇 명의 오합지졸들을 데리고" 카쉬가르를 정복하고 군주가 되려고 한다는 것의 무모함, ②이교도들이 오랫동안 쌓아둔 재물이 다른 사람들의 손에 들어갈 위험성, ③'성전'을 수행해야 하는 명분 등을 지적했다.[111] 『選史』(*Muntakhab at-tavârîkh*)도 자항기르가 카쉬

호자의 시신도 묻혀 있다고 했고, 청측의 기록에도 "拜其先和卓之墓"라고 했다(『聖武記』上, p.183).

108) 자항기르가 아르투시에 도착해서부터 카쉬가르 回城에 입성하는 과정은 *Muntakhab at-tavârîkh*, 340v-342v에 비교적 자세하게 묘사되어 있고, 그 내용이 무슬림의 입장에서 과장·왜곡된 것이 아님은 청측의 자료와 부합하고 있다는 점에서도 확인된다.

109) 『淸實錄』 道光 6年 7月 丙申, 甲辰.

110) 佐口透, 『社會史硏究』, pp.430-435.

111) *Tavârîkh-i shahrukhiyya*, p.114. 사이라미는 이 내용을 자신의 저서에 그대로 인용했다. Cf. TA/Pantusov, pp.28-30 ; TH/Jarring, 26r-26v.

가르의 漢城(gulbâgh qorghân)을 함락하는 데 어려움을 겪자 코칸드로 사신을 보내 지원을 요청했고, 이에 대해 코칸드측은 한성의 관아에 쌓여 있는 재화(khazîna-yâmbû)를 차지하기 위해 출병했다고 기록하고 있다.[112)]

무함마드 알리 칸은 자신이 직접 군대를 지휘하여 카쉬가르로 왔으나 자항기르는 그를 영접하러 나가지도 않을 정도로 냉담한 반응을 보였다. 결국 양자가 서로 馬上에서 인사를 나누었는데 이는 자항기르가 칸과 동등한 지위임을 과시하기 위해서였다. 이어 코칸드 군대가 한성 공략에 들어갔지만 수많은 사상자만 낸 채 성공을 거두지 못하고 코칸드로 귀환할 수밖에 없었다. 그 뒤 청군은 식량이 고갈되어 더이상 항전할 기력을 잃어버리자 자항기르는 손쉽게 한성까지 함락시켜버렸다. 이어 그는 양기히사르, 야르칸드, 호탄 등을 차례로 점령한 뒤 이들 도시의 통치자를 임명했다.[113)] 그러나 1827년 3월 20일 長齡이 이끄는 2만 명이 넘는 청군이 도착하여 양아바드(Yangabad, 洋阿巴特)에서 자항기르의 군대를 격파하고 파죽지세로 진군하여 4월 말까지는 카쉬가르를 비롯한 西四城 모두를 탈환했다. 도주한 자항기르는 그 다음 해 2월 생포되었고 北京으로 압송되어 처형되고 말았다.

자항기르의 침공은 청조로 하여금 신강지배 체제의 문제점을 심각하게 일깨워준 사건이었다. 조정은 直隷總督이었던 那彦成을 파견하여 善後處理를 일임하자, 그는 신강지배의 문제점들을 검토한 뒤 이를 개혁하기 위한 광범위한 조치들을 제안하여 실행에 옮겼다. 그는 신강의 불안한 상황의 근저에는 백산당계 호자들과 이를 보호하는 코칸드 칸국이 있다고 생각했다. 이를 해결하기 위해서는 무엇보다도 코칸드로 하여금 그 영내에 사는 호자들을 청조에 인도하도록 해야 하고 아울러 코칸드의 지배자들이 청조의 蕃屬國임을 인정해 그에 상응하는 적절한 의례를 갖추도록 해야 하는데, 이것은 결국 코칸드와의 무역—특히 茶와 大黃의 반출—을 일체 중지함으로써 압력

112) *Muntakhab at-tavârîkh*, 342v.
113) *Muntakhab at-tavârîkh*, 343v-345r.

을 가하여 성취할 수밖에 없다고 판단했다.[114] 또한 코칸드에 대한 경제적 압력을 가중시키기 위해 신강에 살던 '안디잔(安集延)인'들 가운데 거주기간이 10년 미만인 사람들을 추방하는 대신, 코칸드와 경쟁관계에 있던 부하라 칸국의 상인들과 키르기즈 유목민들에게는 카쉬가리아 시장을 개방하고 사신들을 보내 그들을 초치했다.[115] 那彦成은 이외에도 청의 지배력을 확고히 하기 위해 관직의 매매나 세금의 부당한 징수 등과 같은 부패행위를 근절하고, 증대된 주둔병력의 경비를 해결하기 위해 반란가담자들의 토지몰수, 신개간지의 개발, 둔전의 설치 등 내정개혁도 추진했다.[116] 그러나 청조는 곧 이어 발생한 유숩 호자의 침공으로 코칸드에 대한 이러한 경제적 제재가 문제해결을 위한 근원적인 방책이 될 수 없다는 사실을 분명히 깨닫게 되었고, 따라서 새로운 방법을 모색할 수밖에 없었다.

(3) 1832년 清-코칸드 協約

코칸드의 무함마드 알리 칸은 자항기르 사건 이후 청조가 취한 경제봉쇄로 인하여 압박을 받은 것은 사실이지만 동시에 청이 호자들에 대하여 얼마나 깊은 우려를 갖고 있는지에 대해서도 알게 되었기 때문에, 도리어 이 점을 청에 대한 압력수단으로 이용하기 시작했다. 그는 코칸드 영내에 머물고 있던 자항기르의 형 호자 무함마드 유숩(Khwâja Muḥammad Yûsuf)을 앞세워 1830년 9월 카쉬가리아를 침공했다. 과거 자항기르가 자신의 의사와는 무관하게 독자적으로 행동했던 것에 비해, 이번에는 코칸드측이 처음부터 적극적으로 개입한 것이다. 『選史』에 의하면 샤흐리사브즈(Shahrîsabz)에 있던 유숩이 코칸드로 와 당시 칸국의 실권자인 학 쿨리 밍바시(Ḥaqq Qulî Mîngbâshî)를 만나 카쉬가르에 대한 '성전'을 권유했고, 학 쿨리를 비롯한

114) Kuznetsov, *Ekonomicheskaia politika*, p.126.
115) 潘志平, 『中亞浩罕國』, pp.101-111.
116) 內政改革에 관해서는 佐口透, 『社會史硏究』, pp.185-188, pp.239-241.

'아미르들'이 이를 칸에게 청원하여 승낙을 받았다고 한다.[117] 카쉬가르 원정군에는 학 쿨리 밍바시 이외에 무함마드 샤리프 쿠시베기(Muḥammad Sharîf Qûshbegî), 라쉬카르 쿠시베기(Lashkar Qûshbegî) 등이 지휘관으로 참여하여 카쉬가리아에서 코칸드로 이주해온 사람들 외에도 대규모 코칸드 군대가 참여했다.[118] 이들은 9월 말 카쉬가르 회성은 쉽게 점령했지만 한성 안에 있던 청군의 저항은 제압하지 못했고, 호자 유숩도 야르칸드로 내려가 공략을 시도했지만 이 역시 성공을 거두지 못했다.[119] 그러는 동안 4만 명에 가까운 청의 지원군이 도착했고 마침 코칸드와 부하라 사이에 문제가 발생하여 학 쿨리를 비롯한 코칸드 군대가 돌아가자, 호자 유숩도 그해 12월 말 카쉬가리아에서 철수하고 말았다.[120]

호자 유숩의 침공은 청조로 하여금 코칸드에 대한 경제적 제재가 호자들의 '성전'을 막는 데 아무런 효과적인 대책이 될 수 없음을 깨닫게 했을 뿐 아니라, 코칸드는 언제든지 호자들을 이용하여 카쉬가리아를 혼란에 빠뜨릴 수 있음을 입증한 셈이었다. 당시 야르칸드의 辦事大臣이었던 璧昌은 "回疆의 관리의 직책이 司牧이라고 칭한다면 回民은 羊이라 할 수 있고 코칸드는 狼인 셈이다. 부루트(布魯特, 즉 키르기즈)는 우리를 지켜주는 울타리이니 비유하자면 犬이다. 道光 6년(1826)과 10년(1830)에 다시 침입하니 개도 늑대를 따라 양을 잡아먹었다. 개가 짖는 소리도 믿을 바가 못 된다"[121]고 탄식했다. 즉 거대한 청제국에게 西隣의 작은 코칸드 칸국을 처리할 묘안이 없었던 셈이다. 이미 신강을 정복하고 그곳을 통치하는 데에도 어려움을 겪고

---

117) *Muntakhab at-tavârîkh*, 416r.

118) *Muntakhab at-tavârîkh*, 416r ; *Tavârîkh-i shahrukhiyya*, pp.117-121. Valikhanov는 모두 4만의 병력과 10문의 砲(zambarak)가 있었다고 기록했다("O sostoianii Altyshara", p.146). '쿠시베기'는 코칸드 칸국에서 최고위 군사령관에게 주어지는 관칭호이다.

119) 유숩이 야르칸드를 함락시켰다는 Mîrzâ Shams Bukhârî의 기록(*Nekotorye sobytiia v Bukhare, Khokande, i Kashgare*, Kazan, 1861, p.39)은 사실과 다르고, 함락한 지점은 카쉬가르 回城과 양기히사르 回城에 불과했다.

120) Valikhanov, "O sostoianii Altyshara", pp.146-147 ; 潘志平, 『中亞浩罕國』, pp.121-122.

121) 『聖武記』 上, p.196.

있는 청조가 코칸드에 대해 대대적인 군사원정을 감행한다는 것도 현실적인 대안이 될 수는 없었기 때문이다.

결국 청조로서 문제를 해결하는 최선의 방법은 코칸드의 요구를 들어주어 무마하는 것밖에 없었다. 1832년 일리 장군(Jûngtâng Jângjûng Ambân) 長齡에게 보내진 코칸드측의 公文에 의하면 당시 코칸드측의 요구는 4개 조항으로 이루어져 있었다. 즉 ①코칸드와 연루된 반청행위로 인해 각지(특히 코칸드 영내)로 流亡한 카쉬가르 토착민(Kâshqarning yärliki)들을 사면하여 받아줄 것, ②청조가 무슬림들로부터 몰수한 토지·가옥·茶葉을 돌려줄 것, ③국경 밖에서 카쉬가리아로 들어가는 일반인들, 그리고 사신과 함께 들어가는 商隊들이 지불하는 세금(bâj)을 코칸드측에 넘겨줄 것, ④코칸드측이 카쉬가리아로 가져가는 상품에 대하여 면세해줄 것 등이 그것이다.[122] 코칸드측은 청조가 이러한 요청을 받아들인다면 사신을 통해 인장이 찍힌 서한을 보내달라고 희망했다. 이를 보고받은 道光帝는 1832년 4월 13일 "모든 것을 요청한 대로 하라"는 上諭를 내렸다.[123]

이와 관련하여 발리하노프도 양측이 세 가지 점에서 협상했는데, 그 내용은 '외국인들'이 '알티샤르'(즉 카쉬가리아)로 들여오는 상품에 대한 관세를 코칸드측에 양도한다는 것, 이를 위해 악사칼이라는 '商頭'를 '알티샤르'에 주재시키되 카쉬가르의 악사칼이 이들을 지휘하며 동시에 정치적으로 칸국을 대표한다는 것, 그리고 '六城'에 있는 '모든 외국인들'은 행정·경찰의 측면에서 코칸드 칸국이 임명한 관리의 통제를 받는다는 것 등 세 가지 항목으로 구성되어 있었다고 했다. 물론 코칸드는 그 대신 호자들이 변경을 넘어 침공하지 못하도록 감시할 의무를 졌던 것이다.[124] 1873년 포오사이쓰

---

122) 투르크어로 된 이 문서의 원본은 中國 第一歷史檔案館에 소장되어 있고 潘志平의 『中亞浩罕國』, p.141에 影印·全載되어 있다. 다만 이 원문에는 '4개 조항'(*tört qismî ish*) 가운데 3개 조항만이 명확히 드러나고 네 번째는 분명치 않다. 그러나 당시 通事의 譯文에는 네 번째 조항이 명기되어 있어 본고에서는 이를 받아들였다.

123) 『淸實錄』 道光 12年 3月 庚申.

124) Valikhanov, "O sostoianii Altyshara", p.147.

(T.D.Forsyth)의 영국 사절단이 작성한 보고서도 발리하노프의 이 기록에 근거하여 동일한 내용을 반복하고 있다.[125)]

그러나 후일 청측의 기록에는 코칸드가 관세를 징수할 수 있는 대상 중 카쉬미르나 바닥샨 등지의 상인들은 제외되어 있어 아마 그 대상은 코칸드측 상인들에게만 국한되어 있었던 것으로 보이며, 카쉬가리아에 주재하는 코칸드 대표의 공식칭호도 '후다이다'(呼岱達)였음을 보여준다.[126)] 다만 그 동안 악사칼이 그러한 역할을 해왔기 때문에 이러한 칭호가 襲用되었던 것으로 추측된다.

이 협약에서 규정된 악사칼의 역할과 지위는 사실상 領事나 다름없을 뿐 아니라, 청조가 카쉬가리아내의 '외국인'들에 대한 일종의 '영사재판권'과 '관세징수권'까지 양보했다는 점에서 가히 전례가 없는 협약이라 할 수 있으며, 플렛처 교수가 이를 두고 "중국 사상 최초의 '불평등조약'"이라고 부른 것도 이 때문이었다.[127)] 뿐만 아니라 이러한 특권 이외에 청조는 신강의 안정을 위해 코칸드측에 매년 일정 액수의 사례금을 지불했던 것으로 보인다. 1849년 러시아측의 보고서에 의하면 청조는 매년 1000얌부(yambu) 혹은 250얌부를 지급했다고 한다.[128)] 이 사실은 1837년 무함마드 알리 칸이 오스만 제국에 보낸 사신이 술탄에게 보고한 내용중에서도 재차 확인된다.[129)]

---

125) *Mission to Yarkund*, p.185, p.192.

126) 『淸實錄』 道光 16年 5月 癸未.

127) "The Heyday of the Ch'ing Order in Mongolia, sinkiang and Tibet", *The Cambridge History of China*, ed. by J.K.Fairbank, vol. 10, pt. 1(Cambridge, 1978), 375ff. Valikhanov("O sostoianii Altyshara", p.147, p.190)는 1831년에 협약이 이루어진 것으로 보았지만, 위에서 지적한 道光帝의 최종허가가 1832년에 내려졌기 때문에 1832년으로 보는 것이 옳을 것이다. 한편 중국의 학자들은 이것이 '불평등조약' 이라는 플렛처 교수의 견해를 받아들이지 않는다. Cf. 潘志平·蔣莉莉, 「1832年淸與浩罕議和考」, 『西北史地』 1989年 第1期.

128) "Kokand as it is at present"(*Russian Imperial Geographical Society*, 1849, vol. 3, p.195)라는 이 보고서는 영국 외무성 문서(FO) 65/902에 수록된 "Eastern Turkestan, 1874"라는 글 속에 번역되어 있다. 화폐의 단위인 '얌부'에 대해서는 본서 제4장 제3절 참조.

129) M.Saray, *Rus İşgali Devrinde Osmalı develeti ile Türkistan Hanlıkları arasındaki siyasi*

1832년 청-코칸드의 협약은 신강을 둘러싼 양국관계에서 하나의 중요한 분수령을 이룬다. 즉 이는 청조가 신강에 대한 主權的 지배권의 일부를 포기하고 이를 코칸드측에 양도했다는 것을 의미한다. 반대로 코칸드는 청조가 포기한 지배권의 일부를 장악하고 카쉬가리아에 대한 경제적·정치적 영향력을 확대해간 것이다. 처음에는 상인들 가운데서 임명되던 악사칼직에 후에는 군인들이 임명되었고, 카쉬가르에 주재하는 악사칼은 휘하에 자카트치(zakâtchi, 徵稅吏), 하자나치(khazanachi, 財庫官吏人), 미르자바시(mîrzâbâshî, 主事) 및 소수의 군대까지 두게 되었다. 또한 청조의 소극적인 태도를 이용하여 코칸드는 변경 지역에 있는 키르기즈인들을 장악하고 나린강·호탄·타시쿠르간 등지에서 청의 변경을 잠식해 들어가,[130] 카쉬가리아 주민의 1/4—14만 5000명—에 해당하는 '모든 외국인들과 찰구르트(Chalghurt)[131]들이 코칸드인들에게 복속'해 있다고 할 정도가 되었다.[132] 1832년 협약 이후 신강은 청조와 코칸드 양국의 이중적 지배에 들어가게 된 셈이었다.

4. 革命 前夜

(1) 호자들의 侵攻

1832년 협약이 맺어진 뒤에도 코칸드 칸국은 청조에 대해 관세징수 대상에서 제외된 카쉬미르와 바닥샨 상인들에 대한 징수권을 요구했지만, 이것

---

münasebetler(1775-1875)(Istanbul, 1984), p.46.

130) 코칸드 칸국의 키르기즈 지배 확대과정에 관해서는 A.Kh.Khasanov, *Narodnye dvizheniia v Kirgizii v period Kokandskogo khanstva*(Moskva, 1977), pp.18-42 참조.

131) '찰구르트'는 코칸드 남자와 카쉬가르 여자 사이에서 태어난 혼혈아들을 일컫는 용어이다.

132) Valikhanov, "O sostoianii Altyshara", p.148, pp.185-186.

이 거부당하자 이 상인들이 통과하는 길목인 사리콜(Sariqol) 지방을 점령하여 자신들의 요구를 관철시키려 한 적도 있었다.[133] 그러나 과거처럼 호자들을 이용하여 카쉬가르를 침공하는 군사적인 모험을 시도하지는 않았다. 그만큼 코칸드가 카쉬가리아에 대해 획득한 기득권은 크고 중요했으며 기존의 협약체제를 위협해가면서까지 분쟁을 확대시키는 것은 무모하다고 판단했기 때문일 것이다. 이런 점에서 1832년의 협약은 신강을 둘러싼 양국의 이해관계에 일종의 균형을 가져다 주었다고 볼 수 있고 이것은 신강의 정치적 안정을 약속하는 것처럼 보였다.

그러나 균형은 오래 가지 않아 정치적인 상황은 급속하게 불안정한 국면으로 바뀌어갔다. 그것은 균형을 잡아주는 두 세력, 즉 청과 코칸드가 1840년대에 들어서면서부터 각자 내부적으로 심각한 혼란에 빠져들기 시작했기 때문이다. 주지하듯이 청조는 1840년대 아편전쟁에서의 패배와 황하·양자강 유역의 기근·가뭄·홍수, 1850년대에 들어와 太平天國(1850-64)과 捻軍의 반란(1851-68) 등으로 인해 제국의 근본이 동요되었다.

특히 청의 신강지배에 결정적인 타격을 가져다 준 것은 1862년 섬서·감숙 지방에서 일어난 회민 봉기였다. 이로 인해 청조는 신강과의 통신·교통의 장애, 신강통치의 필요상 지급돼오던 내지 각성으로부터의 보조금의 중단 등으로 실제적인 통치력을 거의 상실하게 되었고, 앞에서 설명했듯이 신강에 거주하는 퉁간들의 위기의식을 촉발함으로써 혁명의 직접적인 계기를 제공해준 것이다.

신강의 상황을 악화시켰던 또 다른 요인은 코칸드측에 있었다. 코칸드 칸국의 무함마드 알리 칸은 당시 최고의 실권자인 학 쿨리 밍바시의 처형(1831), 빈번한 군사원정 등으로 이미 인기를 잃고 있었고, 여기에 이슬람의 율법을 어겨가면서까지 자신의 繼母와 혼인함으로써 여론을 더욱 악화시켰다. 1840년 부하라 칸국의 나스룰라 칸(Naṣr Allâh Khan)은 이를 정치적

---

133) 『淸實錄』 道光 16年 5月 癸未, 16年 6月 己酉.

으로 이용하기 위해 무함마드 알리를 '이교도'로 규정하는 判決文(rivâyat)을 그에게 보냈다. 이에 분노한 무함마드 알리는 군대를 이끌고 지작(Jizzaq)으로 갔으나 부하라군은 이를 도리어 압도한 뒤, 호젠트에서 대승을 거두고 그 여세를 몰아 1842년 4월 수도 코칸드에 입성했다. 무함마드 알리는 마르길란으로 도주했으나 거기서 체포되어 처형당하고 말았다.[134] 이렇게 해서 칸국은 카쉬가르 출신의 호자들에 대한 통제력을 상실하게 되었고, 그들은 전과는 달리 감시의 눈을 피해 마음대로 카쉬가리아를 침공할 수 있게 된 것이다.

당시 나망간에 있던 키르기즈 부족의 수령 유숩(Yûsuf)은 탈라스(Talas)에서 칸家의 일원이었지만 오랫동안 평민으로 살고 있던 시르 알리(Shîr 'Alî)를 불러들여, 나스룰라가 코칸드를 점령한 뒤 돌아갈 때 그곳에 남겨둔 소수의 부하라군을 패배시키고 1842년 시르 알리를 칸으로 추대했다. 물론 칸국의 실권은 이제 '밍바시'(mingbashi)라는 칭호를 갖게 된 유숩의 수중에 있었다.

칸국의 정치적 상황은 재개된 부하라의 공격, 집권세력 내부의 분열과 대립, 킵착인들의 반란 등으로 인해 더욱 악화되었고, 시르 알리 칸은 1845년에 폐위되고 무라드(Murâd)가 즉위했으나 그 역시 킵착의 수령인 무술만 쿨리(Musulmân Qûlî)에 의해 제거되고 시르 알리의 아들인 후다야르(Khudâyâr)가 칸위에 올랐다.[135]

이바노프(P.P.Ivanov)는 이처럼 끊임없는 정치적 혼란의 원인이 경작지의 부족으로 인해 발생한 정주민과 유목민 사이의 첨예한 갈등 때문이었다고 보고 있다.[136] 물론 이런 사회경제적인 요인 이외에 부하라 칸국과의 군

---

134) Nalivkin, *Kratkiia istoriia*, pp.132-143.

135) 당시의 경과에 대해서는 Nalivkin, *Kratkiia istoriia*, pp.145-163 ; *Istoriia narodov Uzbekistana*, vol. 2(Tashkent, 1947), p.171 등을 참조하시오.

136) *Ocherki po istorii Srednei Azii* vol 2(Moskva 1958) pp.209-210. Cf. E.Schuyler, *Turkistan*, vol. 1, pp.346-347.

사적 충돌, 칸위의 약체성 등과 같은 정치적 요인도 작용했을 것이다. 그 이유가 무엇이든 코칸드 내부의 혼란은 필연적으로 카쉬가르 호자들에 대한 통제력의 약화라는 결과를 가져왔다. 1847년 8월 말 '일곱 호자'(haft khwâjagân)의 반란으로 알려진 백산당계 호자들의 집단적인 카쉬가르 침공은 그 좋은 예가 될 것이다. 이에 대해서 발리하노프는 다음과 같이 기록하고 있다.

> 코칸드의 혼란은 카쉬가르에도 반영되었다. 악사칼들은 계속해서 교체되었고 심지어 그 중 하나인 압둘 가푸르는 코칸드로 소환되어 처형당했다. 야만적인 키르기즈인들은 무리지어 중국 초소가 있는 변경을 침범했고, 코칸드의 악사칼은 키르기즈를 제지시켜주겠다며 뇌물을 받았다. 호자들은 이러한 혼란을 이용하여 대부분 카쉬가리아 이주민과 야만적인 키르기즈인들로 구성된 소규모 세력을 규합하고는 1847년 가을 카쉬가르로 접근한 것이었다.[137)]

이들은 카쉬가르 회성만을 장악하는 데 성공했을 뿐 그해 11월 초 청군의 공격을 받아 다시 도주하고 말았다. 그러나 호자들의 침범은 그 후로도 끊이지 않고 계속되었다. 1852년 디반 쿨리(Dîvân Qûlî, 鐵完庫里)와 왈리 한(Walî Khân, 倭里汗)의 침범이 있었고, 1855년에는 후세인 이샨 호자(Ḥusayn Îshân Khwâja, 玉散霍卓依善)가, 그리고 1857년에는 다시 왈리 한의 침범이 있었다.[138)]

1830년 유숩 호자의 침입과 1847년부터 1857년까지 일어난 여러 차례에 걸친 호자들의 침입 사이에 보이는 가장 중요한 차이는 후자의 경우 코칸드 조정의 조종이나 지원에 의한 것이 아니라는 점이다. 1870년대 초 카쉬가리아를 방문한 빌류(H. Bellew)는 자신의 탐문결과 1847년 일곱 호자의 침입

---

137) Valikhanov, "O sostoianii Altyshara", p.148.

138) 이들의 침입과 그 경과에 대해서는 佐口透, 『社會史硏究』, pp.511-530 ; 潘志平, 『中亞浩罕國』, pp.156-163 등을 참조하시오.

은 "온 사방에 만연된 무정부상태와 코칸드 내부의 세력집단들의 내분을 틈타" 이루어진 것이라고 보았다.[139] 또한 1855년의 후세인 이샨 호자와 왈리 한의 침입에 대해서도 청조측은 조사결과 코칸드가 고의적으로 방출한 것이 아니었다는 결론을 내렸으며,[140] 1857년에도 왈리 한은 "일곱 명의 카쉬가르 이주민과 함께 코칸드에서 도망친 것"[141]이었다. 코칸드의 후다야르 칸이 1857년 왈리 한에게 무고한 무슬림들을 학살한 죄를 물어 처형시키려 했으며 호자들에 대하여 철저히 감시하고 마음대로 越境하지 못하도록 조치를 취한 것[142]을 보아도 코칸드 조정이 그를 지원했다고 보기는 어려울 것이다.

그러나 코칸드측은 호자들의 카쉬가리아 침입이 자국의 이해에 극히 유해한 행동이라고 보지는 않았다. 청조는 1847년 일곱 호자의 침입시 카쉬가르의 악사칼이었다가 이들을 지지하여 반란군의 사령관이 되었던 누르 무함마드 한(Nûr Muḥammad Khân)이 반란이 진압된 뒤에도 다시 악사칼로 유임된 것을 방관할 수밖에 없을 정도로 코칸드 칸국에 대한 견제력을 철저히 상실하고 있었다.[143] 따라서 코칸드 당국의 입장에서는 호자들이 월경하여 일을 벌인다고 해도 청과의 관계가 단절되어 이제까지 칸국이 누려온 특권을 상실할 염려도 없었고, 또 그들이 어느 정도 성공을 거두어 재물을 모으게 되면 자기들도 그에 따른 부수적인 이익을 얻을 수 있었기 때문에, 호자들의 행동에 대해 큰 우려를 나타내지 않았던 것이다. 단 코칸드측은 "호자들의 세력이 강화되어 반란이 민중적인 성격을 띠게 될 때, 그리고 호자들이 그들의 간섭을 배제하려고 할 때, 군대 안에 불화를 심고 이탈을 통해 호자들의 군대를 혼란에 빠뜨리려고 노력했다."[144]

139) *Mission to Yarkund*, p.186.
140) 佐口透, 『社會史硏究』, pp.516-517.
141) Valikhanov, "O sostoianii Altyshara", p.150.
142) 같은 글, p.156.
143) 같은 곳.
144) 같은 글, p.190.

이렇게 볼 때 코칸드 칸국은 호자들에 대한 통제력을 완전히 상실했다고 볼 수는 없겠지만 호자들의 독자적인 행동에 대해 극단적인 경우에만 개입하고 그렇지 않으면 방관적인 태도를 취하는 소극적인 입장을 취했다고 말할 수밖에 없다.

호자들의 거듭된 침입은 모두 실패로 끝났고 그로 인한 피해는 청조도 코칸드 칸국도 호자들도 아닌 바로 카쉬가리아의 무슬림들에게로 돌아갔다. 청조는 침입을 저지할 병력이 부족하자 신강에 유배된 遣犯(chämpän)들을 동원했는데 이들이 저지른 잔혹함은 현지 무슬림들을 분노케 했을 뿐 아니라,[145] 반란이 일어날 것을 우려하여 매년 샤반(Sha'bân)월 15일에 열리는 바라트(Barâ't) 축제일에 무슬림들이 전통적으로 행해오던 관습, 즉 원근 각지에서 모인 무슬림들이 아팍 호자의 성묘를 참배하는 것조차 금지시켰고,[146] 한때 무슬림들의 演戲와 演唱까지 금지시킬 정도였다.[147]

호자들 역시 현지민들의 안녕에 대해서는 무관심한 채 약탈과 학살을 자행했다. 대표적인 예가 1857년 왈리 한의 침입이었다. 그는 당시 야르칸드를 방문했던 독일 탐험가 슐라긴트와이트(A. Schlagintweit)를 아무 이유없이 처형시킴으로써 당시 서구인들을 경악케 했는데,[148] 카쉬가르에서 무고한 무슬림들을 살육하고 그 머리로 4개의 높은 미나렛을 쌓았다는 이야기나,[149] 칼을 만들어 그에게 선물로 가지고 온 匠人의 머리를 베어 칼이 잘 드

145) 遣犯들에 대한 무슬림들의 증오는 W.Radloff, *Proben der Volkslitertur der nördlichen türkischen Stämme*, vol. 1, pt. 6(St. Peterburg, 1886), pp.31-33, pp.41-44에 잘 드러나 있다. 19세기 초부터는 遣犯들이 이런 진압목적으로 많이 이용되었고 진압에서 공을 세운 자는 免罪받기도 했다. N.J. Chou, "Frontier Studies and Changing Frontier Administration in Late Ch'ing China : The Case of Sinkiang, 1759-1911"(Ph.D. dissertation : University of Washington, 1976), pp.52-80 참조. 이외에 新疆의 遣犯制度에 대해서는 J.Waley-Cohen, *Exile in Mid-Qing China : Banishment to Xinjiang*, 1758-1820(New Haven : Yale University Press, 1991) 참조.

146) Valikhanov, "O sostoianii Altyshara", p.195.

147) 『淸實錄』 咸豊 11年 8月 己未, 11年 11月 丙申.

148) D.Boulger, *The Life of Yakoob Beg*, p.214.

149) TH/Jarring, 28r.

는가를 확인했다는 이야기[150]는 '성전'을 명분으로 내세운 호자들의 침공의 실상을 충분히 입증해주고도 남음이 있다. 무슬림 주민들은 호자들의 이러한 행동과 또 여기에 합세하여 私利만을 추구하는 코칸드인들에 대해 환멸을 느끼지 않을 수 없었던 것이다.

(2) 革命의 前兆들

1864년 무슬림 봉기가 있기 전 신강에 있는 청조 관리들이 봉착해 있던 가장 심각한 문제는 경비부족이었다. 전술했듯이 매년 150만량 이상을 내지 各省으로부터 보조받지 않으면 안 되는 실정이었으나 1840년대 이후 청조를 위기에 몰아넣은 크고 작은 사건들은 보조금의 지급을 어렵게 만들었다. 이와 관련하여 사이라미는 다음과 같이 기록했다.

> 중국 황제는 이곳의 도시들을 '回部'[151]라고 불렀는데, 그는 '回部'로부터 소식을 들을 수 없었다. 그래서 그는 "回部에 속하는 지방의 관리들과 병사들에게 '코울란'(kawlan),[152] 즉 봉급(vaẓîfa)을 보내지 않겠다. 몇 년 동안 이런 식으로 국고에서 '코울란'을 보내서 回部에 있는 나의 관리들과 병사들을 보살폈다. 많은 國庫를 허비했지만 回部로부터는 아무것도 들어오지 않았다. 回部를 버리고 돌아오라!"는 칙령을 내린 것이다. 그러나 이곳 중국인들의 수령인 '장중'(Jângjûng, 즉 일리 將軍)과 '칸 암반'(Khân Ambân, 즉 카쉬가르 辦事大臣)과 무

---

150) 사이라미와 발리하노프가 동시에 전하고 있는 것으로 보아, 이것은 당시 주민들 사이에 상당히 널리 알려진 일화였던 것 같다. TH/Jarring, 28r ; Valikhanov, "O sostoianii Altyshara", p.153.

151) 원문에는 gûbî로 표기되어 있지만 아마 gubay로 읽어야 할 것이다. 필자는 이것이 청대에 천산 남부의 타림 분지를 칭하던 '回部'(huibu)를 옮긴 것으로 추정한다. 엔베르 바이투르는 이 말을 kubäy로 옮기고 "內地의 바깥쪽"이라는 설명을 달았으나(TH/Baytur, p.174) 수긍하기 어렵다. gûbî라는 音價만을 보면 사막을 지칭하는 '고비'(戈壁)일 가능성도 생각해 볼 수 있으나, 당시 카쉬가르에 대한 가장 일반적인 명칭인 '回部'로 보는 것이 아무래도 타당할 듯하다.

152) '口糧'을 音寫한 말이다.

슬림들의 우두머리인 미르자 아흐마드 왕 벡(Mîrzâ Aḥmad Wâng Beg)을 위시하여 각 하킴들은 서로 상의하여 황제에게 탄원하기를, "국고로부터 이곳 도시들로 코울란이 오지 않아도 우리가 이 도시에서 鑛脈(kân)을 찾아 우리의 힘으로 金·銀·銅·鉛 등의 광맥을 채굴하여 황제의 군대를 보살피겠습니다"라고 하며 조리있는 말을 올려 청원했다. ……〔이를 승인하는〕 칙령이 도착하자마자 각 도시의 관리들은 산이면 산마다 들판이면 들판마다 광맥을 찾기 위해 백성들을 소집하여 내몰아서, 산기슭을 마치 쥐구멍처럼 만들어놓았지만 광맥은 찾지 못했다. 또한 몇 가지 세금(bâj)을 신설하여 鹽課(tûz pulî)라고 하며 백성들로부터 돈(pul)을 빼앗았고, 매달 사람들의 머리에 돈을 부과하여 빼앗으며 이를 '초카 바시'(choqa bâshî)라고 불렀다. 한마디로 백성들에게 부과된 세금(albân-yasâq)은 많아지게 되었다.[153]

사이라미는 1903년에 저술한 『안녕사』를 그보다 5년 뒤에 『하미드사』로 제목을 바꾸고 내용도 수정하면서 악수에서 실제로 鹽課를 私徵했던 이 일화를 새로 삽입했는데, 이는 다음과 같은 청측의 기록과 상세한 부분까지 일치하고 있어 매우 흥미롭다. 즉 악수의 辦事大臣이던 錦性(Chingchäy Amban)은 1860년 음력 3월부터 악수의 주민들에게서 鹽課라는 명목으로 매월 1인당 普爾錢(pul) 2文(tängä)씩을 3-4개월간 징수하다가 중지했으며, 이밖에도 코칸드인들로부터도 鹽錢을 거두었다고 한다.[154] 이 사건은 카쉬가르에 주재하는 코칸드측 악사칼이 일리 장군에게 알림으로써 드러나게 되었는데, 이에 대해 조정에서는 "軍餉이 부족하다고 해서 갑자기 법을 바꾸어 사사로이 징수한 것을 公用으로 한다는 것은 법도에 크게 어긋나는 것"이라

153) TH/Jarring, 32r-32v ; TA/Pantusov, pp.41-42. 청의 황제가 경비문제로 인하여 신강을 포기할 생각을 했다는 내용은 *Ghazât-i mûslîmîn*(E.D.Ross ed., *Three Turki Manuscripts from Kashghar*, Lahore, 1908?), pp.22-23에도 보인다. Cf. 羽田明, 「Ghazât-i Müsliminの譯稿 : Ya'qûb-bäg反亂の一史料」(『內陸アジア史論集』, 東京, 1964), pp.326-327.

154) 『淸實錄』 咸豊 11年 2月 辛酉.

고 하여 일리 장군 常淸으로 하여금 조사를 하도록 지시했고,[155] 그 결과 72명의 "중국인과 토착관리들"이 면직되었다고 한다.[156]

이 사건은 1864년의 봉기 직전 신강에서의 경비부족이 얼마나 심각했는가를 잘 보여주고 있다. 신강에 주둔하는 병사들은 '鹽菜와 口糧'(yansi kawlan)을 받지 못해 집단적인 불만을 터뜨리게 되었고, 관리들은 "'누구라도 군대에 은을 상납하면 관직을 주겠다'라고 하는 '公示文'(kûngshî khaṭ)을 시장골목에 내걸어"[157] 관직을 공공연하게 매매할 정도가 되었던 것이다. 호탄 출신의 루스탐 벡(Rustâm Beg)은 2000얍부를 주고 야르칸드 하킴직을 샀고, 쿠차 출신의 사이드 벡(Sâ'îd Beg)은 1500얍부를 주고 악수의 하킴이 되었다.[158] 돈을 주고 관직을 산 사람들이 "즉시 자신의 지출을 보충하기 위해 각종의 가혹한 처벌·벌금·착취 등을 통해 사람들을 쥐어짜기 시작"한 것은 당연한 귀결이었다.[159] 청조 관리들뿐 아니라 상층 벡관리와 다루가·通事와 같은 보조리들에 대한 무슬림들의 분노는 높아질 수밖에 없었고, 당시 한 무슬림 사료는 청조의 앞잡이가 된 벡들에 대해 "사람의 얼굴을 하고 개처럼 행동한다"라고 하며 깊은 증오감을 표현했다.[160]

이처럼 노역의 징발, 세목의 신설, 관직의 매매가 자행되면서 신강 무슬림들의 상황은 극도로 악화돼갔다. 야쿱 벡 정권이 붕괴된 뒤 1890년대 초 호탄을 방문하여 주민들에게 당시 상황을 탐문했던 그레나르(F. Grenard)는 무슬림 봉기 직전의 암담한 상황에 대한 그들의 진술을 들었다. 즉 청의 관리들과 무슬림 벡들이 부과한 무거운 세금으로 인해 주민들은 부채의 중

155) 『淸實錄』 咸豊 11年 3月 丁未.

156) TH/Baytur, pp.617-623. 사이라미는 이 사건의 조사과정에서 청의 황제가 보인 '正義로움'(adalätlik)과 '백성을 생각하는 마음'(puqra- pärwärlik)을 높이 평가하고 있다. Cf. 濱田正美, 「'鹽の義務'と'聖戰'との間で」(『東洋史硏究』 52-2, 1993), pp.133-134.

157) TH/Jarring, 32v.

158) TH/Jarring, 33r ; TH/Baytur, p.177.

159) *Mission to Yarkund*, p.202.

160) *Tadhkirat an-najât*, 15v.

압 아래에서 비참한 생활을 했고, 궁지에 몰린 이들은 관청에서 일하는 通事들에게 호소하여 뇌물을 주고 세금을 면제받거나, 아니면 코칸드의 악사칼에게 보호를 요청하기도 하고, 그것도 안 되면 최후의 방법으로 아예 도주하기도 했다. 이렇게 되자 벡들은 도주한 사람들이나 면세의 특권을 받은 사람들의 몫까지도 村莊에서 징세를 담당하던 밍바시들에게 물도록 요구했다고 한다.[161]

이런 상황에서 무슬림들의 폭동은 충분히 예상할 수 있는 일이었고, 1857년 쿠차 폭동이 그 대표적인 예일 것이다. 이것은 쿠차 辦事大臣인 烏爾清阿의 家丁인 陳泰·李十 등이 通事인 유숩(玉素皮)과 짜고 노역을 과도하게 징발하자 胡那斯[162]를 비롯한 3개 村莊의 회민들이 무함마드 알리(邁買鐵里)를 중심으로 폭동을 일으킨 사건인데, 烏爾清阿는 조정으로부터 문책을 피하기 위해 가담자들을 심문하여 일리 장군에게 보고도 하지 않고 30명을 斬梟시켜버렸다.[163]

사이라미도 『하미드사』에서 이 사건을 다음과 같이 전하고 있다. 즉 쿠차의 무슬림들은 과도한 課稅(albân-jasâq)에 견디다 못해 무함마드 알리 셰이흐(Muḥammad ʿAlî Shaykh), 물라 무사 이맘(Mullâ Mûsà Imâm) 등을 대표로 하여 관인(manṣabdâr)들에게 탄원을 올렸는데, 이들이 大臣(ambân)에게 보고하지 않은 채 적당히 무마시키려고만 했기 때문에 무슬림들은 계속 동요했다. 그러자 관리들은 "대칸(ulugh khân, 즉 황제)의 명령을 거부하고 반란을 일으켰다"고 大臣에게 보고했고, 이에 大臣은 병사들을 보내 무함마드 알리 셰이흐와 이브라힘 아르밥 벡(Ibrâhim Arbâb Beg) 등

---

161) F.Grenard, *Mission scientifique dans la Haute Asie 1890-1895*, part 3(Paris, 1898), pp.52-53.

162) 현재는 쿠차시 서남쪽에 위치한 庫納斯(Qonas) 村. Cf. 『漢維新疆地名辭典』(烏魯木齊, 1993), p.260 ; A.Stein, *Maps of Chinese Turkistan and Kansu*, No. 17, 1-B에는 Konas로 표기되어 있다.

163) 『清實錄』 咸豐 7年 閏 5月 乙巳, 6月 己未.

10여 명을 처형시키고 일부는 발뒤꿈치(pay)를 잘랐으며, 후큼 쾩바시(Ḥukm Kökbashi), 탈라이 쾩바시(Tâlay Kökbashi), 투흐타 쾩바시(Tukhta Kökbashi) 등 40여 명에게는 鎖枷(gull-i janzîr)를 채워 투옥(dïngza)[164]시켜버렸다는 것이다.[165]

청측의 기록과 비교할 때 여기서 언급된 '관인들'을 쿠차 辦事大臣 烏爾淸阿와 그의 '家丁' 및 '通事'들을 지칭하는 것으로 보아도 무방할 것이다. 그리고 '쾩바시'는 農事와 水利를 감독하는 補助吏의 명칭이었고 '유즈바시'와 함께 村莊에서의 징세를 담당하고 있었기 때문에, 이들은 자신들에게 부과된 징세액을 채워야 할 의무를 지녔고, 이를 이행하는 것이 실제로 불가능한 상황에서 탄원했다가 도리어 처벌을 받은 것이다.

호탄 지역에서도 무슬림들의 비참한 상황은 마찬가지였다. 한 무슬림 사료는 다음과 같이 전하고 있다.

> 한 사람의 머리 위에 몇 종류의 세금(alvan)이 부과되었다. 한 중국인으로부터 10탱개(tängä)의 돈을 꾼 사람은 토지와 물과 가축과 가구를 빼앗기고, 마지막에는 어떤 지경에까지 이르는가. 매일 각지에서 100명 혹은 50명을 '죄를 지었다'고 하며 벡들이 잡아가버렸다. 밤에는 팔과 발을 묶어서 강에 던져버렸다. 또 몇몇 사람들의 발뒤꿈치를 잘라버렸다. 며칠 뒤에는 피오줌을 싸고 죽어버렸다.[166]

청측의 자료에는 1840년대부터는 호자들의 침입 이외에 카쉬가리아 주민들에 의한 빈번한 폭동과 반란이 기록되어 있다. 그 예로 1845년 카쉬가르

---

164) Valikhanov에 의하면 tynza(=dïngza)는 일종의 警察官所로 중국인 관리와 pâdishab이라 불리는 토착관리들로 구성되어 있다고 한다. "O sostoianii Altyshara", p.118, p.172.

165) TH/Jarring, 31r-31v. TH/Baytur(pp.169-170)와 TA/Jarring(39v-40r)에는 Ḥukm Kökbashi의 이름이 'Alîm Kökbashi로 되어 있고, TA/Pelliot(35r-35v)에는 'Alîm Yüzbashi로 되어 있다.

166) THP, 2r.

에서 일어난 鐵匠 이와즈('Iwaḍ)의 소요,[167] 1845년 한 아릭(Khan Arïq)에서 일어난 샤 무민(Shâh Mû'mîn)의 소요,[168] 아르투쉬에서 발생한 압둘 라힘('Abd ar-Raḥîm)의 소요[169] 등이 있다. 이외에도 핫지 유숩에 의하면 1864년 쿠차 봉기에 앞서 이브라힘 투라(Ibrâhim Tura), 욜바르스 투라(Yolbars Tura), 사딕 벡(Ṣâdiq Beg), 카심 벡(Qâsim Beg), 루자 벡(Rûza Beg), 바하두르 벡(Bahâdur Beg) 등 일부 투르크계 무슬림들이 반란을 기도했다가 실패로 끝난 사건이 있었다고 한다.[170] 여기에 여러 차례 疫病이 만연하여 사회적 혼란이 더욱 가중되었다. 그 중 대표적인 것만 꼽아보아도 1845년과 1847년, 그리고 1849년에 주기적으로 발생하여 카쉬가르를 휩쓴 콜레라, 1851-56년에 카쉬가르 · 야르칸드 · 호탄 등지에 퍼졌던 天然痘, 1855-56년 야르칸드에서 발생한 紅疫 등이 있다.[171]

한마디로 1864년 쿠차 봉기 前夜의 신강, 특히 카쉬가리아의 상황은 호자들의 거듭된 침입으로 인하여 혼란과 불안이 사회 전체에 팽배해 있었고, 청과 코칸드 어느 쪽도 이를 수습할 능력을 상실한 상태에서 토착무슬림들만이 고통을 받으며 표류하다가, 그것을 견디지 못하고 몇 차례 소규모 폭동을 일으키긴 했으나 이 역시 실패로 끝나면서 상황은 더욱더 악화될 뿐이었다.

당시의 상황을 사이라미는 다음과 같은 글로 극적으로 표현하고 있다.

> 힘없는 백성들로 말하자면 아버지와 아들이, 아들과 아버지가 서로 만나지도 못한 채 점점 더 무거워만 가는 세금에 쫓겨다녔다. 인내는 극에 달해 저 만물

167) 『淸實錄』 卷417, 12v-13v.

168) 『淸實錄』 卷143, 38r-38v.

169) 『淸實錄』 卷228, 15v-17v ; 卷229, 14r-14v ; 卷231, 17r-18r.

170) D. I. Tikhonov, "Vosstanie 1864 g. v Vostochnom Turkestane"(*Sovetskoe vostokovedenie*, 5, 1948), p.157.

171) A. E. Madzhi, "Novyi istochnik po istorii Kokanda, Kashgara i Bukhary", *Izvestiia otdeleniia obshchestvennykh nauk AN Tadzhikskoi SSR*, vol. 35, no. 1(1958), pp.40-41.

의 창조주의 門前에 가서 눈물을 뚝뚝, 아니 강물처럼 흘려댔다.[172]

이런 상황에서 퉁간 학살의 소문을 접한 쿠차의 퉁간들이 먼저 혁명의 횃불을 들자 이들 투르크계 무슬림들 역시 일거에 합세하여 그 대열에 참여했고, 그 소식을 들은 다른 도시의 무슬림들 역시 모두 봉기하게 된 것이다.

172) TH/Jarring, 33r.

2章 ‖ 革命의 擴散과 性格

1. 擴散되는 革命

(1) 쿠차

앞장에서 설명한 대로 1864년 6월 4일 밤 시작된 쿠차 무슬림들의 봉기는 6월 6일(5月 壬寅)에 한성의 함락과 청조 관원들의 몰살로 일단 성공을 거두었다. 이 소식이 전해지자 근교 村莊에 거주하던 무슬림들이 대거 시내로 몰려들어 복수와 약탈에 광분하기 시작하면서 사태는 걷잡을 수 없는 혼란으로 빠져들어갔다.[1] 이 와중에서 권력을 장악하기 위한 투쟁도 동시에 일어났는데, 그 이유는 처음으로 봉기를 일으킨 퉁간들이 수적으로 위구르인들에 비해 열세였을 뿐만 아니라, 후에 위구르인들을 이끌고 동참한 알라야르벡 역시 상황을 수습할 만한 충분한 영향력을 갖지 못했기 때문이다.

한 기록에 의하면 쿠차에 거주하는 퉁간과 위구르인들 외에도, 코칸드인과 카쉬가르인들이 각각 독립된 집단을 이루어 할거했기 때문에 쿠차 시내는 사분오열돼버렸고, 서로 치열한 전투를 벌이는 형국이 되어버렸다고 한다.[2] 이 같은 무정부적인 내분상황은 서로에게 아무런 이득이 될 수 없었기 때문에 이들은 하루빨리 사태를 진정시킬 만한 영향력 있는 지도자를 찾아내지 않으면 안 되었다.

봉기를 주도한 퉁간과 무슬림 지도자들이 처음 찾아간 인물은 야르칸드와

---

1) V.P.Iudin, "Nekotorye istochniki po istorii vosstaniia v Sin'tsiane v 1864 godu", *Trudy Instituta istorii, arkheologii i etnografii im. Ch.Ch.Valikhanov Akademii Nauk Kazakhskoi SSR*, no.15(1962), p.180, p.192 ; D.A.Isiev, *Uigurskoe gosudarstvo Iettishar*(Moskva, 1981), p.13과 p.15의 註.

2) *Jam'at-tavârîkh*, f. 60. Isiev, "Nachalo natsional'no-osvoboditel'nogo vosstaniia Uigurov vo vtoroi polovine XIX v.(1864-1866 gg.)", *Materialy po istorii i kul'ture Uigurskogo naroda*(Alma-Ata, 1978), p.64에서 재인용.

카쉬가르의 하킴 벡을 역임하다가 파직되어 당시 쿠차로 돌아와 살고 있던 아흐마드 왕 벡(Aḥmad Wang Beg)이었다. 그는 청의 신강정복시 이를 적극적으로 도왔던 미르자 하디(Mîrzâ Hadî, 鄂對)의 손자이자 자항기르를 포획하는 데 공을 세운 이스학(Isḥâq)의 아들로서, 그 조상은 멀리 모굴 칸국 시대에 두글라트 부족의 수령이었던 아바 바크르(Abâ Bakr)로까지 소급되는 쿠차의 뿌리깊은 명문 출신이었다.[3] 그러나 反淸을 기치로 내세운 무슬림들이 도대체 무엇 때문에 청조지배의 대리인이나 다름없는 그를 자신들의 지도자로 삼으려 했던 것일까.

그가 1852년 야르칸드의 하킴職에서 파직된 경위는 이러하다. 그는 당시 야르칸드의 參贊大臣·幇辦大臣의 비리를 고발하여 일리 장군에게 보고하자, 이 대신들은 다시 아흐마드가 年班進京을 구실로 각 回莊에서 얌부 1000錠, 羊羔皮 2000張을 강제로 징발했다고 맞받아서 고발했다. 이 사건은 결국 아흐마드가 자신의 護衛와 아훈드(阿渾)들이 징발한 사실을 뒤늦게 알고 이에 대해 문책받을 것을 두려워하여 대신들을 誣告한 것이라는 '조사결과'에 따라 그의 罷職으로 매듭지어졌다.[4] 그 후 그는 카쉬가르의 하킴으로 임명되었으나 다시 파직되었고, 1860년 야르칸드 무슬림 가운데 왈리 한에게 동조한 사람들의 재산을 몰수하는 과정을 조사하기 위해 파견되었지만, 지나치게 많은 사람을 데리고 村莊으로 가 위세를 부렸기 때문에 무슬림들이 모두 두려워하여 도망갔다고 하면서 그를 조사임무에서 물러나게 해야 한다는 청조 관리의 탄핵을 받았던 것이다.[5] 야르칸드 參贊大臣을 비롯한 청조 관

---

3) 미르자 하디의 이름은 청측의 기록에는 鄂對로 표기되어 있고 이는 Odui를 옮긴 것으로 여겨져왔다. 그러나 사이라미는 아흐마드 왕 벡의 선조를 열거하면서 Mîrzâ Aḥmad Wang Beg, b. Mîrzâ Isḥâq Wang Beg, b. Mîrzâ 'Uthmân Beyse Beg, b. Mîrzâ Hadî Beyse Beg이라고 한 것으로 보아, 鄂對는 Hadî를 옮긴 것이라고 보아야 할 것이다(TH/Jarring, 18r, TH/Baytur, p.111). 『호자傳』(*Tadhkira-i khwâjagân*)에도 그의 이름은 Mîrzâ Hadî로 표기되어 있다(베를린 所藏本 ms.or.3292, p.3).

4) 『淸實錄』 咸豊 2年 7月 戊午, 7月 癸亥, 3年 正月 丙辰.

5) 『淸實錄』 咸豊 10年 2月 乙卯, 6月 辛未.

리들은 다시 아흐마드가 "外夷와 사사로이 내통했다"고 하여 그를 잡아서 조사하게 해달라고 요청하기도 했다.[6] 이러한 요청들에 대해 조정에서는 그의 가문이 屢代에 걸쳐 청조에 공을 세운 점을 감안하여 극단적인 조치는 취하지 않았지만, 이상의 사례들은 아흐마드와 신강에 주둔하는 청조 관리들과의 알력의 심각성을 충분히 보여준다. 따라서 그가 '失回心', 즉 무슬림들로부터 인심을 잃었다는 청조 관리들의 주장[7]은 오히려 그를 제거하기 위한 誣告였다고 보는 것이 타당하며, 이를 액면 그대로 받아들여 그를 무슬림들의 '혐오'와 '깊은 원한'의 대상으로 혹은 '領主的인 고급 벡관리의 한 典型'으로 평가[8]하기는 어려울 것 같다.

사실 사이라미는 아흐마드에 대해 극도의 찬사를 아끼지 않고 있다. 그에 의하면 아흐마드는 어떠한 소송일지라도 이슬람 율법에 따라 學者團의 '의견서'(fatwâ)를 받은 뒤 처리했고, 술이나 아편과 같이 율법에 금지된 것을 일체 가까이하지 않았으며, 하루 5회 드리는 기도(namâz)를 한 번도 거른 적이 없을 정도로 독실한 무슬림이었다. 그는 매월 초하루와 15일에 관아에 출근할 때에만 청조의 官服을 입었고 다른 때에는 항상 율법에 적합한 무슬림 복장을 했고, 카디리야나 낙쉬반디 같은 신비주의 교단에 入團하여 독실한 수행을 했으며, 休憩所(langar)·修道場(rabât)·學校(madrassa)·寺院(masjid) 등에 많은 헌납을 했다. 사이라미는 그에 대하여 모굴 칸국 시대에 유명한 重臣 후다이다드(Khudâîdâd)의 후손들 가운데 그만큼 "고귀하고 공정하며 학자단의 벗이고 백성들의 양육자"인 사람이 없었다고 할 정도로 높이 평가하면서, 이러한 연유로 그가 비록 쿠차 무슬림들의 봉기에 동참을 거부하여 죽음을 당했지만 당시 학자단은 그를 '고귀한 순교자'(shahîd-i 'ilâ')라고 판결을 내렸다고 했다.[9]

---

6) 『淸實錄』 咸豊 10年 9月 乙巳.
7) 『淸實錄』 咸豊 10年 2月 乙卯, 6月 辛未.
8) 佐口透, 『社會史硏究』, p.189.
9) TH/Jarring, 18r-18v.

사이라미의 이러한 기록을 놓고 생각해볼 때 우리는 아흐마드 왕 벡이 무슨 까닭으로 청조 관리들과 알력을 빚었고 그들로부터 배척을 받게 되었는지 어느 정도 짐작할 수 있다. 즉 그것은 이슬람 율법을 준수하는 그의 태도, 무슬림 대중들에 대한 그의 입장 때문이었던 것이다. 당시 무슬림들 역시 이 점을 잘 알고 있었을 것이고, 쿠차에서 혁명이 성공한 뒤 무슬림들이 그를 찾아가 지도자가 되어달라고 요청하게 된 것도 바로 이러한 배경이 있었기 때문이 아닌가 추측된다. 그들은 그에게 다음과 같이 청원했다고 한다.

〔당신은〕 조상 대대로 대칸(ulugh khan)이 되어 나라를 다스려왔기 때문에 통치의 기본과 政刑의 운영을 잘 알고 있습니다. 크고 작은 우리 〔백성〕에게 아버지같이 임하셔서 명령을 내리신다면 우리는 혼과 마음을 바쳐 봉사와 복종을 다하고, 모든 국가의 사무에서 지도자로 알고 '칸'의 자리에 추대하고자 합니다.[10)]

그러나 아흐마드의 대답은 의외였다. 그는 우선 무슬림이 중국인들에게 수적으로 상대가 될 수 없다는 점과, 자신의 가문이 대대로 청의 황제로부터 은사를 받아 고관을 지내온 사실을 상기시키면서 다음과 같이 말했다.

어떤 일이 생긴다고 해도 鹽을 주신 우리 主君을 배신하지 않겠다. 鹽의 義務(tûz ḥaqqî)를 지키는 것은 모든 사람들에게 의무요 필수이다. 나는 너희들의 말에 따라 수령이 되어 나 자신을 파멸에 던지지 않겠다. 너희가 누구를 선택하든지 마음대로 하라. 내 나이 이미 일흔 살에 가까웠다. 누릴 만큼 영화와 권력을 누리며 살아왔으니, 이제 내게는 〔더이상의〕 희구와 갈망이 남아 있지 않다.[11)]

10) TH/Jarring, 34r.
11) TH/Jarring, 34r.

이에 무슬림들은 "아직도 너의 중국인들에게 희망을 걸고 있는가"라고 소리치면서 그를 끌어내 살해해버렸다. 아흐마드는 '鹽의 義務', 즉 자신을 관리로 기용하고 봉급(鹽)을 준 주군에 대한 의무와 무슬림으로서 이교도에 대해 수행해야 할 '聖戰' 가운데에서 전자를 택한 것이다.[12]

그래서 무슬림들이 결국 찾아간 사람이 라시딘 호자(Râshidîn Khwâja)였는데 그는 아흐마드 왕 벡과는 매우 대조적인 인물이었다. 혁명이 일어나기 전까지 그가 무엇을 했는지에 대해 구체적으로 말해주는 자료는 찾아보기 힘들다. 단지 그가 관직과는 거리가 먼 修道者(darwîsh) 생활을 하면서 평생 자신의 조상인 아르샤드 웃 딘(Arshad ad-Dîn)의 성묘를 지키며 기도로써 조용히 살아왔었다는 사실만 알려져 있을 뿐이다. 따라서 아흐마드와 달리 그는 현실정치에 어두울 수밖에 없었고 무슬림 군대가 처음부터 그를 찾아가지 않은 까닭도 여기에 있었을 것이다. 그러나 그와 아흐마드에게는 공통점도 존재했다. 그것은 둘 다 쿠차의 명문족 출신이라는 점과 쿠차 주민들에게 커다란 카리스마—물론 聖·俗간의 차이는 있었지만—를 갖고 있었다는 점이다.

쿠차 봉기를 성공시킨 무슬림들은 그의 수도장으로 찾아가 "그의 의사와는 상관없이" 그를 끌고 나와 "전부터 당신은 지도자였습니다. 지금 다시 지도자가 되고 칸위에 올라서 우리의 우두머리가 되어 통치를 해주십시오"라고 하면서, 그가 "원하든 원하지 않든"(khwâh nâkhwâh) 흰색의 카펫 위에 앉히고 과거 술탄들에게 행했던 관례대로 그를 군주로 추대했던 것이다. 그리고 투흐타 이식아가 벡(Tukhta Ishikâghâ Beg)을 '宰相'(vazîr)으로 삼고, 쿠차의 하킴이던 쿠르반 벡(Qurbân Beg)을 위시하여 청조치하에서 관리를 지낸 여덟 명의 벡들을 처형하고 그들의 재산을 약탈했다.[13]

이후 그가 '칸 호자'(Khân Khwâja, 청측 자료에는 이를 音寫하여 黃和卓이

12) 濱田正美, 「'鹽の義務'と'聖戰'との間で」.
13) TH/Jarring, 34r-34v.

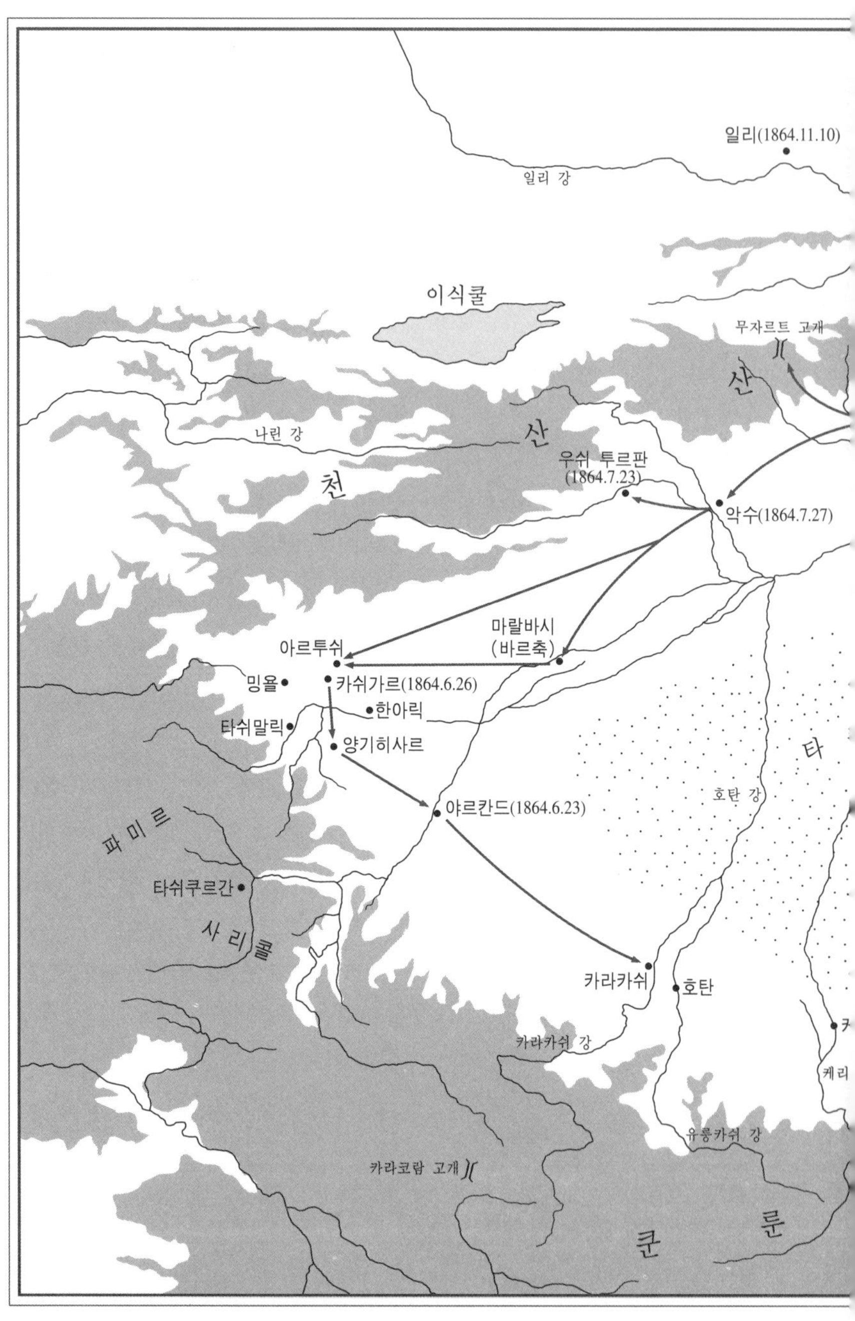

신강 무슬림 봉기와 쿠차군의 원정

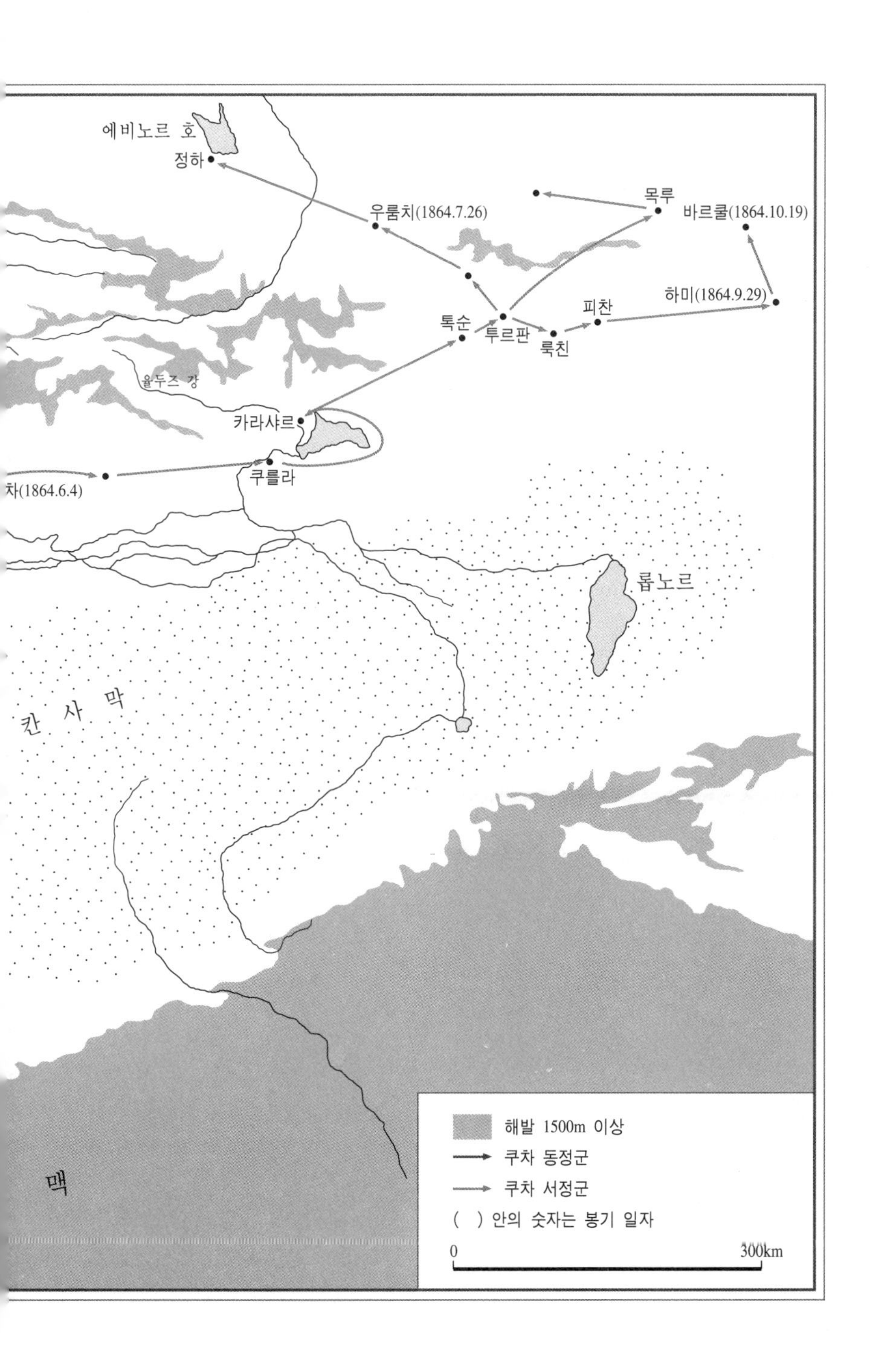
에비노르 호
정하
우룸치(1864.7.26)
목루
바르쿨(1864.10.19)
하미(1864.9.29)
피찬
톡순
투르판
룩친
율두즈 강
카라샤르
쿠를라
차(1864.6.4)
롭노르
칸 사 막
맥
해발 1500m 이상
쿠차 동정군
쿠차 서정군
( ) 안의 숫자는 봉기 일자
0
300km

라고 표기)로 불리게 되었는데, '칸'이면서 동시에 '호자'임을 나타내는 이 칭호 자체가 쿠차정권이 지닌 政敎一體의 성격을 잘 말해준다. 뿐만 아니라 그가 주조한 화폐들에 'Râshidîn'이라는 이름을 사용한 것도 그러한 측면을 부각시키려 했음을 시사하고 있다. 그의 이름은 자료에 따라서 라시딘(Râshidîn), 라시 웃 딘(Râsh ad-Dîn), 라시드 웃 딘(Rashîd ad-Dîn) 등 상이하게 표기되어 있으나 원래 이름은 라시 웃 딘이나 라시드 웃 딘이었던 것으로 추측된다. 왜냐하면 그의 형제들의 이름이 나지르 웃 딘(Naẓîr ad-Dîn), 자말 웃 딘(Jamâl ad-Dîn), 파흐르 웃 딘(Fakhr ad-Dîn), 잘랄 웃 딘(Jalâl ad-Dîn)으로 '웃 딘'(ad-Dîn)의 형태를 취하고 있기 때문이다.[14] 다만 당시 동투르키스탄 위구르인들은 '웃 딘'으로 끝나는 이름들을 축약하여 부르는 습관이 있어,[15] 자말 웃 딘(Jamâl ad-Dîn)은 자말딘(Jamâldîn)으로, 함 웃 딘(Ḥâm ad-Dîn)은 함딘(Ḥâmdîn)으로 발음했고 또 그런 식으로 표기하기도 했다. 라시 웃 딘이나 라시드 웃 딘 모두 라시딘으로 발음되었을 것이다.

그런데 쿠차정권에서 주조한 화폐들 가운데 현존하는 것들에는 모두 'Sayyid Ghâzî Râshidîn Khân'으로 銘記되어 있어,[16] 공식적으로 사용된 이름은 '라시딘'이었음이 확실하다. 따라서 이것이 그의 본래 이름이 아니었음에도 불구하고 그가 고의적으로 이러한 표기법을 사용했다면 이는 라시딘이라는 말이 'khulafâ'- i râshidîn', 즉 '올바로 인도된 칼리프들' —무함마드 사후 그의 뒤를 이은 4인의 정통 칼리프—을 연상시키기 때문이었을 것으며, 정통 칼리프의 시대처럼 자신의 통치를 종교와 정치가 일체화된 것으

14) TH/Jarring, 35v.

15) N.Th.Katanov, "Volkskundliche Texte aus Ost-Türkistan", published by K.Menges in *Sitzungsberichte der preussischen Akademie der Wissenschaften. Sitzung der phil-hist. Klasse*, vol. 30(1933), pp.1246-1247 참조.

16) A.A.Bykov, "Monety Rashaddina, Uigurskogo povstantsa", *Strany i narody Vostoka*, no. 15, 1973, pp.288-302. sayyid는 예언자 무함마드의 후손들에게만 주어지는 존칭이고 ghâzî는 물론 '성전사'를 뜻한다.

로 표방하려는 의도를 반영한 것이라고 볼 수 있다.

위에서 살펴본 바와 같이 쿠차 봉기에 관한 청측의 기록과 사이라미의 설명은 봉기가 시작되어 성공을 거둘 때까지 라시딘 호자가 아무런 역할을 하지 못했고, 청군이 주둔하던 한성까지 함락된 뒤에 아흐마드 왕 벡이 혁명군의 지도자가 될 것을 거부하자 차선의 선택으로, 그것도 본인의 의사와는 무관하게 '칸'으로 추대된 것임을 분명히 말해준다. 1867-68년에 씌어진 『勝戰書』(*Ẓafar-nâma*) 역시 "쿠차 주민과 퉁간들이 모여" 거사한 뒤에 비로소 그를 추대했다고 기록했다.[17)]

그러나 일부 무슬림 사료들 가운데에는 라시딘 호자가 쿠차 봉기를 성공으로 이끈 장본인인 것처럼 주장하는 것들이 있다. 예를 들어 카리 나즘 웃딘(Qârî Najm ad-Dîn)의 『라시드 웃 딘의 書』(*Rashîd ad-Dîn nâma*), 무함마드 살리흐 야르칸디(Muḥammad Ṣâliḥ Yârkandî)의 『書翰集』(*Risâla-i maktûb*), 다우드 아훈드(Dâûd Akhûnd)의 『救濟傳』(*Tadhkirat an-najât*)이 그러하다.[18)] 그러나 이 문헌들은 대체로 라시딘에 대한 극도의 예찬으로 일관되어 있고, 이 가운데 일부는 라시딘에게 헌정되어 읽혀지기까지 했다는 점을 생각해볼 때, 이 글들이 과연 라시딘의 역할에 대해서 얼마나 객관적인 평가를 내리고 있는지에 대해서는 주저하지 않을 수 없는데, 특히 다우드 아훈드의 글에는 쿠차 봉기에서 퉁간들이 한 역할에 대해 전혀 언급되어 있지 않다는 점은 이러한 의구심을 더욱 짙게 해주고 있다.

(2) 우룸치

신강에서 쿠차 다음으로 혁명이 일어난 곳은 東路의 首府인 우룸치였다. 우룸치는 정복 이전에는 준가르인들이 유목하던 곳이었으나 정복과 함께 사

---

17) *Ẓafar-nâma*, 20v.

18) 앞의 두 자료는 Iudin의 "Nekotorye istochniki", p.171과 p.187을, 그리고 세 번째 자료(*Tadhkirat an-najât* ; 이하 TAN으로 略稱)는 런던 India Office Library 소장 Ms. Turki 4, f.73을 참조하시오.

람의 흔적이 드물게 되었다. 청조는 紅山嘴 아래에 城을 하나 건설했고 이어 그곳에서 3킬로미터쯤 떨어진 곳에 또 다른 城을 세웠다. 전자는 舊城이라 불렸으며 漢兵 5000명이 提督의 통제하에 주둔했고, 후자는 鞏寧城이라 불렸으며 가족을 데리고 온 滿兵 3000명과 역시 가족과 함께 온 漢兵 2000명이 주둔하고 있었다. 이외에 감숙성에서 民戶 數千家와 내지에서 유배되어온 遣犯들 수천 명이 우룸치 주위에 있는 東路 소속의 昌吉 · 마나스(瑪納斯) · 古牧地(Gumadi) · 吉木薩(Jimusa) 등지에 산재해 있었다.[19] 즉 우룸치와 그 주변 지역에는 투르크계 무슬림들은 희소했고 주로 내지에서 파견된 滿兵과 둔전에 고용된 퉁간의 병사와 농민들이 거주하고 있었으니,[20] 이곳에서의 봉기가 퉁간의 주도하에 이루어지게 된 것도 의외는 아니다.

쿠차 봉기가 일어난 지 한 달 보름 정도 지난 뒤인 1864년 7월 26일 이곳에서도 봉기가 일어났는데 그 주동자인 妥明(일명 妥得璘)과 索煥章은 모두 퉁간이었다. 청측의 기록은 먼저 이 妥明이라는 인물에 대해서 다음과 같이 평가하고 있다.

> 同治 元年(1862)에 陝回들의 반란이 일어났을 때 교도들의 우두머리 중 아홍(=아훈드)인 妥明이라는 자가 있었다. 그는 빈한하고 고정된 직업이 없었지만 한자를 조금 알았기 때문에 점성술과 점치는 것을 일삼으며 金積(堡)과 河湟 지역을 오가면서 무슬림들의 수령들과 서로 알게 되었다. 그는 난리가 일어난 틈을 타서 西寧을 거쳐 出關하여 우룸치에 이르렀는데, 參將인 索煥章의 집에 얹혀 살면서 星卜으로 여러 회민들을 煽惑하니 그를 따르는 무리가 날로 늘어갔다.[21]

또한 索煥章에 대해서는 다음과 같이 기록하고 있다.

---

19) 『西域總志』 卷3, 5r-6r.

20) 청대 우룸치의 둔전에 관해서는 王希隆의 「淸代烏魯木齊屯田述論」, 『新疆社會科學』, 1989年 第5期, pp.101-108 참조.

21) 楊毓秀, 『平回志』(劍南王氏本, 1889), 卷7, 1v-2r.

煥章은 前任 甘州提督인 索文의 아들로서 평소부터 反心을 품고 있던 차에 妥明을 만나 그를 掌敎로 세워 經典을 가르치게 하고 자신의 스승으로 섬겼다.[22)]

전자는 감숙성 출신의 퉁간으로서 무슬림들에게는 다우드 할리파(Dâûd Khalîfa), 라우린자(Lawrînjâ, 老人家), 라우타이(Lawtai, 老太爺) 등으로 불리던 인물이다. 위의 인용문에서도 드러나듯 청측은 그를 반란의 수괴로 지목하여 매우 부정적인 이미지로 묘사하고 있으나, 당시 러시아측 자료는 그가 퉁간들로부터 깊은 존경을 받던 종교인이었다고 기록하고 있다.[23)] 索煥章도 무슬림들로부터 소 달루야(Sô Dâlûyâ, 索大老爺)라는 경칭으로 불리긴 했지만 우룸치 주재 퉁간 軍官으로서 妥明과는 달리 종교인이 아니었다.

이처럼 서로 다른 배경을 갖는 이들 두 사람이 의기투합하여 1863년부터 擧事를 모의하고 寺院 안에 무기를 은닉해왔다고 하는데, 그들이 본격적으로 봉기하기 이전에도 이미 우룸치 지방의 상황은 상당히 악화되어 있었다. 그 까닭은 우룸치 지역의 최고 책임자인 都統 平瑞가 방비강화에 필요하다는 명목으로 각 주현에 民糧의 납부를 과다하게 요구하여 주민들의 불만을 산 데다가, 木壘河 지역에서 섬서·하남성 출신의 漢族 流民·流軍 및 현지의 漢族 농민들과 토착퉁간들과의 갈등이 심하여 평소부터 집단 패싸움이 있어왔다.

그러다가 한인들이 團練을 조직하여 퉁간들을 해치려 한다고 하여, 迪化州의 하급관리로 있던 馬全이 퉁간들을 규합하고 그들에 대항함으로써 파국으로 치닫게 된 것이다. 5월에는 奇台에서도 漢·回간의 싸움이 발생하여 馬全을 위시한 퉁간들이 南山으로 도주한 사건이 벌어졌다.[24)]

---

22) 같은 곳.

23) G.G.Stratanovich, "K voprosu o kharaktere administrativnogo ustroistva i sotsial'noi stnoshenii v Dunganskom Soiuze gorodov(1863-1872 gg.)", *Izvestiia Akademii Nauk Kirgizskoi SSR(SON)*, 2, no. 2(1960), p.61.

24) 『平回志』 卷7, 2r-2v.

쿠차 봉기의 소식이 전해진 직후 우룸치에서 약 2100명의 馬·步兵이 진압을 위해 파견되었지만, 다수가 퉁간들로 구성된 이 진압군이 카라샤르에 도착하기도 전에 우샥 탈(Ushaq Tal)이라는 곳에서 이스학 호자가 이끄는 쿠차 東征軍에게 패배하자, 궤산된 병사들은 우룸치로 잠입해 들어왔다.[25] 6월 23일 우룸치성 안에 있던 퉁간들은 南關에 있는 사원에 모여 무기를 모아 놓고 거사를 논의하다가 발각될 뻔했지만 索煥章의 허위보고로 위기를 넘긴 뒤,[26] 우샥 탈에서 돌아온 퉁간들과 연합하여 7월 26일에는 우룸치 한성을 공격했는데, 이미 성내에는 병사들이 얼마 남아 있지 않은 상태였으므로 쉽게 함락할 수 있었다.

前任 提督 業布沖額은 索煥章에게 아무런 의심도 품지 않고 그의 집에 피신했다가 도리어 죽음을 당했고, 都督 平瑞는 滿城의 성문을 폐쇄한 채 원병만 기다리다가 쿠차 무슬림 군대와 우룸치 퉁간의 연합공격으로 10월 3일 성이 함락되면서 食率들과 함께 자폭해버렸다.[27]

우룸치를 비롯하여 신강 각지에서 봉기가 터진 이유에 대하여, 퉁간 학살을 지시한 황제의 칙령을 일리 장군이 수행하려 한다는 사실을 索煥章이 알아채고 각지의 퉁간 수령들에게 편지를 보냈기 때문이라는 사이라미의 글을 앞장에서 인용한 바 있는데, 러시아 상인 소모프(I.Somov) 역시 우룸치 봉기가 "중국 황제가 퉁간들을 학살하라는 명령을 내렸다는 소문이 있었기 때문"이라는 현지민들의 이야기를 전하고 있다.[28] 妥·索 양인이 일찍부터 은밀히 거사를 모의해왔다는 청측의 기록이 사실이라면, 아마 이 두 사람은 陝

25) 『淸實錄』 同治 3年 6月 乙酉, 7月 丁巳 ; 『平回志』 卷7, 2v-3r. 우샥 탈 전투에 대해서는 TH/Jarring, 50v-51r의 묘사가 자세하나, 청군의 숫자가 1만 8000명 혹은 2만 4000명으로 지나치게 과장되어 있다.

26) 『陝甘新方略』 卷70, 1r-1v ; 『戡定新疆記』 卷1, 1r-1v.

27) 『陝甘新方略』 卷73, 6r, 10r-10v ; 卷81, 1r-2v ; 『戡定新疆記』 卷1, 2r. 후자는 우룸치 봉기의 시작을 "六月 辛巳"(7월 21일)로 보았으나 당시 현지관리들의 보고서에는 7월 26일로 되어 있어 이를 따랐다.

28) Stratanovich, "K voprosu", p.62.

甘回亂이 발생한 뒤 퉁간 학살 소문을 퍼뜨리며 우룸치에서 거사를 도모하던 차에 쿠차 혁명으로 우룸치의 방위상태가 무너지자 그 기회를 이용하여 봉기를 일으킨 것으로 볼 수 있을 것이다.

퉁간들은 한성을 장악한 뒤 妥明을 '淸眞王'으로 추대하고 '淸眞國'의 성립을 선포했다. 索煥章을 元帥로 임명하고 南山으로 도주했던 馬全까지 불러들여 합세하여 만성을 포위하는 한편, 군대를 동서 兩路로 나누어 인근 각지에 대한 공격을 시작했다.[29] 그 결과 상당수의 퉁간들이 거주하던 우룸치 서쪽의 마나스(綏來)는 7월 17일에 南城이, 9월 16일에는 그 北城이 함락되었고, 쿠르 카라우수(Qur Qarausu, 庫爾喀喇烏蘇)는 9월 29일에 퉁간군의 손에 넘어갔다.[30] 한편 이들은 우룸치의 만성을 함락하는 데 어려움을 겪게 되자 쿠차측에 지원을 요청하기에 이르렀고, 당시 쿠차 東征軍을 이끌고 투르판을 포위중이던 이스학 호자는 휘하의 병사 약 5000명을 보내 퉁간들과 합세하여 공격케 하자 10월 3일에는 드디어 만성도 함락되었다.[31] 이어 昌吉·呼圖壁 역시 10월 6일과 10월 20일에 차례로 함락되었고, 동쪽에 있는 吉木薩와 古城도 1865년 2월 말과 3월 초 사이에 함락되었다.[32] 이렇게 해서 우룸치의 淸眞政權은 하미·투르판·바르쿨을 제외한 東路 전역을 장악하는 데 성공했다.

봉기가 성공을 거둔 뒤 이 청진정권의 내부사정에 대해서 말해주는 자료가 극히 드물기 때문에 어떠한 일들이 일어났는지 확실히 알기는 힘드나 지도층 내부에 모종의 권력암투가 벌어졌던 것으로 보인다. 『平回志』에 의하면 妥明은 索煥章을 투르판으로 보내고 馬升, 馬官, 馬太(馬泰), 馬仲 등을 자신의 지배하에 들어오게 된 지역들의 元帥로 임명했으며, 자신의 통치력이

29) 『平回志』 卷7, 3r-4r.

30) 『陝甘新方略』 卷86, 9r-10v.

31) TH/Baytur, p.277 ; TH/Jarring, 55r ; TA/Pantusov, pp.100-107 ; 『陝甘新方略』 卷80, 19v ; 卷81, 2r-2v.

32) 『陝甘新方略』 卷75, 10r-10v ; 卷86, 9v-10r ; 卷93, 12v-13r ; 卷98, 11r.

미치지 않는 關內의 肅州(馬四), 西寧(馬朶三), 河州(馬彦龍), 寧夏(馬化漋) 등지에도 각각 元帥를 임명했다.[33] 그러나 곧 馬升(혹은 馬陞)이 실권을 장악하게 되자 妥明은 綏來의 元帥인 馬官으로 하여금 馬升을 살해토록 하고 그의 一黨과 翼長 10여 명도 죽여버렸다.[34] 앞서 언급한 바 있는 러시아 상인 소모프는 마나스의 '大元帥 마푸보'(Ma Fu-bo)라는 인물이 妥明에 대해 막대한 영향력을 행사하여 妥明은 그의 동의 없이는 어떤 중요한 결정도 내릴 수 없었다고 했는데,[35] 과연 이 '마푸보'와 馬官이 동일인물인지 아닌지는 확실치 않다.

(3) 야르칸드

천산 이남지역에서 쿠차 다음으로 봉기가 일어난 곳은 야르칸드였다. 야르칸드는 南路八城 가운데 카쉬가르 다음으로 중요한 청군의 주둔지로서 투르크계 무슬림들이 거주하는 回城은 土城으로 만들어졌고 높이 약 10미터, 둘레는 약 5킬로미터에 달했으며, 모두 5개의 성문이 있었다.[36] 청조는 정복 후 回城에서 서쪽으로 약 400-500미터 떨어진 곳에 城砦를 건설하여 관리와 군대를 주둔시켰는데, 중국인들에게는 漢城·滿城으로 불리고 무슬림들에게는 '양기샤흐르'라고 불렸다.

야르칸드에 관한 청조측의 최초의 보고는 "6월 23일(陽 7월 26일) 丑刻 야르칸드의 漢回들이 變亂을 일으켜 성문을 불태웠다. 參贊과 官兵들이 피해를 당했는지의 여부는 아직 확실히 알 수 없다"라는 일리 장군의 상주[37]였는데, 이것이 마지막 보고가 되어버렸다. 그 까닭은 야르칸드가 카쉬가리아에서도 가장 서쪽에 위치해 있어 다른 지역에서의 변란으로 통신이 완전히 두절되

---

33) 『平回志』 4r. Cf. Khodzhaev, *Tsinskaia imperiia*, pp.28-29.
34) 『戡定新疆記』 卷1, 12r-12v.
35) Stratanovich, "K voprosu", p.61.
36) 『回疆通志』 卷8, 3r.
37) 『陝甘新方略』 卷77, 18v.

었기 때문이다. 다만 야르칸드 參贊大臣과 청조의 官員 13명과 무슬림 관리 16명이 무슬림군에 의해 피살된 사실 정도만이 후일 알려졌을 뿐이다.[38] 어쨌든 짧은 보고이기는 하지만 야르칸드 봉기도 퉁간들에 의해 시작되었다는 사실은 충분히 입증된다.

무슬림 봉기가 일어난 지 10여 년 뒤 카쉬가리아를 방문한 영국과 러시아의 사절단들은 야르칸드 봉기의 원인에 대하여 거의 같은 내용을 전하고 있다. 즉 퉁간들이 봉기를 일으킨 이유는 야르칸드의 大臣이 주둔병의 일부를 이루던 퉁간 병사들이 陝甘에서의 회민 봉기에 자극을 받아 동요의 기미가 있는 것을 알아차리고 이들을 무장해제시키기로 결정한 것이 누설되었기 때문이라는 것이다. 퉁간 병사들은 마 달루야(Mâ Dâlûyâ, 馬大老爺)라는 지휘관의 지시에 따라 밤중에 한성을 습격하여 그곳에 있던 2000명의 청군과 그 가족들을 몰살시켰지만 청군의 반격을 받아 한성에서 물러나왔고, 그 다음 날 아침 회성의 성문이 열리자 퉁간들이 성 안으로 들어가 주민들에게 '성전'에 참여할 것을 외치자 무슬림 수령들은 주저했으나 건달·도박꾼·주정뱅이 그리고 중국인들에게 빚을 진 사람들이 이에 적극 가담하여 중국인들을 살해하고 그 재산을 약탈했다. 당시 한성과 회성을 연결하는 약 400-500미터의 바자르에는 주로 중국인 상인들과 외국에서 온 상인들이 거주하고 있었는데 무슬림들이 이곳을 습격하여 학살을 자행해, 결국 그날 하루동안 모두 7000명의 중국인들이 살해되었다는 것이다.[39]

현존하는 소수의 무슬림 사료들은 이보다 조금 더 구체적인 내용을 전해주고 있다. 무함마드 카쉬미리의 『勝戰書』에 의하면 혁명이 일어나기 전 무슬림 농민들에게 부과된 과도한 세금, 특히 청조 관리→通事→무슬림 벡→농민들에게로 내려가면서 그 액수가 점점 더 불어났던 弊習을 지적하고, 이로 인해 가족들이 이산하고 '고향'(vaṭan)을 버리고 타지로 도주할 수밖에

38) 『欽定新疆記』 卷1, 2r.
39) *Mission to Yarkund*, pp.203-204 ; *Kashgaria*, p.157.

없었던 비참한 상황에 빠져 있었다고 한다. 쿠차 봉기 이후 야르칸드로 퉁간 학살의 명령이 내려오자 이를 알아챈 퉁간들이 무기를 들고 寺院에 모였는데, 청의 大臣이 이 소식을 듣고 벡과 아훈드 등을 불러 경위를 설명한 결과 양측 사이에 '협약'(ṣulḥ)이 맺어짐으로써 사태는 일단 진정되었다. 그러나 며칠 지나지 않아 퉁간들은 안심하지 못하여 '이교도'들을 공격했고 이 소식을 접한 '야르칸드 주민들'이 합세하게 된 것이다. 이어 회성을 장악한 퉁간들이 한성 함락을 시도했으나 이것이 실패로 돌아가자 퉁간의 대표들은 새로운 지도자를 선출할 필요성을 느껴 서로 상의한 결과 아프가니스탄의 카불(Kabul) 출신인 굴람 후세인(Ghulâm Ḥusayn)이라는 종교인을 수령으로 추대하게 되었다고 한다.[40]

필자 미상의 『무슬림의 聖戰』(*Ghazât-i muslîmîn*)이라는 글도 이와 비슷한 내용을 전하고 있다. 즉 1864년 7월(Safar월)에 일이 터져 성 밖에 있는 중국 商人(maymaychî)과 고리대금업자(giraw-kash)를 죽였는데, 이는 야르칸드의 주민들이 지난 3년 동안 고리대금업자들에게 진 빚만 2만 5000 얌부에 이르렀기 때문이다.

퉁간들은 사흘간 滿城(mânjûshahr)을 장악했지만 청군의 반격을 받아 패퇴하고 그곳에 있던 퉁간들이 回城으로 돌아온 뒤 카불의 명족 출신인 굴람 후세인을 '파디샤'(pâdishâh, 즉 帝王)로 추대했다. 그 후 9월(Rabî' ath-thânî월) 말 쿠차에서 무슬림 군대가 도착할 때까지 약 두 달 동안 청군과 대치하며 전투를 벌였다.[41]

『勝戰書』의 작자는 굴람 후세인을 명목상의 군주로 추대한 이들의 지배양상에 대해 매우 비판적인 눈으로 바라보았다. 그는 '과거의 벡들'이 다시 모여들어 모든 일이 전과 같이 그들의 손에 좌우되게 되었다면서 다음과 같은 詩로 개탄하고 있다.

---

40) *Ẓafar-nâma*, 7v-28v.

41) E.D.Ross, *Three Turki Manuscripts*, pp.39-40.

중국인들이 사라지고 이슬람이 선포되었지만
그래도 옛 관습은 그대로이니, 도시와 농촌에.
모든 백성은 기뻐 즐거워하며 말하기를
이제는 정말 없을 것이라고, 우리의 슬픔이.
그러나 학정의 불길은 수그러들지 않았고
백성은 구원받지 못했도다, 어떤 슬픔으로부터도.[42]

퉁간들은 굴람 후세인을 조종하여 농촌의 다루가와 벡들에게 徵稅狀(fitik)을 들려 보내고 村莊의 유력자들인 밍바시를 협박하여 재물을 강탈해 갔다.[43]

이상에서 검토한 청측과 무슬림 자료들은 야르칸드 봉기의 초기경과가 쿠차와 매우 흡사하다는 사실을 확인케 해준다. 즉, 퉁간 학살 소문에 의해 촉발되었기 때문에 처음에는 퉁간들이 주도했고 여기에 투르크계 무슬림들이 합세한 것이며, 혁명이 성공을 거둔 뒤 종교인을 지도자로 추대한 것 등이 그러하다.

그러나 차이점도 있었다. 그것은 무엇보다도 야르칸드에서는 쿠차의 경우와 달리 퉁간들이 계속 주도권을 장악하고 있었다는 점이다.[44] 사이라미는 라시딘 호자의 형인 나지르 웃 딘이 이끄는 쿠차 군대가 야르칸드에 도착했을 때 이미 이 도시는 三分되어, 한쪽에서는 압둘 라흐만(ʿAbd ar-Raḥmân)이라는 인물이 통치했고 다른쪽에서는 퉁간들의 이맘(imâm)이 지배했으며, 한성에서는 淸軍이 籠城하고 있었다고 했지만,[45] 『무슬림의 聖戰』에는 쿠차 군대가 도착할 때에도 여전히 굴람 후세인이 군주였으며 쿠차 군대가 떠난 뒤에야 비로소 퉁간들은 그의 형인 압둘 라흐만을 새로운 군주로 추대

42) *Ẓafar-nâma*, 28v.
43) *Ẓafar-nâma*, 28v-29v.
44) Cf. *Ẓafar-nâma*, 29v.
45) TH/Jarring, 41v.

했다고 기록되어 있다.[46)]

야르칸드에서의 초기상황에 대한 사이라미의 글이 매우 소략한 데 비해 후자는 비교적 상세한 것으로 보아 후자의 기록에 더 신빙성을 둘 수 있다. 그렇다면 봉기가 일어난 직후 야르칸드는 三分된 것이 아니라 漢城은 청군이 수비하고 있었고 回城은 퉁간들의 수중에 있었으나 투르크계 무슬림들을 통제하기 위해 굴람 후세인을 명목상의 군주로 추대한 상태였다고 보아야 할 것이다.

이처럼 퉁간들이 야르칸드에서 주도권을 장악할 수 있었던 까닭은 무엇보다도 야르칸드 주민구성의 특이성 때문일 것이다. 우선 야르칸드에는 퉁간의 숫자가 쿠차와는 비교가 안 될 정도로 많았다. 발리하노프에 의하면 이곳에는 2200명의 綠營兵이 주둔하고 있었다고 하는데,[47)] 1873년 영국 사절단은 청지배기의 통계에 근거하여 주둔병의 숫자가 5000명이며 시내의 인구도 回城에 5000호, 漢城에 5000호 정도가 있었다고 했다.[48)] 당시 카쉬가리아에 주둔해 있던 군대의 대부분은 陝甘地域에서 파견된 퉁간들이었고, 漢城에는 소수의 관리를 제외하고는 투르크계 무슬림들이 거주하지 않는 것이 常例였기 때문에 야르칸드에 거주하는 퉁간들의 숫자는 실로 상당한 규모였음이 분명하다.

뿐만 아니라 야르칸드는 파미르 지방과 그 너머인 인도나 아프간 지방과의 교역의 요충지였기 때문에 많은 수의 외국 상인들도 거주하고 있었다. 비록 야쿱 벡 시기이긴 하지만 안디잔, 바닥샨, 카쉬미르 지방에서는 물론 소수의 인도인과 카불인들까지 포함하면 거의 2000호에 이른다고 했다.[49)] 당시 야르칸드의 이러한 주민구성을 생각하면 어떻게 퉁간들이 주도권을 장악할 수 있었고, 또 무엇 때문에 카불 출신의 外地 宗教人을 군주로 앉혔는

---

46) E.D.Ross, *Three Turki Manuscripts*, p.40.
47) Valikhanov, "O sostoianii Altyshara", p.161.
48) *Mission to Yarkund*, p.35.
49) *Mission to Yarkund*, pp.35-36.

지 이해할 수 있을 것이다.

(4) 카쉬가르

카쉬가르는 청의 카쉬가리아 지배의 本營이었지만 도시규모는 야르칸드에 비해서 작았다. 回城의 둘레는 1.5킬로미터 정도에 불과했고 성내와 그 근교의 인구도 5000호 정도였으며, 여기서 동남쪽으로 약 8킬로미터 정도 떨어진 곳에 漢城이 위치해 있었다.[50] 발리하노프에 의하면 카쉬가르에 주둔하던 청군의 숫자는 모두 5500명이었다고 한다.[51]

카쉬가르 지역의 봉기는 양기히사르에서 먼저 터져나왔다. 당시 인구 약 2000호 정도이며 카쉬가르에서 남쪽으로 약 60킬로미터 떨어진 지점에 위치한[52] 이곳에서, 야르칸드 봉기가 일어난 지 불과 3일 후인 "6월 26일(陽 7월 29일) 申刻, 양기히사르의 中營守備였던 藍發春 등이 漢回와 暗約하여 市場이 서는 날에 맞추어 일제히 일을 저질렀다."[53] 그리고 바로 그 다음 날 "카쉬가르의 把總 王得春 등이 漢回와 暗通하여 6월 27일(陽 7월 30일)에 요란스럽게 변란을 일으켰다."[54] 여기서 藍發春과 王得春은 모두 綠營兵의 지휘관임은 분명하지만 이름만으로는 과연 이들이 퉁간인지의 여부는 확실치 않다. 다만 漢回와 공모한 점으로 미루어보아 이들 역시 퉁간이었다고 보는 것이 타당할 것이다. 그런데 왜 퉁간 지휘관들이 여기에 참여한 것인지 청측 자료는 침묵하고 있으나 무슬림들의 기록이 그 해답을 던져준다.

『集史』의 저자 핫지 유숩은 당시 카쉬가르의 하킴이던 쿠틀룩 벡(Qutluq Beg)이 명령을 받들어 일부 村莊들에 사는 퉁간들을 학살했다고 주장했고,[55] 『야쿱 칸의 史書』(*Târîkh-i nâma-i Ya'qûb Khân*)라는 글에도 퉁간

---

50) *Mission to Yarkund*, p.39와 p.248 다음의 지도를 참조하시오.
51) Valikhanov, "O sostoianii Altyshara", p.161.
52) *Mission to Yarkund*, p.37.
53) 『陝甘新方略』 卷77, 19r.
54) 같은 곳.
55) Tikhonov, "Uigurskie istoricheskie rukopisi", p.168.

학살이 실제로 자행되어 카쉬가르에 살던 약 4600명의 퉁간들 가운데 100명 정도만이 살아 남았다고 기록되어 있다.[56] 과연 이 같은 주장을 얼마나 믿어야 할지 판단내리기가 쉽지는 않으나, 티호노프(D.I.Tikhonov)는 퉁간 학살의 명령이 새로운 내용은 아니지만 그동안 그 진위에 대하여 의문이 있어왔는데, 쿠틀룩 벡이 실제로 이 명령을 수행했다는 핫지 유숩의 기록이야말로 "이 문제의 최종적인 해결에 의미를 지닌 것"이라고 평가했다.[57] 이와 관련하여 1868-69년 카쉬가르를 방문한 영국인 쇼우(R.B.Shaw)의 보고 역시 매우 흥미롭다. 그는 학살 명령을 내렸다는 쿠틀룩 벡의 아들 알라 아훈드('Ala Akhûnd)로부터 다음과 같은 이야기를 들었다고 전하고 있다.

> 악수와 쿠차에서 중국인들 밑에 있던 퉁간 병사들이 서부(즉 陝甘地方)에 있는 同族들과 보조를 같이하여 반란을 일으키자, 카쉬가르에 머물던 중국인들도 주둔병의 일부를 구성하던 퉁간들의 기도를 좌절시키기에 부심했다. 그래서 퉁간 병사들을 모두 연회에 초대한 뒤 학살시켜버렸고, 이로써 카쉬가르의 大臣은 위기에서 벗어난 것으로 생각했다.[58]

위의 자료들은 퉁간 학살을 명령한 사람이 쿠틀룩 벡인지 아니면 만주 관리인지에 대해서는 이견이 있지만, 적어도 카쉬가르에서 퉁간 학살의 명령이 내려졌고 또 실제로 수행되었다는 점에 대해서는 일치하고 있기 때문에, 이러한 사건이 카쉬가르와 야르칸드 봉기의 직접적인 동기가 되었다고 보아야 할 것이다.

7월 말 퉁간 주도하에 카쉬가르에서 봉기가 일어난 뒤 어떠한 상황이 전개되었는지에 대해서는 불분명한 점이 많다. 퉁간들은 비록 봉기를 일으키

56) A.Khodzhaev, *Tsinskaia imperiia, Dzhungariia i Vostochnyi Turkestan*(Moskva, 1979), p.30과 p.110의 註. 이 무슬림 자료는 현재 St. Peterburg의 東方學硏究所에 소장(B.772)되어 있다.

57) Tikhonov, "Uigurskie istoricheskie rukopisi", p.168.

58) *Visits to High Tartary, Yarkand and Kashghar*(London, 1871), p.48.

긴 했으나 漢城에서는 청군의 수비, 回城에서는 쿠틀룩 벡을 위시한 무슬림 벡들의 저항으로 인해 이들 거점을 장악하지 못한 듯하다. 이들이 쿠차나 야르칸드의 경우와 달리 回城조차 점령하는 데 실패했다는 것은 카쉬가르의 퉁간 군대의 세력이 상당히 취약하지 않았는가 하는 추측을 하게 한다. 이런 취약함의 원인이 무엇이었는지는 단언하기 힘드나 퉁간 학살로 인한 수적인 열세, 투르크계 무슬림들과의 순조로운 연합의 실패 등의 가능성을 생각해볼 수 있다.

『集史』의 저자 핫지 유숩은 쿠틀룩 벡이 과거에 청조에 공을 세운 바 있는 타쉬말릭(Tashmaliq)의 키르기즈, 특히 그 중에서도 투라이기르-킵착(Turaygir-Qipchaq) 부족의 수령인 시딕 벡(Ṣiddîq Beg)[59]에게 구원을 요청했는데, 막상 시딕 벡이 도착하자 그가 중국인들을 죽이고 城을 차지하지 않을까 두려워하여 성문을 열어주지 않고 오히려 그를 체포하라는 비밀 명령을 내렸다고 했다. 이에 시딕 벡은 성을 포위하고 주변 村莊에 주로 키르기즈인들을 수령으로 임명했지만 아르투쉬莊의 경우처럼 주민들로부터 반발을 초래했다.[60] 따라서 퉁간과 키르기즈 양측은 모두 漢城·回城을 점령하지 못한 상태에서 인근 촌장만 장악했으나 그것도 투르크계 무슬림들의 반발로 여의치 않은 상황이었다. 청측의 자료에 "카쉬가르의 回民頭目 金相印 역시 무리를 규합하여 키르기즈의 叛回 思的克(시딕)과 함께 반란을 일으켰다"는 기사[61]는 바로 궁지에 몰린 이 두 집단의 연합을 시사하는 것으로 볼

59) 발리하노프에 의하면 시딕 벡의 선조인 Akim이란 인물은 1758년 청조가 신강을 정복할 때 공을 세워 타쉬말릭의 하킴 벡으로 임명되었으며, 시딕 벡 자신도 1857년 왈리 한 투라의 침공시 공을 세워 붉은 구슬로 장식된 모자(頂子)를 하사받아 카쉬가르의 大臣으로부터 우대를 받고 있었다고 한다. "O sostoianii Altyshara", p.160, p.188 참조.

60) Tikhonov, "Uigurskie istoricheskie rukopisi", pp.168-169. 티호노프도 지적했듯이 쿠틀룩 벡이 시딕 벡을 초치한 것이 1863년 10월의 일이었다고 한 핫지 유숩의 기록은 잘못된 것이며, 야쿱 벡과 부주르그 호자의 도착을 1864년이라고 한 것도 잘못되었다. 핫지 유숩이 이 글을 쓴 해가 1907-8년이었으므로 사건이 벌어진 지 43년이나 지난 후라서 연도를 혼동한 것으로 보인다(pp.166-167).

61) 『戡定新疆記』 卷1, 2v.

수 있다.

이러한 어려운 상황을 타개하기 위해 키르기즈의 시딕 벡과 퉁간들은 코칸드로부터 백산당계 호자를 초치하여 그 영향력을 등에 업고 카쉬가르를 장악하려고 했다. 빌류(Bellew)의 조사에 의하면 내지에서 신강으로 보내오던 보조비가 중단되자 쿠틀룩 벡이 시내의 모든 상거래에 대하여 2퍼센트의 '새로운 세금'을 부과하기로 결정했고, 이에 반발한 사람들이 코칸드의 실권자 알림 쿨리에게 백산당계 사람을 보내줄 것을 탄원했지만 알림 쿨리는 당시 복잡한 국내사정으로 이에 대해 신경쓸 여유가 없었다고 한다. 그리고 얼마 후 카쉬가르에서 봉기가 일어났고 아르투쉬莊에 있던 백산당계 수령들이 키르기즈인 시딕 벡의 지원을 요청하여 시딕 벡이 回城으로 들어왔으나 쿠틀룩 벡이 시민들을 규합하여 그를 몰아냈고, 시딕 벡은 漢城에서 쫓겨난 퉁간들과 연합하여 3개월간 回城을 공략했으나 실패하자 코칸드의 알림 쿨리에게 사람을 보내 호자 한 사람을 보내달라고 요청하기에 이르렀다는 것이다.[62)]

핫지 유숩 역시 카쉬가르에 있던 많은 코칸드 상인들이 24명의 벡·아훈드 등과 모의하여 코칸드로 連名의 서한을 보내 코칸드측이 출병하여 시딕 벡을 축출하고 카쉬가르를 공취하라고 요청했으며, 시딕 벡도 자항기르의 아들 부주르그 호자를 초치하기 위해 코칸드로 金老三(金相印의 異名인가)과 馬禿子를 보냈다고 하여,[63)] 빌류의 보고와 거의 일치된 내용을 보여주고 있다.

시딕 벡이 백산당계 호자를 요청한 이유가 그의 영향력을 이용하여 카쉬가르 주변 村莊의 무슬림들을 규합한 뒤 回·漢 兩城을 공략하려는 데에 있었다는 것은 추측하기 어렵지 않다. 당시 코칸드 칸국의 실권자인 알림 쿨리는 시딕 벡의 요청을 받아들여 부주르그 호자를 보내기로 했고 이때 그와

62) *Mission to Yarkund*, pp.203-204.

63) 『新疆簡史』 卷2, pp.127-128 참조. 또한 이 책은 『바다울라트傳』이라는 무슬림 자료를 근거로 金老三과 馬禿子가 伽師(Fayzabad)의 屯田回民이었다고 했다.

동행한 인물이 바로 야쿱 벡이었던 것이다.[64)]

(5) 호탄

호탄 봉기는 다른 지역의 경우와는 달리 퉁간들이 주도하지 않았다는 점에서 특이하다. 일치(Ilchi)라고도 불린 호탄성을 포함하여 그 주변에는 카라카쉬(Qaraqash), 유룽카쉬(Yurungqash), 치라(Chira), 케리야(Keriya), 니야(Niya) 등 모두 '호탄의 六城'(Altishahr-i Khotan)이라고 불리던 곳들이 있었다.[65)] 혁명 직전 일치는 낮은 담으로 둘러싸여 있었을 뿐이고[66)] 시내와 근교에 약 6000호 정도가 거주했다. 시내에는 漢城이 건축되었는데 2000명(혹은 1400명)의 군대가 주둔해 있었다. 주민의 주된 구성은 물론 투르크계 토착무슬림들이었지만 호탄의 지리적인 위치로 말미암아 코칸드, 티베트, 카쉬미르, 펀자브, 카불 등지에서 온 외지 상인들도 다수 거주하고 있었다.[67)] 퉁간들의 숫자가 얼마나 되었는지에 대해 말해주는 자료는 없지만 카쉬가리아의 가장 서남쪽에 위치해 있어 다른 도시들에 비해 적었을 것으로 추측된다.

호탄 봉기의 원인과 과정에 대한 청측의 기록은 전무하고 약간의 서방측 傳聞과 무슬림측의 기록만이 남아 있다. 혁명이 성공한 직후인 1875년 호탄을 방문한 영국인 존슨(W.H.Johnson)은 새로 군주가 된 하비브 울라(Ḥabîb Allâh)로부터 직접 다음과 같은 이야기를 들었다고 보고했다. 즉 하비브 울라와 그의 둘째 아들은 1861년 인도를 거쳐 메카로 순례를 떠난 뒤

---

64) 대부분의 자료들은 알림 쿨리가 부주르그를 파견한 것은 시딕 벡의 요청 때문이었다고 했다. Cf. TH/Jarring, 68r-68v ; *Mission to Yarkund*, p.204 ; *Kashgaria*, p.159.

65) *Mission to Yarkund*, pp.33-34.

66) Valikhanov, "O sostoianii Altyshara", p.122. 하비브 울라는 호탄시를 둘러싸는 높이 25피트, 두께 20피트의 새로운 성벽을 축성했다. W.H.Johnson, "Report on his Journey to Ilchi, the Capital of Khotan, in Chinese Tartary", *Journal of Royal Geographic Society*, vol 37(1867), p.14.

67) *Mission to Yarkund*, p.33 ; Valikhanov, "O sostoianii Altyshara," pp.122-123.

1863년 전반기 페르시아와 투르키스탄을 거쳐 호탄으로 돌아와 일치의 '先任判官'(chief kâzî)이 되었고, 그로부터 한 달 만에 봉기를 일으켰다는 것이다.[68] 이 보고는 하비브 울라 자신의 말에 기초한 것이기 때문에 흥미롭기는 하지만 사건이 일어나게 된 경위가 구체적으로 제시되어 있지 않아 아쉽다.

청의 재정복 이후 호탄을 찾은 프랑스인 그레나르(M.F.Grenard)는 바로 이 부분을 보충해주고 있다. 그에게 제보해준 사람의 말에 의하면 쿠차 봉기 이후 유사한 일이 호탄에서도 일어날 것을 우려한 청조의 관리들이 당시 메카에서 성지순례를 마치고 돌아온 지 얼마 안 되는 하비브 울라를 반란 용의자로 지목하여 체포 명령을 내렸고, 그는 이 소식을 듣고 도주하여 큰 아들과 합류했다고 한다. 이때까지만 해도 하비브 울라 부자는 청에 대해 반란을 일으킬 의사가 없었는데 사태가 一轉된 것은 바닥샨 출신의 페이다 마즈디드(Faydâ Majdîd)라는 인물이 이러한 상황을 이용하려는 '黑心'을 품고 카르갈릭(Qarghaliq)의 주민들을 규합하여 호탄으로 진군했기 때문이다. 하비브 울라 부자는 도중에 이들과 합류해 호탄시를 함락시킨 뒤 외지인의 지배를 기피한 호탄 시민들이 페이다 마즈디드를 축출함으로써 하비브 울라 부자가 정권을 장악하게 된 것이었다.[69] 그레나르의 또 다른 제보자는 쿠차 봉기의 소식을 들은 호탄의 관리들이 市와 城砦를 연결하는 다리를 끊어버린 사건을 계기로 일이 터졌다고 말하기도 했다.[70]

이러한 서방측의 傳言에 비해 1311/1894년 호탄에서 씌어진 무함마드 알람(Muḥammad A'lam)의 기록[71]은 당시의 상황을 매우 상세하게 전해주고

68) W.H.Johnson, "Journey to Ilchi", p.4.
69) *Mission scientifique*, vol. 3, p.54.
70) 같은 곳.
71) *Tadhkira-i Ḥâjjî Pâdishâh Ḥabîb Allâh vä Râshidîn Khân vä Ya'qûb Beg*(이하 THP로 略稱), 2r-8v. 이 글은 *Târîkh-i Kâshghar*로도 알려져 있으며 1311년 Sha'ban월 18일, 즉 1894년 12월 17일에 완성된 것으로, Grenard가 입수하여 현재 파리의 L'Institut de France에 필사본이 하나 있고(Ms. 3348-8), 또 다른 사본은 레닌그라드에 있다. 후자에 대해서는 D.I.Tikhonov, "Uigurskie istoricheskie rukopisi", pp.150-155 ; G.M.Ibragimova, "Rukopis' Mukhammada Aliama", *Istoriografiia i istochnikovedenie istorii Azii*, vol. 1(1965), pp.50-

있다. 다른 부분에서는 우리에게 큰 도움을 주는 사이라미조차 호탄에서의 정황에 관해서는 대체로 애매하거나 부정확한 점이 많기 때문에, 호탄에서 벌어진 사건들에 대해서 우리는 일차적으로 무함마드 알람의 글에 의존할 수밖에 없다. 그는 먼저 호탄의 주민들이 중국인들에게 진 부채로 인해 재산을 몰수당하고 심지어 그로 인해 발뒤꿈치의 근육이 잘리거나 혹은 강물에 던져져 죽음을 당하는 일이 빈번히 발생했으며, 상인들의 물건에 대해서도 터무니없이 많은 세금이 부과되었고 물건을 사거나 팔 때에도 세금이 징수되었기 때문에 사람들의 원성이 얼마나 높았는지를 설명했다. 그러던 어느 날 위구르인 몇 명이 술에 만취하여 한 청조 관리의 馬夫를 모욕하고 얼마 뒤에 반란을 일으켜 복수하고 말 것이라고 호언장담한 사건이 일어나자 이를 보고받은 관리들이 그들을 모두 처형시켜버렸다.

이 같은 상황 속에서 불안감을 느낀 주민들은 당시 아타 주야(Âta Jûya)라는 마을에 있던 청빈한 종교인으로 이름난 하비브 울라를 찾아가 청조의 학정(ẓulm-sitam)에 대한 불만을 터뜨리고 "죽으면 殉教者(shahîd)요 살면 聖戰士(ghâzî)"라고 하면서 '성전'(ghazât)을 호소했다. 이에 대해 그는 그들에게 열흘간의 말미를 달라고 한 뒤 洗淨을 하고 英靈들에게 구원을 빌었는데, 그러던 어느 날 밤 꿈에서 예언자 무함마드를 보고 그의 '허락'(bishârat)을 받아 드디어 거사를 결심하게 된 것이다.[72]

그러나 이처럼 순전히 호탄 내부의 상황만으로 설명하는 방식과는 달리, 쿠차 혁명에 관한 소식이 호탄으로 전해지고 그 여파로 일이 벌어지게 된 것이라고 한 사이라미의 지적도 충분히 고려해야 할 것이다.[73]

하비브 울라는 즉시 장자 압둘 라흐만 호자('Abd ar-Raḥmân Khwâja)를

55를 참고하시오. 파리 寫本은 濱田正美가 轉寫와 譯註를 하여 "L'Histoire de Hotan de Muḥammad A'lam", *Zinbun*, no. 15(1979), pp.1-4, no.16(1980), pp.173-208, no.18(1982), pp.65-93에 발표한 바 있다.

72) THP, 2r-2v

73) TH/Jarring, 78v ; TA/Pantusov, pp.168-169.

카라카쉬로 보내 '제자들'을 규합케 하고, 자신은 400명의 반군을 이끌고 호탄시의 漢城(gulbagh)에 진을 치고 佛寺에 불을 질렀다. 하비브 울라의 진영에는 창·몽둥이 등으로 무장한 호탄의 주민들이 모여들었고, 이어 마르기난·바닥샨·카쉬미르·카불 등지에서 온 상인들은 '商頭'(aqsaqal)들의 지휘 아래, 그리고 퉁간들은 이맘(imâm)들의 지휘 아래 동참했다. 이때 카라카쉬에서 압둘 라흐만이 규합한 약 2만 명이 도착하여 한성에 대한 공격을 강화했다. 한성에 대한 포위가 시작된 지 4일째 되는 날 砲(zambarak)를 동원한 공격에 성벽이 부서지자 호탄의 암반은 사태가 절망적이라고 판단하여 폭약에 불을 붙여 자폭했고 한성은 무슬림들의 손에 점령되었다. 당시 성안에 있다가 자살하거나 살해당한 중국인들의 숫자가 3700명에 이르렀다고 한다.[74]

무함마드 알람은 이같이 구체적인 경과를 설명하면서 초기에 봉기를 조직하고 지휘한 인물이 실은 하비브 울라가 아니라 그의 아들 압둘 라흐만이었다는 흥미있는 사실을 말해주고 있다. 그는 하비브 울라를 '존경하는 핫지님'(Ḥaḍrat-i Ḥâjjîm)이라고 부르는 반면 압둘 라흐만에 대해서는 '제왕'(Pâdishâh)이라는 칭호로 부르고 있으며, 하비브 울라가 호탄정권의 수령으로서 '제왕'으로 불리게 된 것은 혁명이 성공한 지 한 달 뒤, 즉 쿠차 원정군과의 사이에서 벌어진 피얄마(Piyalma) 전투에서 압둘 라흐만이 사망한 뒤부터였다고 한다.[75] 이러한 사실은 다른 자료에는 나타나 있지 않은 것이지만 호탄 봉기, 특히 그 초기경과에 관해 무함마드 알람의 기록이 가장 상세하다는 점을 생각하면 그의 지적이 정확한 것으로 보인다.

일단 청의 세력을 제거하는 데에는 성공했지만 하비브 울라 부자를 위시한 무슬림 지도층은 내부적인 저항에 봉착했다. 즉 한성을 점령한 직후 산주(Sanju)에서 파다이 페이즈 아흐마드 이샨(Fadây Fayẓ Aḥmad Îshân)이

74) THP, 3r-8v.
75) THP, 19r-20r.

라는 인물이 300명의 무리를 이끌고 '성전'에 참여하기 위해 도착했다. 그의 칭호가 '이샨'인 것으로 보아 수피 교단의 장로였던 것으로 추측되며 그는 자신의 종교적 권위와 다수의 외지인(musâfir)들의 지지를 근거로 하비브 울라 부자의 권위에 도전하기 시작했다. 그러나 외지인들의 지배를 달갑지 않게 생각한 호탄 주민들의 반대로 인해 그들은 축출되고 말았다.[76)]

이 일이 있은 뒤 하비브 울라 부자는 권력기반을 강화하기 위해 우선 군대를 편성했다. 즉 800명의 보병(sarbâz)을 구성하여 카불 출신의 무함마드 알리 한(Muḥammad 'Alî Khân Kâbulî)의 지휘하에 두고 銃(miltiq)을 지급한 뒤 이를 다루는 방법을 훈련시켰다. 또한 1000명의 기병(yigit)을 구성하여 코칸드 출신의 샤르바트다르(Sharbatdâr)와 마르기난 출신의 이븐 야민 악사칼(Ibn Yamîn Aqsaqal)의 지휘하에 두고 말을 타고 총 쏘는 법을 가르치도록 했다. 그리고 각 村莊에 사람을 보내 병력을 징발했으며, 한성 안에 건물들을 짓고 佛寺를 모스크로 바꾸기도 했다.[77)]

그럼에도 불구하고 하비브 울라 부자가 직면한 내외의 도전은 쉽게 사라지지 않았다. 新軍이 편성된 직후 야르칸드 무슬림 정권의 수령인 압둘 라흐만의 아들이 이끄는 500명의 군대가 공격해왔고, 3000명의 호탄 군대가 이들을 맞아 카라카쉬에서 전투를 벌여 승리를 거두었다. 또한 자바(Zavâ)에 있던 자카리야 이샨(Ẓakariyâ Îshân)이라는 인물이 스스로 '군주'를 칭하자 이븐 야민과 샤르바트다르를 비롯한 호탄의 지휘관들조차 그를 추종하는 사태가 벌어졌는데 이 역시 호탄측에 의해 무사히 진압되었다. 이런 과정에서 호탄 군대의 숫자도 꾸준히 늘어나 보병이 2000, 기병이 3000을 헤아리게 되었고 대포(top)도 6문이나 갖추었다.[78)]

그러나 호탄정권의 시련은 이것으로 끝나지 않았다. 그것은 야르칸드를

76) THP, 8v-9r.
77) THP, 9r-10r.
78) THP, 10r-13r.

공략하던 쿠차 원정군이 호탄을 손에 넣기 위해 군대를 보냈기 때문이다. 압둘 라흐만이 목숨을 잃은 것도 바로 이 전투에서였는데, 이에 대해서는 쿠차의 원정에 관한 부분에서 설명하기로 하자.

(6) 일리

건륭제는 18세기 중반 준가르를 패망시키고 일리 계곡을 장악한 뒤 이곳을 신강통치의 본거지로 삼아 黑龍江·盛京·熱河·張家口 등 만주와 내몽골 각지로부터 다수의 滿·蒙 兵士를 이곳으로 이주시켜 배치했다. 이들은 駐防八旗로서 가족들을 동반해 일리 지역에 정착했다. 만주족에 속하는 집단으로는 만주·솔론·시보 등이 있었고, 몽골족에 속하는 집단으로는 차하르·다구르·오이라트 등이 있었다.[79)]

한편 이곳에는 적지 않은 수의 무슬림들도 있었는데 하나는 준가르 지배기에 타림 분지 각 지역에서 강제로 사민되어 농경에 종사하게 된 투르크인들로서 '타란치'라 불리던 집단이며, 다른 하나는 漢回, 즉 퉁간들이었다. 퉁간들은 陝甘 지역에서 이곳에 파견되어 주둔하는 綠營兵, 馬·步兵을 비롯하여 상인과 농민들로 구성되어 있었다. 후술하겠지만 당시 타란치의 인구는 약 5-6만 명, 퉁간들도 이와 비슷한 6만 명 정도였던 것으로 추정된다.

일리 봉기의 원인은 陝甘 회민 봉기가 가져다 준 충격과 청조 관리들의 수탈로 인한 무슬림들의 사회경제적 상황의 악화라는 두 가지 측면에서 다른 지역과 유사성을 보여준다. 이미 1862년 말에는 陝甘 지역에서 벌어지고 있던 일들에 관한 소식이 전해졌고 이와 아울러 청조가 일리의 퉁간들을 학살하려는 계획을 세우고 있다는 소문도 퍼지기 시작했다. 일리 봉기를 직접 목격한 물라 빌랄(Mullâ Bîlâl)은 『中國에서의 聖戰』(*Ghazât dar mulk-i Chîn*)에서 다음과 같이 적고 있다.

79) 羅運治, 『清高宗統治新疆政策的探討』, pp.72-74.

이때 同治奴가 군주로 있었다.
異教는 虐政보다 더 가혹하다고 하던데
이 폭군이 편지 한 통을 보냈다.
……
이 편지가 〔일리〕 장군에게 급히 도착하자
엄청난 파문이 일었다.
왜냐하면 그 내용이 이러했기 때문에.
"퉁간들이 朕에게 반역했노라.
일리시에 사는 퉁간들이 얼마이든
모조리 죽여 파멸시켜버려라!"[80)]

이외에 청조 관리들, 당시 일리 장군이던 常淸은 혹독한 수탈로 악명이 높아 타란치들이 그를 '긴 주머니'라는 별명으로 불렀다고 하는데, 이는 그의 姓인 '常'이 '長'과 같은 발음이라는 점에 착안한 것으로 그가 수탈과 수뢰 등의 방법으로 얼마나 私利를 챙겼는지를 잘 나타내준다.[81)] 이런 점에서 청측의 기록이 보여주듯이 무슬림 혁명군이 기치에 '官逼民反'이라는 글자를 써서 내걸었다는 사실[82)]도 당연한 결과라고 할 수 있을 것이다.

혁명의 前奏는 1863년 3월 17일 三道河子에 거주하는 200여 명의 퉁간들이 청군이 주둔하는 타르치(塔勒奇) 城으로 들어와 무기고를 약탈하고 병사들을 살상함으로써 시작되었다. 물라 빌랄은 이것이 퉁간 학살 소문에 의해

---

80) Mullâ Bîlâl, *Ghazât dar mulk-i Chîn*(이하 GDMC로 略稱, 1293/1876-77년작 ; printed edition by N.N.Pantusov, *Voina musul'man protiv Kitaitsev*, Kazan, 1880), p.11. 이 작품에 대한 연구로는 M.Hamrajev, "Bilal Nazim : ein Klassiker der uigurischen Literatur", *Ungarische Jahrbücher*, no. 42(1970), pp.77-99와 濱田正美, 「ムッラービラールの『聖戰記』について」, 『東方學報』, no. 55, 1983, pp.353-401 등을 참조하시오.

81) "Vospominaniia Iliiskogo Sibintsa o Dungansko-Taranchinskom vozstanii v 1864-1877 godakh v Iliiskom krae", *Zapiski Vostochnogo otdeleniia Russkogo arkheologicheskogo obshchestva*, no. 18(1907-1908), intr. by A.D'iakov, p.234.

82) 『淸實錄』 卷127, 同治 4年 正月 乙卯.

격발된 것이라고 했고,[83] 청측의 보고는 陝甘 회민 봉기가 일어난 뒤 "내지의 奸回들이 일리로 잠입해와 선동"하여 발생한 것이라고 했다.[84] 그러나 수적으로 열세였던 무슬림들이 전멸됨으로써 최초의 봉기는 간단히 진압되고 말았다.

전면적인 봉기가 터진 것은 1864년 11월이었다. 그해 8월 하순 퉁간들이 쿠르 카라우수의 漢城을 공격하자 일리 장군은 이를 진압하기 위해 지원군을 파견했다.[85] 청군은 수적인 우세로 인하여 유리한 입장에 있었고 쿠르 카라우수의 퉁간들에게 3일 안으로 무장해제하고 투항할 것을 요구했다. 퉁간들도 처음에는 이 조건을 받아들였으나 마침 마나스 방면에서 또 다른 무리의 퉁간들이 온다는 소식을 듣고 무기를 버리지 않고 있다가 새로이 도착한 퉁간들과 합세하여 청군을 공격하기 시작했다. 이로 인해 곤경에 처한 청군은 일리로 도주했고 이 소식이 전해지자 일리 무슬림들의 전면적인 봉기가 시작된 것이다.[86]

이렇게 해서 일리 지역의 무슬림들이 술렁거리기 시작하자 청조는 사태의 책임을 물어 常淸을 장군직에서 해임하고 明緖를 임명했다. 일리 장군, 參贊大臣, 領隊大臣 등은 惠遠城(Kürä Shahr)의 퉁간들이 거주하는 지역을 방문하여 그 지도자들과 협상을 했으나 협상은 결렬되고 말았다. 아슈르 핸재 아훈('Ashûr Khänjä Akhûn) 등 퉁간 대표들은 타란치, 즉 일리 지역에 거주하는 위구르 무슬림들과의 세력연합을 위해 그들의 대표격인 署理 하킴

---

83) GDMC, p.11.

84) 『陝甘新方略』 卷44, 10v-11v.

85) 한 시보인의 회고에 의하면 이때 파견된 병력이 시보 · 오이라트 · 한인 등 8000명에다가 遣犯 3000명 등 모두 1만 1000명이었다고 하지만 ("Vospominaniia Iliiskogo Sibintsa", p.239), 일리 장군 常淸의 상주에는 官丁 1400, 壯丁 300, 遣勇 500, 토르구트 몽고병 3000 등 모두 5200명이었다(『陝甘新方略』 卷76, 7v-8r).

86) "Vospominaniia Iliiskogo Sibintsa", pp.239-242 ; E.Schuyler, *Turkistan*, vol. 2, p.178 ; G.E.Grum-Grzhimailo, *Opisanie puteshestviia v Zapadnyi Kitai*(St. Peterburg, 1896), vol. 1, p.7.

압둘 라술('Abd ar-Rasûl)[87]을 찾아갔다. 압둘 라술은 이슬람 학자단의 우두머리이며 '대법관'(qâḍî kalân)이었던 나시르 웃 딘(Nâṣir ad-Dîn)의 조언을 구했고, 대법관은 '성전'을 승인하는 '의견서'(fatva)를 발부했다. 이렇게 해서 11월 10일에는 惠遠城과 寧遠城(Kulja)에서 봉기가 일어났고 쿨자는 순식간에 무슬림의 손에 넘어가고 말았다.[88]

이상의 경과를 통해 우리는 다른 지역에서와 마찬가지로 일리에서도 퉁간들이 처음부터 매우 적극적인 역할을 했음을 확인할 수 있다. 다만 일리 지역에는 상당수의 타란치들도 거주하고 있었기 때문에 퉁간들은 봉기를 성공시키기 위해 이들과 연합한 것이었다. 그러나 일리 봉기에 관해 가장 상세한 소식을 전하고 있는 물라 빌랄의 기록에 퉁간들보다는 타란치의 역할이 두드러지게 부각되어 있는 것은 그 자신이 타란치였기 때문에 동족들의 동향에 무엇보다도 관심이 쏠려 있었던 데에 기인하는 듯하다. 그러나 실상 후술하듯이 퉁간들은 후일 타란치들과의 패권쟁탈에서 패배하여 우룸치 방면으로 떠나갈 때까지 혁명의 전과정에서 무시 못할 세력을 형성했고 자신들의 독자적인 군주도 추대했었다는 점을 잊어서는 안 될 것이다.

물라 빌랄에 의하면 쿨자 점령 직후 압둘 라술은 일리 각지에 있는 무슬림들에게 봉기를 권유하는 서한을 보냈다고 하는데, 이에 따라 물라 샴스 웃 딘 할리파(Mullâ Shams ad-Dîn Khalîfa)와 아흐마드 한 호자(Aḥmad Khân Khwâja)가 이끄는 무슬림들은 쿵게스(Kunges) 강과 카쉬(Qash) 강이 만나는 곳 근처에 위치한 야마투(Yamatu)를 공격했다. 또한 일리 강 남쪽의 回莊에 거주하던 무슬림들은 그 근처 시보족이 살고 있던 호재기르

87) GDMC에는 시종일관 축약형인 'Abd Rasûl로 표기되어 있다.

88) GDMC, pp.12-13. 쿨자 반란이 1864년 11월 10일에 일어났다는 사실은 『陝甘新方略』(卷88, 1v-2r)의 常清과 明緒의 上奏와 "Vospominaniia Iliiskogo Sibintsa"(p.243, 율리우스曆으로는 10월 12일)의 기록에 의해서 확인된다. GDMC는 반란이 일어난 날짜를 회력 1280년 Jumâda I, 제12일, 즉 서력 1863년 10월 25일이라고 했으나 이는 물론 잘못된 것이다. 1280년은 1281년으로 수정되어야 하며 그럴 경우에 이는 1864년 10월 13일이 되며, 위의 기록들과 근접해진다.

(Khojägir), 조르군 수문(Zorghun Sumun) 등지를 공격하여 이를 탈취하는 데 성공했다.[89)]

쿨자를 장악한 무슬림들의 다음 목표는 바얀다이(Bayandai, 惠寧城)였다. 물라 빌랄은 당시 압둘 라술에게 '충성'을 맹세하고 공성전에 참여한 무슬림들의 지도자들 24명의 이름을 열거했는데, 이들 대부분은 카디, 물라, 무프티, 할리파, 아훈드 등 종교지도자의 칭호와, 하자나치 벡(khazânachi beg), 샹 벡(shâng beg) 등 벡 관칭을 갖고 있어, 혁명지도층이 종교인과 벡 관리의 두 부류로 이루어져 있음을 확인할 수 있다.[90)] 바얀다이 공략전이 진행되는 동안 여기에 새로운 집단이 참여하게 되는데, 하나는 바이(bây, '富商')나 샹유(shângyû, '商爺')라는 칭호를 갖는 상인들(jamî'-yi ahlî-yi tujjârlar)이었고, 다른 하나는 핸재 아훈(Khänjä Akhûn), 야쿠르 주샌 무사 아훈(Yâkûr Jûsän Mûsa Akhûn) 등 '아훈'(=아훈드)이라는 칭호를 갖는 종교인들에 의해 규합된 퉁간들이었다.[91)]

일리 장군 常淸은 봉기가 터지기 전에 하킴이었던 무아잠(Mu'aẓẓam)[92)]을 해임·구금시키고 이식아가 벡이었던 압둘 라술을 하킴으로 署任한 바 있는데, 그것은 그가 무슬림들의 세금을 갈취하고 그들을 마음대로 자신의 種地에서 부렸다는 이유로 여러 벡 관리들의 고발을 받았기 때문이었다.[93)] 그런데 이제 무슬림지도층이 모두 혁명군에 가담함으로써 사태가 더욱 악화되자 청측은 무아잠을 방면하고 그로 하여금 시보인 병사들을 규합하여 진압하도록 했다. 그러나 방면된 무아잠 역시 사태가 이미 돌이킬 수 없음을 깨

89) GDMC, pp.17-19. 佐口透의 「タランチ人の社會—イリ溪谷のウイグル部族史, 1760-1860」(『史學雜誌』, 73-11, 1964) pp.25-33에는 일리 강 이남의 타란치 回莊과 그 분포에 관한 청측과 서구측 문헌들이 상세하게 소개되어 있다.

90) GDMC, p.21.

91) GDMC, p.24, pp.30-31. "Vospominaniia Iliiskogo Sibintsa", p.246에 의하면 이 야쿠르 아훈의 중국식 이름은 Ma I였다고 한다.

92) 일리 주민들은 Ma'ẓûm으로 발음했으며 청측 자료에도 邁孜木雜特(Ma'ẓûmzâda)으로 표기되어 있다.

93) 『陝甘新方略』 卷92, 4r-4v.

닫고 마음을 바꾸어 무슬림측에 가담해버렸다. 그는 과거 자신의 수하였던 압둘 라술의 권위를 인정할 수 없었고, 이에 그와 의기투합했던 아흐마드 한 호자는 쿨자로 가서 그곳을 지키고 있던 압둘 라술의 오른팔인 아흐마드 하자나치 벡(Aḥmad Khazânachi Beg)을 살해해버렸다.[94)]

양측의 대결은 일촉즉발의 순간에서 결국 타협으로 일전되었고 혁명지도층들이 모두 모여 무아잠을 '칸'으로 추대하고 압둘 라술을 '사령관'(amîr)으로, 나시르 웃 딘 아훈을 '대법관'(qâḍî kalân)으로, 물라 슈카트 아훈(Mullâ Shukât Akhûn)을 '소법관'(qâḍî asghar)으로, 그리고 물라 루지 아훈(Mullâ Ruzî Akhûn)을 '검찰'(muftî)로 정했다.[95)] 이렇게 해서 타란치 세력은 일단 무아잠을 군주로 삼아 외형적인 조직을 완성했고 혁명군 전체의 세력도 3만 명에 이르게 되었다. 그러나 이 정권의 전도는 그리 순탄치만은 않았는데, 그것은 무엇보다도 惠寧城(바얀다이)과 惠遠城 함락의 어려움, 그리고 패권장악을 둘러싼 내부갈등이 심화되었기 때문이다.

바얀다이 공략이 쉽게 이루어지지 않자 타란치 진영은 우룸치와 쿠차로 사신을 보내 원군을 요청하기도 했으나 기대했던 결과는 얻지 못했다. 공략전이 장기화되면서 압둘 라술의 인기가 점점 더 높아지자 무아잠은 아흐마드 한 호자와 모의하여 그를 살해하고 나시르 웃 딘 할리파 등 그를 지지하던 무리들도 구금하거나 살해했다. 압둘 라술이 살해된 지 한 달여가 지난 뒤인 1865년 2월 8일 무슬림들은 드디어 바얀다이로 입성하는 데 성공했고 그 안에 있던 성채도 곧 함락되어 성내의 주민들 가운데 거의 2만 명의 사람들이 죽음을 당하고 말았다.[96)]

이어 무슬림들의 공격목표는 綏定城과 惠遠城으로 옮겨졌는데 이때 '砲手'

---

94) GDMC, pp.24-28.

95) GDMC, pp.24-28, p.34.

96) 바얀다이 함락의 날짜에 대해서는 『陝甘新方略』(卷106, 29v-30r), GDMC(p.73), "Vospominaniia"(p.251)가 모두 일치하고 있다. 다만 GDMC에는 폭약으로 성벽을 허문 뒤 진입했다고 한 반면, "Vospominaniia"에서는 밤중에 수비군들이 깊은 잠에 빠져 있을 때 사다리를 이용하여 성내로 들어갔다고 한 점에서는 차이가 있다. Cf.『戡定新疆記』卷1, 4r.

(fûchî)라는 별명의 마흐무드(Maḥmûd)라는 외지인이 등장하여 스스로 聖者(ghûth)의 후손이며 砲를 제작하는 기술이 있다고 자처하면서 많은 무슬림들의 인기를 얻기 시작했다. 이렇게 되자 무아잠에 반대하던 세력들이 마흐무드를 중심으로 결집했고, 무아잠이 나시르 웃 딘을 살해하자 그에 대한 반발이 표면화되어 양측은 전투를 벌이게 되었다. 여기서 무아잠은 패배하고 피살되었다. 그러나 '포수' 마흐무드도 세력기반이 극히 취약했기 때문에 집권한 지 36일 만에 피살되고, 타란치들은 물라 슈카트 아훈을 '술탄'으로 추대했다.[97]

한편 惠遠城은 무슬림들의 포위가 오래 지속되면서 성내에 식량이 떨어져 사람들은 개와 고양이는 물론 활시위까지 뜯어먹는 참담한 상태가 계속되었고 심지어 인육을 먹는 사태까지 발생했다. 무슬림들은 이렇게 거의 저항능력을 상실한 惠遠城을 1866년 3월 8일 점령했다. 일리 장군 明緖는 자폭했고 전임 장군이었던 常淸은 포로가 되어 거리에 끌려다니는 신세가 되었다. 당시 성 안에는 거의 1만 2000명의 滿·漢人들이 있었는데 모두 살해되고 2000명만 생존하게 되었다고 한다.[98] 惠遠城이 함락되자 소위 일리 九城[99] 가운데 그나마 버티고 있던 다른 성들 역시 곧 무슬림들의 수중에 들어가고 말았다.

이렇게 해서 무슬림들은 일리 지역을 모두 장악하게 되었지만 내분은 쉽사리 가라앉지 않았다. 우선 술탄이 된 물라 슈카트 아훈이 당시 사령관이었던 알라 한(A'la Khàn)을 해직시켰으나 다수 타란치들의 지지를 배경으로 오히려 알라 한이 술탄을 권좌에서 축출하는 데 성공했다. 그러나 그 역시 자신이 임명한 사령관 토흐타 아훈(Tokhta Akhûn)을 살해함으로써 자

97) GDMC, pp.82-107.

98) GDMC, pp.118-136; "Vospominaniia", pp.265-266.

99) 이는 惠遠(Kürä Shahr), 惠寧(Bayandai), 綏定(Ukharliq), 廣仁(Ukurborosuk), 瞻德(Chaghan Usu), 拱宸(Khorgos), 熙春(Khara Bulaq), 塔勒奇(Tarchi), 寧遠(Kulja)을 지칭한다. 괄호 안은 현지인들이 부르던 이름이다.

신에 대한 반대세력이 결집할 빌미를 만들어주었다. 즉 이로 인해 전임 술탄인 물라 슈카트와 아흐마드 한 호자가 그에게 반기를 들게 되었는데, 이들은 일이 여의치 않자 綏定에 있던 퉁간들에게로 피신했다.

이렇게 해서 쿨자에 근거를 둔 알라 한 휘하의 타란치정권과 綏定에 근거를 둔 술탄 야쿠르 휘하의 퉁간정권 사이에 일대 전투가 벌어졌다. 양측의 전투는 물론 물라 슈카트의 망명을 계기로 일어난 것이었지만 실상은 타란치와 퉁간 사이의 패권장악을 위한 싸움이었다. 전투결과 술탄 야쿠르와 아흐마드 한 호자는 전사함으로써 결국 퉁간들의 패배로 끝났다. 그 후 퉁간들 대부분은 우룸치 방면으로 도주했고 3000-4000명 정도의 퉁간들만이 綏定·廣仁·瞻德 등지에 남게 되었다.[100] 이렇게 해서 타란치들은 1866년 청군과 퉁간세력을 일소하고 일리 전역을 장악하는 데 성공했고, 쿨자를 근거로 한 타란치정권은 1871년 러시아가 일리를 점령할 때까지 이 지역을 지배하게 된다.

일리의 동북방에 위치한 타르바가타이(塔爾巴哈台)에서도 무슬림 봉기가 일어났지만 독자적인 정권을 세우지는 못했다. 봉기는 1865년 1월 27일 蘇玉得이라는 인물이 퉁간들을 규합하고 부근의 카자흐인들과 연합하여 성을 공격함으로써 시작되었는데, 한 보고에 의하면 무슬림 1천 수백 명, 카자흐 수천 명, 안디잔인 수백 명이 이 봉기에 참가했다고 한다.[101] 한 무슬림 자료는 이곳의 청조 관리들이 퉁간들을 살해하려던 계획이 탄로났기 때문에 일이 벌어졌다고 하여,[102] 다른 지역과의 유사성을 보여준다. 성 안에는 극소수의 병력밖에 없었으나 부근의 漢人 광부들 1000여 명이 守城을 지원하게 되자 무슬림들이 성을 손쉽게 공략하지 못한 채 시일이 지연되었다. 그러던 중 6월 초 라마 승려가 이끄는 몽골군 2000여 명이 지원차 도착함으로써 일

---

100) GDMC, pp.136-162 ; "Vospominaniia", pp.269-270.
101) 『陝甘新方略』 卷107, 1r-2r.
102) Qurbân ʿAlî Ayaghûzî, *Kitâb-i târîkh-i jarîda-i jadîda*(Kazan, 1889), p.66.

시 청측에 전세가 유리하게 바뀌었으나 參贊大臣 武隆額의 소극적인 대응으로 失機하여 다시 수세에 몰리게 되었고, 결국 1866년 4월 말 성은 함락되고 말았다.[103] 그러나 타르바가타이의 무슬림들은 인근 몽골인들의 위협을 느껴 6-7월경 그곳을 떠나 우룸치 방면으로 떠나가자 이곳은 다시 몽골인들의 수중에 들어가게 되었다.[104]

이외에 투르판의 무슬림들도 1864년 8월 17일 마숨 한 호자(Ma'sûm Khân Khwâja)[105]의 주도하에 봉기했고 하미도 9월 29일 거사했으나, 이들은 모두 쿠차 무슬림 군대의 진군소식을 접함으로써 생겨난 사건들이므로 이 두 도시에서 벌어진 일들에 대해서는 쿠차 군대의 원정에 관한 부분에서 설명하도록 하겠다.

2. 쿠차 遠征軍의 活動

(1) 東征軍

쿠차의 라시딘 호자는 칸으로 즉위한 직후 2개의 원정군을 편성하여 동쪽과 서쪽으로 보냈다.[106] 라시딘은 西征軍 사령관(amîr-i lashkar)에 자신의 조카인 부르한 웃 딘(Burhân ad-Dîn ; 일명 하팁 호자Khaṭîb Khwâja)을 임

103) 『陝甘新方略』 同治 5年, 卷16, 18r, 20v-21r ; 『新疆圖志』 卷116, 5v.

104) 『新疆簡史』 卷2, p.114.

105) TA/Pantusov, p.103에 의하면 그는 sayyid였고 "사이람의 khwâja들 가운데 한 사람"이며, Qâsim Jangî, Aîd Khalîfa, Zâîd Khalîfa, Ḥâjjî Khalîfa 등이 그를 도왔다고 한다. 여기서 '사이람의 khwâja'란 사이라미가 언급한 대로 사이람의 3대 씨족(urugh, qabîla), 즉 khwâja, shâh, amîr 등의 씨족 가운데 하나를 지칭하는 듯하다(TA/Pantusov, p.286).

106) 쿠차 원정군의 활동에 관해서는 Tikhonov, "Vosstanie 1864 g. v Vostochnom Turkestane", *Sovetskoe vostokovedenie* 5(1948), pp.155-172와 菅原純의 최근 연구인 「クーチャー・ホージャの「聖戰」とムスリム諸勢力」, 『內陸アジア史硏究』 11(1996), pp.17-40 등을 참고하시오.

명하여 악수, 카쉬가르, 야르칸드, 호탄 등의 방면으로 보내고, 부르한 웃딘의 형제인 이스학 호자(Isḥâq Khwâja)를 東征軍 사령관으로 임명하여 부구르(Bugur), 쿠를라(Kurla), 투르판 방면으로 보냈다. 사이라미에 의하면 이들 원정군이 처음 출발할 때 그 규모는 각각 200명 정도에 불과했다고 한다.[107] 그러나 행군하는 도중에 인근 촌락의 무슬림들이 원정군에 가담했으리라는 것은 충분히 짐작할 수 있는데, 東征軍이 투르크계 1200명과 퉁간 300명으로 이루어졌으며 西征軍은 투르크계 1000명과 퉁간 100명으로 구성되었다고 한 중국측 기록은 이를 반영하는 것으로 보인다.[108]

쿠차로부터 100여 킬로미터 떨어진 부구르와 거기서 다시 170킬로미터 정도 떨어진 곳에 있는 쿠를라는 거의 아무런 저항도 하지 못하고 6월 11일과 6월 13일에 각각 함락되고 말았고,[109] 그곳 무슬림들의 가담으로 東征軍은 2000명 정도의 규모로 늘어났다. 다음 목표는 쿠를라에서 동북으로 50킬로미터쯤 떨어진 카라샤르였는데, 이스학 호자는 청군의 저항으로 카라샤르로 가는 大路를 취하지 못하고 바그라시(Baghrash) 湖를 끼고 시계 반대방향으로 돌아가는 小路를 택할 수밖에 없었다. 쿠차군은 우샤 탈에 도착했을 때 의외로 그곳에 屯營을 치고 있던 청군을 발견하고 그들을 공격해 승리를 거두었다. 거기서 진군한 쿠차군은 추구르(Chughur)에서 다시 청군과 교전을 벌여 역시 승리를 거두었다.[110] 이미 6월 14일 현지 퉁간들의 공격을 받

---

107) TH/Baytur, pp.185-186 ; TA/Pantusov, pp.46-47.

108) 『陝甘新方略』 卷70, 4r-5r.

109) 『陝甘新方略』 卷69, 16r-16v.

110) 카라샤르 부근에서의 東征軍의 활동, 특히 청군과의 전투에 관한 사이라미의 기록은 신빙성이 결여되어 있다. 그에 의하면 쿠차군은 우샤 탈에서 두 차례 청군과 교전했는데 1차 청군은 1만 8000명, 2차 청군은 2만 4000명이었고, 이어 추구르에서 1만 명의 군대와 교전했으며, 카라샤르 함락시 도륙된 사람들까지 포함하여 모두 20만 명(!)도 넘는 이교도를 죽였다고 한다. 東征軍에 직접 참여했던 TAN(27r-33v)의 작자와 『陝甘新方略』(卷70, 14v-15v, 20r)이 전하듯이 우샤 탈에서 두 차례 전투(7월 5일과 6일)가 일어난 것은 사실이다. 그러나 TAN의 작자는 1200명의 청군이 우룸치에서 파견되었다고 적었고(28v), 『陝甘新方略』(卷69, 17r-17v)은 우룸치와 투르판에서 지원군으로 파견된 군사를 600명으로 기록했다.

은 카라샤르에 쿠차군이 도착한 것은 7월 말에서 8월 초로서 그들은 100명 정도에 불과하던 청의 수비군을 압도하고 일주일 만에 성을 함락시켜버렸다.[111]

쿠차군은 카라샤르에서 잠시 휴식을 취한 뒤 원정을 재개하여[112] 톡순(Toqsun)을 함락시키고 곧바로 투르판으로 향하여 성을 포위했다. 쿠차군의 원정소식을 접한 투르판의 주민들은 이미 원정군이 도착하기 전에 봉기하여 이제 원정군과 함께 공성전에 가담했다. 그런데 이때 우룸치 만성을 공략하는 데 어려움을 겪고 있던 우룸치 퉁간들로부터 지원요청이 왔고, 이스학 호자가 약 5000명의 군대를 보내 퉁간들과 합세하여 우룸치 만성을 함락시킨 것은 이미 설명한 바이다.

만성 함락 후 쿠차군은 곧바로 돌아오지 않고, 약 2개월간 吉木薩 · 古城子 · 新灘 · 阜康 · 吉布庫 · 카라바순(Qarabasun) · 瑪納斯 · 精河[113] 등지를 공격하며 많은 수의 중국인들을 도륙한 뒤 투르판으로 돌아왔다.[114]

한편 이스학 호자는 2000여 명의 군대를 보내 보그도 울라 산맥의 북방에 위치한 木壘[115]를 경략토록 했다. 쿠차군은 칙팀(Chiktim)을 거쳐 산맥을 넘은 뒤 木壘와 그 서쪽의 東城(Dûngjîn)[116]을 공격했으나 함락시키지는 못하고 추위로 인해 투르판으로 돌아올 수밖에 없었다. 그는 다음 해 봄 한 차례 더 원정군을 보내 木壘와 東城의 공략을 시도했지만 이 역시 실패로 끝나

---

111) 『陝甘新方略』 卷68, 3r.

112) TA/Pantusov, p.101에는 1281년 Rabi II, 18일(1864년 9월 20일) ; TA/Pelliot, 72r에는 1281년 Rabi II, 12일(1864년 9월 14일)에 Tâwilghû에 군영을 치고 출정을 준비한 것으로 되어 있으나, TH에는 일자가 삭제되었다.

113) 新灘(Sintän)은 昌吉回族自治州 呼圖壁縣, 吉布庫(Jibkû)는 同 自治州 奇台縣.

114) TA/Pantusov, pp.104-105 ; TH/Baytur, pp.278-279 ; TH/Jarring, 55r-v 참조. 사이라미는 이들 지역에서 살해된 '이교도'의 숫자를 지나치게 과장하고 있다.

115) 사이라미(TA/Pantusov, p.105 ; TH/Jarring, 55v)는 木壘를 Môrey, Môrkhû, Môrkhûr 등으로 표기하고 있다. Môrkhû는 木壘河를 옮긴 것이기 때문에 Môrkhûr는 잘못된 표기이다. Stein의 지도(Serial No. 31)에도 木壘가 Mu-li-ho로 표기되어 있다.

116) 東城은 현재 木壘哈薩克自治縣에 속해 있다. Cf. 『漢維新疆地名詞典』(우룸치, 1993), p.112.

버렸다.

투르판이 무슬림 군대의 수중에 들어간 것은 약 7-8개월간의 전투가 벌어진 뒤인 1865년 3월경이었다. 사이라미에 의하면 군사적 공격으로 성을 함락시키기 어렵다는 것을 깨달은 이스학 호자는 식량이 떨어져 인육을 먹는 지경에까지 이른 투르판의 중국인들에게 만약 도시를 비워주면 중국 내지로 돌아갈 수 있도록 안전을 보장해주겠다고 제안해 중국인들은 이 제안을 받아들였으나, 쿠차군은 약속을 지키지 않고 내지로 귀환하는 중국인들을 대부분 학살했다고 한다.[117)]

1865년 6월 이스학 호자는 東征을 재개하여 하미와 바르쿨(Barkul)로 향했다.[118)] 그곳의 무슬림들도 이미 그 전해에 봉기했지만—하미는 9월 29일, 바르쿨은 10월 19일[119)]—하미 郡王 바시르(Bashîr)와 청군의 완강한 저항으로 성을 함락시키지는 못했다. 그러나 이스학 호자가 이끄는 대규모 원정군이 도착하면서 상황이 달라져, 바시르는 쿠차군에게 대항하지 않고 6월 16일 하미의 회성을 이스학 호자에게 넘겨주었다.[120)] 그는 6월 27일에는 하미의 만성도 함락시킨 뒤 곧바로 바르쿨로 향했다.

그런데 그가 天山 東路의 重鎭이던 바르쿨을 둘러싸고 청군과 치열한 접전을 벌이고 있는 도중 쿠차로 귀환하라는 명령이 전달되었다. 이스학 호자는 쿠차로 돌아가면서 극소수의 병력만을 하미에 남겨두었는데, 하미에서는 쿠차 주둔군, 하미의 퉁간들, 그리고 바시르 郡王側이 서로 대립하게 되었

---

117) TA/Pantusov, pp.106-107 ; TH/Jarring, 56r ; TH/Baytur, pp.280-281. 사이라미는 쿠차군의 투르판 포위기간을 처음에는 5개월이라고 했다가, 그 다음에는 6개월로 고쳤고 마지막에는 7-8개월로 바꾸었다. 木壘에 대한 두 번째 원정이 1865년 봄에 있었고 투르판 함락은 그 후의 일이기 때문에, 쿠차군에 의한 투르판 포위는 1864년 8월경부터 약 7-8개월간 지속되어 1865년 3월경에 함락된 것으로 추정된다.

118) TA 제사본에는 쿠차군이 하미로 출정한 날짜가 1282년 Dhû al-Hijja 18일(1866년 5월 4일)이라고 되어 있으나, TH(Jarring, 57v ; Baytur, p.288)에는 1282년 Muḥarram 18일(1865년 6월 13일)로 고쳤다.

119) 『陝甘新方略』 卷76, 19v-20r, 卷86, 11r.

120) 『陝甘新方略』 卷114, 12v, 卷106, 4r ; TA/Pantusov, pp.111-112 ; TH/Jarring, 57v-58r.

다. 결국 1866년 여름 바시르의 요청을 받은 청군이 바르쿨에서 내려와 하미를 함락시키고 말았다.[121]

이스학 호자의 소환령은 그해 1월 백산당계 호자인 부주르그와 함께 코칸드에서 넘어온 야쿱 벡이 카쉬가르와 양기히사르를 점거하자 쿠차의 라시딘 호자가 그를 공격하기 위해서 취해진 조치였지만, 이 소환의 이면에는 날로 높아져가는 이스학의 인기에 대한 라시딘 호자의 우려도 있었던 것으로 보인다. 양자간의 불화는 개인적인 차원에서 끝나지 않았고 라시딘의 형제들과 그의 사촌들 사이의 반목으로 심화되어갔다. 쿠차정권 지도층 내부에서 생겨난 이러한 대립은 원정군의 성공으로 인해 지배영역이 신속하게 팽창되면서 그 주도권을 누가 잡느냐 하는 문제를 둘러싸고 일어난 것으로 볼 수 있다. 이 같은 쿠차정권 내부의 결속력 이완은 결국 야쿱 벡과의 대결에서 그들에게 치명적인 결과를 가져다 주고 말았다.

(2) 西征軍

부르한 웃 딘이 지휘하는 西征軍 역시 거의 아무런 저항도 받지 않고 키질(Qizil), 사이람, 바이 등지를 손에 넣은 뒤 청조에 협력했던 사람들을 처형시키고 이 지역을 통치할 새로운 관리를 임명했다. 사이라미에 의하면 이때 인근 지역의 무슬림들이 원정군에 대거 동참하여 군대의 숫자가 7000명에까지 이르렀다고 하는데, 그 대부분은 몽둥이 정도로 무장한 농민들이었다.[122] 부르한 웃 딘은 카쉬가리아와 일리 계곡을 잇는 요충인 무자르트(Muzart) 고개로 일부 병력을 보내 그곳을 장악한 뒤, 야카 아릭(Yaqa Ariq)에서 출발하여 악수를 공격하기 위해 우선 카라 욜군(Qara Yolghun)을 향해 진군했다. 그러나 그곳에 도착했을 때 갑자기 폭풍우가 쏟아져 병사들은 비를 피하며 잠에 빠지게 되었고, 이때 악수 하킴인 사이드(Sa'îd)

121) Khodzhaev, *Tsinkaia imperiia*, pp.45-46 ; 曾問吾, 『中國經營西域史』, p.322.
122) TA/Pantusov, pp.50-51 ; TA/Jarring, 48v ; TA/Pelliot, 42v ; TH/Jarring, 36v.

벡이 이끄는 군대의 급습을 받아, 쿠차군은 2800명의 전사자를 낸 채 쿠차로 퇴각하고 말았다.[123]

패전소식에 격노한 라시딘 호자는 자신의 친형인 자말 웃 딘을 西征軍 사령관으로 임명하여 다시 악수를 점령하라고 보냈다. 처음에 약간의 대포와 700-800명 정도의 병력에 불과하던 원정군의 숫자는 곧 2000명으로 늘어났다. 자말 웃 딘은 쿠차→바이→야카 아릭→카라 욜군→잠(Jam)→악수를 지나는 大路를 피하고, 쿠차에서 일리로 넘어가는 무즈다반로를 경유하여 잠으로 가는 우회로를 택했다. 당시 잠에는 악수의 하킴 사이드 벡이 이끄는 군대와 일리에서 파견된 지원병들이 함께 주둔하고 있었지만 이들은 쿠차군의 급습을 받아 괴멸되었고, 쿠차군은 그 여세를 몰아 7월 17일 악수까지 함락했다.[124] 함락과 함께 악수 辦事大臣 富珠哩와 청조의 관리들은 가족과 함께 자폭했다.[125]

악수를 점령한 쿠차군의 다음 목표는 서쪽으로 약 100킬로미터 떨어진 곳에 있는 우쉬 투르판이었다. 부르한 웃 딘과 그의 아들 함 웃 딘(Hâm ad-Dîn)은 600명의 병력과 4문의 대포를 끌고 우쉬 투르판으로 가서 그곳을 포위했다. 우쉬 투르판에 주둔하던 청군은 악수가 이미 함락되고 일리와의 연락도 두절된 절망적인 상태에서 화약고를 터뜨려 자폭함으로써 쿠차군은 7월 23일 입성하게 되었다.[126]

우쉬 투르판에서 전열을 가다듬은 쿠차군은 카쉬가르로의 원정을 시작했다. 부르한 웃 딘은 먼저 10월 12일에 아들 함 웃 딘에게 2000명의 병사를 주어 출발시킨 뒤 이어서 자신도 1500명의 병력과 함께 출정했다. 함 웃 딘은 도중에 악수의 하킴 사이드 벡을 생포했는데, 사이드 벡은 악수함락과 함께 자기 형인 쿠틀룩 벡이 하킴으로 있던 카쉬가르로 도주했다가, 지원병

---

123) TA/Pantusov, p.51 ;『陝甘新方略』卷70, 10r.
124) TH/Jarring, 37r-38r ; TA/Pantusov, p.56.
125)『戡定新疆記』卷1, 1v ; TH/Jarring, 38v.
126) TH/Jarring, 38v-39r.

을 요청하기 위해 거기서 다시 일리로 가던 길이었다.

함 웃 딘은 그를 처형하지 않고 그를 이용하여 카쉬가르 回城을 수비하고 있는 쿠틀룩 벡과 은밀히 연락하여 키르기즈인들을 안팎에서 협공하려는 계획을 세웠다.

그러나 쿠차군이 카쉬가르 동북 40여 킬로미터에 위치한 우스툰 아르투쉬(Üstün Artush)에 도착했을 때 키르기즈군의 급습을 받아 부르한 웃 딘과 그의 아들 함 웃 딘을 비롯한 쿠차군은 포로가 되어 연금당하는 신세가 되었다. 결국 호자들은 카쉬가르 문제에 개입하지 않겠다는 조건을 받아들임으로써 구금에서 풀려나 12월 27일 우쉬 투르판으로 돌아올 수 있었다.[127)]

1865년 초 라시딘 호자는 영토를 우쉬 투르판 以西로 확장시키기 위해 새로이 西征軍을 조직하여 파견했다. 그는 우선 자기 형인 나지르 웃 딘에게 4000명의 병사를 주어 야르칸드로 진군케 하고, 동시에 우쉬 투르판에 주둔해 있던 부르한 웃 딘과 함 웃 딘에게도 1500명의 병력을 이끌고 원정에 동참하도록 지시했다.

양군은 악수에서 만나 거기서 추가로 1500명의 병력을 징발하여 모두 7000명의 군사를 이끌고 야르칸드로 향했다. 이들은 먼저 마랄바시(Maralbashi)로 가 그곳을 수비하던 마 달루야(Ma Daluya, 馬大老爺) 휘하의 2000명 정도의 중국인과 퉁간들을 투항하게 하고, 무슬림이 아닌 사람들을 이슬람으로 개종시켜 '新무슬림'(yangi musulman 혹은 naw musulman)

---

127) TH/Jarring, 40v-41r. TA나 TH의 다른 사본에는 쿠차 호자들이 어디로 끌려갔는지 구체적으로 밝히지 않았으나 유독 TH/Jarring만 카쉬가르로 끌려간 것으로 되어 있다. 만약 그것이 사실이라면 카쉬가르 回城은 쿠차 원정군이 아르투쉬에 도착하기 직전에 키르기즈인들에 의해 함락되었다고 볼 수 있다. 또한 그는 쿠차군과 키르기즈인들이 전투를 하다가 휴전한 뒤 '평화와 우호로서' 호자들을 아르투쉬로 '모셔갔'고, 키르기즈는 우쉬 투르판과 악수에 개입하지 않고 쿠차측은 카쉬가르에 개입하지 않는다는 協約(ṣulḥ wä mudârâ)을 맺은 뒤 호자들이 귀환했다고 했는데, 이는 마치 양측이 대등한 입장에 있었던 것처럼 독자들에게 오해를 불러일으킬 소지가 있다. 사이라미는 쿠차 호자들과 친밀한 관계에 있었기 때문에 하팁 호자(부르한 웃 딘) 등이 키르기즈인들에게 패배하여 포로가 되었다가 풀려난 사실을 그런 식으로 애매모호하게 기술한 것 같다.

으로 만든 뒤 야르칸드로 향했다.[128)]

앞에서도 언급했듯이 당시 야르칸드의 漢城은 청군의 손에, 그리고 回城은 굴람 후세인(사이라미에 의하면 굴람 후세인이 아니라 압둘 라흐만)을 꼭두각시로 내세운 퉁간들의 수중에 있었다. 야르칸드에 도착한 쿠차의 호자들은 굴람 후세인을 밀어내고 퉁간들과 연합전선을 형성했다. 바로 이때 야쿱 벡이 군대를 이끌고 야르칸드를 공략하러 왔는데, 야쿱 벡에 대해서는 뒤에서 자세히 검토할 것이기 때문에 여기서는 상술하지 않겠고, 다만 그가 쿠차군과 퉁간들의 강한 저항에 부딪쳐 카쉬가르로 돌아갔다는 점만 밝혀둔다. 이어 쿠차군은 퉁간들과 합세하여 야르칸드의 만성공략에 진력하는 한편, 그 해 4월 핫지 가자나치 벡이 이끄는 군대를 호탄으로 파견했다. 이들은 압둘 라흐만이 이끄는 호탄군과 호탄 서북방 60마일 정도에 위치한 피얄마에서 전투를 벌였는데, 여기서 비록 압둘 라흐만은 전사했지만 승리는 호탄측에게 돌아가 원정군은 야르칸드로 퇴각했다.[129)] 결국 쿠차군은 호탄 원정에도 실패하고 나아가 야르칸드의 만성함락은 물론 회성에 반거하던 퉁간들도 굴복시키지 못한 채 공성전을 중단하고 쿠차로 돌아갈 수밖에 없었다.[130)]

부르한 웃 딘과 함 웃 딘의 카쉬가르 원정의 실패, 그리고 이들과 나지르 웃 딘이 합세하여 7000명의 대군으로 감행된 야르칸드 원정의 실패는 쿠차 정권의 군사적 한계를 보여준다고 할 수 있다. 비록 원정에 참여한 사람들의 숫자는 많았지만 군사적 훈련을 받지 못한 채 몽둥이로 무장한 농민들이

---

128) TH/Jarring, 41r-41v.

129) TH/Baytur, pp.380-381 ; TH/Jarring, 78v ; TA/Pelliot, 112v ; TA/Pantusov, p.169. TH/Baytur에는 쿠차의 '나지르 웃 딘 셰이흐 호자'가 핫지 가자나치 벡과 3000명의 병력을 파견했다고 되어 있는데, 다른 모든 사본에는 병력의 숫자도 없고 호자의 이름도 '셰이흐 호자'라고만 기록되어 있다.

130) 쿠차군의 1차 야르칸드 원정과 그 실패에 대해서는 TH/Baytur, pp.213-219를 참조하시오. 쿠차 원정군이 언제 귀환했는지는 불분명하다. 사이라미에 의하면 원정은 1865년에 시작되었고 야르칸드 공략전이 8개월간 지속되었다고 했다. 그러나 야르칸드 원정 실패 후 재조직된 2차 원정군과 야쿱 벡과의 사이에서 벌어진 한 아릭의 전투가 7월 말경이었기 때문에 1차 원정군의 귀환은 적어도 그 전이라고 보아야 할 것이다.

대부분이었고, 기껏해야 청군이 쓰던 노후한 칼과 창 정도가 있을 뿐이었다. '성전'을 성취하고자 하는 열의는 높았지만 그를 뒷받침해줄 만한 군사적 인력과 장비가 없었기 때문에 대규모 城市를 장악하기 어려웠던 것이다. 그들이 악수나 투르판과 같은 도시를 점령할 수 있었던 것은 그들의 군사력 때문이라기보다는 차라리 무슬림들의 내응과 고립된 수비군의 전의상실에 의한 것이었다.

물론 이러한 군사적 취약성은 쿠차정권에만 국한된 것이 아니라, 야르칸드나 호탄, 혹은 우룸치나 일리의 경우도 마찬가지였다. 따라서 야쿱 벡이 뒤늦게 쟁탈전에 뛰어들긴 했어도 전문적인 전사집단이 주력을 이루는 군대를 갖고 있었기 때문에 그들을 손쉽게 굴복시키고 통일을 이룰 수 있었던 것은 당연한 결과였다고 할 수 있다.

3. 革命의 性格

(1) 宗教指導層

1864년 신강 무슬림 봉기를 볼 때 한 가지 흥미로운 특징은 그 지도층의 대다수가 종교인이었다는 사실인데, 이는 물론 그것이 지닌 '성전'적 성격 때문이었다. 즉 거기에 참여한 무슬림들의 의식을 고양시키고 또 결속력을 부여하는 데 있어 종교인만큼 효과적인 힘을 발휘할 사회집단이 없었던 것이다. 그들은 경우에 따라 스스로 반란을 모의하거나 주도했고 때로는 자신의 의지와는 무관하게 혁명군의 지도자로 추대되기도 했다. 비종교인이 지도자로 추대된 경우도 있었지만 그래도 여전히 종교적 권위를 빌리지 않으면 안 되었다.

그러면 이제 1864년 무슬림 봉기의 성격을 검토하기에 앞서 먼저 그것을 주도했던 종교인들은 누구였으며 그들의 영향력은 어디에서 기인했는가 하는 점을 지역별로 차례로 살펴보기로 하자.

쿠차의 무슬림들은 청군을 일소하여 일단 혁명을 성공시켰지만 혁명에 참여한 다양한 집단들 사이의 패권을 둘러싼 싸움, 주변의 다른 도시에 주둔하고 있는 청군들과 벌이지 않으면 안 될 전투 등 내외적으로 많은 어려움에 봉착해 있었다. 이러한 어려움을 극복할 수 있는 길은 모두가 인정할 수 있는 권위에 복종함으로써 단결하는 것 외에는 없었다.

앞에서 설명했듯이 무슬림들이 처음에 찾아간 사람은 아흐마드 왕 벡이었다. 그는 누대에 걸쳐 하킴의 직책을 역임하여 "통치의 기본과 政刑의 운영"을 아는 인물이었을 뿐 아니라, 율법을 준수하는 독실한 무슬림이었다. 또한 무슬림으로서의 그의 입장 때문에 청조 관리들과 마찰을 일으켜 해임되기도 했다. 다시 말해 무슬림들이 그를 새로운 정권의 지도자로 추대하려고 했던 것은 그가 단지 고위 벡 관리였기 때문만이 아니라, 비록 그 자신이 종교인은 아니었으나 강력한 종교적 위엄을 갖춘 인물이었기 때문이다. 그러나 그는 그들의 제의를 거절하고 죽음을 택했다.

무슬림들이 그 다음으로 찾아간 사람이 라시딘 호자였다. 그는 어떠한 인물이었고 어떠한 권위를 근거로 무슬림군의 지도자가 되었는가. 그는 아르샤드 웃 딘이라는 수피 성자의 후예였다. 16세기 중반에 씌어진 『라시드사』에 의하면 아르샤드 웃 딘은 아버지 자말 웃 딘(Jamâl ad-Dîn ; 자료에 따라서는 Jalâl ad-Dîn으로도 표기됨)과 함께 신의 계시를 받아 모래폭풍으로 인해 사막 속으로 사라져가는 롭 카탁(Lop Katak)이라는 도시를 떠나 악수로 왔다고 한다. 거기서 아직 즉위하지 않은 투글룩 테무르(Tughluq Temür ; 치세 1347/48-1362/63)를 만나 이슬람으로의 개종을 약속받게 되었고, 자말 웃 딘이 죽은 뒤 아르샤드 웃 딘은 칸이 된 투글룩 테무르를 찾아가 1353-54년 그를 비롯하여 16만 명의 모굴 유목민들을 동시에 개종시키는 데 성공했다고 한다.[131]

---

131) TR/Ross, pp.10-15. 런던 대영도서관 소장본(Or.157) 13r에는 개종 유목민의 숫자가 12만

16세기 말 이후 낙쉬반디 교단의 흥륭으로 타림 분지의 오아시스 지역에서 아르샤드 웃 딘의 후손들—카타키(Katakî) 계통—의 세력은 현저하게 약화되었지만,[132] 아르샤드 웃 딘은 사툭 보그라 칸과 함께 동투르키스탄의 이슬람화에 결정적으로 기여한 인물로 무슬림들에게는 '알라의 벗'(Walî Allâh)이라는 敬稱으로 불리고 있었고, 쿠차에 있던 아르샤드 웃 딘 성묘는 그 인근 주민들에게는 여전히 종교적인 성소로 경외의 대상이었다.

라시딘 호자는 바로 이 성묘를 지키며 "기도(dû'â)와 구도(ṭalab)로 살아가며 사람들과 섞이지 않고 빈한한 수행자적(darwîshlik)인 길로 인생을 살아"[133]가던 사람이었고, 그는 많은 무슬림들 — 투르크인과 퉁간을 모두 포함—을 '門徒'(murîd-i mukhliṣ)로 삼아 그들의 복종과 존경을 받아왔다[134]고 한다.

라시딘 호자에 관해서 우리는 그가 아르샤드 웃 딘의 후예이며 조상의 성묘를 지키며 수피로서의 생활을 하고 있었다는 점 이외에 특별히 다른 권위의 원천을 찾아보기도 힘들다. 후일 쿠차에서 벌어진 상황이 보여주듯이 그는 탁월한 지도력을 지닌 인물도 아니었다. 영국 사절단이 쿠차 주변의 호자들이 상당량의 토지를 점유하고 있다고 보고한 것을 보면,[135] 구체적인 규모는 알 수 없지만 성묘의 경제적 기반인 세습 寄進地(waqf)를 갖고 있었음은 알 수 있지만, 그렇다고 이러한 경제력이 그의 권위의 원천이 된 것 같지는 않다. 따라서 유명한 성자의 후손이며 자신이 수피였기 때문에 갖는 종교적 권위가 그의 정치적 지위의 기반을 이루었던 것이다.[136] 당시 이슬람

명으로 기록되어 있다.

132) 아르샤드 웃 딘 이후 라시딘 호자에 이르기까지 이 '카타키'(Katakî) 가문의 역사에 관해서는 졸고 「모굴汗國의 初期 무슬림聖者들」, 『歷史學報』, 119집(1988), pp.1-45를 참조하시오.

133) TH/Jarring, 34r ; TH/Pantusov, p.46.

134) TH/Jarring, 34r.

135) *Mission to Yarkund*, p.44.

136) M.Hamada, "De l'autorité religieuse au pouvoir politique : la révolte de Kûcâ et Khwâja

권, 특히 중앙아시아의 무슬림들은 수피 성자들이 신과 예언자와 성자들과의 영적인 교감을 통해 그 '祝福'(baraka)을 체현시켜 여러 가지 다양한 '異蹟'(karamat)을 행할 수 있다고 믿었기 때문이다.[137)]

우룸치 퉁간정권의 지도자인 妥明 역시 종교인, 특히 자흐리(Jahri) 교파의 장로였던 것으로 추측된다. 그는 라시딘 호자와는 달리 처음부터 반란을 모의하고 주도했던 인물로서, 청측의 자료들은 그에 대해 혹세무민하는 반란의 수괴라고 매우 가혹한 평가를 내렸다. 그러나 1872년 마나스를 방문한 바 있는 러시아 상인 소모프(I. Somov)는 그가 "평생을 자신의 신에게 바치며 살아가는 종교인물"로서 퉁간들로부터 '스승님'(pîrî)이라고 불렸으며, "과거에는 하찮고 빈한한 가문 출신의 퉁간에 불과했지만 어렸을 때부터 독실하고 올바른 생활로 남다름을 보여 사람들로부터 존경과 충성을 받았다"고 증언한다.[138)] 또한 그는 우룸치로 오기 전에 金積과 河湟(河南과 甘肅) 사이를 오가면서 漢回의 首目들과 친분을 가졌다고 했는데, 金積이란 '新教' 자흐리 교파의 거두 馬化龍의 본거지였던 金積堡를 지칭하는 것이며, 이는 妥明과 馬化龍 양인 사이의 연계를 강하게 시사하고 있다. 妥明이 清眞國王으로 추대된 뒤 馬化龍을 寧夏地區 元帥로 임명한 것[139)]도 그가 자흐리 교파의 장로였을 가능성을 말해준다.[140)]

이 점은 그와 함께 봉기를 주도한 索煥章의 배경을 보아도 알 수 있다. 索煥章 자신은 일개 무관에 불과했으나 당시 섬감 지역에서 일어나던 자흐리

Râshidîn", *Naqshbandis*(ed. M.Gaborieau, A.Popovic, T.Zarcone, Istanbul-Paris, 1990), pp.455-489.

137) 성자들이 행했다고 믿어지는 다양한 異蹟의 형태에 대해서는 R.Gramlich의 *Die Wunder der Freunde Gottes*(Wiesbaden : Franz Steiner, 1987)가 가장 상세하다.

138) G.G.Stratanovich, "K voprosu o kharaktere administrativnogo ustroistva i sotsial'noi otnoshenii v Dunganskom Soiuze gorodov(1863-1872 gg.)", *Izvestiia Akademii Nauk Kirgizskoi SSR(SON)* 2, no. 2(1960), p.61.

139) 『平回志』 卷7, 4r.

140) J.Fletcher, "Les 《voies》(turuq) soufies en Chine" *Les ordres mystiques dans l'Islam* (ed. by A.Popovic & G.Veinstein, Paris, 1985), p.23.

교파의 움직임과 무관하지 않았다. 그의 아버지 索文은 자항기르 침입시 청조를 위해 공을 세워 甘州提督으로 임명되었는데,[141] 게인스(A.A.Geins)의 보고에 의하면 그는 살라르(Salar)인들의 거주 지역에 있던 한 이슬람 교파의 영수였으며 각지의 퉁간 종교지도자들과도 긴밀한 접촉을 갖고 있었다고 한다.[142] 당시 그의 휘하에 있던 漢回들 가운데 후일 1862년 肅州에서 회민 봉기를 주도했던 馬忠良(일명 馬四)이 있었는데, 이 馬忠良 역시 妥明에 의해 숙주 지역의 元帥로 봉해졌다.[143] 당시 살라르인들의 거주지에는 자흐리 교파의 세력이 상당히 광범위하게 퍼져 있었고, 索文이 후일 청조에 의해 처형된 사실[144]이나 妥明이 굳이 索煥章의 집에 寓居하게 된 것도 결코 우연이라고 보기 어렵고, 이들이 모두 자흐리 교파에 속하는 인물이었음을 방증해준다.

한편 야르칸드 봉기는 퉁간들에 의해 주도되었고 그들은 회성을 점령한 뒤 한성의 청군과 계속 대치하는 상황에서도 주도권을 장악하고 있었다. 그러나 시내는 물론 주변의 촌장들에 거주하는 대부분의 주민이 투르크계 무슬림이었기 때문에 그들은 투르크계 무슬림 가운데 한 사람을 명목적인 군주로 추대할 수밖에 없었다. 이렇게 해서 추대된 사람이 굴람 후세인(뒤를 이어 그의 형인 압둘 라흐만)이었다.

당대의 자료에서는 이들의 배경에 대하여 카불의 명족 출신이라는 것 이외에 특별한 기록을 찾아보기 힘들다. 그러나 호탄 출신의 메흐멧 에민 보그라(Mehmet Emin Boghra)는 1940년 자신의 저술에서 압둘 라흐만의 이름 뒤에 '무자디디'(mujadîdî)라는 별칭을 첨가했다.[145] 그가 이러한 칭호를 가진 것이 사실이었다면 플렛처(J.Fletcher)도 추정했듯이 그는 '第二千年紀

141) 馬霄石, 『西北回族革命簡史』, p.59.

142) "O vosstanii musul'manskogo naseleniia ili Dunganei v Zapadnom Kitae", *Voennyi Sbornik*, 1866, no. 8, p.192(Khodzhaev, *Tsinskaia imperiia*, p.109에서 재인용).

143) 『平回志』 卷2, 19r-19v.

144) 馬霄石, 『西北回族革命簡史』, p.59.

145) *Sharqî Turkistân Târîkhî* (Kashmir, 1940), p.391.

의 개혁자'(Mujadîdî-yi Alf-i Thânî)라는 별명으로 불리며 무굴 제국 치하의 인도에서 활동한 아흐마드 시르힌디(Aḥmad Sirhindî ; 1564-1624)의 후손일 것이다.[146] 시르힌디 후손들의 일부는 카불에 정착하여 그곳에서 가장 영향력이 있는 무자디디 계파를 형성했다. 낙쉬반디 교단에 속하는 이들 가문의 남자들은 '쇼르 바자르의 성자들' ('Ḥaḍrat-i Ṣâḥib-i Shor Bazâr')이라는 敬稱으로 불렸으며, 이 가문의 대표는 금세기 중반까지도 정치적으로 큰 영향력을 행사했다.[147] 따라서 굴람 후세인 형제를 두고 '카불의 명족'이라고 한 당시 무슬림측 기록은 전혀 과장이 아니라고 할 수 있다.

이처럼 야르칸드 봉기 직후 실권을 갖고 있던 퉁간들이 야르칸드에 거주하는 토착투르크계 수피 장로가 아니라 카불 출신의 종교인을 명목적인 군주로 앉힌 까닭은 결국 토착기반이 결여되어 자신들에게 위협이 될 소지는 적으면서도 다수의 무슬림들에게 종교적 권위를 발휘함으로써 그들을 장악할 수 있는 인물로서는 그들이 가장 적합했기 때문이다.

카쉬가르의 경우는 위와 같이 비록 명목적일지라도 종교지도자를 추대하지 않았을 경우에 어떠한 상황이 초래되는가를 보여주는 좋은 사례이다. 이곳에서의 봉기는 학살의 위협을 느낀 퉁간 군인과 민간인들에 의해 사전에 치밀한 준비 없이 갑작스럽게 일어난 것이었기 때문에 분명한 지도자도 없었고 또한 한성과 회성 어느 한 곳 점령하지도 못한 상태였다. 여기에 시딕 벡이 이끄는 키르기즈인들이 퉁간들과 합세하여 성채를 공격했으나 한성의 청군과 회성의 무슬림 벡들의 거센 저항으로 뜻을 이루지 못했다. 특히 주목할 만한 사실은 다른 지역과는 달리 봉기가 일어난 직후 회성 안의 무슬림들이 이에 동조하는 행동을 취하지 않았을 뿐 아니라, 주변 지역의 村莊들

---

146) "Les 〈〈voies〉〉", p.23. 아흐마드 시르힌디에 대해서는 A.Ahmad, *Studies in Islamic Culture in the Indian Environment*(Oxford, 1964), pp.182-190과 Y.Friedman, *Shaykh Ahmad Sirhindi*(Montreal, 1971)를 참조하시오.

147) H.Einzmann, *Religiöses volksbrauchtum in Afghanistan : Islamische heiligenverehrung und Wallfahrtswesen im Raum Kabul*(Wiesbaden : Franz Steiner, 1977), p.24.

에서는 키르기즈인들에 대해 강하게 반발하기까지 했다는 점이다.

이것은 물론 키르기즈인들에 대한 정주무슬림들의 뿌리깊은 반감, 그리고 대다수의 무슬림들이 인정할 만한 세속적 혹은 종교적 권위를 지닌 지도자가 무슬림 진영에 없었던 점도 하나의 요인이 되었을 것이다. 시딕 벡의 거사에 관한 전말을 기록한 압둘 바키 카쉬가리('Abd al-Bâqî Kâshqarî)는 이 점을 잘 보여주고 있다. 그에 의하면 시딕 벡은 양기히사르에 속한 파라쉬(Farrash)라는 곳의 하킴으로 있었는데, 카쉬가르의 벡들이 종교법정을 이용하여 시딕 벡이 관할하던 토지와 水路를 탈취해 이에 분노한 시딕 벡이 오이 탁(Oy Tagh) 부근에서 유목하던 휘하의 키르기즈·킵착인들을 규합하여 카쉬가르성을 포위·공격하게 되었다고 한다. 그러나 회성을 지키고 있던 벡들은 포위기간이 길어지면서 식량이 떨어져갔음에도 불구하고 시딕 벡에게 투항하지 않고 도리어 그에게 '응징의 서한'(siyâsat nâma)을 보내 그가 예언자의 후예(sayyid)도 제왕의 후예(pâdishâhzâda)도 아니기 때문에 그의 지배를 받아들일 수 없다고 분명히 밝혔던 것이다.[148] 심지어 카쉬가르 성내에 있던 벡들과 아훈드들이 코칸드인들과 연합하여 쿠틀룩 벡을 밀어낸 뒤에도 시딕 벡을 거부하고 코칸드 칸국측에 사신을 보내 지원을 요청했다.[149] 결국 성내의 식량이 고갈되어 성문을 열고 시딕 벡에게 투항하지 않을 수 없었던 그들은 모두 처형되었지만, 야쿱 벡 일행이 카쉬가르에 도착

148) 압둘 바키가 남긴 글의 제목은 *Ya'qûb Begdin ilgäri Kâshqarni alghan Ṣiddîq Begning Dâstân tadhkirasi*(『야쿱 벡 이전에 카쉬가르를 취한 시딕 벡의 일화』, 이하 YBI로 略稱. India Office Library, Ms. Turki 3)이고 필사자는 Mirzâ Jalâl ad-Dîn Akhûn이다. 필사연도는 1282년 Jumada I, 13일(1865년 10월 4일)이다. Cf. 濱田正美, 「十九世紀ウイグル歷史文獻序說」, pp.361-364.

149) Ṭâlib Akhûnd(Prov. 115, 3v-5v)에 의하면 쿠틀룩 벡을 밀어내고 카쉬가르의 벡들을 주도한 인물은 Naẓar Shâng Beg이었다고 한다. 압둘 바키도 이 점에서는 일치된 기록을 보이고 있다(YBI, 9v). 나자르 샹 벡은 Sana' Allâh Shaykh를 시딕에게 사신으로 보내 협상했으나 시딕이 제시한 조건을 거부했고, 그 뒤 다시 코칸드의 알림 쿨리('Âlim Quli)에게 보냈다. 이에 알림 쿨리는 카쉬가르로 사신을 보냈으나 나자르 샹 벡은 이 사신이 시딕 벡이 계략을 꾸며 보낸 것으로 생각했다. Cf. 『新疆簡史』 卷2, p.127.

한 직후 주민들은 다시 키르기즈인들을 공격했다.

따라서 시딕 벡이 퉁간의 대표들과 협의한 뒤 코칸드 칸국에 사신을 파견하여 백산당계 호자 가문에 속하는 자항기르의 아들 부주르그를 보내주도록 요청한 것도 그러한 지도자를 영입함으로써 카쉬가르 주민들의 강한 저항을 누그러뜨리기 위한 것이었음은 의문의 여지가 없다. 이러한 사실은 1864년 봉기에서 聖裔가 갖는 종교적 권위가 무슬림들을 결집하는 데에 얼마나 중요한 역할을 했는가를 단적으로 입증해주고 있다.

호탄의 경우 역시 종교지도층의 중요성을 다시 한 번 확인케 해준다. 호탄 봉기에 관한 무슬림측 사료들을 종합해 검토해보면 무슬림들을 규합, 조직하여 실제적으로 거사를 주도했던 인물은 하비브 울라가 아니라 그의 장자인 압둘 라흐만이었던 것으로 보인다.

그럼에도 불구하고 봉기의 지도자로 하비브 울라 부자가 連稱된다거나 혹은 사료에 따라서는 마치 하비브 울라 자신이 실질적인 주동자인 것처럼 묘사되고 있는 까닭은 그가 갖고 있던 종교적 권위 때문이었고, 압둘 라흐만이 전투에서 사망한 뒤 비록 고령에도 불구하고 그가 군주로 추대된 것 역시 마찬가지 이유에서였을 것이다.

사이라미에 의하면 하비브 울라는 대대로 울람마를 지내던 가문에서 태어났으며 그 자신도 '무프티'였다고 한다. 그는 종교적으로 매우 엄격한 생활을 고집하여 '洗淨'(tahârat)을 하지 않고는 결코 땅에 발을 내딛지 않았으며 여행중에도 하루 5회의 기도를 게을리하지 않았다고 한다. 또한 당시 종교인들이 신자들이 헌납하는 贈物(nazîr)과 稅金('ushr vä zakât)을 착복하고 대중들의 노동결과를 거리낌없이 향유하는 태도를 율법에 어긋난 것이라고 보아 극히 비판적이었다. 그러한 그가 무프티의 직에서 물러나 메카와 메디나로 성지순례를 떠나 7년간 그곳에 머물렀다가 돌아왔으니 당시 호탄의 무슬림들에게 그가 가졌던 종교적 권위는 능히 짐작할 만하다.[150)]

---

150) TH/Jarring, 78r-78v ; TH/Baytur, pp.378-379.

그러나 그가 상징적 지도자로 부상하게 된 까닭은 율법을 준수하고 성지 순례를 다녀온 그가 지녔던 '개인적'인 권위보다는 그가 종교인이기 때문에 지니는 '보편적'인 권위에 기인한 것이라고 보아야 할 것이다. 호탄 봉기가 성공한 뒤 하비브 울라 부자 정권에 대한 두 차례 도전 모두 역시 종교지도층에 속하는 '이샨'(îshân)들을 앞세운 집단에 의한 것도 이러한 사실을 입증해준다.

마지막으로 일리는 어떠했는가. 일리의 무슬림을 구성하는 두 그룹, 즉 퉁간과 타란치들은 각기 독자적인 지도자를 내세웠는데, 앞에서도 지적했듯이 퉁간들의 경우 '아훈'이라는 칭호를 지닌 사람들이 종교인이었음은 의심할 여지가 없다. 흥미로운 것은 타란치들을 주도했던 압둘 라술은 종교지도자가 아니라 署理 하킴의 직책을 수행하던 세속관리였다는 사실인데, 그가 일리 울람마(학자단)의 지도자인 나시르 웃 딘에게 '의견서'를 요청해 받아낸 것도 실은 그 자신에게 결여되어 있는 종교적 권위 때문이었다고 볼 수 있다.

뒤이어 이들로부터 혁명군내의 주도권을 탈취한 무아잠 역시 前任 하킴으로 세속관리였다. 그러나 그의 가계를 조사해보면 Mu'aẓẓam→Khalîzâde →Khûsh Naẓar→Malikzâde→Auranzib→Amîn Khôja→Niyâz Khôja →Ṣûfî Khôja가 되며, 여기서 더 거슬러올라가면 16세기 모굴 칸국의 군주인 압둘 라시드 칸('Abd ar-Rashîd Khân ; 치세 1533/4-1559/60)과 압둘 카림 칸('Abd al-Karîm Khân ; 치세 1559/60-1590/1)의 시대에 카쉬가리아에서 큰 영향력을 지니던 우와이시(Uwaysî) 교단의 장로인 호자 무함마드 샤리프(Khôja Muḥammad Sharîf)에 이르게 된다.[151]

이 교단은 17세기에 들어와 이스학 호자의 후손들을 중심으로 한 소위 백산당계의 낙쉬반디 교단에 의해 밀려나게 되었고, 무함마드 샤리프의 후손

---

151) 그의 계보에 대해서는 GDMC, vol.2, pp.47-48의 N.N.Pantusov의 註와『回疆通志』卷4, 1r 및 佐口透의 「타란치」, p.45를 참조.

들 가운데 일부는 투르판으로 이주했다. 그곳에 정착한 집단에 속했던 에민 호자(Emîn Khôja, 額敏和卓)는 1750년대에 淸이 동투르키스탄을 경략할 때 이를 도와 郡王으로 봉해졌고 그의 후손들은 청조의 비호 아래 신강 각지에서 고위 벡으로 임명되었다. 그 중 일부는 일리로 옮겨와 그곳에 있던 타란치들을 통치하는 관직을 부여받았는데 이들이 무아잠의 선조이다. 이렇게 볼 때 무아잠이 속한 무함마드 샤리프에서 에민 호자로 이어지는 가문은 동투르키스탄의 무슬림들 사이에서 대표적인 명족으로서, 그의 권위는 종교적 · 세속적 양면을 모두 갖고 있었던 셈이다. 후에 무아잠을 제거하고 주도권을 장악한 '砲手' 마흐무드가 스스로 '성자'의 후예를 자처한 점, 또는 그를 밀어내고 술탄이 된 물라 슈카트가 '아훈'이었던 점도 모두 종교적 권위의 중요성을 보여주는 예들이다.

(2) 1864년 신강 무슬림 봉기

그렇다면 1864년 신강 무슬림 봉기의 성격을 어떻게 규정할 수 있겠는가. 우리는 무엇보다도 먼저 이것이 과거 신강에서 발생했던 다른 반란과는 구별되는 독특한 측면을 지니고 있음에 주목할 필요가 있다. 즉 1864년의 봉기는 청의 지배하에 있던 무슬림들이 모두 참여하여 일어났는데, 이는 18세기 중반 이 지역이 청의 지배하에 들어간 이래 발생했던 크고 작은 많은 소요와 반란들이 대부분 코칸드 칸국에 은신해 있던 백산당계 호자들의 주도하에 일어났고 여기에 참여했던 사람들은 대부분 투르크계 무슬림들, 그 중에서도 일부 위구르인들과 키르기즈인들로 국한되어 있었다는 점과 큰 차이를 보인다.

과거 백산당계 호자들의 침공은 청정복 이전 그들이 이 지역에서 누리고 있던 기득권을 되찾기 위해 '성전'을 기치로 내세우고 그들의 입장에 동조하는 일부 무슬림들의 지지하에 추진된 것인 반면, 1864년의 봉기는 청의 지배에 생존적 위협을 느낀 신강의 전체 무슬림이 그 지배를 전면적으로 부정하면서 터져나온 것이었다. 이미 살펴보았듯이 투르크계 무슬림들은 물론이지만 퉁간들의 참여가 두드러졌고, 많은 경우 혁명의 초기단계에서 이를 주도했던 집단은 투르크계 무슬림이라기보다는 오히려 퉁간들이었다. 민족적인 측면뿐만 아니라 사회적으로도 광범위한 계층이 참여했다. 물론 청조지배가 가져다 준 사회경제적인 불이익으로 인해 고통받는 도시의 하층민이나 촌락의 농민들이 다수를 차지했겠지만, 봉기를 사전에 계획하여 터뜨리고 그 후의 상황을 주도해 나갔던 것은 결코 그들이 아니었다.

혁명세력을 결집하는 데 결정적인 역할을 했던 집단은 종교인이나 벡 관리들과 같이 사회적인 지도층이었으며, 또한 기의군이 농민층의 이해를 적극적으로 대변하는 정책을 추진한 것도 아니었다. 나아가 1864년의 봉기는 지역적으로 넓게 확산되어, 그 범위가 서로는 카쉬가르에서 동으로는 하미까지, 남으로는 호탄에서 북으로는 일리와 타르바가타이에 이르기까지, 카쉬가리아(南路)·위구리스탄(東路)·준가리아(北路) 전지역을 석권했다. 이렇게 볼 때 1864년 무슬림 대봉기가 갖는 가장 중요한 특징은 바로 '민족적·계층적·지역적 한계를 넘는 보편성'이라고 할 수 있을 것이다.

그러나 동시에 우리가 잊어서는 안 될 사실은 1864년의 봉기가 결코 신강 자체의 문제 때문만으로 일어난 것도 아니고 또 신강 내부의 문제에 국한시켜 분석을 한다고 이해되는 것도 아니라는 점이다. 이 사건은 19세기 중반 청제국이 처했던 상황, 또 그러한 상황을 가져온 세계사적인 변화와 연관시킬 때 비로소 왜 그러한 일이 일어났으며 또 어떠한 역사적 의미를 갖는 것인지를 이해할 수 있게 된다.

앞에서 신강 여러 지역의 봉기들이 일어나게 된 원인에 대한 분석이 입증해주듯이 가장 결정적인 기폭제는 결국 1862년 陝甘 지역에서 일어난 회민봉기의 성공과 그로 인한 청조의 권위붕괴가 가져다 준 충격이었다. 즉 회민들의 봉기에 의해 청군이 축출되었다는 소식이 신강 각 지역에 전파되었고 이는 신강의 청조 통치집단에게 위기감을 가져다 주었다. 이들은 중국내지와의 통신이 어려워지고 내지로부터 지급되던 보조금도 중단된 데다가 섬감 회민과 밀접하게 연결되어 있던 신강의 퉁간들이 그들에게 자극을 받아 반란을 일으키지 않을까 하는 깊은 우려를 가질 수밖에 없었고, 상황이 악화되기 전에 예방조치를 취해야 할 필요를 느꼈던 것이다. 그 조치는 퉁간 지도자들에 대한 감시의 강화, 퉁간 군인들에 대한 무장해제, 반란의 소지가 있는 퉁간들에 대한 구금과 처형, 심지어는 집단적인 학살 등으로 나타났다. 이러한 조치에 대해 퉁간들도 깊은 위기의식을 느끼게 된 것은 당연한 결과였다.

퉁간 학살의 소문은 바로 이러한 상황 속에서 신속하게 신강 전역으로 퍼져나갔고 이 소문의 진위 여부가 무엇이었든간에 퉁간들은 이를 사실이라고 믿어 일종의 혁명의 길을 택할 수밖에 없었던 것이다. 따라서 1864년 신강 무슬림 봉기는 태평천국운동, 섬감의 회민 봉기 등이 표상하는 청조체제의 근본적인 동요 속에서 일어난 현상으로서, 이러한 변화들은 결국 동아시아가 근대로 이행하는 과정에서 생겨났던 변화들이다. 그렇다면 1864년의 신강 봉기 역시 이 같은 역사적 흐름과 연관되어 일어난 것이며, 바로 여기에서 그것이 지닌 혁명적 의미를 포착할 수 있는 것이다.

따라서 학자들이 1864년의 무슬림 봉기를 청 중기 이후 白蓮教·太平天國 등 일련의 민중운동과 동일한 맥락에서 파악하는 것은 지극히 타당한 견해라고 할 수 있으며, 나아가 여기에 '反帝·反封建的' 성격을 부여하는 것까지는 직접·간접적인 측면을 고려하여 그런 대로 양해될 수 있을지도 모르겠다. 그러나 신강 무슬림의 봉기를 두고 '農民革命'이라고 부르는 것[152]은 아무래도 사태의 일면을 과장한 것이 아닌가 생각한다. 왜냐하면 위에서도 지적했듯이 1864년 봉기의 가장 중요한 특징이 민족과 계층을 넘어선 보편성이었기 때문이다. 따라서 '농민'의 혁명적 역할을 강조하는 학자들은 종교인과 벡 관리와 같은 '봉건계층'이 봉기의 주도세력이었다는 외면하기 어려운

152) 중국 대부분의 학자들이 이러한 주장을 하고 있는데 여기서는 일일이 나열하지 않겠다. 다만 그 구체적인 내용에 대해서는 그들의 입장이 대표적으로 정리된 『新疆簡史』 卷2, p.91 이하를 참조하시오.

명백한 사실을 해석하는 데 어려움을 겪을 수밖에 없고, 그들은 이 難題에 대해 초기에 농민들이 장악했던 기의군의 주도권이 뒤에 '봉건영주'에 의해 '찬탈'되어 '지방의 봉건적 할거정권'으로 변모하게 되었다고 '설명'할 수밖에 없는 것이다. 왜냐하면 이처럼 당초의 '농민기의'였던 것이 성격이 변질되어 '봉건적'인 것이 되었다고 하지 않으면, 左宗棠이 이끄는 청군에 의한 재정복은 결국 '반봉건적·반역사적 행위'가 될 수밖에 없으며 현재 신강이 중국 영토의 '불가분할적 일부'라는 사실도 당연히 도전받을 수밖에 없게 되기 때문이다.

따라서 이러한 일련의 해석방법은 무슬림 봉기에 나타난 특수한 측면—예를 들어 청의 지배시기에 '봉건적' 지배계급의 사회경제적 수탈과 이에 대한 피지배계급의 불만—을 지나치게 강조함으로써 역사적 사실을 경직된 이론적 틀과 정치적 의도에 맞추어 왜곡하려 한다는 비난을 받을 우려도 있다.

필자는 1864년 봉기를 보는 또 다른 시각, 즉 그것이 지닌 계급적 의미보다 민족적 성격을 강조하는 경향에 대해서도 선뜻 찬동하기 어렵다. 예를 들어 근자에 이 문제를 가장 심도있게 다룬 이시에프(D. Isiev)나 호자에프(A. Khodzhaev)의 관점이 그러하다. 특히 이시에프는 제정러시아 시대에 신강 무슬림 봉기가 중국 내지에서 온 퉁간들에 의해서 일어난, 따라서 이를 단지 1862-74년의 섬감 회민 봉기의 일부로 취급하여 '퉁간 반란'이라고 보아왔던 견해를 비판하고, 신강의 여러 지역, 특히 호탄과 카쉬가르와 악수에서는 퉁간들의 참여가 거의 없었고 쿠차나 쿨자와 같은 곳에서는 퉁간들의 참여가 있었으나 위구르인들에게 주도권이 넘어갔고 위구르인 이외에도 퉁간, 키르기즈, 우즈벡, 카자흐, 토르구트 등의 다양한 집단들도 참여했다고 했다.

아울러 그는 봉기에 참여한 집단의 계층적 성격에 대해 토착의 세속적·종교적 지배층도 대다수가 참여했지만 역시 결정적인 역할을 한 사람들은 농민과 도시빈민이었다고 보았다. 그는 이러한 사실에 기초하여 1864년의 봉기는 '위구르 민족해방기의'로 규정지어야 한다는 결론에 이르렀고, 호자

에프도 이러한 견해에 동감했다.[153]

당시 신강의 토착민들 스스로가 '민족'으로서의 意識과 正體性을 확보하고 있었느냐 하는 문제—당시 이곳의 정주투르크인들에 대한 집단명칭으로 '위구르'라는 말조차 존재하지 않았고, 1864년 봉기를 다룬 무슬림 사료들 어디에도 민족명으로서 '위구르'가 사용된 예가 없다—는 일단 논외로 하자. 또 중·소 분쟁으로 인한 중국과의 마찰, 특히 중국내 소수민족 지구의 역사해석을 둘러싼 소련학계의 정치적 편향이라는 점도 문제삼지 않기로 하자. 다만 역사적 사실만을 놓고 보아도 위의 견해는 수긍하기 힘들다.

우선 앞에서의 분석에 의해서도 밝혀진 대로 카쉬가르와 호탄에서 퉁간들의 참여가 거의 없었다는 주장, 특히 카쉬가르에서 퉁간들이 참여하지 않았다는 주장은 전혀 사실과 상치된다. 악수의 봉기는 쿠차 원정군이 접근한다는 소식을 듣고 일어난 것이기 때문에 앞에서 다룬 6개 지역과는 달리 2차적 혹은 간접적인 현상이기 때문에 일단 차치한다고 하더라도, 필자가 분석한 6개 지역 가운데 퉁간의 참여가 없는 지역은 하나도 없었다. 호탄을 제외한 나머지 5개 지역에서는 모두 퉁간들이 봉기의 기폭제 역할을 했으며, 우룸치와 일리와 야르칸드에서는 부분적·일시적일지라도 독자적인 정치세력을 형성했었다는 점을 잊어서는 안 될 것이다. 물론 그렇다고 필자가 1864년 봉기를 '퉁간 반란'으로 규정하려는 것은 아니다. 다만 퉁간들의 역할을 지나치게 축소시켜 '위구르'에 의한 '민족해방투쟁'적 성격을 강조할 경우 역사적 실상으로부터 멀어질 뿐 아니라 봉기의 본질적 성격을 이해하지 못할 위험이 있다는 사실을 지적하고자 할 뿐이다.

그렇다면 우리는 1864년 신강에서 일어난 거대한 사건을 무엇이라고 불러야 옳은가. 이에 대해 필자는 '신강 무슬림 봉기'라는 가장 상식적인 대답

---

153) D. Isiev, "Nachalo natsiona l'no-osvoboditel'nogo vosstaniia Uigurov vo vtoroi polovine XIX v.(1864-1866 gg.)", *Materialy po istorii i kul'ture uigurskogo naroda*(Alma-Ata, 1978), pp.59-72 ; A. Khodzhaev, *Tsinskaia imperiia, Dzhungariia i Vostochnyi Turkestan*(Moskva, 1979), p.105.

밖에 제시할 수 없지만, 사태의 진실을 나타내기에 이 이상 간명하고 정확한 표현은 찾기 어렵다고 생각한다. 그것이 지닌 계층적·민족적·지리적 다양함과 포괄성에도 불구하고 그 모든 것들을 엮어주는 하나의 공통성은 봉기의 주체가 바로 신강에 거주하던 '무슬림'이었다는 데에 있다.

당시 무슬림들이 남긴 여러 기록들은 거의 하나의 예외 없이 자신들이 감행한 집단적 행동을 '성전'(ghazât, jihâd)이라고 부르고 있다. '성전'이란 '이교도와 그 지배에 대한 무슬림의 분투'라고 규정할 수 있다. 즉 신강의 무슬림들은 청조를 이교도의 국가로, 청조의 지배를 이교도의 지배로 이해했던 것이지, 결코 이민족이나 이민족의 정권, 혹은 지주층이나 그들의 이해를 대변하는 정권으로 인식했던 것이 아니었다. 물론 '성전'의 촉발에는 사회경제적 수탈, 종족집단간의 갈등 등 여러 가지 요인이 작용했지만, 그렇다고 해서 그로 인해 발생하는 집단행동이 자동적으로 계급투쟁이나 민족해방운동이 되는 것은 아니다. 문제는 그러한 요인들을 바탕으로 발생하는 대중적인 불만이 어떻게 인식되고 결집되고 또 표현되는가 하는 점에 있다.

1864년 봉기에서 광범위한 대중동원—지배·피지배 계급, 투르크·퉁간을 막론하고—을 가능케 했던 힘은 계급적 적대감이나 민족적 갈등에서 빚어진 분노라기보다는 이교도 지배의 굴레를 벗어던지고 '이슬람 땅'의 건설을 지향하는 '성전'이 갖는 흡인력이었다. 그들이 청조의 지배하에서 느꼈던 종족적·사회경제적 억압은 이교도가 자신들을 지배하고 있기 때문에 생겨난 것이고 '성전'이야말로 그러한 억압으로부터 자신들을 해방시킬 수 있으리라는 신념, 바로 그것이 그들로 하여금 목숨을 걸고 혁명의 대열에 동참하게 한 힘이었다.

그러나 그들의 '성전'은 19세기 후반이라는 특수한 시대적 상황 속에서, 또 청제국의 지배를 받던 무슬림의 땅 신강이라는 특정한 지역에서 일어난 것이었다. 따라서 1864년 신강 무슬림 봉기에 대해서 우리는 '성전'이 지니는 '보편성'과 시대적·지역적인 '특수성'을 연관시켜 그 속에서 파악할 때만이 비로소 참된 역사적 의미를 이해할 수 있게 되는 것이다.

3章 ‖ 야콥 벡 政權의 誕生

1. 야쿱 벡

(1) 神話와 實際

코칸드 칸국 출신의 야쿱 벡이 카쉬가리아에 온 것은 1865년 초, 즉 신강 무슬림 봉기가 일어난 지 반 년이 경과한 뒤였다. 라시딘 호자가 주도하던 쿠차정권은 동으로는 마랄바시에서 서로는 투르판에 이르는 가장 넓은 지역을 장악했지만 카쉬가르, 야르칸드, 호탄에 근거하던 다른 무슬림 세력들을 통합하는 데에는 실패했다. 뿐만 아니라 카쉬가르의 회성과 만성, 그리고 야르칸드의 만성에서는 여전히 청의 잔류세력들의 항전이 계속되었고, 천산 이북인 우룸치와 일리에도 청조로부터 독립한 무슬림 세력들이 자리잡고 있었다. 따라서 불과 수십 명의 인원과 함께 카쉬가리아에 온 야쿱 벡이 일년 반 만에 천산 이남의 여러 무슬림 세력들을 모두 평정하고 1870년에는 우룸치까지 손에 넣음으로써 러시아가 점령한 일리를 제외한 신강 전역의 통일을 성취한 것은 실로 놀라운 일이라고 할 수 있다.

야쿱 벡의 등장은 당시 중앙아시아의 무슬림들은 물론 서구열강들에게도 대단한 관심을 불러일으켰다. 그는 '아탈릭 가지'(Ataliq Ghâzî)나 '바다울라트'(Badaulat)라는 별칭으로 더 유명했는데, 이 두 가지 칭호는 그에 대해 당시인들이 갖고 있던 대중적인 이미지를 잘 표현해주고 있다. 주지하듯이 '가지'(ghâzî)는 이슬람을 위해 분투하는 '성전사'를 지칭하는 말이기 때문에 '아버지와 같은'의 뜻을 지닌 '아탈릭'(ataliq)과 결합된 '아탈릭 가지'란 우리 식으로 표현하자면 '위대한 성전사'가 된다. 또한 '바다울라트'는 '행운을 지닌 사람'이라는 뜻을 지녔으니, 당시 야쿱 벡을 '행운아'(the Fortunate One)니 혹은 '풍운아'(Soldier of Fortune)라고 불렀던 서구인들의 이미지와도 잘 부합되는 것이다. 더구나 영국인 부울저(D. C. Boulger)는 1868년

『야쿱 벡의 생애』(*The Life of Yakoob Beg*)라는 고전적인 책을 썼는데 그 副題도 바로 'Athalik Ghazi, and Badaulet ; Ameer of Kashgar'이어서 서구인들에게 야쿱 벡의 신비적인 이미지를 더욱 넓게 퍼뜨렸다.

이처럼 야쿱 벡을 신화적인 인물로 여기는 일은 비단 서구인들에게만 국한된 것은 아니었다. 1680년 모굴 칸국이 붕괴된 뒤 줄곧 이교도의 지배를 받아왔던 신강의 무슬림들은 성전을 통해 독립을 쟁취하게 된 역사적 사건에 대해 대단한 자부심을 가지고 있었다. 과거 어느 때보다도 많은 글들이 1864년 무슬림 봉기 이후 그들의 손에 의해 씌어지기 시작했다는 사실 하나만으로도 그들이 이에 대해 부여했던 각별한 의미와 역사의식의 고양을 알 수 있다. 따라서 분열된 무슬림 세력을 통합하여 하나의 국가를 건설함으로써 성전을 완성시킨 야쿱 벡은 그들이 필요로 했던 '위대한 성전사' '축복받은 자' 바로 그것이었다.

그러나 야쿱 벡의 성장과 통일의 과정을 자세히 살펴보면 이러한 통속적인 이미지와는 부합되지 않는 측면을 많이 발견하게 된다. 뒤에서 밝혀지겠지만 러시아군이 시르다리아 연변에 위치한 악크 마스지드(Aq Masjid)를 공격할 때 그가 영웅적으로 맞서 싸웠다는 그 당시 널리 퍼졌던 이야기는 전혀 사실과 다를 뿐만 아니라,[1] 그가 카쉬가리아로 온 뒤 전투를 벌이고 살해한 대부분의 사람들은 무슬림들이었으며, 심지어 호탄을 점령할 때는 『쿠란』을 두고 한 맹세까지 저버린 그의 행위로 인해 호탄 주민들은 격렬하게 분노했고 목숨을 건 저항도 서슴지 않았던 것이다. 러시아가 중앙아시아의 칸국들을 압박할 때나 청조가 우룸치의 무슬림정권을 정복할 때 그는 자신의 정치적 이해를 위해 무슬림들의 희생을 방관하기도 했다.

또한 그를 '풍운아'라고 부르는 이면에는 그가 고향이 있던 코칸드 칸국을 홀연히 떠나 파미르를 넘은 뒤 카쉬가르를 근거로 일약 중앙아시아의 넓은

---

1) 예를 들어 E.Schuyler의 *Turkistan*, vol.1, p.64에도 러시아의 페트롭스키 장군이 1853년 악크 마스지드를 공격할 때 야쿱 벡이 이를 용맹하게 방어했다고 씌어 있다.

영토를 통치하는 한 국가의 군주가 되었다는 생각이 있었다. 예를 들어 러시아의 쿠로파트킨(A.N.Kurpatkin)은 그가 어려서 부모를 여의고 '바차'(bacha)가 되어 여러 사람 앞에서 춤을 추며 생계를 유지하다가 '그의 기예와 용모' 덕분에 고관의 총애를 받고 관직에 오르게 되었다고 했고,[2] 코칸드 칸국에서부터 야쿱 벡을 알고 있던 미르자 아흐마드(Mîrzâ Aḥmad) 역시 회고록에서 같은 주장을 했다.[3]

당시 중앙아시아의 '바차'에 대해서는 스카일러(E.Schuyler)가 상세하게 묘사한 바 있듯이, 성년이 되지 않은 남자아이들 가운데 찻집이나 연회에서 춤과 노래를 부르며 참석자를 즐겁게 해주고 그것으로 보수를 받는 사람들을 일컫는 말이었다. 한두 명의 '바차'를 거느리는 것이 부와 지위의 상징처럼 여겨졌고, '바차'들 가운데 더러는 후원자의 도움으로 부자가 되거나 고위 관직에 오르는 일도 있었다고 한다.[4]

이러한 주장은 '풍운아'로서의 그의 이미지에 잘 부합되는 것이었다. 20세기 초 쿠차와 투르판을 조사했던 독일의 르 콕(A. von Le Coq)은 다음과 같이 그러한 이미지를 표현하고 있다.

> 그는 젊었을 때 비록 가난으로 인해 대중들 앞에서 춤꾼이나 익살꾼으로 생계를 유지하지 않으면 안 되었지만, 자신의 용기와 노력과 奇計로써 이 고장을 정복하고 (부주르그) 호자와 그 추종자들을 제거하는 데 성공했고 동투르키스탄의 유일한 군주가 되었다.[5]

야쿱 벡의 전기작가 부울저는 야쿱 벡에 대하여 "그는 Badaulet, 즉 '행운아'라고 불렸듯이 자신의 인생편력의 여러 고비에서 근본적으로 행운의 덕

---

2) *Kashgaria*, pp.159-160.
3) "Badaulet", pp.94-95.
4) E.Schuyler, *Turkistan*, vol.1, pp.132-136.
5) *Buried Treasures of Chinese Turkestan*(1928 ; Oxford University Press, 1985), p.24.

을 보았다"라고 적었고,[6] 라티모어(O.Lattimore)는 그를 "내륙아시아의 모험가"(Inner Asian adventurer)라고 불렀던 것이다.[7]

그러나 이러한 관점이 지니는 문제점은 야쿱 벡의 등장이라는 사건을 그 개인의 성공담 혹은 하나의 신기하고 흥미로운 에피소드 정도로 만들어버리고 그 사건이 지니는 '역사적' 성격을 은폐하는 데에 있다. 그가 카쉬가리아로 넘어온 것이 한 야심찬 모험가의 돌발적인 행위가 아니었음은 물론이지만, 그가 통일을 이룩할 수 있었던 것이 그의 '행운'이나 '용기'에 기인한 것은 더더욱 아니었다. 그의 출현과 통일을 이해하기 위해서는 이미 1장에서 분석했듯이 19세기 후반 러시아의 남하와 청조의 약화로 인해 초래된 신강을 둘러싼 역관계의 변화가 우선 전제되어야 하고, 여기에 야쿱 벡이 파견된 배경과 목적, 코칸드 칸국 붕괴의 파급효과, 신강내 혁명집단들의 내적인 취약성 등의 요소들이 고려되어야 할 것이다. 이제 이러한 측면들을 염두에 두면서 코칸드 칸국내에서의 야쿱 벡의 활동을 살펴보고 카쉬가리아로 도래한 뒤 타림 분지 일대를 통일하게 되는 과정을 추적해보도록 하자.

야쿱 벡—본명은 무함마드 야쿱(Muḥammad Ya'qûb)—의 출생에 관한 현존 기록들은 상당부분 서로 상충되고 있어 어느 쪽이 맞는지 판단하기 매우 어려운 형편이다. 우선 야쿱 벡을 일찍부터 잘 알고 있었고 카쉬가르에서는 그의 휘하에서 군사령관직을 역임하기도 했던 미르자 아흐마드는 자신의 회고록에서, 야쿱 벡의 아버지 라티프(Laṭîf)가 알림 칸(1799-1809)의 명령에 의해 카파(Kapa)라는 곳으로 유배된 뒤 거기서 두 번째 부인을 얻어 야쿱 벡을 낳았고, 알림 칸과 그 뒤를 이은 우마르 칸(1809-1822)이 죽은 뒤 그의 가족은 타쉬켄트에서 남쪽으로 50킬로미터 떨어진 피스켄트(Piskent 혹은 프스켄트Pskent)로 이주했다고 주장했다.[8] 만약 그의 회고가 사실이라

6) Boulger, *The Life of Yakoob Beg*, vii-viii.
7) *Pivot of Asia*(Boston, 1950), p.32.
8) "Badaulet", p.94. 그의 회고록에는 자신이 코칸드 칸국에서 야쿱 벡의 후원자였다는 점을 과

면 야쿱 벡은 1822년 이전 카파에서 출생한 셈이 된다.

한편 영국 사절단이 카쉬가리아를 방문하여 수집한 정보를 기초로 작성한 보고서에 의하면 야쿱 벡의 先代는 원래 바닥샨 변경에 위치한 카라테긴(Karategin)에 살다가 후에 사마르칸드 근처의 데흐비드(Dehbid)로 이주했고 거기서 그의 부친인 푸르 무함마드(Pur Muḥammad)—일명 무함마드 라티프(Muḥammad Laṭîf)—가 출생했다. 그곳에서 다시 호젠트로 옮겨 교육을 마친 푸르 무함마드는 판관(qâḍî)이 되어 처음에는 쿠람마에서 일하다가 후에 피스켄트로 거처를 옮겼다. 푸르 무함마드는 피스켄트에서 판관으로 일하던 셰이흐 니잠 웃 딘(Shaykh Niẓâm ad-Dîn)의 여동생을 두 번째 부인으로 맞이하여 1235/1820년 야쿱 벡을 낳았다고 한다.[9]

1876-77년 러시아 사절단을 이끌고 카쉬가리아를 방문한 쿠로파트킨의 보고에 따르면 야쿱 벡의 아버지는 호젠트에 살던 이스멧 울라(Ismet-Oola)였으며 그가 피스켄트를 방문했을 때 그곳의 여자와 혼인하여 야쿱 벡을 낳았다고 한다. 또한 그의 출생연도를 정확히 알 수는 없으나 "1876년, 야쿱 벡은 대략 50세 정도 되는 남자의 외모를 보였다. 이제 막 흰 머리가 나기 시작했지만 그의 주위에 있는 사람들은 그의 나이를 58세에서 64세 사이라고 말했다"라고 전하고 있는데,[10] 만약 이것이 사실이라면 그는 1813년에서 1819년 사이에 출생한 셈이 된다. 그러나 야쿱 벡이 출생한 직후에 양친은 이혼을 했고 그의 모친은 피스켄트의 한 '백정'(butcher)에게 재가하여 야쿱 벡은 그 집에서 자라게 되었으며, 그런 연유로 그는 가끔 '백정의 아들'이라고도 불렸다는 주장은 그대로 받아들이기가 어렵다.

시하고 있어 신빙성에 의문이 가는 점들도 많지만, 코칸드 칸국에서의 야쿱 벡의 경력에 대해 다른 자료에는 보이지 않는 사실들이 기술되어 있어 주목할 만한 가치가 있다.

9) *Mission to Yarkund*, pp.97-98. 라티프는 첫째 부인에게서 Muḥammad Ârif라는 아들을 낳았고, 야쿱 벡의 이복형제인 그는 Forsyth 사절단이 카쉬가르를 방문한 1873년 당시 카쉬가르에 살고 있었다고 한다.

10) *Kashgaria*, p.159.

(2) 코칸드 칸국에서의 經歷

이처럼 야쿱 벡의 출생연도를 분명히 말하기는 힘든 형편이지만 대략 1813년에서 1820년 사이라는 정도는 확인할 수 있는데,[11] 그의 종족적 배경에도 불분명한 점이 있다. 야쿱 벡의 전기작가인 부울저는 그가 종족적으로 타직(Tajik)에 속한다고 하면서 동시에 그가 티무르의 후손임을 강조하고 있지만 이는 분명히 상호모순되는 내용이다.[12] 티무르가 투르크 계통의 바를라스 부족 출신임은 널리 알려진 사실로서 만약 야쿱 벡이 타직이라면 티무르의 후손이 될 수는 없다. 앞에서 언급한 미르자 아흐마드는 그를 단지 '사르트'(Sart)라고 했는데,[13] 이는 생활양식에 따라 유목민과 구별되는 정주민을 가리키던 말이었기 때문에,[14] 그것만으로는 '우즈벡'인지 '타직'인지를 단언하기 어렵다. 다만 야쿱 벡이 스스로를 티무르의 후손이라고 주장했다면, 그 사실 여부는 차치하고라도 그가 종족적으로 타직이 아니라 투르크계였음을 시사한다. 실제로 1873-74년 영국 사절단의 빌류(Bellew)는 야쿱 벡을 직접 만난 뒤 "그의 얼굴은 타타르인의 골상이 나타내는 전체적인 윤곽을 지녔지만 그 심한 굴곡은 우즈벡의 피에 의해 부드러워지고 완만해져 있다"[15]라고 묘사하고 있어 역시 타직이 아니었음을 보여주며, 영국 사절단의 공식 보고서에도 그를 'Amir Muhammad Yakúb Khan <u>Uzbak</u> of <u>Káshghar</u>' (밑줄은 필자)라고 부르고 있다.[16]

무함마드 라티프는 피스켄트로 이주한 뒤 곧 사망함으로써 야쿱 벡의 양육은 그의 숙부에게 맡겨졌다. 미르자 아흐마드에 의하면 야쿱 벡은 조금

11) 사이라미(TA/Pantusov, p.131)는 야쿱 벡의 출생을 지나치게 늦게 보고 있다. 그는 야쿱 벡이 악크 마스지드의 장관에 임명되던 1265년/1848-49년에 나이가 22세였다고 했는데, 그렇다면 그는 1243/1827-28년에 출생한 셈이 된다.

12) *The Life of Yakoob Beg*, pp.77-78. 야쿱 벡과 티무르와의 관계에 대한 부울저의 주장은 Bellew의 보고(*Mission to Yarkund*, p.97)에 의거한 듯하다.

13) "Badaulet", p.94.

14) Schuyler, *Turkistan*, vol.1, pp.104-105 ; Shaw, *Visit to High Tartary*, pp.23-24.

15) *Kashmir and Kashghar*, p.300.

16) *Mission to Yarkund*, p.55.

성장한 뒤 찻집(chai-khâna)에 드나들면서 자신의 수려한 용모를 이용하여 '바차' 생활을 했는데, 이를 못마땅히 여긴 숙부가 그의 장래를 걱정하여 타쉬켄트에 있는 織工에게 보내 기술을 익히도록 했지만, 며칠 지나지 않아 그는 다시 피스켄트로 도망쳐오고 말았다고 한다. 그 뒤 그는 어떤 사람의 추천으로 군사령관격인 밍바시 가다이 바이(Mingbashi Ghadai Bai), 호젠트의 장관인 무함마드 카림 카시카(Muḥammad Karîm Kashka) 등의 휘하에서 사소한 직책을 수행하게 되었다.[17]

1842년 부하라의 군주인 나스르 울라(Naṣr Allâh)가 코칸드를 침공하여 무함마드 알리 칸을 살해했다. 이 일이 일어난 뒤 키르기즈의 수령 유숩(Yûsuf)이 탈라스 지방에서 시르 알리(Shîr 'Alî)를 불러들여 칸으로 세우고 부하라인들로부터 코칸드를 탈환한 것은 이미 앞에서 설명한 대로이다. 그러나 시르 알리가 즉위한 뒤부터 유목민인 키르기즈인과 킵착인이 코칸드 칸국의 정치에 본격적으로 간섭하기 시작했고 이러한 양상은 결국 칸국이 멸망할 때까지 계속되었다. 군주는 사실 이들 부족 수령들의 손에 의해 좌우되고 세력관계의 변화에 따라 하룻밤 사이에 폐위되거나 피살되는 처지였다. 시르 알리도 명목상의 군주였을 뿐 모든 권력은 키르기즈인과 킵착인들의 손에 있었다. 시르 알리는 알림 칸의 아들인 무라드(Murâd)에 의해 살해되었고, 무라드 칸은 겨우 11일간 권좌에 있은 뒤 킵착의 수령인 무술만 쿨리(Musulmân Quli)에 의해 살해되었다. 킵착인들은 1845년 시르 알리의 아들인 후다야르(Khudâyâr)를 칸으로 추대했다.[18]

야쿱 벡이 출세의 사다리를 오르기 시작한 것은 바로 이 시기였다. 무술만 쿨리가 후다야르를 군주 자리에 앉혔지만 시르 알리의 또 다른 아들인 사림삭(Sarîmsâq)은 후다야르의 권위를 인정하지 않고 타쉬켄트를 점거하고 있었다. 무술만 쿨리는 계략을 써서 사림삭을 코칸드로 유인한 뒤 그를

---

17) "Badaulet", pp.94-95.
18) Nalivkin, *Histoire du Khanat de Khokand*, pp.174-199.

죽인 후 이제 그의 수중에 들어간 타쉬켄트에는 아지즈 바차('Azîz Bacha)를 장관으로 임명했다. 무함마드 카림 카시카(Muḥammad Karîm Kashka)도 사림삭과 마찬가지로 무술만 쿨리에 의해 코칸드로 유인되어 살해되고 카시카 휘하에 있던 사람들의 일부가 아지즈 바차에게 넘겨졌는데, 이때 야쿱 벡도 아지즈 바차의 군대에 배속되어 '騎兵'(jigit)이 되었다. 미르자 아흐마드의 회고록에 의하면 야쿱 벡의 누이가 케레우치(Kereuchi, 혹은 Kilauchi)의 벡인 나르 무함마드(Nâr Muḥammad)와 혼인한 것도 바로 이때였다고 한다.[19] 그 뒤 아지즈 바차가 타쉬켄트에서 밀려나고 1847년 그 자리를 차지한 나르 무함마드는[20] 자기 처남인 야쿱 벡을 처음에는 치나즈(Chinaz)의 벡으로 임명했다가 다시 1849년에는 아울리에 아타(Aulie Ata)의 벡으로 임명하고, 뒤에는 다시 시르다리아 하반에 위치한 국경도시 악크 마스지드의 책임자로 보냈다.[21]

악크 마스지드는 오렌부르그(Orenburg)와 부하라 사이를 오가는 隊商들이 지나는 길목에 위치하여 관세를 거둘 수 있을 뿐 아니라, 코칸드 칸국에 복속해 있는 주변의 유목민들도 가축세를 물어야 했기 때문에, 이곳의 벡職은 상당한 수입을 올릴 수 있는 요직이었다. 야쿱 벡 역시 이러한 기회를 이용하여 재산을 축적했던 것으로 보인다. 심지어 러시아인들로부터 뇌물을 받고 인근에 있는 호수의 漁撈權을 넘겨준 사실도 있었다.[22] 이러한 사실이

---

19) Mîrzâ Aḥmad, "Badaulet", p.95.

20) Nalivkin, *Kratkiia Istoriia*, pp.167-168 ; *Istoriia Kirgizskoi SSR*, vol.1(Frunze, 1984), p.559. TSh(p.182)의 작자는 아지즈의 죽음을 1266/1849-50년으로 적었다. Cf. Bartol'd, "Izvlechenie iz Ta'rikh-i Shâhrukhî", *Sochinenie*, vol.2, pt.2(1964), p.351.

21) "Badaulet", p.95. Bellew는 *Mission to Yarkund*(p.98)에서 야쿱 벡이 악크 마스지드의 장관으로 임명될 때 maḥram에서 qûshbegi로 승진되었다고 했으나 이는 잘못된 것이다. Maksheev도 지적했듯이(Kuropatkin, *Kashgaria*, pp.183-184) 악크 마스지드는 타쉬켄트 하킴의 휘하에 있는 벡(beg)이 관장하는 소도시에 불과할 뿐, qûshbegi와 같이 최고위의 군 관리가 관할하던 곳은 아니었다.

22) "Badaulet", pp.95-96 ; TA/Pantusov, pp.131-132 ; FO 65/902, "Eastern Turkistan, 1874", p.2 ; Mullâ Mîrzâ의 회고록, M.F.Gavrilov tr., "Stranichka iz istorii Iakub-beka Badauleta

보고되자 타쉬켄트의 하킴인 나르 무함마드가 야쿱 벡을 소환하여 해명토록 하자 궁지에 몰린 야쿱 벡은 그에게 거액의 뇌물을 줌으로써 위기를 모면하고 자신의 직책을 그대로 유지할 수 있었다. 그는 1852년 3월 16일 러시아군이 악크 게릭(Aq Gerik)이라는 곳을 공격했을 때 처음으로 러시아군과 교전을 벌이게 되었는데, 이때 그는 수적으로 훨씬 우세했음에도 불구하고 패배했고 그 직후 야쿱 벡은 악크 마스지드로부터 소환되었다.[23] 야쿱 벡은 그해 4월 나르 무함마드에게 줄 많은 선물을 갖고 타쉬켄트에 도착했다.[24]

따라서 1853년 페로프스키(Perovskii) 장군이 이끄는 러시아 군대가 악크 마스지드를 함락할 때, 압도적으로 우월한 화력을 앞세운 러시아군의 공격에 대해 끈질기게 저항했던 무슬림 군대의 지휘관이 야쿱 벡이었다는 주장은 전혀 근거가 없는 것이다. 그러나 이러한 오해는 당시 상당히 널리 퍼져 있었던 것으로 보인다.[25] 악크 마스지드 공격에 직접 참여했던 러시아 장교 마크셰에프(A.Maksheev)의 보고는 야쿱 벡이 1853년 당시 악크 마스지드에 없었다는 사실을 분명히 확인시켜주고 있다.[26]

당시 킵착 유목수령들 사이의 내분은 점점 심화되어가고 있었다. 군사적

— pravitelia Kashgarii", *V.V.Bartol'du, Turkestankie druz'ia ucheniki i pochitateli* (Tashkent, 1927), p.126 등 참조. 호수의 이름은 자료에 따라 Sari Kamish, Baliqchi, Baliq Köl 등 다양하게 표기되고 있다.

23) Kuropatkin의 *Kashgaria*, p.183에 있는 A.Maksheev의 보고.

24) 이는 당시 타쉬켄트에 있던 러시아 상인 S.Ia.Kliucharev의 증언에 의거한 것이다. Vel'iaminov-Zernov의 "Istoricheskiia izvestiia o Kokanskom khanstve ot Mukhammeda-Ali do Khudaiar-Khana", *Trudy Vostochno otdeleniia Russkogo Arkheologicheskogo Obshchestva*, 2(1856), pp.363-364 참조.

25) *Mission to Yarkund*, p.98 ; H.Rawlinson, *England and Russia in the East*(1875), p.166 ; Boulger, *The Life of Yakoob Beg*, pp.79-81 ; Schuyler, *Turkistan*, vol.1, p.64 등은 모두 악크 마스지드 함락시 야쿱 벡이 그곳의 책임자였다고 기술하고 있다. 또한 러시아의 A.N.Kuropatkin 역시 같은 내용을 주장했다가 후에 이를 수정했다(cf. *Kashgaria*, p.161, note 1).

26) Kuropatkin, *Kashgaria*, pp.182-187. 악크 마스지드 함락에 관한 자세한 상황은 A.I. Maksheev, *Istoricheskii obzor Turkestana i nastupatel'nago dvizheniia v nego Russkikh* (St.Peterburg, 1890), 179ff 참조.

실권자로서 밍바시라는 직책을 갖고 있던 무술만 쿨리와 야쿱 벡의 처남이자 후원자인 나르 무함마드가 충돌하여, 1852년에는 무술만 쿨리가 축출되고 그 대신 나르 무함마드와 동맹을 맺었던 우탐바이(Utambai)가 그해 9월에 밍바시가 되었다.[27] 야쿱 벡이 타쉬켄트로 소환된 것은 이 일이 벌어지기 불과 몇 개월 전으로서, 그는 나르 무함마드 휘하에서 바투르바시(baturbashi) 혹은 판사드(pânṣad)라는 직책[28]을 갖고 군관으로 일하게 되었다.

그러나 후다야르 칸은 정주민(Sart) 세력을 규합하여, 심각한 내분으로 약화된 킵착 수령들을 제거하고 그들이 칸국의 정치에 간섭하는 것을 배제하는 데 성공했다. 이때 나르 무함마드도 코칸드로 압송되어 처형되었고,[29] 산간지역으로 도망갔던 무술만 쿨리 역시 처형되었으며 많은 수의 킵착인들이 도시와 촌락에서 정주민들의 습격으로 살해되었다. 이 사건은 1852년 말에서 1853년 전반기 사이에 일어난 것으로 킵착인들이 7년 동안 코칸드 칸국 정치를 좌우하던 것에 종지부를—비록 일시적이긴 했지만—찍게 되었다. 날리브킨(Nalivkin)은 야쿱 벡이 후다야르에게 협조하여 나르 무함마드를 체포한 사람들 가운데 하나라고 했는데,[30] 필자는 아직 그의 이러한 주장을 확인할 만한 사료를 찾지는 못했으나 극도로 혼란스러웠던 코칸드 칸국의 정치적 상황에서 그가 자신의 매부를 제거하는 데 협력했다는 것이 전혀 불가능한 일은 아니었을 것이다.

킵착 학살과 후다야르의 집권(1852-53)에서부터 카쉬가르의 시딕 벡이 보낸 사신이 도착한 1864년 말까지 10여 년간 야쿱 벡의 행적에는 불분명한 점이 많다. 코칸드 칸국은 극심한 내분에 휩싸여 어느 누구의 지위도 불안

---

27) Nalivkin, *Kratkiia Istoriia*, pp.169-171 ; Vel'iaminov-Zernov, "Istoricheskiia izvestiia", pp.347-352.

28) 코칸드 칸국의 baturbashi라는 직책에 대해서는 A.L.Troitskaia, "'Zopovedniki'-kurûk Kokandskogo Khana Khudaiara", *Sbornik Gosudarstvennoi Publichnoi Biblioteki imeni M.E.Saltykova-Shchedrina*, 3(Leningrad, 1955), p.138의 note 3을 참조하시오.

29) Mîrzâ Aḥmad, "Badaulet", p.96.

30) Nalivkin, *Kratkiia Istoriia*, p.173.

정할 수밖에 없었고, 따라서 야쿱 벡의 행적에 관한 여러 자료들이 서로 모순되는 기록을 남기고 있는 것도 이해할 만하다. 이 시기의 그의 활동을 재구성한다는 것은 무척 어렵지만 그래도 가장 신빙성을 지니고 있는 것이 압둘라('Abd Allâh)가 지은 『小史』(*Târîkh-i ṣigharî*)[31]이다. 그는 야쿱 벡과 가장 가까웠던 사람의 하나였고, 1895년에 씌어진 미르자 아흐마드의 회고록에 비해 20여 년이나 이른 1874년에 집필되었을 뿐 아니라, 코칸드 칸국의 정치적 격변에 대해 비교적 정확하고 일관된 기록을 남기고 있다.

압둘라는 후다야르가 통치하던 1853-58년에 야쿱 벡이 무엇을 했는지 아무런 언급도 하지 않았다. 빌류(Bellew)는 이때 그가 케레우치를 다스리는 '미르'(mîr)로 임명되어 있었다고 했는데,[32] 그의 글 상당부분이 압둘라의 기록에 의존하고 있음에도 불구하고 압둘라의 글 속에서는 그러한 내용을 찾을 수 없다. 미르자 아흐마드는 이 시기에 야쿱 벡이 처음에 '使臣館의 감독'으로 임명되었다가 후에 호젠트의 벡이 되었다고 회고했지만,[33] 이 역시 확인하기 힘든 사실이나 뒤에 있었던 일을 이때의 것으로 착각하지 않았나 추측된다.

1858년 알림 쿨리가 킵착인들의 세력을 규합하여 말라 칸(Mallâ Khan)을 군주로 추대하자 후다야르는 부하라로 망명하지 않을 수 없었다. 압둘라의 회고록에 의하면 바로 이 말라 칸의 치세(1858-62)에 야쿱 벡이 샤가울(shaghawul)이라는 관직에 임명되었다고 하는데, 그 職掌이 외국의 사신을 접대하는 것이었기 때문에 앞에서 미르자 아흐마드가 말한 '사신관의 감독'이란 것이 이것을 지칭하는 것이 아닌가 생각된다. 그 뒤 야쿱 벡은 쿠람마의 벡으로 임명되었다. 1862년 말라 칸이 암살되자 알림 쿨리는 샤 무라드(Shâh Murâd)를 그 자리에 앉혔는데, 말라 칸의 암살소식을 들은 후다야

---

31) 현재 大英圖書館에 소장되어 있으며 번호는 Or.8156이다. 페르시아어로 된 이 작품은 1291년 무하람월 15일, 즉 1874년 3월 4일에 씌어졌다. 이하 TS로 略稱하겠다.

32) *Mission to Yarkund*, p.98, p.195.

33) "Badaulet", p.96.

르는 부하라 칸국측의 지원을 받아 타쉬켄트로 진군했다. 당시 타쉬켄트의 하킴이던 카나아트 샤(Qanâ'at Shâh)는 후다야르를 군주로 받아들였고 야쿱 벡도 그와 보조를 같이함으로써 자신의 지위를 유지할 수 있었다. 그러나 그것은 성급한 판단이었다. 알림 쿨리는 후다야르가 차지한 지역을 다시 회복했고, 그가 타쉬켄트로 접근해오자 야쿱 벡은 다시 후다야르를 버리고 알림 쿨리에게 복속했다. 알림 쿨리는 야쿱 벡의 배신을 눈감아주어 그를 호젠트의 벡으로 임명했다.[34]

후다야르는 다시 반격을 시도, 코칸드를 향해 진군했는데 호젠트가 바로 그 공격선상에 있었기 때문에 야쿱 벡은 항복하지 않을 수 없었고[35] 그는 포로가 되어 부하라로 압송되었다. 그러나 알림 쿨리의 압박에 직면한 후다야르는 코칸드에서 밀려나 부하라의 군주에게 다시 한 번 지원을 요청함으로써 부하라측은 군대를 이끌고 코칸드로 왔으나 수도를 함락시키는 데에는 실패하고 그대로 회군하고 말았다. 부하라 군대와 함께 코칸드에 왔던 야쿱 벡은 이 같은 혼란을 틈타 알림 쿨리에게로 도주했고, 이때 후다야르 휘하에 있던 미르자 아흐마드나 압둘라와 같은 지휘관들도 야쿱 벡과 행동을 같이했다. 이제 더이상 코칸드를 탈환할 희망을 상실한 후다야르는 부하라로 돌아갈 수밖에 없었고, 1863년 7월 알림 쿨리는 술탄 사이드(Ṣulṭân Sa'îd)를 코칸드의 새로운 군주로 추대했던 것이다.[36]

그런데 자료에 따라 야쿱 벡이 부하라로 가게 된 연유를 달리 설명하고 있다. 미르자 아흐마드에 의하면 야쿱 벡은 루스탐 벡(Rustam Beg)이라는 인물과 함께 후다야르를 제거하려는 음모를 꾸몄다가 사전에 발각되어 부하라로 망명하게 된 것이라고 한다.[37] 또한 미르자 아흐마드는 야쿱 벡이 부하라로 도주한 지 3년 만에 타쉬켄트에 있던 자신을 찾아왔고 3년 동안 다시

---

34) TS, 13r-15r.
35) Nalivkin, *Kratkiia Istoriia*, p.194.
36) TS, 15r-22r.
37) 이 음모사건에 대해서는 Nalivkin, *Kratkiia Istoriia*, pp.185-186을 참조하시오.

아무런 직책도 없이 지내다가 자신이 후다야르 칸에게 선처를 부탁하여 판사드의 자리를 얻게 되었다고 회술했다.[38] 그러나 미르자 아호마드의 이 같은 진술은 신빙성을 결여한 것처럼 보인다. 그는 4-5년에 걸친 말라 칸의 치세를 빼놓았을 뿐 아니라 사건들의 선후를 혼동해 서술하고 있기 때문이다.[39]

사이라미도 야쿱 벡의 부하라 체류와 관련하여 오류를 범하고 있다. 먼저 그는 야쿱 벡이 부하라로 도주한 이유를 그가 악크 마스지드의 벡으로 있을 때 발생한 受賂사건이 문제되어 투옥될 것을 피하기 위해서였다고 했는데 물론 이는 잘못된 것이다. 이어서 야쿱 벡은 부하라로 망명했던 말라 칸이 코칸드로 돌아가 즉위하게 되자 그와 함께 귀국하여 호젠트의 벡으로 임명되었지만, 그를 시기하던 관리들의 비방으로 인해 말라 칸이 그를 처형하라는 명령을 내리자 다시 부하라로 도주했다고 기술했다.[40] 그러나 이 역시 그대로 받아들이기 힘든 내용이다. 야쿱 벡이 악크 마스지드에서 타쉬켄트로 소환된 것은 나르 무함마드에 의한 것이었음은 이미 서술한 바이며, 말라 칸이 그를 처형하라는 명령을 내렸다는 것도 압둘라나 미르자 아호마드의 회고록에서는 찾아볼 수 없다.

어쨌든 1853-63년 사이에 야쿱 벡이 정치적으로 어떠한 활동을 했는지 그 상세한 부분에 대해서는 서로 비교·대조할 만한 자료가 충분치 않아 분명한 판단을 내리기가 힘든 상황이다.

이처럼 그의 행적의 세세한 부분에 대해서는 아직 불분명한 점이 많지만 그래도 카쉬가리아로 오기 전 코칸드 칸국에서 야쿱 벡의 경력과 관련하여 중요한 두 가지의 오류는 확인할 수 있다. 그것은 우선 앞에서도 지적했듯이 1853년 러시아군이 악크 마스지드를 공략할 때 야쿱 벡은 이미 타쉬켄트

38) "Badaulet", p.97.

39) D.A.Isiev는 "Badaulet"과 *Mission to Yarkund*의 내용을 그대로 따르고 있다. 그의 *Uigurskoe gosudarstvo*, pp.53-54의 주 6 참조.

40) TH/Jarring, 66v-68r ; TA/Pantusov, pp.131-137 등 참조.

로 소환되어 그곳에 없었기 때문에, 그가 러시아인들과의 전투에 참여했다는 주장은 잘못된 것이다. 또 한 가지 잘못된 인식은 야쿱 벡이 마치 코칸드 칸국에서 상당한 실권자였는데 내부의 권력투쟁에서 밀려나 카쉬가리아에서 자신의 새로운 영역을 개척한 인물인 것처럼 보는 관점이다. 부울저는 "알림 쿨리는 쿠시베기(즉 야쿱 벡)를 자신의 경쟁자이자 후임자로 인식했고, 따라서 야쿱 벡을 뒷전으로 물러나게 하거나 아니면 아예 그를 제거해 버릴 만한 어떠한 구실도 알림 쿨리에게는 매우 반가운 것이었다"고 했고,[41] 쿠로파트킨(Kuropatkin)도 "이처럼 강인하고 인기가 높은 인물, 그리고 매우 두려운 경쟁자는 알림 쿨리에게 경계심을 갖도록 했으며, 그는 일찍부터 그를 제거하려고 마음먹었었다"고 적었다.[42]

그러나 앞에서도 살펴보았듯이 야쿱 벡은 다수의 유목 킵착인들을 지휘하며 칸국의 군주를 마음대로 폐립시킬 정도로 막강한 권력을 가졌던 알림 쿨리를 위협할 만한 지위에 있지 못했다. 그가 역임했던 최고의 관직은 알림 쿨리의 후원으로 얻게 된 호젠트의 벡이었고 그것조차도 알림 쿨리와 후다야르 사이의 권력투쟁의 향배에 따라 언제 상실할지도 모르는 불안한 것이었다.

따라서 야쿱 벡이 카쉬가리아로 가서 그곳에 독립된 이슬람정권을 건설한 것은 '성전사'로서의 그의 前歷이나 혹은 코칸드 칸국의 정치에서 벗어나 독립왕국을 건설한 '모험가'로서의 그의 지향도 아니었다. 그러면 그의 카쉬가리아行을 어떻게 이해해야 할까. 이미 1장에서 분석한 대로 코칸드 칸국이 건설된 이래 카쉬가리아는 칸국의 경제에서 매우 중요한 의미를 지녀왔다. 교역을 통해 확보되는 이익을 극대화시키기 위해 칸국의 군주들은 청조와의 대결을 감수하면서까지 호자들을 앞세워 카쉬가리아를 침공하기도 했다. 그러나 호자들의 존재는 침공의 명분을 제공하는 것이었을 뿐 실제로 배후에

41) Boulger, *The Life of Yakoob Beg*, p.86.
42) Kuropatkin, *Kashgaria*, p.162.

서 그들을 조종하고 군사적 작전을 지휘한 것은 칸국의 군주가 지명하여 파견한 관리였다. 예를 들어 1826년 자항기르 호자의 침공시에는 이사 다드하('Îsa Dâdkhwâh)가 따라왔고, 1830년 유숩 호자의 침공시에는 학 쿨리 밍바시(Ḥaqq Quli Mingbashi)와 라시카르 쿠시베기(Lashkar Qûshbegi)가 파견되었다.[43]

1865년 부주르그 호자와 야쿱 벡의 카쉬가리아行도 바로 이러한 맥락에서 이해해야 할 것이다. 정치적 혼란에 빠진 카쉬가리아에서 칸국의 이해를 확보해야 하는 중요한 임무를 띤 이 일에 알림 쿨리가 자신의 경쟁자이자 두려운 상대를 보낸다는 것은 납득하기 힘들다. 미르자 아흐마드의 회고록에 의하면 알림 쿨리가 호자들 가운데 한 사람을 보내달라는 시딕 벡의 요청에 캐태 한 투라(Kättä Khan Tärä)를 보내지 않고 부주르그를 보내기로 결정한 까닭은 캐태 한 투라가 더 영리하고 지도력을 장악할 가능성도 큰 반면 부주르그는 심약하여 자신이 쉽게 조종할 수 있다는 판단 때문이었다고 한다.[44] 심지어 알림 쿨리가 부주르그를 불러 중요한 사항을 결정할 때 야쿱 벡 이외에는 어느 누구의 간섭도 받아들이지 말라는 서약까지 하게 했다는 자료도 있다.[45] 이러한 기록들은 알림 쿨리가 카쉬가리아로 파견하는 사람들에 대해 스스로 통제권을 갖고자 했으며 야쿱 벡은 그 같은 그의 의도를 잘 수행할 적임자라고 생각했음을 보여준다. 만약 그가 야쿱 벡을 자신의 경쟁상대로 보았다면 이러한 일은 있을 수 없었을 것이다. 그런 점에서 알림 쿨리가 야쿱 벡을 임명하여 부주르그를 수행하도록 한 것은 "카쉬가르 국가들에서 자신의 이해와 칸국의 영향력을 확보하기 위해서"였다는 빌류의 지적[46]은 마땅히 수긍할 만하다고 할 수 있다.

---

43) Valikhanov, *Sochinenie*, vol.3, p.142, pp.146-147(Michell의 번역본, pp.202-212).

44) "Badaulet", p.98.

45) 『新疆簡史』 卷2, p.133. 이 내용은 야쿱 벡 아래에서 야르칸드의 하킴직을 역임했던 Yûnus Jân의 傳記인 穆罕默德·翟日夫 作 『費爾干納與喀什 爾史』(위구르文)에 있다고 한다.

46) *Mission to Yarkund*, p.198.

그러나 당시 러시아의 공격에 대비하여 타쉬켄트를 방어하고 있던 알림 쿨리로서는 카쉬가리아로 대규모 군대를 보낼 처지가 아니었다. 극소수의 인원만이 타쉬켄트를 출발하여 코칸드를 거쳐 국경지역에 위치한 오쉬(Osh)에 도착했다.[47] 1865년 1월 초 이들은 카쉬가리아로 넘어가는 밍욜(Ming Yol) 고개에 이르렀는데 여기서부터 야쿱 벡에게는 자신도 예상치 못했던 새로운 무대가 열리게 된 것이다.

2. 어려운 出發

(1) 카쉬가르 占領

코칸드에서 파견된 야쿱 벡 일행은 키르기즈의 수령인 시딕 벡의 영접을 받고 카쉬가르 시내로 인도되었다. 카쉬가르를 공략하는 데 어려움을 겪던 시딕 벡은 호자의 권위를 빌리기 위해 부주르그를 초치한 것이었지만, 막상 그들이 도착했을 때 카쉬가르 회성은 이미 함락된 상태였다. 그러나 카쉬가르 회성의 함락은 키르기즈인들의 적극적인 공세에 의한 것이었다기보다는 장기간 계속된 포위로 인해 성내의 식량이 고갈되어버려 더이상 버틸 여력이 없었기 때문이다.

카쉬가르의 하킴인 쿠틀룩 벡의 아들은 그 상황을 다음과 같이 생생하게

---

47) Bellew는 타쉬켄트를 출발한 인원이 66명에 불과했다고 했고(*Kashmir and Kashghar*, p.323 ; *Mission to Yarkund*, p.204), 오스만측 기록에 의하면 40-50명 정도였다고 한다(Mehmet Atef, *Kaşgar tarihi*, Istanbul, 1300/1882-83, pp.344-345). *Kaşgar tarihi*는 야쿱 벡 정권 붕괴 직후에 이스탄불에서 집필된 것으로 카쉬가리아에 대한 通史의 체제를 갖추고 있다. 저자는 당시 오스만측에 보관된 공문서들과 카쉬가리아에 파견되었다가 돌아온 軍官들의 述懷를 토대로 1860년대 무슬림 반란 이후 시기에 대해 매우 상세하고 상당히 정확한 기록을 남기고 있어, 19세기 후반 카쉬가리아에 대한 오스만측의 지식을 집대성한 것이자 오늘날의 연구자들에게는 史料로서의 가치도 높다고 할 수 있다.

전하고 있다.

> 처음에 그들은 말을 잡아먹었고 그 다음에는 개와 고양이를, 그리고는 가죽부츠와 채찍과 말안장과 활줄을 먹었다. 마지막에 가서 그들은 대여섯 명씩 게걸스런 눈초리로 무리지어 돌아다니다가 아직도 뼈에 살이 좀 붙어 있는 사람이 혼자 있는 것을 발견하면, 그 불운한 친구를 끌어내 죽인 뒤 그 고기를 나누어 각자 외투 속에 자기 몫을 숨겨 가지고 갔다. 매일 30-40명씩 굶주림으로 죽어갔고, 마침내 성벽이나 성문을 지킬 사람이 아무도 없게 되어 키르기즈인들은 쉽게 입성한 것이다.[48]

이제 회성의 주인이 된 키르기즈인들은 주민들을 약탈하고 살해하는 만행을 저질러 주민들의 원성을 샀다. 쿠틀룩 벡은 100얌부의 몸값을 지불하고 풀려나 메카로 순례를 떠났다.[49]

따라서 시딕 벡이 회성함락을 위해 필요로 했던 부주르그는 이제는 도리어 귀찮은 존재가 아닐 수 없었다. 그러나 호자 아팍과 호자 자항기르의 후손인 부주르그는 카쉬가르 주민은 물론 키르기즈인들에게도 대단한 카리스마를 지니고 있었기 때문에, 시딕 벡으로서는 그를 영접하는 수밖에 다른 방법이 없었다. 부주르그가 회성에 들어간 직후 시딕 벡의 우려는 현실로 나타났다. 부주르그가 '우르다'(urda)[50]에 자리를 잡자마자 카쉬가르 주민들이 키르기즈 유목민들을 습격하기 시작했다.

키르기즈인들은 시내에서 철수할 수밖에 없었고 시딕 벡은 그의 동생이 장악하고 있던 양기히사르로 가서 거기서 많은 수의 키르기즈인들을 규합하여, 키질 테페를 거쳐 하즈라티 파디샤(Haḍrat-i Pâdishâh)의 성묘가 있는

---

48) Shaw, *Visits to High Tartary*, p.48.
49) 같은 책, pp.48-49.
50) 원래 유목 수령의 천막을 가르키는 '오르다'(orda)라는 말에서 나온 것으로, 당시에는 카쉬가르의 辦事大臣이 머무르던 衙門을 그렇게 불렀다.

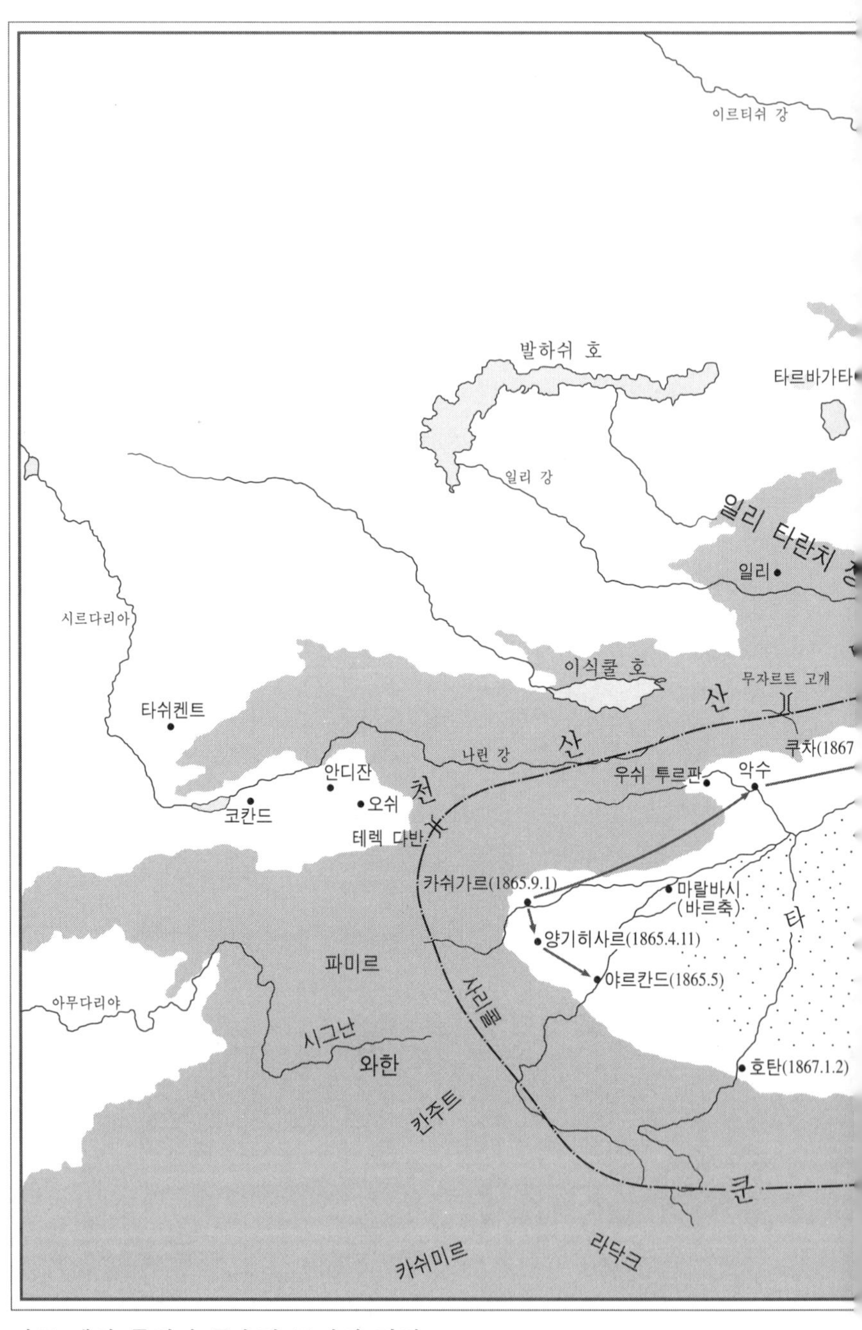

야쿱 벡의 통일과 무슬림 국가의 강역

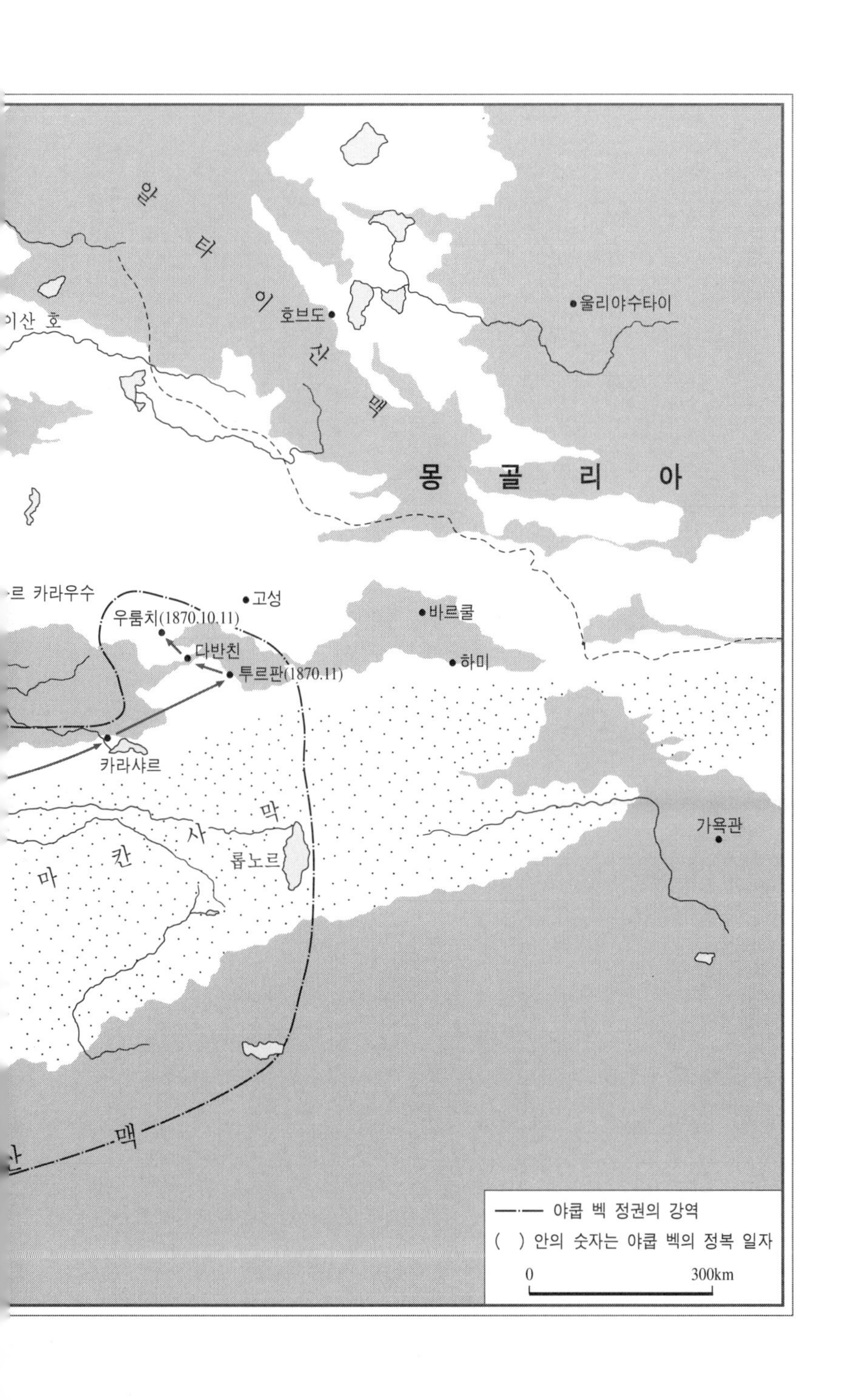

알타이 산맥
호브도
울리야수타이
이산 호
몽골리아
르 카라우수
고성
우룸치(1870.10.11)
다반친
투르판(1870.11)
바르쿨
하미
카라샤르
마칸 사막
롭노르
가욕관
산맥
야쿱 벡 정권의 강역
( ) 안의 숫자는 야쿱 벡의 정복 일자
0
300km

지점으로 진군했다. 야쿱 벡 역시 가능한 병력을 규합하여 사이드 잘랄 웃딘 바그다디(Sayyid Jalâl ad-Dîn Baghdâdî)의 성묘가 있는 곳으로 가서 키르기즈와 대치했다.[51] 이어서 벌어진 전투에서 시딕 벡은 패배하여 타쉬말릭(Tashmaliq)으로 후퇴했고, 거기서 그는 다시 군사를 조직하여 새로운 전투를 준비했다.

그러나 키르기즈인들은 부주르그를 앞세우고 4000명의 군사를 지휘하여 그곳으로 온 야쿱 벡에게 다시 패배당하고 서부 산간지대로 도주하지 않으면 안 되었다. 최초의 시련을 무사히 넘긴 야쿱 벡은 카쉬가르로 귀환하는 도중에 아직도 청군이 버티고 있던 양기히사르를 함락하기 위해 아지즈 벡('Azîz Beg)을 배치했다.[52]

1865년 2월 하비브 울라가 코칸드 칸국의 정치적 보호와 지원을 받기 위해 알림 쿨리에게 사신으로 보냈던[53] 그의 아들 이브라힘 수두르(Ibrâhîm Ṣudûr)[54]는 나르 무함마드 파르바나치(Nâr Muḥammad Parvânachî),[55] 함담 판사드(Ḥamdâm Pânṣad), 미르 바바 후다이치(Mîr Bâbâ Hudâîchî) 등 알림 쿨리가 보낸 答使와 함께 호탄으로 돌아가는 길에 카쉬가르에 들렀다.[56] 야쿱 벡은 카쉬가르에서 호탄으로 가는 길목에 위치한 야르칸드가 쿠

---

51) TS, 26r-27r. 사이라미는 시딕 벡이 양기히사르가 아니라 자신의 근거지인 Farrash로 갔으며 거기서 6000-7000명의 키르기즈인들을 규합했다고 기록했다(TH/Baytur, pp.325-326 ; TA/Pantusov, p.138. 단 TH/Jarring, 68v에서 600-700명이라고 한 것은 6000-7000명의 誤寫이다). 탈립 아훈드(Prov.115, 11v)는 시딕 벡과 야쿱 벡의 군대를 각각 3만 명과 4만 명이라고 했지만 이는 과장된 숫자이다.

52) TS, 27r-28v.

53) *Kaşgar tarihi*, p.360.

54) 압둘라는 그의 이름을 Ṣudûr Khân이라고 했는데(TS, 29r) Ṣudûr는 이름이 아니라 관칭호로서 알림 쿨리가 그에게 하사해준 것이다. 부하라 칸국에서는 이 칭호를 갖는 사람이 寄進財(*waqf*)를 감독하는 임무를 수행했다. 이에 관해서는 A. A. Semenov, "Bukharskii traktat o chinakh i zvaniiakh i ob obiazansostiakh nositelei ikh v srednevekovoi Bukhare", *Sovetskoe vostokovedenie* 5(1948), p.141 참조.

55) 이 사람은 야쿱 벡의 매부와 同名異人으로서, 알림 쿨리의 丈人이자 타쉬켄트의 전임장관이었다.

56) 이 부분은 압둘라의 기록(TS, 28v-29r, 31r)을 따랐다. 사이라미(TH/Jarring, 79r ; TA/

차 호자들의 수중에 있으니 자신이 사절단을 야르칸드까지 호송하겠다고 제안했다. 그러나 야쿱 벡은 이미 야르칸드의 이식아가(ishîkâghâ)였던 니야즈 벡으로부터 비밀리에 그곳 무슬림 진영의 내부상황을 보고받고 군사적 개입을 요청받은 터였기 때문에, 사절단을 호송한다는 구실로 야르칸드를 장악하려는 의도가 있었던 것이 아닌가 하는 추측도 가능하다.[57]

야쿱 벡이 약 200명 정도의 병력과 함께 야르칸드에 도착한 것은 2월 말의 일이었다. 압둘라의 글에 의하면 그의 일행은 야르칸드 시내로 인도되어 사흘 동안 머물렀는데, 이미 그곳에 와 있던 쿠차인들과 충돌이 빚어져 처음에는 부르한 웃 딘을 생포하기까지 했으나 수적인 열세로 인해 결국 물러날 수밖에 없었다고 한다.[58]

이때 야르칸드에서 벌어진 전투에 대해 쇼우(R.B.Shaw)는 다음과 같이 전하고 있다.

> 그들은 아침 기도시간부터 오후 기도시간까지 싸웠는데 (그날은 금요일이었다) 야쿱 벡의 상황은 최악이었다. 처음에 그의 급습은 쿠차인들을 동요시켰으나, 그의 말들이 젖은 땅에서 지쳐버려 시내로 피신했다. 여기서 그는 포위되었다. 그러나 그는 성벽 위에서(?) 말을 뛰어내리게 하여 가까스로 카쉬가르로 도망

Pantusov, p.170)는 이 사절단을 보낸 사람이 알림 쿨리가 아니라 후다야르 칸이며, Nâr Muḥammad Parvânachî(TA/Pantusov에는 Mîr Baba Dâdkhwâh)와 Mîrzâ Baba Beg Ḥiṣṣârî를 필두로 하는 사절단에는 250명의 기병들도 포함되어 있었는데, 이들이 야르칸드에 도착했을 때 마침 그곳에서 쿠차의 함 웃 딘 호자와 전투를 벌이고 있던 야쿱 벡과 만났고, 야쿱 벡은 코칸드측 병사들을 자기 휘하로 편입시킨 뒤 이브라힘만 호탄으로 돌려 보냈다고 적었다. 그러나 알림 쿨리는 1865년 5월 21일에 사망하였기 때문에(Maksheev, *Istoricheskii obzor*, p.231), 호탄의 사절단이 코칸드에 갔을 때 그는 여전히 살아 있었고 당시 부하라에 있던 후다야르 칸이 그들과 만났다는 것은 있을 수 없는 일이다. 따라서 코칸드의 사절단을 야르칸드까지 護送했던 압둘라의 증언이 더 신빙성이 있다고 하겠다. parvânachî와 hudâîchî라는 직함이 코칸드 칸국에서 어떠한 역할을 했는지에 대해서는 A.L.Troitskaia, *Katalog arkhiva Kokandskikh khanov*(Moskva, 1968), p.557, p.569 참조.

57) 야쿱 벡과 니야즈 벡 사이의 비밀서신 교환에 대해서는 TH/Jarring, 69r과 TA/Pantusov, pp.138-139를 참조하시오.

58) TS, 29r-30v.

쳤다(괄호는 원문).[59)]

이 같은 혼란 속에서 이브라힘 수두르는 호탄으로 도주했고, 야르칸드 습격에 실패한 야쿱 벡과 압둘라는 양기히사르로 후퇴했으며 코칸드 사절단에 속하는 사람들 대부분도 카쉬가르로 되돌아왔다.

야르칸드 함락에 실패한 야쿱 벡은 이제 양기히사르를 공략하는 데 온힘을 쏟아 40일간의 포위 끝에 4월 11일 드디어 함락에 성공했다.[60)] 야쿱 벡은 아지즈 벡을 양기히사르의 하킴으로 임명하고 미르 바바(Mîr Bâbâ)—앞에서 알림 쿨리의 사신으로 이브라힘 수두르와 함께 온 인물—를 알림 쿨리에게 보내어 승전보와 함께 전리품을 헌납했다. 사이라미에 의하면 중국제 대포, 중국 처녀들, 중국 미소년들, 카자흐·몽골 말들 이외에 상당량의 얌부와 은, 도자기와 비단과 차 등 진귀한 물건들이 선물로 보내졌다고 한다.[61)]

야쿱 벡이 이처럼 알림 쿨리에게 카쉬가리아에서의 자신의 활동을 보고하고 전리품을 보냈다는 사실은 그가 코칸드 칸국과는 별도로 독자적인 행동을 한 '모험가'(adventurer)가 아니었음을 보여주는 또 다른 증거이다. 그러나 알림 쿨리를 찾아간 미르 바바는 그를 만나지 못했다. 왜냐하면 알림 쿨리는 당시 러시아군의 공격에 대해 타쉬켄트를 방위하기에 여념이 없었고 사신을 접견하기 직전에 전사하고 말았기 때문이다.[62)]

양기히사르가 함락된 직후 시딕 벡이 다시 타쉬말릭에 출현했고 이어 파

---

59) *Visits to High Tartary*, p.52. 이 전투에 대해서는 사이라미도 비슷한 내용의 기록을 남기고 있다. Cf. TH/Jarring, 41v ; TA/Pantusov, p.66.

60) 함락일자에 대해서는 『戡定新疆記』 卷1, 5r 참조. TS의 작자인 압둘라는 양기히사르 함락을 "소의 해 'Âshûr달 수요일"이라고 했는데(32r), 그가 사용하던 훼르가나式 12支 體系에 따르면 이는 1865년 5월 27일 - 6월 25일에 해당된다. 그러나 양기히사르가 함락된 뒤 많은 선물을 준비한 사신이 알림 쿨리에게 파견되어 이 소식을 전했다고 하는데 (이 사실은 사이라미의 글에서도 확인된다), 알림 쿨리가 죽은 것은 5월 21일이기 때문에 양기히사르의 함락은 그 전이 되지 않으면 안 될 것이다.

61) TH/Jarring, 69v ; TA/Pantusov, p.140 ; TS, 32v.

62) TS, 28v-33v. Kuropatkin 역시 미르 바바가 알림 쿨리를 보지 못했다고 보고했다 (*Kashgaria*, p.165).

라쉬를 점령했다. 압둘라에 의하면 그가 규합한 약 1000명의 병사들은 대부분이 키르기즈인들이었고 이외에도 후다야르 칸을 피해 도망쳐나온 상당수의 코칸드인들도 있었으며 이 중에는 호자 일족인 키칙 한 투라(Kichik Khan Türä)도 포함되어 있었다고 한다. 야쿱 벡은 전열을 정비하여 파라시로 가서 그들과 대치하게 되었는데, 이번에는 양측이 전투를 벌이지 않고 타협을 이루어 시딕 벡은 야쿱 벡의 휘하에 들어가 키르기즈인들을 지휘하는 동시에 파라시를 관리하게 되었다.[63] 그러나 카쉬가르로 돌아간 야쿱 벡은 그곳 벡들의 저항에 직면하게 되었다. 그들은 무카랍 샤(Muqarrab Shâh)의 주도하에 사람들을 모아 한 아릭과 키질 부이 등지에서 야쿱 벡의 군대와 전투를 벌였으나 패배했다. 무카랍 샤는 야르칸드로 도망쳐 악수에서 쿠차의 호자들과 연합하자 이를 계기로 쿠차군은 카쉬가르에 대한 대대적인 공격을 준비하게 되었다.[64]

이렇게 해서 야쿱 벡은 그가 카쉬가리아로 온 뒤 가장 큰 시련을 맞게 되었다. 즉 카쉬가르 근처의 한 아릭이라는 곳에서 쿠차 군대와 일대 회전을 벌이게 되었는데, 이 전투야말로 야쿱 벡의 통일과정에 결정적인 분수령을 이루는 사건이 되었다. 쿠차의 라시딘 호자는 타림 분지 전역을 아우르는 이슬람정권을 건설하려는 의도를 갖고 東·西로 원정군을 보냈는데, 카라샤르·투르판 등지를 장악하는 데 성공한 東征軍에 비해 西征軍은 카쉬가르·야르칸드·호탄 등 중요한 도시들을 하나도 점령하지 못했다. 따라서 코칸드에서 파견된 지 얼마 되지도 않아 카쉬가르 회성과 양기히사르를 손에 넣고 야르칸드까지 넘보게 된 야쿱 벡의 출현은 그에게 새로운 위협이 아닐 수 없었다.

前章에서 설명했듯이 부르한 웃 딘 부자의 주도하에 시도된 쿠차군의 1차

63) TS, 38r-40v ; Ṭâlib Akhûnd(Prov. 115), 13v-17v. 이 두 자료는 상당한 차이를 보이고 있지만 여기서는 TS의 기사를 취했다.

64) 무카랍 샤는 Mughal Tarim이라는 곳 출신이다(TA/Pantusov, p. 141). 무카랍 샤와 야쿱 벡의 충돌에 대해서는 Ṭâlib Akhûnd(Prov. 115, 20v-30r)의 서술이 매우 상세하다.

야르칸드 원정이 실패로 끝나버리자, 라시딘 호자는 훨씬 더 큰 규모의 2차 원정군을 파견하기로 결정했다. 이 원정군은 악수의 하킴인 그의 형 자말웃 딘이 총지휘하고 부르한 웃 딘 호자 부자를 비롯하여 쿠차, 샤흐야르, 악수, 우쉬 투르판의 벡들이 대거 참여했으며 군대의 숫자는 2만 6000명을 헤아렸다고 한다.

이들은 별다른 저항을 받지 않은 채 야르칸드에 입성한 뒤 다시 그곳의 병력을 징발하여 7만 2000명의 군사를 이루어 카쉬가르로 향했다.[65)]

이에 비해 야쿱 벡의 군대는 소수에 불과했다. 부주르그 호자가 200명의 바닥샨인들을 지휘하여 中軍을 담당하고, 야쿱 벡은 1000명의 키르기즈와 킵착인들을 지휘하여 右翼을 담당했으며, 압둘라 판사드와 가지 판사드(Ghâzî Pânṣad)가 200명을 데리고 左翼을 맡아서, 병력의 총수는 2000명이 채 넘지 않았다.[66)] 사이라미는 양군의 숫자를 비교하면서 야쿱 벡의 군대가 "하늘의 昴星"이라면 쿠차군은 "일곱 하늘을 채운 모든 별들"과 같다고 할 정도였다.[67)] 양군은 한 아릭에서 마주쳐 격렬한 접전을 벌였다. 비록 야쿱 벡은 이 전투에서 심한 부상을 당하기까지 했지만 승리는 그에게 돌아갔고, 쿠차군의 전열은 완전히 무너져 악수로 도주하고 말았다.[68)]

설령 사이라미가 제시한 병력의 숫자가 정확하지 않다고 할지라도 쿠차군이 야쿱 벡 휘하의 군대에 비해 압도적으로 많은 숫자였음은 의심할 수 없다. 그럼에도 불구하고 전투가 쿠차군의 패배로 끝난 것은 일견 이해하기

---

65) TH/Jarring, 43v. 그러나 TS(42r)는 4만 명, Ṭâlib Akhûnd(Prov.115, 32v-33r)는 5만 명이라고 기록하고 있다.

66) TS, 42v.

67) TH/Jarring, 44r ; TA/Pantusov, p.73.

68) 이 전투의 상세한 경과에 대해서는 TH/Jarring, 43v-44v ; TA/Pantusov, pp.69-75 ; TS, 41v-44r ; *Mission to Yarkund*, pp.208-209 ; Ṭâlib Akhûnd(Prov.115), 32r-38v 등을 참고하시오. Kuropatkin은 이 전투가 양기히사르 함락 이전에 일어난 것으로 착각하고 있고(*Kashgaria*, p.164), Isiev도 *Uigurskoe gosudarstvo*, pp.20-21에서 이를 반복하고 있다. 또한 TA의 기사에 의거하여 이 전투를 묘사한 Tikhonov의 "Vosstanie 1864g", pp.168-169도 참조하시오.

힘들어 보인다. 물론 쿠차군이 숫자의 압도적인 우세를 과신했던 것도 敗因의 하나로 지적되어야겠지만, 또 한 가지 중요한 사실은 양측 군대의 구성이 보여주는 명백한 차이점이다. 야쿱 벡 휘하의 군대는 적어도 그 핵심세력은 수많은 전투경험이 있는 킵착·키르기즈의 유목민과 바닥샨의 산지주민들, 그리고 가히 직업적인 전사라고 할 만한 코칸드 출신의 군인·장교들로 구성되어 있었다. 반면 쿠차 군대는 여러 도시에서 차출되어 군사적인 훈련이라고는 거의 받아본 적이 없는 사람들이었고, 그 지휘관들도 대부분 종교인이어서 실전에서 벌어지는 위기상황에 대처할 능력이 결여된 인물들이었다. 사이라미는

> 낱알 같은 군대를 갖고는 아무런 일도 되지 않으리.
> 200명의 용사들이 2만 명보다도 더 낫도다.

라고 하며, 지난 2년 동안 악수, 야르칸드, 쿠차, 우쉬 투르판, 쿠를라 등지에서 백성들로부터 세금을 걷고 '돈과 마음'까지 짜내 장비들을 준비했는데 불과 두 시간도 버티지 못하고 모두 흙먼지로 돌아가고 말았다고 탄식했다.[69]

한 아릭 전투에서 승리한 야쿱 벡은 카쉬가르로 돌아갔다. 그러나 전투에서 쿠차군이 패배했다는 소식을 들은 사이드 알람 아훈드—자말 웃 딘 호자가 야르칸드의 하킴으로 임명하여 남겨두었던 인물—는 사태의 불리함을 깨닫고 악수로 도주해버렸다.[70] 야쿱 벡은 때마침 코칸드에 사신으로 갔다가 돌아온 미르 바바 후다이치를 야르칸드로 보내 성내에 있던 니야즈 벡과 연합하도록 해 회성을 장악하는 데 성공했다.[71] 이렇게 해서 야쿱 벡은 "한 대의 화살로 두 마리의 사냥감을, 한 번의 공격으로 2개의 큰 도시를 포획"

---

69) TH/Jarring, 44r ; TH/Baytur, p.227.
70) TH/Jarring, 44v.
71) TS, 44v.

한 셈이 되었다.[72)]

한 아릭의 전투와 관련하여 한 가지 문제점은 이 전투가 언제 일어났는가 하는 점이다. 사이라미는 『하미드사』에서 회력 1282년 Jumada al-akhir월 2일(1865년 10월 23일)에 자말 웃 딘의 군대가 야르칸드를 출발했으며, 전투는 같은 달 22일(11월 12일)에 벌어졌다고 기록했다.[73)]

그러나 후술하듯이 야쿱 벡은 한 아릭 전투가 끝난 뒤 카쉬가르로 돌아가 그곳의 한성을 함락시켰고 그 함락일자가 중국측 기록에 의해 9월 1일임이 분명하기 때문에, 한 아릭의 전투는 그 이전이 되지 않으면 안 되고 따라서 11월에 전투가 있었다는 주장은 받아들일 수 없다. 또한 야쿱 벡은 4월 11일 양기히사르를 함락시킨 뒤 미르 바바 후다이치를 알림 쿨리에게 보냈는데, 미르 바바가 5월 21일 알림 쿨리가 사망한 뒤에 카쉬가르로 귀환한 시점이 야쿱 벡이 한 아릭의 전투를 마치고 카쉬가르로 돌아온 직후[74)]였기 때문에, 전투는 적어도 6월 이후에 일어난 것으로 보아야 할 것이다. 이러한 사정들을 감안해볼 때 한 아릭의 전투는 6월에서 8월 사이에 벌어진 것이 아닐까 추측할 수 있다.

카쉬가르로 돌아온 야쿱 벡은 이제 한성을 함락하는 데 온힘을 기울였다. 청군은 처음에는 키르기즈인에 의해, 그리고 이어서 야쿱 벡에 의해 거의 1년이 넘도록 성 안에 포위되어 있었기 때문에 식량은 완전히 고갈되어 성 안에 포위된 8000명의 중국인 군인·주민들에게는 기아와 질병이 만연해 있었다.[75)] 이렇게 되자 성 안의 綠營兵 지휘관인 호 달루야(Ho Dâlûyâ, 何步雲)는 야쿱 벡측과 은밀히 내통하여 자기 가족과 휘하 병사 3000명의 안전을 보장해주는 조건으로 투항하고 이슬람으로 개종하기로 했다. 더이상 저항이

72) TH/Jarring, 71v ; TA/Pantusov, p.147.

73) TH/Jarring, 43v, 70v. TH/Baytur(p.224)에는 야르칸드 출발날짜를 1283년 Jumada I월 3일이라고 적었는데 물론 이는 잘못된 것이다.

74) TS, 44r.

75) Bellew, *Kashmir and Kashghar*, pp.314-318. 8000명 가운데 반 정도가 군인이었다고 한다.

불가능해진 것을 깨달은 카쉬가르 參贊大臣 奎英과 관리들은 자폭의 길을 선택했고, 한성은 음력 7월 12일(9월 1일) 야쿱 벡의 수중으로 들어갔다.[76)]

(2) 새로운 轉機

야쿱 벡은 카쉬가르에 온 지 8개월 만에 카쉬가르와 양기히사르 두 도시와 야르칸드의 회성을 장악함으로써 도약의 발판을 마련한 셈이었지만, 야르칸드 한성에는 여전히 청군이 버티고 있고 호탄과 쿠차에도 다른 무슬림 정권이 그대로 존속해 있었기 때문에, 그의 입지가 확고한 것이라고 보기는 어려운 상황이었다. 더구나 알림 쿨리가 타쉬켄트에서 러시아군과 전투하다가 사망한 것은 이제 그의 유력한 후원자를 상실했음을 의미하는 것이고 더 이상 코칸드 칸국측의 지원을 기대하기도 힘들게 되었다.

이렇게 해서 코칸드 칸국과 단절된 야쿱 벡은 카쉬가리아에서 독자적인 세력기반을 구축하지 않으면 안 되었다. 한 아릭의 전투에서 승리한 뒤 그의 위상은 높아진 반면 부주르그 호자는 정치적으로 무능한 인물로 여겨졌기 때문에, 두 사람 사이의 관계는 종전처럼 그대로 지속되기 어려운 형편이었다.

바로 이때 야쿱 벡에게 매우 중요한 轉機가 찾아왔다. 카쉬가르 한성을 함락시킨 지 열흘이 지나서 대규모의 코칸드 군대가 접근하고 있다는 보고가 변경초소 밍욜로부터 들어왔다. 그들 대부분은 알림 쿨리 휘하에 있던 킵착 · 키르기즈인들이었다. 알림 쿨리가 사망하고 타쉬켄트도 러시아인들에게 함락된 뒤 술탄 사이드 칸은 지원을 요청하기 위해 부하라로 향했으나 도중에 지작(Jizzaq)에서 부하라인들에 의해 체포되었다. 이렇게 되자 타쉬켄트 방어전에 참여했던 킵착·키르기즈 병사들은 훼르가나 지방으로 와 그곳에서 후다이 쿨리(Khudâî Quli)를 군주로 추대하고—그는 한때 혁대를 파는 일에 종사했기 때문에 '벨박치 칸'(Belbaghchi Khan, 즉 '혁대장사꾼

---

76) TS, 45r ; Kuropatkin, *Kashgaria*, p.167. 함락일자는 『戡定新疆記』 卷1, 6r.

칸')으로 불렸다—코칸드로 향했다. 그러나 알림 쿨리의 사망소식을 들은 후다야르 칸이 코칸드를 향해 진군하자, 그들은 후다야르를 피해 오쉬로 도망갔다. 후다야르가 뒤를 추격하자 그들은 다시 동쪽으로 이동하여 밍욜에 이르른 것이다.

이들의 숫자는 7000명에 이르렀고 그 가운데에는 후다이 쿨리 칸을 비롯하여 벡 무함마드 밍바시(Beg Muḥammad Mingbashi), 미르자 아흐마드 쿠시베기(Mîrzâ Aḥmad Qushbegi), 무함마드 나자르 쿠시베기(Muḥammad Naẓar Qushbegi), 무함마드 유누스 잔 다드하(Muḥammad Yûnus Jân Dâdkhwâh), 자마다르 다드하(Jâmadâr Dâdkhwâh), 우마르 쿨 다드하('Umar Qul Dâdkhwâh)와 같은 고위 관리·장군들과, 캐태 한 투라(Kättä Khân Türä), 키칙 한 투라(Kichik Khân Türä), 왈리 한 투라(Walî Khân Türä), 하킴 한 투라(Ḥâkim Khân Türä), 이스라일 한 투라(Isrâ'îl Khân Türä), 무함마드 라힘 한 투라(Muḥammad Raḥîm Khân Türä)와 같은 호자 일족도 포함되어 있었다.[77] 이 소식에 놀란 야쿱 벡은 먼저 카쉬가르의 '이슬람 總掌敎'(Shaykh al-Islâm)인 이샨 마흐무드 한(Îshân Maḥmûd Khân)을 밍욜로 보내 그들의 의도를 확인하고 그들에게 복속을 권유하는 조치를 취했는데, 코칸드 망명집단은 처음에는 약간 주저하다가 결국 야쿱 벡에게 복속할 것을 결정하고 카쉬가르로 들어가 환대를 받았다.

이 사건은 야쿱 벡에게 몇 가지 점에서 하나의 중요한 전환점이 되었다. 우선 세력기반의 강화라는 측면에서 그러하다. 그는 비록 카쉬가르와 양기히사르를 함락시키긴 했지만 자신을 충실하게 따르는 휘하 군대의 숫자가 많지 않았다. 시딕 벡이 이끄는 키르기즈 군대는 믿기 어려웠고, 카쉬가르와 양기히사르의 주민들 가운데에서 차출한 병사들은 제대로 훈련받지도 못했을 뿐더러 야쿱 벡에게 얼마나 충성을 바칠지도 회의적이었다. 또한 그가 호 달루야의 딸을 부인으로 맞아들이긴 했으나 만약 위기상황이 닥쳤을 때

77) TS, 46r-47v ; TH/Jarring, 71r에 기록된 자세한 명단을 참조하시오.

그 휘하에 있던 퉁간·중국인 병사들이 과연 야쿱 벡을 위해 싸워줄지도 미지수였다. 따라서 자신과 같은 코칸드 출신으로서 오랫동안 전투를 통해 단련된 7000명의 군대가 그의 지휘하에 들어오게 된 것은 그에게 적지않은 힘이 되었다.

야쿱 벡이 이들 反후다야르 집단의 망명을 받아들이기로 한 사실은 이 같은 군사적인 측면 이외에도 후다야르 칸이 지배하게 된 코칸드 칸국과의 정치적 관계의 단절을 의미했으며 더이상 코칸드 칸국의 조종이나 지시를 받지 않겠다고 선언한 것이나 마찬가지였다. 동시에 부주르그 호자를 전면에 내세우고 자신은 그의 副將으로서 칸국의 이해를 도모한다는 것이 원래 그가 파견된 목적인데, 칸국과의 관계가 단절됨으로써 이러한 목적 자체가 무의미해졌고 따라서 그가 굳이 부주르그 호자를 명목적인 수령으로 받들고 있어야 할 필요도 없어졌음을 의미했다.

그럼으로써 이제 그가 부주르그를 비롯한 호자 일족과 충돌의 길을 걷게 된 것은 당연한 귀결이었다. 가장 먼저 그와 충돌한 인물은 왈리 한이었다. 그는 청조가 지배하던 1857년에도 카쉬가리아를 침공하여 수많은 무고한 사람들을 학살하여 악명을 떨친 적이 있었다. 망명집단이 카쉬가르에 온 지 채 며칠이 지나지도 않아 왈리 한을 추종하는 사람들은 길거리에서 "때가 왔다! 때가 왔다! 왈리 한의 때가 왔다!"고 소리치며 선동을 시작했다.[78] 야쿱 벡은 이들의 반란을 쉽게 진압하고 왈리 한을 체포해 양기히사르로 보내 구금했다.

이 일이 있은 뒤 야쿱 벡은 부주르그를 데리고 야르칸드로 갔는데 이는 그곳의 퉁간들이 반란을 일으켰기 때문이다. 그는 도시를 포위하여 함락했지만, 그 직후인 11월 벡 무함마드와 그를 따르는 킵착인들이 부주르그를 데리고 카쉬가르로 가서 야쿱 벡에 대항했다. 야쿱 벡은 키칙 한 투라를 야

78) Aḥmad Qulî Andijânî, *Janâb-i Badaulatni ḥikâyatlari*(Houghton Library, Harvard University ; uncatalogued), 5v.

르칸드에 남겨두고 그들을 좇아 카쉬가르로 향했다. 그는 거의 2개월 동안 카쉬가르를 공격하여 마침내 벡 무함마드를 축출하는 데 성공하고—그는 코칸드 칸국으로 도망갔다가 마르기난에서 후다야르 칸에 의해 처형되었다—부주르그를 붙잡아 양기히사르로 보낸 뒤 메카로의 성지순례라는 명분으로 추방했다. 그러나 부주르그는 메카로 가지 않고 코칸드로 돌아간 것으로 보인다.[79] 야쿱 벡은 부주르그 대신 또 다른 호자 일족인 캐태 한 투라를 앉혔으나 그가 곧 사망하자, 1866년 초 봄 드디어 자신이 권좌에 올랐다.

3. 카쉬가리아 征服

(1) 호탄 占領

호자 일족의 반발을 제압하고 얼마 후 야쿱 벡은 다시 외부로부터의 도전에 직면하게 되었다. 한 아릭에서 쿠차군이 패배당한 뒤 라시딘 호자는 東征軍의 지휘관이던 이스학 호자를 야르칸드로 파견했다. 이스학은 1866년 봄 3000명의 군대를 이끌고 쿠차를 떠났다. 그는 악수에 열흘간 머문 뒤 마랄바시로 가서 그곳을 함락하고 이어 야르칸드로 갔다. 그러나 그가 야르칸드에 입성하자 퉁간들은 야쿱 벡이 남겨두었던 키칙 한 투라를 데리고 한성으로 들어가 이스학에게 저항했기 때문에, 이스학은 회성만을 손에 넣을 수

79) *Janâb-i Badaulatni ḥikâyatlari*, 11r ; Bellew, *Kashmir and Kashghar*, p.324 ; *Kaşgar tarihi*, p.356. 사이라미는 부주르그가 山羊(Capricorn) 節期가 끝나고 60일쯤 지난 뒤, 즉 1866년 2-3월에 카쉬가르를 떠났다고 했다(TA/Pantusov, pp.147-148). TS(56r)의 저자 압둘라는 부주르그가 떠난 시점을 1281년 Ramaḍân월 말(1282년의 잘못으로 보이며, 그럴 경우 1866년 2월이 된다)이라고 했다. 부주르그가 1868년에 떠났다고 한 R.B.Shaw의 주장은 옳지 못한 것으로 보인다(*Visits to High Tartary*, p.55). 야쿱 벡과 부주르그의 충돌에 관해 보다 자세한 사정은 TS, 48v-56r ; *Mission to Yarkund*, pp.210-213 ; TA/Pantusov, pp.147-149 ; Ṭâlib Akhûnd, 46r-55r ; Kâmil Khân Îshân, "Risale-i-Iakubi ; Vospominaniia o Iakub-beke Kashgarskom Kamil'-Khana-Ishana", *Istorik-Marksist*, 1940, no.3, p.131.

있었다.

이 소식을 들은 야쿱 벡은 야르칸드로 곧장 향하지 않고 적의 후방을 차단하기 위하여 악수와 야르칸드 사이에 위치한 마랄바시로 갔다. 약 일주일간의 포위 끝에 그곳을 지키던 퉁간들을 항복시킨 뒤, 캐태 한 투라의 아들인 하킴 한 투라를 그곳 책임자로 임명하고 군대를 야르칸드로 돌렸다. 야르칸드에서 농성을 벌이던 쿠차 군대와 퉁간 군대는 서로 연합, 야음을 이용하여 야쿱 벡을 급습하려는 계획을 세웠다. 그러나 야르칸드의 벡인 니야즈 벡이 이 계획을 사전에 야쿱 벡에게 알려줌으로써 성공을 거두지 못했다. 게다가 야쿱 벡이 생각했던 대로 라시딘이 야르칸드에 포위된 쿠차군을 구원하기 위해 악수와 우쉬 투르판 등지에서 군대를 모아 보냈지만 마랄바시에서 길이 막혀 통과할 수 없게 되었다. 이렇게 되자 이스학은 야쿱 벡과 타협을 통해 문제를 해결하는 수밖에 없었다. 이스학은 휘하 군대와 함께 쿠차로 돌아갈 수 있도록 안전을 보장받는 대신 야르칸드를 야쿱 벡에게 내주었고, 야쿱 벡은 야르칸드에 있던 퉁간 군대를 자기 휘하에 편입시켰다. 그리고 그는 야르칸드의 하킴으로 유누스 잔(Yûnus Jân)을 임명했다.[80] 야르칸드 함락은 1866년 5월까지는 완료되었던 것으로 보인다.[81]

---

80) TS, 58r에는 미르 바바 다드하에게 야르칸드를 맡겼다고 했다.

81) 야쿱 벡의 야르칸드 함락시기를 정확히 말하기는 어렵다. TS의 저자 압둘라는 야쿱 벡이 야르칸드를 공격하여 쿠차군을 패주시킨 뒤 호탄으로 보낸 사신이 1282년 Muḥarram월 5일에 돌아왔다고 했는데, 압둘라가 제시한 일자가 1년씩 빠르다는 점을 감안하면 이는 1283년 Muḥarram월 5일, 즉 1866년 5월 20일이 된다. 이렇게 볼 때 야르칸드를 둘러싼 야쿱 벡의 군대와 쿠차군의 충돌은 1866년 봄에 일어났다고 추측할 수 있다. 압둘라는 당시 현장에 있었던 사람이기 때문에 그의 기록이 신빙성을 갖는다. 반면 이스학의 출정일자에 관한 사이라미의 기록은 매우 혼란스러워 TA/Pantusov(p.116)와 TA/Jarring(90r)에는 1283년 Muḥarram월 2일(1866년 5월 17일), TA/Pelliot(82v)에는 1283년 Dhû al-Ḥijja월 2일(1867년 4월 7일), TH/Jarring(60r)과 TH/Baytur(p.299)에는 1282년 Barât월 2일(1865년 12월 21일)로 되어 있다. 또한 야쿱 벡이 쿠차군의 후방을 차단하기 위해 마랄바시를 점령한 날짜에 대해서도 TA/Pantusov(p.151)와 TA/Jarring(111r)이 1282년 Dhû al-Ḥijja월 2일(1866년 4월 18일), TA/Pelliot(102v)에는 1282년 Dhû al-Qa'da월 2일(1866년 3월 19일), TH/Jarring(73r)과 TH/Baytur(pp.354-355)에는 1283년 Rabî' al-Awwal월 2일(1866년 7월 15일)로 기록하고 있다.

이제 야쿱 벡의 다음 목표는 호탄이었다. 호탄은 1만 명 정도의 기병·보병·포병이 하비브 울라를 중심으로 강한 결속력을 유지하고 있었다.[82] 따라서 야쿱 벡은 단순히 무력만으로는 호탄을 손에 넣기가 힘들다는 것을 알고 계략을 사용하기로 생각했다.

그는 우선 자신의 오른팔인 압둘라를 하비브 울라에게 사신으로 보내 이맘 자파르 사딕(Îmâm Ja'far Ṣâdiq)의 성묘를 참배하고 싶다는 희망과 하비브 울라와 우호관계를 맺고 싶다는 의도를 전했다.

이어 야쿱 벡은 그해 겨울 군대를 이끌고 야르칸드를 향해 출발하여 피얄마(Piyalma)에 도착했다. 하비브 울라는 야쿱 벡의 진정한 의도가 무엇인지를 파악하기 위해 자기 아들을 보냈다.[83] 사이라미에 의하면 이때 야쿱 벡은 『쿠란』에 손을 얹고 자신의 의도가 순수함을 맹서했고 하비브 울라를 '나의 아버지'(atam, dadam)라고 부르면서 그를 자바(Zava)라는 곳으로 연회에 초대했다고 한다. 하비브 울라는 아무런 의심도 갖지 않고 초대에 응했으나 야쿱 벡은 그를 곧바로 구금하여 야르칸드로 보내버렸다. 그리고 나서 야쿱 벡은 자신과 하비브 울라가 다음 날 함께 호탄으로 들어갈 것이라는 내용의 편지를 하비브 울라의 이름으로 쓰고 거기에 하비브 울라의 인장을 찍어서 보냈다. 호탄의 무슬림 수령들은 아무런 의심 없이 하비브 울라 일행을 영접하기 위해 나왔다가 이들 역시 야쿱 벡에 의해 체포되고 말았다.

야쿱 벡은 호탄 시내로 들어가 먼저 財庫를 장악했다. 무슨 일이 벌어졌는지 뒤늦게 깨달은 호탄 주민들은 몽둥이를 들고 야쿱 벡의 군대를 공격하기 시작했다. 호탄 시내는 물론 주변 촌장에서도 양측의 충돌이 여러 날 계속되었고 그 결과 최소한 수천 명의 주민들이 살해되었다.[84] 야쿱 벡의 호탄점

82) W. H. Johnson, "Report on His Journey to Ilchi, the Capital of Khotan, in Chinese Tartary", *Journal of Royal Geographical Society*, 37(1867), p.9.
83) 이때 마중나간 사람의 이름을 TS(59v)는 (Ibrâhim) Ṣudûr Khân으로, TH/Jarring(75r)은 Ni'mat Allâh Khân이라고 했는데, 이 두 사람이 동일인물인지도 모르겠다.
84) THP(24r-28r)에는 하비브 울라가 자바를 방문했다는 사실이 기록되어 있지 않다. 이에 의하

령은 1867년 1-2월의 일이었던 것으로 보인다.[85)]

야쿱 벡이 호탄을 점령하기까지 취했던 행동들, 즉 거짓맹서와 음모와 살육 등에 대하여 호탄 주민들이 느꼈던 분노는 쉽게 사라지지 않았는데, 심지어 야쿱 벡 정권이 무너진 뒤에까지 그들의 뇌리에서 지워지지 않았다. 무함마드 알람이 전하고 있는 다음과 같은 민간의 시는 호탄인들의 정서를 잘 반영해주고 있다.

> 북경에서 중국인들이 왔네, 밤하늘 은하수처럼.
> 안디잔 사람들 일어나 도망쳤네, 숲속의 돼지들처럼.
> 빈손으로 왔다가 빈손으로 갔네, 안디잔 사람들.
> 겁먹고 힘없이 갔네, 안디잔 사람들.
> 매일같이 처녀를 붙들어가고
> 미녀를 찾아 사냥을 다녔다네.
> 다시 바차(bacha)들과 함께 풍류를 즐기니
> 율법이 부끄럽게 여긴 것이라.[86)]

하비브 울라와 그의 아들들[87)]이 야쿱 벡의 손에 죽임을 당한 것은 '순교자의 도시 호탄'(Shâhidân-i Khotân)[88)] 사람들의 순교의식을 강하게 촉발시

면 하비브 울라와 그의 아들 마숨 한(Ma'ṣûm Khân)은 호탄에서 붙잡혀 야르칸드로 압송되었다가 거기서 처형되었다고 한다. TA/Pantusov(p.163)와 STT(p.386)는 호탄에서 약 4만 명이 살해되었다고 했는데 이는 상당히 과장된 숫자인 것으로 보인다.

85) TA/Pantusov, p.166 ; THP, 24r. TS에 제시된 연대는 1년씩 빨리 기록되어 있으며 호탄점령의 날짜도 예외는 아니다. 즉 1282년 Ramaḍân월(1866년 1-2월)이라고 했지만 이는 1283년으로 수정되어야 할 것이다. Cf. "L'Histoire", pt.3, p.77. Shaw 역시 호탄함락을 1867년 1월로 보았다. 그의 *Visits to High Tartary*, p.56 참조.

86) 이 시의 전체 내용에 대해서는 THP, 48v-49v와 *Mission scientifique*(vol.3, pp.58-59)를 참조하시오.

87) 그에게는 세 아들이 있었는데, 큰 아들 Abd ar-Raḥmân은 쿠차 군대와의 피얄마전투에서 사망했고, Ibrâhîm과 Ma'ṣûm은 야쿱 벡에게 붙잡혀 처형되었다.

88) 동투르키스탄의 주요 도시들은 독특한 별명을 갖고 있었다. 즉 'Azîzân-i Kâshghar(聖裔의 도시 카쉬가르), Ghâzîyân-i Aqsû(聖戰士의 도시 악수), Pîrân-i Yârkand(師父들의 도시 야르칸

켰다. 야쿱 벡이 호탄의 새로운 하킴으로 호탄 출신의 니야즈 벡을 임명한 것도 아마 '안디잔 사람들'—코칸드인—에 대한 주민들의 반감을 고려했기 때문이 아닌가 생각된다.

(2) 쿠차정권의 崩壞

호탄의 함락으로 야쿱 벡은 마랄바시 이서지역을 모두 장악한 셈이 되었고, 이제 카쉬가리아에 남은 세력은 쿠차의 라시딘정권뿐이었다. 야쿱 벡이 쿠차에 대한 원정을 떠나기 이전에 이미 쿠차정권 내부에서는 심상찮은 내분의 조짐이 보이기 시작했다. 그 예로 우쉬 투르판에서 일어난 반란을 들 수 있다. 사이라미는 특히 자신이 직접 목격한 이 반란에 대해서 매우 상세한 기록을 남기고 있다.

이 반란은 투흐타 하킴 벡(Tûkhta Ḥâkim Beg)과 그의 동생인 악크 벡(Aq Beg), 바이 무함마드 카디 벡(Bâî Muḥammad Qâḍî Beg)을 위시하여 쿠르반 가자나치 벡(Qurbân Ghazânachî Beg), 이스마일 바즈기르 벡(Ismâ'îl Bâjgîr Beg) 등 이미 청조 치하에서부터 관리를 지내왔던 벡들이 쿠차 호자들의 통치에 대해 반감을 갖고 미르자 잔 하즈라트(Mîrzâ Zân Haḍrat)라는 사람을 새로운 지도자로 추대하며 일으킨 것이었다. 그러나 반란은 실패로 돌아갔고 2000명 이상의 사망자와 무수한 流亡人을 낸 채 끝났으며, 생포된 사람들 역시 처형되어 7개의 우물이 사람들의 시체로 가득 찰 정도였다고 한다.[89)]

사이라미는 우쉬 투르판 반란의 또 다른 원인으로 주민들 사이에 퍼져 있던 극단적인 형태의 수피 교단의 영향을 지적했다. 당시 그곳에는 쿠브라위야(Kubrawîyya)를 비롯해 이스하키야(Isḥâqîyya), 니으마티야(Ni'matîy-

---

드), Gharîbân-i Turfân(外地人의 도시 투르판) 등이 그 예이다. Cf. *Târîkh-i jarîda-i jadîda* (India Office Library, Ms.Turki 2), 8r-8v ; Katanov, "Volkskundliche Texte", pp.1220-1221.

89) TA/Pantusov, pp.78-82 ; TH/Jarring, 45v-46v.

ya), 라부디야(Rabûdîyya), 다바니야(Davânîyya)[90] 등 '기이한 敎義'를 지닌 교단들이 있었는데, 그 중 일부는 교단의 장로를 '알라 호잠'(Allâh Khwâjam)이라고 부르고 "알라의 특성은 호자들의 특성이기도 하다"면서 알라의 '唯一性'을 정면으로 거부하는 이단적인 주장을 했다. 뿐만 아니라 남녀가 은밀한 장소에서 회합을 갖고 聽樂(samâ')과 舞蹈(raqṣ)를 통해 혼수상태에 빠지는 등 율법에 배치되는 의식도 행했다. 당시 이러한 교단의 추종자들은 우쉬 투르판에 거주하던 '移住民'(köchmän)[91]들뿐 아니라 카쉬가리아의 다른 지역에도 있었다고 한다. 이처럼 '알라 호잠'에 대한 지나친 숭배, 율법에 위배되는 종교적 의례, 집단의 배타적 비밀성 등은 쿠차 호자들의 지배권에 대한 직접적인 위협으로 여겨짐으로써 그들에 대한 탄압은 불가피했다.[92]

이처럼 쿠차정권은 우쉬 투르판의 예에서 볼 수 있듯이 세속관리들의 반발과 일부 신비주의 교단과의 충돌 등으로 문제점이 노출되어 있었지만, 이보다 더 심각한 문제는 쿠차 호자들 사이의 내분이었다. 특히 라시딘 형제들과 그 사촌들 사이의 반목이 심화되었다. 앞에서도 언급했듯이 라시딘은 1865년 야쿱 벡의 위협이 커지고 있다는 것을 구실로 하미로 원정중이던 이스학 호자를 소환했다. 그러나 라시딘은 야쿱 벡에 대한 원정군의 지휘권을 이스학에게 맡기지 않고, 그 대신 이미 1864년 여름 부르한 웃 딘을 대신하

90) 쿠브라위야는 호레즘 출신 Najm ad-Dîn Kubra(1221년 사망)에서 비롯된 교단이고, 이스하키야는 흑산당계의 Khwâja Isḥâq(1599년 사망)을 추종하는 무리이며, 니으마티야는 이란 마한(Mahan) 출신의 Ni'mat Allâh Walî(1430년 사망)를 추종하는 무리이며, 라부디야는 8세기 전반 이라크의 바스라에 살던 Rábi'a(801년 사망)에서 시작된 것으로 추측되는 교단이고, 다바니야는 이란의 다반(Davan) 지방 출신인 Davanî(1502년 사망)에서 유래된 교단이다. 이 교단들에 관한 간단한 소개는 TH/Baytur, pp.743-744에 있는 Baytur의 註釋을 참조하시오.

91) 청조는 우쉬에서의 반란을 진압하는 과정에서 그 주민 상당수를 살육했고, 그 뒤에 알티샤르의 여러 지역, 특히 투르판으로부터 주민들을 그곳으로 이주시켰다. 우쉬가 우쉬 투르판이라는 이름으로 불리게 된 것도 이러한 연유에서였으며, köchmän은 그 같은 이주자들을 가리킨다. TH/Jarring, 5장.

92) TH/Jarring, 47r-47v.

여 서정군 사령관에 임명된 바 있는 자말 웃 딘에게 야르칸드 원정군을 맡겼다. 거의 1만 6000명에 달하던 이스학 군대가 자말 웃 딘에 의해 회수되었기 때문에, 후일 자말 웃 딘이 한 아릭의 전투에서 야쿱 벡에게 패배하자 이스학이 다시 야르칸드를 공격하기 위해 쿠차에서 징발한 병력은 3000명에 불과했다. 이스학이 야르칸드 공략에 실패하자 라시딘과 자말 웃 딘이 거세게 비난함으로써 결국 그는 자기 휘하의 군대 일부를 악수의 자말 웃 딘에게 넘겨주어야 할 정도였다.

자말 웃 딘은 우쉬 투르판을 통치하던 함 웃 딘과도 충돌했는데, 그 주요한 원인은 악수와 우쉬 투르판 중간에 위치한 악크 야르(Aq Yâr)에 대한 관할권 때문이었다. 두 사람의 충돌은 결국 함 웃 딘이 체포되고 쿠차에 구금되는 것으로 끝났다. 이 사건은 우쉬 투르판 벡들의 반란이 있고 나서 2개월 뒤의 일이었다.[93]

이 같은 쿠차정권 내부의 반목과 갈등은 야쿱 벡의 정복을 용이하게 만든 결과를 낳았으니, 함 웃 딘의 구금소식을 들은 야쿱 벡은 "알라께 찬미를! 이제 싸우지 않고도 악수와 쿠차를 손에 넣게 되었다"고 말할 정도였다. 우쉬 투르판의 반란에서 생존한 사람들은 카쉬가르로 도주하여 야쿱 벡에게 길안내를 자청했다. 이렇게 되자 쿠차 지배집단 내부에서도 야쿱 벡과 손잡는 것이 자신들의 이해에 더 유리할 것이라고 생각하는 사람들이 생겨났다. 악수의 고관이었던 압둘 라흐만 다드하('Abd ar-Raḥman Dâdkhwâh)와 압둘라 디반베기('Abd Allâh Dîvânbegî), 쿠차의 재상이나 다름없던 투흐타 이식아가 벡(Tukhta Ishîkâghâ Beg) 등은 야쿱 벡에게 동맹과 지원을 약속하는 비밀서한을 보내기에 이르렀다.[94]

쿠차정권의 분열에 고무된 야쿱 벡은 이 기회를 이용하여 쿠차를 정복하기로 결심하고 1867년 5월 6일 군대를 이끌고 카쉬가르를 출발, 마랄바시를

---

93) TH/Jarring, 61v-62v.
94) TH/Jarring, 62v-63r.

거쳐 악수로 향했다. 그는 악수河에서 자말 웃 딘의 아들인 야흐야(Yaḥya)가 지휘하던 3000명의 군대를 손쉽게 격파한 뒤, 아무런 저항도 받지 않고 그달 안으로 악수에 입성했다. 포로가 된 자말 웃 딘은 후에 야르칸드로 압송, 처형되었다.[95] 야쿱 벡이 우쉬 투르판으로 소수의 병력을 보내 부르한 웃 딘에게 투항을 권유하자, 이미 자말 웃 딘과 반목하던 이들은 저항 없이 투항하고 악수로 와서 야쿱 벡에게 충성을 맹세했다.

야쿱 벡은 악수에서 동진하여 야카 아릭(Yaqa Arîq)에서 쿠차 군대와 교전을 벌였지만 승리를 거두었다. 이 소식을 들은 라시딘은 당시 투르판 근처 룩친(Lukchin)의 반란을 진압하기 위해 파견했던 함 웃 딘을 소환하여 야쿱 벡을 저지하라고 보냈다. 그러나 함 웃 딘은 야쿱 벡과 싸우기는커녕 도리어 그에게 투항해버렸기 때문에, 쿠차도 무방비 상태에 빠져버렸고 1867년 6월 5일 야쿱 벡의 수중에 들어가고 말았다.

라시딘 호자는 쿠차가 함락되는 과정에서 사망한 것으로 보이며 야쿱 벡에게 저항했던 대부분의 호자들은 처형되었다. 다만 부르한 웃 딘과 그의 아들인 함 웃 딘과 마흐무드 웃 딘은 카쉬가르로 보내져 그곳에 있는 무함마드 호자 하즈라트(Muḥammad Khwâja Haḍrat)의 수도장(khânaqâh)에 은거하게 되었다.[96] 그러나 함 웃 딘은 카쉬가르로 보내진 지 2년 뒤 야쿱 벡에 의해 처형되었고, 다른 두 사람은 1877년 청군이 이 지역을 다시 정복할 때까지 그곳에서 살았다.[97] 한편 이스학 호자는 쿠차의 하킴으로 임명되어 샤흐야르(Shahyâr)·부구르·쿠를라 등지를 관할했다.[98]

이렇게 해서 1864년 6월 초 쿠차 봉기에서 시작된 라시딘의 이슬람정권은 3년 만인 1867년 6월 야쿱 벡에 의해 붕괴되고 말았다. 이 정권에 대해 사이

---

95) TH/Jarring, 80v-81r.

96) TH/Jarring, 65v. 무함마드 호자 하즈라트는 야쿱 벡 시대의 저명한 종교인이었다(TH/Jarring, 113v).

97) 사이라미는 TH/Jarring, 65v에서 함 웃 딘도 끝까지 생존한 것으로 기록했지만, 82r에서는 그가 처형당한 것으로 기록했다.

98) TH/Jarring, 82v.

라미는 다음과 같은 평가를 내리고 있다.

〔라시딘〕 호잠(Khwâjam)[99]은 이처럼 만 3년, 즉 37개월간 군림했다. 동쪽 경계는 바르쿨까지, 북쪽 경계는 칼묵키스탄〔=준가리아〕까지, 서쪽 경계는 야르칸드와 마랄바시까지, 남쪽 경계는 롭과 체르첸에 이르기까지를 취했다. 이 같은 방식으로 권력과 통치권을 장악했는데도 자기 친족들 누구에게도 자비를 베풀겠다거나, 혹은 기도자들이나 지식인들 혹은 장인들에게도 풍부한 선물을 주어 세속에서 초탈하려고 하겠다거나, 아니면 하천에 다리를 놓거나 황야에 연못이나 客舍(langar)를 세워 布施를 하겠다거나, 혹은 사원이나 학교를 짓고 寄進을 내거나 심지어 자신들이 묵을 여관(miḥmân-khâna)을 준비하지도 않았다. 그는 군주다운 規範과 法度, 그리고 지식과 실천의 세세한 것들을 알려고도 행하려고도 하지 않았다. 어떠한 일을 하더라도 자기 마음대로, 내키는 대로 행했을 뿐이다. 빈자들과 백성들에게도 평안이 없었다.[100]

쿠차정복을 완료한 야쿱 벡은 10월 1일 카쉬가르로 돌아왔고 반란과 내전으로 찢겨진 카쉬가리아의 복구와 정권안정에 총력을 기울였으며, 영국·러시아·오스만 등과 외교관계를 맺기 시작한 것도 이때부터였다.

4. 우룸치 倂合

(1) 1차 원정

쿠차정복(1867)과 1차 우룸치 원정(1870) 사이의 3년 동안 카쉬가리아 대부분의 변경 지역은 비교적 평온을 유지했다. 우선 서쪽으로 후다야르 칸

99) '호잠'이란 '나의 호자님'이라는 뜻으로, 호자에 대한 일종의 경칭이라고 할 수 있다.
100) TH/Jarring, 65v.

이 지배하는 코칸드 칸국이 카쉬가리아에 생겨난 이 새로운 정권에 대하여 우호적인 입장을 취한 것은 아니었지만, 그렇다고 구체적으로 어떤 적대적인 행동을 취하지도 않았다.

야쿱 벡은 서남부와 남부 변경의 파미르 산간 지역으로 군대를 보내 그곳의 유목민들을 복속시키고, 토착수령들의 지위를 인정하되 조공을 바치도록 했다. 북방으로는 러시아가 야쿱 벡 정권의 합법성을 인정하지 않고 카쉬가르 북방에 있는 나린(Narin) 강 근처에 요새를 건설하는 등 불안한 조짐을 보이고 있었다. 야쿱 벡은 러시아의 남진에 대하여 코칸드 칸국이 겪었던 운명을 생각하며 극도로 경계심을 갖고 군대를 보내 나린 강 건너편에 초소를 세우고 러시아인들의 동향을 예의주시했다. 그러나 초기의 이 같은 긴장에도 불구하고 야쿱 벡 정권과 러시아 사이의 국경은 별다른 무력충돌 없이 일종의 '현상유지'(*status quo*)가 계속되었다.

그러나 문제는 동부 변경 지역이었다. 야쿱 벡이 쿠차와 카라샤르를 점령함으로써 이 이슬람정권의 경계는 카라샤르와 투르판 사이에 위치한 귀뮈쉬(Gümüsh)까지 확장되었다. 당시 투르판은 우룸치의 퉁간지도자인 소 달루야, 즉 索煥章이 장악하고 있었다. 따라서 카쉬가리아와 우룸치에 근거를 두고 서로 경계를 마주하고 있던 2개의 이슬람세력의 이해가 충돌할 위험성이 상존해 있었다.

이외에도 투르판과 카라샤르 지역에는 두 가지의 또 다른 불안요소가 존재했다. 하나는 인근 지역을 약탈하던 몽골 계통의 호쇼트(Khoshot)와 토르구트(Torghut) 유목집단이었다. 호쇼트와 토르구트는 청조의 지배를 받았었지만 청조의 신강지배가 무너지면서 독립을 얻게 되었고, 그들은 무슬림 봉기로 혼란에 빠진 일리·투르판·카라샤르 등지를 약탈했다. 1864-65년 투르판과 카라샤르를 원정했던 쿠차의 이스학 호자도 그들과 전투를 벌인 적이 있었다. 앞에서 이 몽골 부족들과 일리 술탄국 사이에 벌어진 전투, 또한 러시아와 일리 술탄국간의 관계에서 이들의 도발적인 역할에 대해 언급한 바 있는데, 야쿱 벡이 1867년 카라샤르와 우샥 탈을 정복했지만 이 유목부족들에 대한 그의 통제력은 여전히 취약했다.

또 다른 불안요인은 산간 지역에 근거를 두고 무슬림들과 전투를 계속하던 한인 게릴라 집단이었다. 중국측 자료에는 '團練'이라는 이름으로 표현되어 있는데, 그들은 무슬림 봉기가 일어난 뒤 산간으로 도주한 사람들로 구성되어 있었다. 특히 우룸치 남부의 南山에 근거를 두고 徐學功의 지휘 아래 있던 5000명 정도의 한인집단이 가장 강력하여, 우룸치정권의 지배하에 있던 도시와 촌락을 기습하곤 했다.[101]

이러한 상황에서 1868년 야쿱 벡에게 동부 변경의 취약함을 알려주는 사건이 터졌다. 1842년 코칸드 칸국의 군주였던 무함마드 알리가 사망하자 그의 아들인 무자파르(Muẓaffar)는 카쉬미르로 도주했다가 1864년 무슬림 봉기가 일어난 뒤 야르칸드로 왔다. 그는 자신의 독자적인 세력기반을 만들기 위해 우룸치로 이동하여 그곳에서 상당수의 퉁간과 몽골인들, 그리고 외지인들(musâfirân)을 규합한 뒤 쿠를라와 카라샤르와 같은 야쿱 벡의 동부 변경 지역을 약탈하기 시작했다. 쿠차의 하킴이던 이스학 호자는 반격을 가하여 어렵지 않게 쿠를라를 탈환했고 무자파르는 전투에서 사망했다.[102] 이렇게 해서 이 사건은 별다른 파급효과 없이 곧 마무리되었지만 이것은 단지 시작이었을 뿐 이어서 우룸치 퉁간들에 의한 대대적인 침공이 뒤따랐다.

1870년 초 약 2만 명의 퉁간들이 투르판에서 쿠를라 지방을 침공한 사건이 터졌다. 그곳을 수비하던 야쿱 벡의 군대는 수적인 열세로 인해 쿠차로 후퇴하고 말았다.[103] 이 소식을 접한 야쿱 벡은 악수의 하킴이던 하킴 한 투

---

101) 『勘定新疆記』 卷1, 13r. TA/Jarring(90r)에 의하면 이스학 호자의 군대를 피해 南山과 율두즈 사이의 지역으로 도주한 1만 호 이상의 한인들이 徐學功의 지휘하에 있었다고 한다.

102) TH/Jarring, 42r-42v, 85r-85v.

103) 사이라미에 의하면 쿠를라가 퉁간들의 손에 넘어간 것은 1287년 Thawr절기의 말, 즉 1870년 4월 말이었다고 한다(TA/Pantusov, p.193 ; TA/Pelliot, 126v). 그러나 『勘定新疆記』(卷1, 13r)는 많은 수의 퉁간들이 1870년 陰 2월 奇台 일대를 공격했고, 陰 3월에는 妥明이 元帥 · 馬仲 · 馬泰 · 趙生才 등으로 하여금 남으로 安集延(안디잔)인들을 공격하여 阿爾(Yar)城 경계까지 이르렀다가 帕夏(pâdishâh, 즉 야쿱 벡)에게 패하여 투르판으로 돌아왔다고 기록했다. 이 두 기록은 모두 퉁간의 침공을 4월경으로 보고 있지만, 우리는 야쿱 벡이 그들에

라에게 2000명의 군대와 함께 쿠차로 가서 이스학 호자가 이끄는 군대와 합류하여 퉁간의 공격을 저지하도록 지시하고, 자신은 군대를 이끌고 카쉬가르를 출발하여 악수로 향했다. 하킴 한 투라 등이 지휘하는 군대는 쿠차 근처의 카라 야가치(Qara Yaghachi)라는 곳에서 퉁간들과 교전을 벌였지만 2000명 정도가 사망하는 패배를 당했다. 하킴 한 투라와 이스학 호자는 악수로 도주하고 쿠차는 퉁간들의 수중에 들어가버렸다. 퉁간들은 약 9일간 쿠차를 약탈한 뒤 야쿱 벡의 본군과 전면적인 전투를 피하기 위해 투르판으로 되돌아갔고, 그들은 귀환하면서 쿠를라와 부구르 등지도 약탈했다.

야쿱 벡은 3월 11일 카쉬가르를 출발하여 1-2주일내에 2만 5000명의 군대와 함께 악수에 도착했다. 그곳에 열흘간 머문 그는 퉁간들을 막는 데 실패한 군관들을 처형·징계한 뒤 쿠차로 갔고, 거기서 그는 이스학 호자를 하킴직에서 파직시켰다. 이어 그는 쿠를라와 우샤 탈을 거쳐 약 2000명의 퉁간들이 지키고 있던 톡순을 기습공격으로 점령했다.

야쿱 벡의 궁극적인 목표는 퉁간들의 주요거점인 투르판을 장악하는 것이었기 때문에 그곳으로 향했다. 양측 군대는 투르판 서쪽의 야미쉬(Yamish)와 야르(Yar)라는 곳에서 두 차례에 걸쳐 치열한 전투를 벌였는데 결과는 야쿱 벡측의 승리였다. 그는 투르판 근교에 군영을 설치하고 투르판의 포위에 들어갔으나, 퉁간측의 수비가 엄중하여 쉽게 함락시킬 수 없었다. 포위는 반 년 이상이나 끌었고 그 사이에 투르판 동쪽에 위치한 룩친도 야쿱 벡의 수중에 들어갔다. 결국 야쿱 벡측 대포의 위력에 놀란 투르판의 퉁간들은 1870년 음력 10월 성문을 열고 투항했고,[104] 그는 하킴 한 투라를 그곳의

게 반격을 가하기 위해 3월 11일에 카쉬가르를 출발했다는 분명한 증거를 갖고 있기 때문에 그것을 받아들일 수 없다. 즉 1258년 Rajab월에 씌어져 영국령 인도총독에게 보내진 야쿱 벡의 친서에서 그 같은 날짜를 확인할 수 있다. Cf. FO 65/874, Enclosure 10과 11. *Dâstân-i Muḥammad Ya'qûb Beg*(7v)도 1287년 Dhû al-Ḥijja 9일 직후에 야쿱 벡이 출발한 것으로 기록하고 있다.

104) TA/Pantusov, pp.196-202 ; *Kaşgar tarihi*, pp.373-375. 사이라미(TA/Pantusov, p.204)는 야쿱 벡이 투르판을 점령한 뒤 1287년 Rajab월 14일/1870년 10월 10일(TA/Pantusov에는

하킴으로 임명했다.[105)]

투르판 함락 후 야쿱 벡과 우룸치의 妥明—사이라미는 그를 '라우린자'(Lawrînjâ, 老人家), 혹은 '다우드 할리파'(Dâûd Khalîfa)라는 이름으로 불렀다—사이의 충돌은 불가피한 일이었다. 야쿱 벡이 1만 6000명의 군대를 이끌고 다반친(達板城)을 넘어 우룸치에서 약 10마일 정도 떨어진 곳에 위치한 다키야누스 샤흐리(Dâqiyânûs Shahrî)[106)]라는 곳에 진을 쳤을 때 퉁간들의 기습을 받았다. 妥明이 보낸 퉁간군은 야습을 시도했으나 혹심한 추위와 폭설로 인해 길을 잃어버려 동틀 무렵에야 야쿱 벡의 군대가 주둔한 곳에 도착할 수 있었다. 이어 벌어진 전투에서 퉁간군은 패주하고 말았다. 야쿱 벡은 그들을 추격하여 우룸치로 가서 도시를 포위하자 더이상의 저항이 어렵다는 것을 깨달은 妥明은 항복했다. 이렇게 해서 1870년 10월 말 혹은 11월에 우룸치도 야쿱 벡의 수중에 들어갔다.[107)] 그는 투르판에서 索煥章

Rajab월 4일, 즉 9월 30일)에 우룸치로 군대를 보냈다고 했지만, 이는 5월경에 카쉬가르를 출발한 야쿱 벡이 9개월간 투르판을 포위한 끝에 투항을 받아냈다는 그 자신의 또 다른 기록과 상치된다. 여기서 투르판 함락을 陰 10월로 본 것은『勘定新疆記』의 기록(卷1, 13v)에 따른 것이다. 한편 Schuyler는 투르판 함락을 1870년 7월이라고 했다(*Turkistan*, vol.2, p.319). 함락 당시 투르판의 퉁간수령이 누구였느냐 하는 문제에 대해서도 사이라미와『勘定新疆記』의 기록이 상이하다. 전자는 Sô Yanshay(索元帥), 즉 索煥章이라고 한 반면, 후자는 馬衆으로 보았다. 러시아측 자료는 전자의 견해와 일치하고 있다(Stratanovich, "K voprosu", p.63).『新疆簡史』(卷2, p.140)는 투르판 함락이 陰 10월 9일(陽 11월 1일)이며 퉁간수령은 馬仲 · 馬人得으로 보았으나 근거는 제시하지 않았다.

105) TH/Jarring, 90r. 그러나『勘定新疆記』(卷1, 13v)에는 야쿱 벡이 馬衆이란 자를 阿奇木(하킴)으로 임명하여 사무를 總管토록 했다고 기록되어 있다.

106) 이 지명은 '七人의 冬眠者'(기독교의 'Seven Sleepers of Ephesus', 이슬람의 'Aṣhâb al-Kahf') 설화와 관계가 있는 로마 황제 Decius(249-251)에서 비롯된 것이다. 투르판 동쪽의 Toyuq의 洞穴은 현지민들에게 Aṣhâb al-Kahf의 聖墓로 알려져 있고, A.Stein의 *Innermost Asia*의 지도(No.28)에는 카라호자에 Dakianus-shahri가 있는 것으로 나타나 있다. 그러나 이 지점은 투르판에서 우룸치로 가는 길에 위치한 것이 아니다. 엔베르 바이투르는 TH의 譯註(p.755)에서 야쿱 벡이 군영을 친 다키야누스를 우룸치 서쪽에 있는 Ulanbay라는 곳이라고 했는데, 아마 그의 견해가 옳을 것이다.

107) TH/Jarring(90v)에는 야쿱 벡이 투르판을 떠나 우룸치로 향한 것이 1287년 Rajab월 4일(1870년 9월 30일)이라고 했고, TH/Baytur(p.449)에는 Rajab월 14일(10월 10일)이라고 되어 있다.『勘定新疆記』는 우룸치함락을 1870년 陰 10월(陽 10-11월)의 일로 보았다. 양측의

을 불러들여 우룸치 지구의 '大元帥'(dayanshay)에 임명하고, 우룸치의 주변 도시들인 呼圖壁(Qutubi), 古牧地(Gumadi), 瑪納斯(Manas) 등지에도 각각 '元帥'(yanshay)들을 지정해주었다.[108]

야쿱 벡은 1870년 겨울을 우룸치에서 보내며 漢人 團練의 수령인 徐學功의 방문을 받았다. 徐學功은 야쿱 벡이 투르판에 머물 때에도 그를 찾아와 퉁간과의 전투에 필요한 병력과 물자를 제공한 바 있었고, 그의 동생이 지휘하는 1500명의 한인들은 우룸치함락에도 참여했었다.[109] 사이라미에 의하면 야쿱 벡은 3개월 가량 우룸치에 머문 뒤 군대와 함께 투르판으로 돌아갔고, 거기서 다시 2개월 정도 체류한 뒤 1871년 봄(Ḥamal 절기의 말)에 카라샤르에 도착했다고 한다.[110] 그는 당시 쿠를라 근처의 카라 모둔(Qara Modun)이라는 곳에 유목하던 토르구트계 몽골인들의 수령 카툰 칸(Khatun Khan)을 붙잡아 연금하고, 토르구트인들을 쿠를라의 하킴인 핫지 미르자(Ḥajjî Mîrzâ)의 통제하에 두었다.[111] 이렇게 해서 야쿱 벡은 1870년 겨울과 1871년 봄 우룸치의 퉁간들과 쿠를라 주변의 몽골인들을 복속시킴으로써 동부 변경을 안돈시킨 것처럼 보인다.

(2) 2차 원정

카라샤르에 3개월간 머문 야쿱 벡은 그곳을 떠나 1871년 6월 8일 악수에

기사가 거의 일치하고 있으며, 우룸치함락이 10월 말이나 11월경의 일임을 알 수 있다.

108) 우룸치의 퉁간수령으로 누가 임명되었는지에 대해서는 사료에 따라 약간씩 차이가 보인다. 『勘定新疆記』(卷1, 13v)에는 馬仲을 阿奇木(하킴)으로 하여 '總管各事'토록 했다고 한 반면, Ṭâlib Akhûnd(Prov.116, 28v-30v)는 Dâûd Khalîfa, 즉 妥明을 그대로 임명했다고 했다. 본고에서는 사이라미(TA/Pantusov, pp.204-208)와 Stratanovich("K voprosu", p.63)의 기록을 따랐다.

109) 사이라미는 徐學功 동생의 이름을 Mâshôye라고 했으나(TH/Jarring, 90v ; TA/Pelliot, 133r), 『勘定新疆記』(卷1, 14r)에는 徐學第로 되어 있다. 후자가 맞을 것이다.

110) TH/Jarring, 92r. Ḥamal 절기는 3월에 해당된다.

111) TH/Jarring, 92r의 Qarâ Môdûn. Baytur는 이를 Qara Muran으로 읽었으나, Stein의 지도 No.23에도 Qara Mudu라고 표기되어 있다.

도착했다.[112] 그러나 바로 그 즈음 漢人 團練의 수령인 徐學功이 우룸치를 공격하여 索煥章을 살해했다는 소식이 들려왔다.[113] 야쿱 벡은 쿠차의 나르 무함마드, 투르판의 하킴 한 투라, 쿠를라의 핫지 미르자 등에게 8000명의 군대를 주어 우룸치로 가서 徐學功을 처리하도록 명령했다. 그러나 이들이 우룸치에 도착했을 때 이미 그곳의 퉁간들은 살해된 索煥章의 아들 탈립 아훈드(Ṭâlib Akhûnd)를 '大元帥'로 추대한 상태였기 때문에 야쿱 벡은 그의 지위를 追認했다. 하킴 한 투라가 지휘하는 군대는 퉁간들과 연합하여 徐學功을 치기 위해 南山으로 갔으나, 大南山(Chong Nanshan) 방향으로 도주하는 그를 잡지 못한 채 돌아오고 말았다.

그러나 11월경(Qaws 절기) 이들이 우룸치로 돌아왔을 때 상황은 다시 바뀌어, 시내의 퉁간들은 탈립 아훈드를 밀어내고 妥明을 지도자로 추대한 뒤 카쉬가르측 군대의 입성을 거부했다. 양측의 치열한 전투가 벌어졌으나 악수에서 1500명의 지원군이 가세한 카쉬가르군이 승리를 거두고 우룸치의 회성과 한성을 모두 함락시켰다. 妥明은 마나스로 도주했다가 거기서 徐學功과 연합하여 다시 우룸치로 돌아와 성을 포위했다. 사이라미에 의하면 적의 군세는 퉁간 1만 6000명과 한인 단련 4000명을 합하여 모두 2만 명에 이르렀다고 한다.[114] 이렇게 해서 퉁간들은 우룸치시를 제외한 다른 모든 지역을 다시 장악하게 되었다.[115]

---

112) 이 날짜는 영국측에 보낸 야쿱 벡의 서한(FO 65/874, Enclosures 10 & 11)에 의해서 확인된다.

113) TH/Jarring, 92r-92v ; 『勘定新疆記』(卷1, 13v)에는 음력 4월(양력 5월 19일-6월 17일)에 徐學功이 迪化를 공격하여 馬仲을 斬首했다고 되어 있다.

114) TH/Jarring, 93v ; 『勘定新疆記』(卷1, 14r)에 의하면 야쿱 벡의 군대가 우룸치를 탈환하고 妥明을 몰아낸 것은 1871년 음 10월(양 11월 13일 - 12월 11일)이고, 그 다음 해 정월(2월 9일 - 3월 8일)에 徐學功이 우룸치를 포위 · 공격하기 시작했다고 했는데, 이는 사이라미의 기록과 일치하고 있다.

115) 러시아의 상인 I.Somov가 대규모 隊商團을 이끌고 마나스를 방문한 것도 바로 이때였다(1872년 1-5월). 그는 야쿱 벡의 아들 벡 쿨리(Beg Quli)에 의해 마나스가 점령되기 직전 그곳의 상황을 생생하게 전해주고 있으며, 『平回志』(卷7, 5v-6r)도 Somov의 대상단에 대해 언급하고 있다. Cf. Stratanovich, "K voprosu", pp.63-64.

악수에서 카쉬가르로 귀환했던 야쿱 벡은 우룸치에서의 이러한 상황을 접하고 장남인 벡 쿨리(Beg Quli)를 '사령관'(amîr-i lashkar)으로 임명하고 7000명의 군사를 주어 1872년 봄 우룸치로 보냈다. 그러나 우룸치로 들어가기 위해서는 먼저 그 길목인 다반친(達板城)을 지나야 했으나, 그곳에는 퉁간의 수령인 馬金貴와 그를 지원하기 위해 徐學功이 보낸 자신의 동생 徐學第의 한인 군대가 장악하고 있었기 때문에 양측의 전투가 불가피했다.

약 40일간의 전투 끝에 5월 8-9일 다반친을 함락시켰고 馬金貴와 徐學第는 전사했다.[116] 이어 벡 쿨리가 우룸치로 접근하자 퉁간들은 성 안팎에서 협공을 받는 처지가 되어 결국 퉁간들은 6월 11일 항복하고 徐學功은 沙山子로 도주했다.[117] 쿠차 군대와 벡 쿨리는 2개월간 우룸치에서 휴식을 취한 뒤 구마디와 마나스로 향했다. 이 두 도시 역시 함락되었고, 妥明은 마나스가 함락되던 날 자결해버렸다.[118] 야쿱 벡은 카쉬가르에 살던 살라르(Salar)족 출신의 퉁간 갠재 아훈드(Gänjä Akhûnd)를 우룸치 퉁간들의 '大元帥'로 임명하여 보냈고, 벡 쿨리는 승전군을 이끌고 1873년 6월(Sariṭân 절기)에 카쉬가르로 귀환했다.[119] 야쿱 벡은 그의 전과를 높이 평가하여 '아미르 중의 아미르'(amîr al-umarâ), 즉 '총사령관'으로 임명했다.

이렇게 해서 두 차례에 걸친 우룸치 원정의 결과 야쿱 벡의 동부 변경은 다시 안정을 찾았고, 그의 영토는 이제 서쪽으로는 파미르에서 동쪽으로는 투르판과 룩친, 남쪽으로는 사리콜과 호탄까지 북쪽으로는 우룸치와 마나스에 이르게 되었다.

---

116) TH/Jarring, 93v-94r ; 『勘定新疆記』 卷1, 14r-14v. 두 번째 자료는 이 원정을 帕夏, 즉 야쿱 벡이 지휘한 것처럼 기술했지만 잘못된 것이고, 『新疆簡史』(卷2, pp.177-178)도 이 같은 잘못을 되풀이하고 있다.

117) 『勘定新疆記』 卷1, 14r.

118) 사이라미는 마나스에서 자결한 퉁간수령을 Lawrînjâ, 즉 '老人家'라고 불렀는데 그는 바로 妥明이다. 그러나 『平回志』(卷7, 5r-5v)는 妥明과 馬官이 야쿱 벡의 1차 우룸치 원정시(1870-71) 사망한 것으로 잘못 기록하고 있다

119) TH/Jarring, 96v ; TA/Pantusov, p.220.

4章 ‖ 무슬림政權의 統治體制

1. 中央과 地方의 統治組織

(1) 中央의 權府

사실 우리는 야쿱 벡 치하의 동투르키스탄 이슬람정권에서 '중앙정부'라고 부를 만한 잘 짜여진 행정조직을 발견하기는 힘들다. 그것은 중앙에 권력이 부재했기 때문이 아니라, 야쿱 벡 한 사람의 엄격한 통제를 받으며 그의 명령을 수행하는 소수의 관리들만이 있었기 때문이다. 그는 어느 누구도 깊이 신뢰하지 않아 국가의 모든 일을 혼자 독단적으로 결정했고, 군주의 일을 보좌하는 '宰相'(vizîr)조차 두지 않았다.[1] 따라서 이슬람정권의 중앙권력의 성격을 이해하기 위해서는 그 핵심에 자리잡고 있던 야쿱 벡 개인을 먼저 분석할 필요가 있다.

당시 무슬림측 기록을 볼 때 야쿱 벡은 자신을 '칸'(khân)이라고 칭했던 것 같지는 않다. 예를 들어 사이라미는 그가 "스스로를 파디샤(pâdishâh)나 술탄(sulṭân)이나 칸(khân)이라고 부르지 않았다. 그의 印章은 수박씨만한 정도였고 '무함마드 야쿱'(Muḥammad Ya'qûb)이라고 새겨져 있을 뿐이었다"라고 했는데,[2] 영국인 쇼우(R. B. Shaw)가 야르칸드를 방문할 때 발부받은 통행증(1874년 10월 22일자)의 말미에 찍힌 야쿱 벡의 인장은 사이라미 기록의 정확함을 입증해주고 있다.[3] 그러나 영국이나 오스만측의 외교문서에서는 그가 '야쿱 칸'(Ya'qûb Khân)으로 호칭되었음을 발견할 수 있다. 즉 1875년 8월 5일(회력 1292년 Rajab월 10일)附 오스만 술탄의 勅書에는 그를

1) TH/Jarring, 103r.
2) TH/Jarring, 100v ; TH/Baytur, pp.496-497.
3) R. B. Shaw, "A Grammar of the Language of Eastern Turkestan," *Royal Asiatic Society of Bengal*, No.3, 1877, pp.322-323, p.349.

일러 '카쉬가르 지방의 경애할 만한 지도자 야쿱 칸',[4] 혹은 '카쉬가르의 아미르 야쿱 칸 閣下'[5]라고 불렀다.[6] 영국측 보고서도 그를 '야르칸드의 지배자, 아탈릭 가지 야쿱 칸 陛下'(His Highness Atalik Ghazee Yakoob Khan, Ruler of Yarkund)라고 했다.[7]

야쿱 벡이 '칸'을 자칭하지 않았음에도 불구하고 영국과 오스만이 그러한 칭호를 사용한 것은 아마 자국과 외교관계를 맺고 있는 상대국의 군주에게 적절한 예우를 해주기 위해서였기 때문으로 보인다. 이에 비해 야쿱 벡과 우호적인 관계를 갖지 않았고 그의 국가의 합법성을 인정하지 않았던 러시아측은 1872년 체결된 통상조약문에서 그를 '제티샤르의 수령 야쿱 벡'(Yakoob Beg, Chief of Djety-Shahr)이라고 불렀다.[8]

당시 무슬림측 자료에 의하면 야쿱 벡은 '아탈릭 가지'(ataliq ghâzî), '바다울라트'(badaulat), '쿠시베기'(qûshbegî), '아미르'(amîr) 등 다양한 별칭으로 불렸다. 앞장에서도 지적했듯이 아탈릭 가지는 '아버지와 같은 〔위대한〕 성전사'를 뜻하고, 바다울라트는 '행운을 지닌 사람'을 의미한다. 쿠시베기는 그가 코칸드 칸국에 있을 때 지녔던 관직의 명칭이었다. 아미르라는 칭호는 그가 오스만측과 외교교섭을 하며 술탄의 칙서(1873년)를 받은 뒤에야 비로소 취했던 것으로 보인다.[9]

야쿱 벡이 '칸'을 칭하지 않고 다른 별칭들을 사용한 까닭은 칭기스칸이나 무슬림 성자들의 후예가 아니고는 그 같은 최고권위를 표방하기 어려웠던 당시 중앙아시아에서의 독특한 분위기 때문이었을 것이다. 그러나 동시에 그의 이 같은 행동은 외면적으로 화려한 粉飾보다는 내면적인 현실을 중시

---

4) Kâşgar iqlîmin ḥâkim-i ṣâḥib al-iʿtibâr Yaʿqûb Khân.
5) Kâşgar amîri şahâmetlû Yaʿqûb Khân.
6) Nâme-i hümâyûn, No.13(cf. *Kâşgar tarihi*, pp.388-389) ; Yıldız tasnif, 33-1279-73-91.
7) FO 65/879, Enclosures No.3 & 4.
8) Boulger, pp.320-321.
9) Amîr의 칭호를 취한 것에 대해서는 Bellew, *Kashmir and Kashghar*, p.304 ; T.E.Gordon, *The Roof of the World*(Edinburgh, 1876), p.87을 참조.

하는 그의 태도와도 무관하지 않다고 본다. 다음과 같은 사이라미의 묘사는 그의 이러한 일면을 잘 드러내주고 있다.

> 그는 보리처럼 〔꼿꼿한 몸과〕 꽃 같은 색깔의 얼굴과 부드러운 수염을 지닌 중키에 〔가슴이〕 딱 벌어진 사람이었다. 처음에는 자신을 절제하고 신중하게 행동하여 율법의 규정을 지키며 지냈다. 행동거지는 마치 경건한 성자(îshân)나 교양있는 학자('ulamâ)와 같았다. 의복은 마치 고귀한 상인과 같았고, 타고 다니는 말이나 장비들도 五十人長(panjâhbashî) 정도였다. 좌정할 때에는 기도용 흰 카펫 아니면 돗자리 위에 터번을 쓰고 마치 낙타처럼 무릎을 꿇고 앉았다. 허리를 묶는 혁대를 풀거나 책상다리를 하고 앉아 있는 것을 본 사람은 한 명도 없었다. 그는 높은 곳이나 登床 위에 앉지 않았다. 대부분의 시간은 천막 앞에 혹은 돗자리에 혹은 낮은 땅에 앉아 있곤 했다. 洗淨을 하지 않고는 땅에 발을 내디디지 않았다.[10]

실제로 그를 직접 만나본 서구인들이 남긴 기록들도 야쿱 벡의 솔직하고 진지하면서도 근엄한 태도에 대해 강한 인상을 받았음을 보여주고 있다. 1873년 영국 사절단의 일행으로 카쉬가르를 방문했던 빌류는 야쿱 벡에 대하여 "중키에 단단한 체격이며, 평범하게 차려 입은 50세 정도"이며 "쉽사리 설명하기 힘든 매우 인상적인 얼굴"을 다음과 같이 묘사했다.

> 그 〔얼굴〕이 주는 느낌은 엄격함이었고, 대화중에는 가끔씩 매우 즐거운 미소로 인해 윗입술이 잠깐 움직이지만, 곧바로 분명 의식적인 듯한 엄숙한 표정으로 되돌아가곤 했다. 넓은 눈썹 밑으로 큰 눈이 있지만 거기에서 부드러움은 찾아볼 수 없고, 그 눈은 가끔씩 입술에 스치는 미소와는 무관하게 천천히 그리고 사려깊게 바라본다.[11]

---

10) TH/Jarring, 100v ; TH/Baytur, p.497 ; TA/Pantusov, p.232.

11) H.Bellew, *Kashmir and Kashghar*, pp.299-300. 이외에 R.Shaw의 *Visits to High Tartary*,

야쿱 벡이 머물던 건물은 '우르다'(urda)라고 불렸는데, 이 말은 원래 유목민의 수령이나 군주가 거주하던 천막을 의미하던 '오르다'(orda)에서 나온 말로서, 후일 중앙아시아에서는 군주의 거처를 지칭하는 용어로 사용되었다. 야쿱 벡의 우르다는 청대 카쉬가르의 大臣(amban)이 머물던 衙門이 반란으로 불타버리자 그의 명령으로 그곳에 다시 세워진 것이다. 이것은 여러 개의 방으로 이루어져 있었는데, 처음 두 방은 야쿱 벡의 근위병들이 있는 곳으로 그들은 "눈을 아래로 깔고 미동도 없이 침묵한 채 앉아 있다. 모두 눈처럼 흰 터번을 쓰고, 받침대가 있는 긴 총을 자기 앞 마룻바닥에 놓고 있다. 각자 불룩한 외투를 걸쳤는데 가죽띠로 허리를 조여맸고, 허리띠에는 칼과 기타 총에 사용하는 부품들이 주렁주렁 달려 있다."[12] 두 번째 방에는 부엌과 창고가 붙어 있었다. 세 번째 방은 접견실로서 공간은 널찍했고 바닥에는 카펫과 펠트가 깔려 있었으며 중앙에는 화로가 배치되어 있었다. 방 양쪽 옆으로는 근위병들이 착석했고 야쿱 벡은 안쪽 끝에서 외빈을 맞이했다. 진흙으로 된 벽에는 아무런 장식이 걸려 있지 않아, "궁정 안의 규율을 잘 말해주는 듯한 으스스한 침묵과 의도적인 정숙함과 놀랄 정도로 잘 어울리는" 분위기를 만들어주었다.

마지막 네 번째 방이 야쿱 벡의 개인 寢所였다. 영국 사절단의 보고서는 이 우르다의 전반적인 분위기에 대해 "궁정 안은 어디에나 완벽한 침묵만이 깔려 있고, 장난스러운 참새만이 정적이 싫은지 인간이 말하지 않는 곳에서 재잘댈 뿐이다"라고 표현하고 있다.[13]

우르다에는 야쿱 벡 개인을 위해 수발을 들거나 그의 명령을 집행하는 소수의 관리들만 있었을 뿐이다. 앞서 인용한 영국측 보고서는 야쿱 벡 측근

pp.353-361도 참조.

12) *Mission to Yarkund*, p.40.

13) 같은 책, p.41. 그가 머무는 '우르다'의 간소함에 대해서는 Bellew의 *Kashmir and Kashghar*, p.295도 참조. 그러나 그는 250-400명 가량의 後宮들을 거느리기도 했다(*Kashmir and Kashghar*, p.303).

에 '진바르다르'(zînbardâr, 안장을 얹어주는 사람), '다스투르한치'(dastûr-khwânchî, 연회를 준비하는 사람), '야사울'(yasâwûl, 명령을 받드는 사람), '미라호르'(mîrâkhôr, 말을 관리하는 사람), '마흐람'(maḥram, 부관 혹은 비서), '하자나치'(khazânachî, 창고를 관리하는 사람), '아프탑치'(aftâbchi, 술잔을 바치는 사람), '베카울바시'(bekâwûlbâshî, 음식을 관장하는 사람) 등의 관직을 열거했다.[14] 그러나 이것은 야쿱 벡 개인의 필요를 위해 두어진 직책에 불과할 뿐 국가의 중요한 정책을 논의하고 결정하는 것과는 전혀 무관한 것들이었다. 또한 이 보고서는 '국가의 주요한 관직들'로 근 20종의 직명을 소개하고 있는데, 그 중에는 '아탈릭'이나 '쿠시베기'처럼 코칸드 칸국에서 사용하던 칭호를 계속 습용하는 것을 옮겨 적은 것도 포함되어 있고, 나머지 직명들도 民政·軍政·財政에 관한 것들이 뒤섞여 있어 어떠한 일정한 체계를 찾아내기가 어렵다.

필자는 국사에 관한 중요한 문제들에 대해 야쿱 벡에게 자문을 제공하기도 하고 혹은 그의 명령을 수행하기도 하는 일종의 '중앙관서'에 해당되는 것이 '미르자바시'(mîrzâbâshî)와 그 휘하의 '미르자'(mîrzâ)들이었다고 생각한다. 사이라미는 이들의 기능과 역할에 대해 다음과 같이 기록하고 있다.

> 아탈릭 폐하―그의 무덤에 빛이 비추기를!―는 나라의 모든 일들을 스스로 처리했다. 공개적으로 한두 사람의 학자나 명망가를 재상의 직책에 임명하지 않았다. 그러나 나라의 사무에서 어려운 일의 처리와 〔관리의〕 해임과 임명에는 재상 대신에 명망있는 미르자와 경험 있는 문시(munshî)[15]와 상의하여 결정하며, 국사의 운영과 모든 국정처리를 그들의 희망대로 했고, 그들의 빛나는 견해에 따라 결정하고 수행했다. 나라의 모든 수입과 지출, 아미르들과 군대의 숫자, 말과 무기의 숫자, 창고와 작업장[16]의 수입과 지출이 미르자바시들에게 위

14) 같은 책, p.99.
15) '문시'는 '미르자'와 마찬가지로 원래 문서를 처리하는 임무를 수행하는 사람을 일컫는 말이다.
16) TH/Jarring(115v)에는 이 뒷부분, 즉 TH/Baytur의 p.576 중간에서부터 p.584 하단에 이르

임되었다. 통치에 관한 모든 사무를 미르자바시들이 처리하고 보고했다. 奏請人과 使臣들에 관한 사무도 미르자바시의 견해에 따라 처리되었다. 높으신 폐하의 권력 다음으로는 미르자바시의 권력이 컸다. 미르자바시들의 위엄은 무한한 것이었지만, 그래도 〔폐하의〕 분노로부터 자유롭지는 못했다.[17)]

그러나 영국 사절단은 이 미르자바시에 대하여 단지 'chief secretary'라고만 뜻을 옮겨 그 중요성을 인식하지 못했고, 러시아 사절단의 보고서도 "야쿱 벡은 국가행정의 모든 사무와 자신의 서신들을 네 명의 미르자로 구성되어 있는 '비서실'(chancellerie)을 통해서 처리했다"고 하여 야쿱 벡 휘하의 미르자들을 그의 개인적 비서 정도로 이해한 듯하다.[18)]

현재 확인할 수 있는 바에 의하면, 처음으로 미르자바시에 임명된 인물은 야쿱 벡이 코칸드에서 올 때 동행했던 야쿱 미르자바시(Ya'qûb Mîrzâ-bâshî)인데 그는 3년 정도 직무를 수행하다가 病死했다. 그 뒤를 물라 이사(Mullâ 'Îsa)가 이었지만 무능해서 해직되고, 카쉬가르 출신의 핫지 알람 아훈드의 아들인 마히 웃 딘 마흐둠(Maḥî ad-Dîn Makhdûm b. Ḥajjî 'Alam Akhûnd)으로 대체되었다. 그는 '미르자 파르사흐'(Mîrzâ Farsakh)라는 별명으로도 알려졌는데, 그것은 그가 카쉬가르에서 투르판에 이르는 도로에 '1farsakh'에 해당되는 거리마다 돌로 里程標를 세웠기 때문이다.[19)] 사이라미에 의하면 그는 일곱 가지의 다른 言語를 말하고 여섯 가지의 다른 書體를

는 부분이 筆寫者의 오류로 누락되었다.

17) TA/Pantusov, p.277 ; TH/Baytur, pp.575-576.

18) *Mission to Yarkund*, p.99 ; *Kashgaria*, p.47.

19) 이 같은 里程標는 당시 카쉬가리아 주민들에게 tash 혹은 sang이라고 불렸는데, 각기 '돌'(石)을 의미하는 투르크어와 페르시아어이다. 이는 도로 위에 일정한 거리마다 里程標로 돌을 세웠던 사실을 보여주는 것으로, '나무'로 세웠을 경우에는 yighach라는 표현이 사용되기도 했다. 1tash는 이론적으로 낙타의 1만 2000步에 해당되나, 카쉬가리아에서 사용되던 실제 거리는 4.5마일 정도였다. 1farsakh는 1tash와 동일한 거리를 나타낸다. 이에 대해서는 Grenard, "Spécimen de la littérature moderne du Turkestan chinois," *Journal asiatique*, 9e sér., tom., 13(1899), pp.339-344 ; *Mission to Yarkund*, p.436을 참조하시오.

쓸 줄 알았으며, 여러 명의 미르자들이 그를 보좌했다고 한다.[20] 그의 뒤를 이어 미르자바시로 임명된 인물이 마르기난(Marghinan) 출신의 마흐둠 제인 울 아비딘(Makhdûm Zayn al- 'Âbidîn)이었다.[21]

여러 명의 미르자를 휘하에 거느린 미르자바시의 직능은 앞에서 사이라미의 인용문에서도 알 수 있었듯이 매우 다양하고 광범위했다. 즉 정책결정에 관한 사항에서 야쿱 벡에게 조언해주는 것은 물론이지만, 무엇보다도 국가의 세입과 세출과 관련된 문제를 총괄했던 것으로 보이며, 따라서 그가 군대와 지휘관의 숫자 및 국가소유의 각종 물품과 장비의 숫자를 파악하는 업무도 맡아보게 된 것이다. 예를 들어 1870년 우룸치 퉁간들이 쿠를라와 쿠차를 약탈해가 재산을 잃어버린 주민들과 상인들이 야쿱 벡에게 탄원하자, 그는 미르자바시였던 마흐둠 제인 울 아비딘을 보내 그들이 입은 피해를 보상토록 한 일이 있었다.[22]

이외에도 미르자바시는 종종 중요한 외교사절로서의 임무를 띠고 파견되기도 했다. 예를 들어 영국인 쇼우가 1868-69년 이곳을 방문했을 때 그를 영접하여 카쉬가르로 인도한 사람도 미르자바시라는 칭호를 갖고 있었고,[23] 러시아인 쿠로파트킨은 1872년 타쉬켄트에 사신으로 파견된 적이 있는 '마흐숨'(Makhsum)이라는 이름의 미르자가 "국정에서 대단히 큰 영향력을 지닌 사람"이었다고 했는데,[24] 그는 아마 앞에서 언급된 마히 웃 딘 마흐둠을 가리키는 것으로 보인다.

또한 마지막 미르자바시였던 마흐둠 제인 울 아비딘은 야쿱 벡 사후 그의 아들인 벡 쿨리의 명령을 받고 악수에 주둔하던 청군에게 협상차 파견되어

---

20) 사이라미는 모두 일곱 명의 미르자의 이름을 열거하고 있는데, 이를 보면 앞에서 Kuropatkin이 야쿱 벡의 '비서실'이 네 명의 미르자로 구성되었다는 기록은 사실과 다른 듯하다.

21) TH/Jarring, 88v ; TH/Baytur, p.440, p.576 ; TA/Pantusov, pp.277-278.

22) TH/Jarring, 88v ; TH/Baytur, p.440.

23) *Visits to High Tartary*, p.247.

24) *Kashgaria*, p.47.

'總統大人'(Zûngtûng Dârîn)과 만나기도 했다.[25)]

그러면 미르자바시와 미르자들로 구성된 일종의 비서실이 어떻게 이처럼 막대한 권력을 갖게 되었는가? 그것은 아마 야쿱 벡의 권력이 갖는 속성과 밀접한 관련이 있는 듯하다. 그는 당시 중앙아시아에서 모두 인정하는 두 가지의 권위, 즉 칭기스칸의 후예도 아니었고 무슬림 성자의 후예로서의 카리스마도 지니지 못했다. 그러나 그의 휘하에는 이러한 권위를 지닌 인물들이 적지 않았기 때문에 그들이 중요한 직책을 맡을 경우 야쿱 벡 자신의 정치적 위상을 위협할 가능성도 배제할 수 없었다. 따라서 야쿱 벡이 필요로 했던 것은 명령을 충실히 이행할 수 있는 전문적인 기술을 지니면서 동시에 자신의 입지를 위협하지 않을 사람들이었다.

위에서 열거한 미르자바시들은 어느 누구도 고위의 군사적·종교적 배경을 갖지 않았으면서도 재정과 기타 실질적인 행정과 관련된 문제들을 처리할 수 있는 전문적인 문관들뿐이다. 그들이 그러한 배경을 지니지 않았기 때문에 그들이 발휘하는 권력은 오로지 야쿱 벡 한 사람의 신뢰에 바탕을 둔 것이고 따라서 그에게 충성을 바칠 수밖에 없었던 것이다. 사이라미가 지적했듯이 그들의 "위엄은 무한한 것이었지만, 그래도 〔폐하의〕 분노로부터 자유롭지는 못했다." 당시 미르자바시의 이 같은 독특한 특징은 바로 명분상 기반이 취약했던 야쿱 벡이 중앙집권적인 권력을 장악하기 위해 불가피하게 생겨난 것이었다고 할 수 있다.

(2) 地方 行政組織

우선 야쿱 벡이 통치하던 국가의 보다 정확한 경계를 당시 이 지역을 방문한 서구인들의 기록을 통해 확인해보도록 하자. 그의 지배권은 서남쪽으로 라닥크와 접경하는 지역에서 샤히둘라(Shahîdullâh)까지 미쳤고, 파미르

---

25) TH/Baytur, p.577. TA/Pantusov ; p.278.

의 와한(Wakhan) 계곡과 인접한 사리콜 방면으로는 악크타쉬(Aqtâsh)와 사르하드(Sarḥadd) 사이에 경계가 두어졌다.[26] 서쪽으로 러시아령 코칸드 지방과는 테렉 다반(Terek Daban)에서 경계를 이루었고, 카쉬가르 북방으로 러시아와 인접한 지역에서는 차크막(Chaqmaq) 초소의 북방 수마일 지점에 위치한 투르가트 다반(Turgat Daban)이라는 고개가 경계였다.[27] 일리河 유역의 율두즈 초원에는 토르구트계 몽골인들이 유목하고 있었는데 그곳은 야쿱 벡의 종주권을 인정하긴 했지만 실제로는 독립된 영역이나 마찬가지였다. 동쪽으로 하미와의 접경 지역에서는 칙팀(Chiktim)에 마지막 초소가 두어졌고, 동북쪽 우룸치 북방으로는 마나스까지 지배했다.[28] 남쪽과 동남쪽으로는 카랑구 타그(Qarangghu Tagh)와 체르첸과 롭 지방까지 지배권이 미쳤다.

따라서 사이라미가 야쿱 벡의 지배하에 들어온 영역에 대하여 "나라의 경계는 동쪽으로 구마디(Gûmâdî, 古牧地)에서 서쪽으로 사리콜(Sarîq Qôl)에 이르기까지 100일 거리였고, 북쪽으로 무즈다반(Mûzdâbân, 氷嶺)에서 남쪽으로 카랑구 타그까지 80일 거리였다. 이 경계 안에, 우룸치에 소속된 곳과 예태샤르(Yättäshahr)[29]에 소속된 곳에 크고 작은 34개의 하킴이 있는 도시들에 대해 14년 동안 확고한 제왕이었고 독립된 술탄이었다"[30]라고 한 것은 대체로 정확하다고 할 수 있으며, 이 영역은 현재 신강·위구르 자치구에서 하미와 일리 지구를 제외한 나머지 거의 전부를 포괄한다.

야쿱 벡은 이 광범위한 지역에 어떠한 지방 행정조직을 세웠는가? 이들 지역 가운데 일부를 제외하고는 모두 '省'(vilâyat)으로 구분되어, 야쿱 벡에 의해 임명된 지방장관('하킴' ḥakim 혹은 '다드하' dâdkhwâh라고 불림)이 파견

26) *Mission to Yarkund*, pp.226-232, pp.422-433.
27) 같은 책, pp.214-215, p.251, p.431.
28) 같은 책, pp.453-454.
29) '七城'을 의미하며 '알티샤르'(Altishahr, 六城), 즉 카쉬가리아와 동의어로 사용되었다.
30) TH/Jarring, 100v ; TH/Baytur, p.496.

되어 그의 직접적인 지배를 받았다. 당시 몇 개의 省이 있었고 그 구분에 대해서는 자료들마다 약간씩의 차이가 있지만, 이를 정리해보면 아래와 같다.

야쿱 벡 정권의 地方 行政單位

<table>
<tr><th></th><th>Kuropatkin</th><th>Forsyth</th><th>Bellew</th><th>Sayrami</th><th>清代 南路八城</th></tr>
<tr><td>1</td><td>Kashghar</td><td>Kashghar</td><td rowspan="2">Kashghar (Yangihissar & Maralbashi)</td><td rowspan="2">Kashghar (Yangihissar)</td><td>Kashghar</td></tr>
<tr><td>2</td><td>Yangihissar</td><td>Yangihissar</td><td>Yangihissar</td></tr>
<tr><td>3</td><td>Yarkand</td><td>Yarkand</td><td>Yarkand</td><td>Yarkand</td><td>Yarkand</td></tr>
<tr><td>4</td><td>Khotan</td><td>Khotan</td><td>Khotan(Cherchen)</td><td>Khotan</td><td>Khotan</td></tr>
<tr><td>5</td><td>Ush Turfan</td><td>Ush Turfan</td><td rowspan="3">Aqsu (Ush Turfan)</td><td>Ush Turfan</td><td>Ush Turfan</td></tr>
<tr><td>6</td><td>Aqsu</td><td rowspan="2">Aqsu</td><td>Aqsu</td><td rowspan="2">Aqsu(Bai)</td></tr>
<tr><td>7</td><td>Bai</td><td>Bai(Sayram)</td></tr>
<tr><td>8</td><td>Kucha</td><td>Kucha</td><td>Kucha</td><td rowspan="3">Kucha (Kurla)</td><td>Kucha</td></tr>
<tr><td rowspan="2">9</td><td rowspan="2">Kurla</td><td>Kurla</td><td rowspan="2">Kurla (Lop & Qarashahr)</td><td rowspan="2">Qarashahr</td></tr>
<tr><td>Qarashahr</td></tr>
<tr><td>10</td><td>Turfan</td><td>Turfan</td><td>Turfan</td><td>Turfan</td><td></td></tr>
</table>

(典據) Kuropatkin, *Kashgaria*, p.40; Forsyth, *Mission to Yarkund*, p.32 ; Bellew, *Kashmir and Kashghar*, p.4 ; TA/Pantusov, pp.276-277.

위의 표에서 행정단위상의 차이가 어떠한 이유에서 생겨난 것인지 확인하기는 어렵다. 예를 들어 사이라미는 야쿱 벡이 타림 분지의 서부지역을 정복한 직후에 "호탄에 니야즈 하킴 벡(Niyâz Ḥâkim Beg)을, 야르칸드에 무함마드 유누스 잔 샤가울(Muḥammad Yûnus Jân Shaghâwul)을, 카쉬가르에 알라쉬 비이(Âlâsh Bî)를, 양기히사르에 아밀 한 투라('Âmil Khân Türä)를, 마랄바시에 하킴 한 투라(Ḥâkim Khân Türä)를 독자적인 하킴과 봉읍(ḥâkim vä soyûrghâl bi'l-istiqlâl)으로 만들었다"[31]고 했고, 악수를 점령한 뒤에는 하킴 한 투라를 "악수의 하킴으로 하고 바이와 사이람 등 모든

31) TH/Jarring, 80v ; TH/Baytur, p.388.

부속 지역까지 〔그에게〕 은사해주고 봉읍으로 해주었다"[32]고 기록했다.

그러나 위의 표에서도 알 수 있듯이 사이라미는 양기히사르를 카쉬가르의 屬郡으로, 반면에 바이와 사이람은 악수에서 독립된 것으로 간주했다. 야쿱 벡의 동투르키스탄 점령이 일거에 이루어진 것이 아니라 단계적으로 성취되었기 때문에, 지방 행정단위도 초기의 일시적이고 잠정적인 것에서 점차 바뀌어갔을 가능성도 배제할 수 없다. 한편 포오사이쓰의 영국 사절단은 1873-74년에 방문했고 쿠로파트킨은 1876-77년에 방문했기 때문에 어느 쪽이 맞고 틀리다고 말하기 어려우나, 동일한 사절단의 일원으로 방문했던 포오사이쓰와 빌류조차도 서로 일치하지 않아 이들의 기록을 완전히 믿기도 어려운 점이 있다.

당시 코칸드나 부하라와 같은 중앙아시아의 다른 칸국들의 경우에도 그러했듯이 중앙이나 지방 행정의 특징이 대체로 체계적이거나 안정되지도 않았다는 점, 그리고 야쿱 벡의 권력행사에 전제적이고 자의적인 성격이 강했다는 점 등을 생각해보면, 그의 치하에 있던 지방의 행정구획 역시 상황이나 야쿱 벡 자신의 의지에 따라 변화하는 상당히 유동적인 모습이었을 가능성이 크다.

그러나 중요한 省들의 구획은 적어도 간선도로를 따라 비교적 명확하게 구분되었다. 예를 들어 영국인 쇼우가 이곳을 방문했을 때 야르칸드 하킴의 동생이 자기 省의 구역을 벗어났을 때 얼마나 無力해지는가에 대하여 "그는 자기에게 필요한 식량조차 구할 수 없을 정도여서, 나는 그에게 양 반 마리를 주었다"고 기록했다.[33]

여하튼 현재 행정구역의 정확한 숫자와 구역을 확정짓기는 힘드나 야쿱 벡 치하의 지방 행정구역이 적게는 7개 많게는 10개의 '省'으로 나뉘어 있었다는 사실은 확인할 수 있다. 이는 淸代에 東路에 속해 있던 투르판을 예외

32) TH/Jarring, 81v ; TH/Baytur, p.393.
33) *Visits to High Tartary*, p.245, p.378.

로 한다면 南路八城과 대체로 일치하는 것이며, 앞에서 말한 사이라미의 인용문에서 '34개의 하킴이 있는 도시들'(ḥâkimlîk shahr)이라는 표현이 보이는데 이 역시 淸代에 南路八城에 두어졌던 하킴 벡(阿奇木伯克)의 정원인 35명과 거의 일치하는 숫자이다.[34] 실제로 사이라미의 글에서 우리는 여기서 제시된 '省' 이외에 마랄바시, 톡순, 카라카쉬, 사리콜과 같은 곳에도 '하킴'이 임명·파견된 사례를 발견할 수 있다.[35] 이렇게 볼 때 야쿱 벡의 지방 행정구획은 기본적으로 淸代의 것을 답습한 것으로 보인다.

카쉬가르에서 투르판에 이르는 타림 분지에 두어진 이 省들은 야쿱 벡 국가의 가장 핵심적인 영역을 이루었고 투르크계 무슬림들이 주민의 압도적인 다수를 점했다. 이에 비해 가장 늦게 편입된 우룸치와 그 주변 지역은 약간의 차이를 보인다. 이미 설명했듯이 야쿱 벡은 1870년 말 우룸치를 점령한 뒤 索煥章을 '大元帥'로 임명하고, 그 주변의 쿠투비·구마디·마나스 등지에 각각 '元帥'를 임명했었다. 索煥章이 살해된 뒤 그의 아들의 승계를 인정했다가, 1871년 벡 쿨리의 2차 원정이 끝난 뒤에는 카쉬가르에 거주하던 살라르족 갠재 아훈드를 '大元帥'로 임명해 보냈다. 살라르족은 현재 青海省 동부에 살던 투르크 계통으로, 馬明心의 자흐리야 교단('新教')에 소속된 그들 일부가 18세기 후반부터는 상인으로 카쉬가리아 각지에 진출했었다.[36]

야쿱 벡이 다른 지역과는 달리 우룸치에 살라르인 갠재 아훈드를 보낸 까닭은 그곳 퉁간들의 주도세력의 상당수가 그 교단에 속하는 사람들이어서 그를 통해 통어하는 것이 좀더 용이하다고 판단했기 때문이었을 것이다. 이런 점에서 볼 때 우룸치 지방에 대한 지배방식은 어느 정도 퉁간들의 독자성을 인정하고 있어 타림 분지의 다른 지역과는 구별된다고 할 수 있다.

이외에도 야쿱 벡의 종주권을 인정하는 천산과 파미르 산간 지역의 키르기즈, 카자흐, 몽골 계통의 유목민들에 대해서는 중앙에서 관리를 파견하여

---

34) 淸代 伯克官人의 定員에 대해서는 佐口透, 『社會史硏究』, pp.126-127 참조.
35) TH/Baytur, p.435, p.467, p.540 ; *Mission to Yarkund*, p.219, p.224.
36) 佐口透, 『新疆民族史硏究』, pp.293-300.

직접 지배하는 것이 아니라 토착수령을 통해 지배하는 간접적인 방식을 취했다. 사이라미는 시그난(Shighnan), 칸주트(Kanjut), 와한(Wakhan) 등지의 수령들도 야쿱 벡의 종주권을 인정했다고 했지만,[37] 그러한 복속관계가 지속적이었던 것으로는 보이지 않는다.[38]

각 省의 장관들은 명목상으로는 관할구역에 대해 전적인 권리와 책임을 지니는 것으로 되어 있었다. 예를 들어 야쿱 벡은 니야즈 벡을 호탄의 하킴으로 임명하고 그곳을 그의 '소유르갈'(soyûrghâl, 封邑)로 해주면서, 그 지방의 모든 사무를 그가 재량껏 처리하고 관리들의 任免權도 갖도록 했다고 한다. 또한 유누스 잔 샤가울을 야르칸드의 하킴으로 임명할 때에도 그곳의 일을 專權을 갖고 처리하도록 했다고 한다.[39]

그러나 실제로는 각 성의 財政·軍政·司法을 처리하는 주요관리들을 하킴이 아니라 야쿱 벡 자신이 직접 임명했던 사례들을 여럿 확인할 수 있기 때문에, 하킴의 권한은 상당히 제한적인 것이었다고 볼 수밖에 없다. 하킴의 기본적인 책무는 자신이 관할하는 지방의 치안과 징세를 효율적으로 수행하고 외부의 침입으로부터 변경을 보호하는 것이었다. 이러한 임무를 수행하기 위해 그의 휘하에는 소수의 관리들, 예를 들어 하킴을 보좌하는 1인의 이식아가(ishîkâghâ, 副하킴)를 비롯하여 다수의 야사울(yâsâwûl, 參謀)과 마흐람(maḥrâm, 侍從官) 등이 두어졌다.

사이라미는 야쿱 벡이 하킴들을 임명한 것과 관련하여 그들에게 '소유르갈'을 정해주었다는 표현을 사용하고 있다. 예를 들어 그가 카쉬가르와 양기히사르를 점령한 뒤 "각 지역에 하킴과 소유르갈을 지정해주었다"[40]라고 했고, 정복 지역이 확대되면서 "호탄을 니야즈 이식아가 벡에게, 야르칸드를

---

37) TH/Baytur, p.414.

38) *Mission to Yarkund*, p.55에 의하면 사리콜까지가 야쿱 벡의 영토였고, 그 너머의 와한 지방은 아프간의 영역이었다고 한다.

39) TH/Jarring, 74r, 77r ; TH/Baytur, p.359, p.374.

40) TH/Baytur, p.352.

무함마드 유누스 잔 샤가울에게, 카쉬가르를 알라쉬 벡에게, 양기히사르를 아밀 한 투라에게, 마랄바시를 하킴 한 투라에게 주고, 독자적(öz aldigha)인 권한을 지닌 소유르갈로 만들어주었다."[41] 특히 호탄에 니야즈 벡을 임명해 보낸 것에 대해 다음과 같이 서술하고 있다.

> 야르칸드인 니야즈 이식아가 벡을 호탄의 하킴으로, 그리고 독립적인(mustaqill) '소유르갈'로 정해주고, 나라의 사무를 자신이 원하는 대로 처리하는 것과 중요한 일들을 자기 원하는 대로 해결하는 것과 관리들을 선발하여 임명하는 것과 자리에서 물러나게 하는 것 등 중요한 권리를 장악케 하였다.[42]

이슬람권에서 '소유르갈'이란 원래 두 가지 중요한 요소를 포함하는데, 하나는 '免除權', 즉 일정한 토지를 소유르갈로 받은 사람이 그 토지에 대한 독립적인 행정권을 가지며 거둬들인 세금을 배타적으로 소유한다는 것이고, 또 하나는 '世襲權', 즉 그러한 권리를 영구적으로 세습한다는 것이다.[43]

중앙아시아에서도 처음에는 이러한 특징을 지닌 소유르갈 제도가 시행되었으나 18세기 이후에는 '면제권'은 사라져버리고 '세습권'만 보존되었다. 뿐만 아니라 소유르갈로 주어지는 토지의 규모도 축소되어갔고, 지방 행정상 가장 큰 단위인 '省'을 소유르갈로 하사하는 경우는 없어지고 다만 소규모 '촌락'(qishlaq)을 주는 예들만이 보인다. 나아가 이러한 촌락이 소유르갈로 하사된 경우에도 원래의 주인이 사망하면[44] 그의 후손은 군주가 그의 권리

---

41) TH/Baytur, p.388.

42) TH/Baytur, p.374.

43) 이 점에 대해서는 V.Minorsky와 I.P.Petrushevskii와 같은 학자들이 모두 일치하고 있다. Minorsky의 *Tadhkirat al-Mulûk : A Manual of Safavid Administration*(London, 1943 ; 1980 repr.), p.27과 Petrushevskii의 "K istorii instituta soiurgala," *Sovetskoe vostokovedenie* 6(1949), pp.233-234, p.245 참조.

44) 중앙아시아의 소유르갈 제도의 변천에 관해서는 Abduraimov, *Ocherki agrarnykh otnoshenii*, vol.2, pp.100-112, 특히 tankhwâh 제도에 관한 그의 논의(pp.112-124)를 참조하시오.

를 재확인해야만 유지할 수 있었다.

따라서 필자는 소유르갈이 갖는 본래의 의미와 그 변천을 생각할 때 이 시기의 무슬림측 자료에 보이는 소유르갈이라는 표현에 얽매여 당시 야쿱 벡의 지방통치에 대하여 마치 소유르갈 제도가 시행된 것처럼 간주하는 견해[45]에 대해서는 동의할 수 없다. 야쿱 벡 시대의 하킴들은 관할지역에 대한 통치·세금의 '면제권'은 물론 '세습권'도 없었기 때문이다. 뒤에서 詳論하겠지만 하킴들이 징수한 세금은 일부 지방에서 필요한 금액만 남겨두고는 모두 중앙으로 보내졌고, 하킴의 직책이 세습된 예도 거의 찾아보기 어렵기 때문이다(p.204의 하킴 일람표 참조).

실제로 사이라미의 글에서 보이는 '소유르갈'이라는 말은 '恩賜'라는 뜻을 나타내기 위한 표현에 불과하다. 이미 17세기 후반에 집필된 샤 마흐무드 추라스의 『編年史』에서도 이 말은 그러한 의미로 사용되었음을 확인할 수 있는데, 거기에 보이는 용례를 조사해보면 칸이 자신의 일족이나 부족의 수령들에게 지방통치권을 위임하여 보낼 때 '소유르갈'(soyûrghâl)이라는 말이 사용되었고, 심지어 누구에게 '깃발'(tûgh)을 줄 때에도 "깃발을 소유르갈해주었다"라는 표현이 쓰이고 있다.[46]

따라서 앞에서 인용한 사이라미의 글에 '독립적인 소유르갈'이라는 표현은 문자 그대로의 의미보다는 야쿱 벡 시대의 현실을 고려해 이해하지 않으면 안 될 것이다. 나아가 앞에서도 간단히 지적했듯이 하킴이 지방 행정의 중요한 사항의 처리와 관리의 임면권을 부여받았다는 사이라미의 진술 역시 전적으로 타당한 내용이라고 보기는 어렵다. 왜냐하면 실제로 야쿱 벡이 하킴을 지방에 파견하여 보낼 때 副하킴(ishîkâghâ)은 물론 지방에서의 주요

45) 이러한 주장은 D.Tikhonov("Nekotorye voprosy," p.113)가 처음 주창했고, 일부 다른 러시아와 중국의 학자들이 동조한 바 있다. Cf. Isiev, *Uigurskoe gosudarstvo*, p.27 ; 『新疆簡史』 卷2, p.170.

46) 『編年史』에 보이는 '소유르갈'의 용례는 52v, 53r, 55v, 56v, 61v, 64v, 69r, 70v, 71r, 75r, 77r, 79r, 79v, 80r, 84v 등을 참조하시오.

기능을 담당하는 관리들까지 자신이 직접 임명하여 보낸 많은 예들을 사이라미의 글에서도 발견할 수 있기 때문이다. 예를 들어 군대를 통할하는 '사령관'(amîr-i lashkar), 재정을 담당하는 '재무관'(sarkar 혹은 zakâtchî), 심지어 사법을 처리하는 종교인들의 임면권까지 야쿱 벡의 손 안에 있었다. 나아가 야쿱 벡은 하킴이 임명한 관리라 할지라도 언제라도 자신의 판단에 따라 교체할 수 있었다. 물론 하급관리들이야 하킴의 책임하에서 선임되었겠지만 지방의 고위관리들은 야쿱 벡에 의해 임면되었고, 따라서 지방 통치제도는 하킴을 정점으로 하는 수직적·위계적인 조직을 이루었다기보다는 각자 야쿱 벡에게 개별적으로 책임지는 체제로 보아야 할 것이다.

그런데 한 가지 흥미로운 사실은 각 지방의 하킴들의 배경을 조사해본 결과 그 대부분이 카쉬가리아 현지주민이 아니라 코칸드 칸국 출신이라는 점이다. 현재 우리가 갖고 있는 제한된 자료로는 야쿱 벡 정권에서 '省' 단위의 지방 행정조직에서 하킴을 역임했던 사람들의 완전한 명단을 작성한다는 것은 불가능하지만, 확인 가능한 하킴들을 열거해보면 다음과 같다.

(1) 카쉬가르 : Aldâsh(혹은 Alâsh)
(2) 양기히사르 : *'Azîz Beg*, 'Âmil Khân, Abû al-Qâsim, Mullâ Niẓâm ad-Dîn
(3) 야르칸드 : (Mîr Baba, Qûsh Qipchaq Parvânachi), Muḥammad Yûnus Jân
(4) 호탄 : (Mîr Baba), *Niyâz Beg*
(5) 우쉬 투르판 : Muḥammad Baba, (Isḥâq Jân)
(6) 악수 : (*Mîrzâ Najm ad-Dîn), Ḥâkim Khân, *Mullâ Jiyân Mîrzâbâshi, *'Abd ar-Raḥman*
(7) 바이 · 사이람 : Aḥmad Beg, Muḥammad Amîn
(8) 쿠차 : *Isḥâq Khwâja*, Nâr Muḥammad, 'Âmil Khân
(9) 쿠를라 : Ḥâjjî Mîrzâ, Niyâz Muḥammad

(10) 투르판 : Ḥâkim Khân[47]

위의 명단에는 모두 20명의 하킴들이 열거되어 있는데, 이 가운데 이탤릭으로 표기된 4명만이 카쉬가리아 출신으로 확인되고, 출신을 확인할 수 없는 *표가 붙은 2명을 뺀다고 해도 모두 14명이 코칸드 칸국 출신의 외지인임을 알 수 있다. 더구나 4명의 카쉬가리아 출신 하킴들 가운데에서 아지즈 벡은 양기히사르 점령 직후 하킴으로 임명되었다가 곧 처형되었고, 쿠차 출신의 이스학 호자 역시 1869년 투르판 원정에 실패한 뒤 면직되었다. 따라서 악수의 압둘 라흐만과 호탄의 니야즈 벡, 이 두 사람만이 야쿱 벡 정권 말기까지 하킴직을 유지할 수 있었다.

이 같은 결과는 야쿱 벡 정권에서 행정상 핵심집단에서 카쉬가리아인들이 얼마나 소외되어 있었는가를 보여주며, 따라서 관리들의 80퍼센트가 카쉬가리아 출신 중에서 등용되었다는 이시에프의 주장은 아무런 근거도 없거니와 위의 사례에 비추어볼 때 도저히 받아들이기 힘들다.[48] 필자가 1986년 박사논문에서 코칸드 칸국과 같은 외지인들이 지방 행정뿐만 아니라 군대에서도 판사드('오백인장') 이상의 고위직 대부분을 차지했다는 사실을 처음으로 밝힌 직후인 1987년 일본학자인 新勉康도 독자적인 연구를 통해 동일한 주장을 했다. 그는 이 문제를 다룬 상세한 전론을 통해 중앙의 행정관은 서투르키스탄 출신인 반면, 각 지역의 '법관'들로는 현지인이 고용되었고, 지방 행정에서 하킴과 그 '補佐者'들은 코칸드 출신과 현지인들의 혼합구성을 보이며, 군대의 요직도 거의 모두 외지인들에 의해 장악되었던 사실을 지적

47) 이 명단은 TA, THP, TS, Ṭâlib Akhûnd, *Dâstân*, *Mission to Yarkund*, N.F.Petrovskii의 "Kratkiia svedeniia o litsakh, imevshikh otnosheniia ko vremeni Kashgarskago vladetelia Bek-Kuli Beka" (published by N. Ostroumov. *Protokoly zasedanii i soobshcheniia chlenov Turkestanskago kruzhka liubitelei arkheologi* 21, 1917) 등의 자료를 기초로 작성한 것이다.

48) D.A.Isiev, *Uigurskoe gosudarstvo*, p.27.

했다.[49]

'省'은 그보다 하위단계의 '邑'(kent)으로 나뉘어 있고 '邑'은 다시 그보다 더 작은 규모의 '村落'(maḥalla 혹은 yâz)들로 구성되어 있었다. '촌락'에는 벡(beg)이라는 官稱을 지닌 관리가 두어졌지만, 그러나 大邑의 경우는 때로 '省'(vilâyat)이라는 이름으로 불리고 그 장관은 '하킴'이라 칭해지기도 했는데, 이것은 청대 이래의 관례를 습용한 것이거나 아니면 이 같은 행정과 관련된 명칭들의 개념이 엄격하게 규정되고 구분되어 사용되지 않았기 때문인 것으로 보인다.[50] 벡 휘하에는 '미랍'(mîrâb)이 두어져 촌장의 수리시설을 살피고 수리하는 임무를 수행했다. 만약 지방에 주둔하는 군대의 재원확보를 위해 특별히 할당된 촌락들의 경우에는 그 군대 지휘관의 관할하에 두어졌다.[51]

司法系統의 관료로는 도시와 읍 단위에 카디(qâḍî), 무프티(muftî), 라이스(ra'îs, '警察')라 불리던 관리들이 배치되었다. 카디는 제기된 소송을 이슬람 율법의 규정에 따라 판결을 내리는 사람이었고, 사형이 내려져 야쿱 벡의 재가를 얻어야 하는 경우를 제외하고는 하킴이 그의 결정에 따라 형을 집행했다. 무프티는 카디나 다른 사람이 특정한 사안에 대하여 법률적 견해를 물어왔을 때 그것에 대해 법적인 '의견서'(fatva)를 제시하는 사람이다. 라이스는 거리를 순찰하거나 상점을 돌아다니며 범법행위를 감시하는 일종의 경찰인데, 무흐타십(muḥtasib)이라 불리는 補助吏 몇 명의 도움을 받는다. 그는 통상 나무로 된 손잡이에 가죽채찍이 달려 있는 '디라'(dira)를 들고 다니며 사소한 위반자들에 대해서는 그 자리에서 體刑을 가하기도 한다.[52] 야쿱 벡은 각 省의 수도에 '카디 칼란'(qâḍî kalân, 大法官)과 '카디 라

---

49) 「ヤーケーブ.ベグ政權の性格に關する一考察」, 『史學雜誌』 卷96 4號(1987), PP.1-42.

50) 사이라미의 글에 구마(Guma)가 vilâyat라고 불린 예가 보인다(TA/Pantusov, p.247). 이밖에도 Shaw, *Visits to High Tartary*, p.246 ; *Mission to Yarkund*, p.219, p.440 등에 보이는 예를 참조하시오.

51) Kuropatkin, *Kashgaria*, p.41.

52) *Mission to Yarkund*, p.6, p.104 ; Bellew, *Kashmir and Kashghar*, pp.281-282.

이스'(qâḍî ra'îs, 總警)를 임명하고, 규모가 큰 군대에는 '카디 아스카르'(qâḍî 'askar, 軍法官)를 임명했다.[53]

2. 軍 隊

(1) 組織과 運營

1865년 초 야쿱 벡이 부주르그를 대동하고 카쉬가르로 왔을 때 그의 휘하에는 극소수의 병력밖에 없었고 그들을 데리고 시딕 벡이 이끄는 키르기즈인들과 전투를 벌여야 했지만, 당시 키르기즈인들에 대해 적대적이던 카쉬가르 지방의 주민들과 백산당계 추종자들이 그를 적극 지원했기 때문에 전투에서 우위를 확보할 수 있었다. 그러나 카쉬가르 주민들은 훈련된 군인이 아니었을 뿐만 아니라 그가 부주르그와 대립할 경우 그를 지지하리라는 보장도 없었기 때문에 그의 위치는 결코 안정된 것이 아니었다.

이러한 상황에 결정적인 변화를 가져온 것은 1865년 가을 후다야르 칸을 피해 파미르를 넘어온 약 7000명의 코칸드 군인들이었다. 그동안 전투에 단련된 이들이 야쿱 벡 휘하로 들어옴으로써 그는 카쉬가리아내에서 확고한 군사적 기반을 갖게 되었고, 장차 강력한 군대를 건설할 수 있는 인적 자원을 확보하게 되었다.

야쿱 벡이 군대의 재편성을 실시한 것은 그가 부주르그의 저항을 좌절시킨 직후, 즉 야르칸드에 대한 최후의 공략을 준비하던 1866년 초의 일이었다. 사이라미도 보고하고 있듯이 그는 그동안 결집된 군인들의 명부를 작성하는 한편, 그들을 기병(yigit) 4개 사단과 보병(sarbâz) 1개 사단으로 편성하고 각 사단에 3000명의 병사를 배속시켜, 총병력 1만 5000명의 군대를 조

53) Kuropatkin, *Kashgaria*, p.46 ; TA/Pantusov, pp.155-156, p.178.

직했다. 이 가운데 야쿱 벡 자신이 1개 기병사단을 지휘하고 나머지 4개 사단에는 네 명의 '사령관'(amîr-i lashkar 혹은 lashkarbashi)을 임명했다.[54]

이밖에 다른 군관들의 위계도 정해주었다. 사령관 밑에는 '판사드바시'(pânṣadbashi, 줄여서 판사드pânṣad라고도 하며 五百人長을 뜻함)가 두어지고 그 아래에는 '유즈바시'(yüzbashi, 百人長)와 '판자흐바시'(panjâhbashi, 五十人長)와 '다흐바시'(dahbashi, 十人長)가 두어졌다. 야쿱 벡은 이렇게 새로이 편성된 군대를 이끌고 가서 야르칸드 점령에 성공했으며(1866), 그 다음 해에도 역시 동일한 편제로 악수와 쿠차를 정복했다(1867).[55]

영토가 확장되면서 야쿱 벡은 방위목적으로 중요한 도시에 군대를 주둔시킬 필요성을 느끼게 됨으로써 군대의 규모를 꾸준히 확대했다. 각각의 주둔군은 그 규모에 따라 '사령관' 혹은 '판사드'의 칭호를 가진 지휘관에게 맡겨졌다. 예를 들어 야르칸드를 점령한 뒤 그는 케펙 쿠르바시(Kepek Qûrbashi)라는 인물에게 도시에 주둔하는 군대의 지휘를 위임했고, 마찬가지 방식으로 호탄에는 할만 판사드(Khâlmân Pânṣad)를, 악수에는 함담 판사드(Hamdam Pânṣad)를, 쿠차에는 무함마드 바바 톡사바(Muḥammad Baba Toqsaba)를, 투르판에는 하이다르 쿨리 판사드(Ḥaydar Qulî Pânṣad)를, 우룸치에는 투르디 쿨리 다드하(Tûrdî Qulî Dâdkhwâh)를 임명했다.[56]

1870년 이후 국가로부터 봉급과 보급품을 받던 정규군의 전체 숫자에 대해서는 자료에 따라 약간씩 차이가 있기는 하지만 대체로 3만 5000명에서 4만 명 사이였던 것으로 추정된다.

이에 관해 비교적 구체적인 수치를 남긴 『무함마드 야쿱 史話』(*Dâstân-i Muḥammad Ya'qûb*)와 쿠로파트킨 보고서의 내용을 표로 만들어보면 다음과 같다.

---

54) TA/Pantusov, p.150.
55) TA/Pantusov, p.175.
56) TA/Pantusov, p.155, p.166, p.178, p.181, p.202, p.217.

각지에 주둔한 군대의 숫자

	Ⓐ *Dâstân-i Muḥammad Ya'qûb*[57]	Ⓑ Kuropatkin[58]
카쉬가르	7700 (回城 1700 + 漢城 6000)	4600-4800
양기히사르	1500	4000
야르칸드	6000	
호탄	12,000	3000
마랄바시		400
우쉬 투르판	1500	
악수	6000	1200
바이·사이람	2000	400
쿠차	3000	1500
쿠를라		3160
다반친		900
투르판		8500(+ 퉁간 1만 명)
톡순		6000
기타 변경초소		1500
총계	39,700	35,360(+ 퉁간 1만 명)

Ⓑ자료 쿠로파트킨의 보고서는 러시아 사절단이 카쉬가리아를 방문한 1876년의 상황을 반영한 것이고, 당시 좌종당이 이끄는 청군이 투르판과 우룸치 등지를 압박하고 있었기 때문에 Ⓐ자료에는 전혀 언급이 없던 쿠를라,

57) *Dâstân-i Muḥammad Ya'qûb*, 2r-2v.
58) Kuropatkin, *Kashgaria*, pp.241-243.

다반친, 투르판, 톡순 등 동부의 요충지에 거의 2만 명의 병력이 집중 배치된 것을 알 수 있다. 물론 이들 병력은 서부지역에서 이동한 것임은 자료Ⓐ와의 비교를 통해서도 분명히 드러난다.

그러면 자료Ⓐ는 어느 시점의 상황을 반영한 것인가. 이 글에는 압둘 라흐만이 악수의 하킴이라고 기록되어 있는데 그가 그 자리에 임명된 것은 1870-71년 우룸치 원정이 끝난 뒤였기 때문에, 이러한 병력배치는 그 이후의 상황을 나타내는 것임이 분명하다.

이러한 정규군은 각각 그 기능에 따라 騎兵(yigit), 步兵(sarbâz), 砲兵(taifurchi)으로 구분된다. yigit는 문자 그대로 '騎兵'을 의미하지만 실제로 그들이 수행하던 전투의 양상을 보면 '騎馬步兵'이라고 하는 쪽이 더 정확할 것이다. 그들은 말을 타고 하루 평균 30마일 정도를 진군하다가, 일단 전투가 벌어지면 "말은 후방에 남겨두고 말에서 내려 총을 쏘았다."[59] 步兵은 말을 갖고 있지는 않으나 騎兵에 비해 더 좋은 무기를 보유하고 많은 훈련을 받았으며, 기병과 보병의 비율은 3:1 정도였다. 砲兵은 별도의 師團을 이루어 카쉬가르에 주둔했다. 그들 대부분은 '타이푸르'(taifur)를 다룰 줄 아는 한인과 퉁간들로 충원되었는데, 타이푸르란 원래 중국어의 '大砲'를 옮긴 말이지만 길이가 6피트이고 4-5명이 한 組가 되어 다루는 일종의 長銃이라 할 수 있다.

감숙성 출신의 馬 달루야 휘하의 퉁간 砲兵 3000명이 카쉬가르 漢城에 있었고, 何 달루야가 지휘하는 漢人 砲兵 1500명은 카쉬가르의 城砦 안에 주둔하고 있었다.[60]

이러한 정규군 이외에도 야쿱 벡은 특별한 경우를 대비하여 補助軍隊를

59) T.E.Gordon, *The Roof of the World*, p.92.

60) *Dâstân*, 1v-2r, 3r ; *Mission to Yarkund*, pp.13-14 ; *Kashgaria*, pp.225-230. 타이푸르에 관해서는 Bellew의 *Kashmir and Kashghar*, pp.311-315도 참조하시오. 何 달루야를 위시한 漢人들은 야쿱 벡에게 투항하면서 이슬람으로 개종하여 '新무슬림'(yangi musulman)이라 불렸다. 이들의 생활에 대해서는 Bellew의 책, p.226을 보시오.

보유했는데, 그들은 우룸치와 투르판에 있는 퉁간병들과 파미르 산지에 거주하는 키르기즈 유목민이나 사리콜 주민들이었다. 한 여행가의 기록에 의하면 비상사태가 발생했을 경우 야쿱 벡은 주변의 키르기즈인들로부터 거의 2000명 정도를 징집할 수 있었다고 한다.[61]

그러나 이러한 보조군대의 숫자는 때에 따라 매우 가변적이었기 때문에 그것을 정확하게 추산하기는 어렵고, 또 그들이 카쉬가르의 군대에서 중요한 위치를 차지했던 것도 아니었다.

야쿱 벡은 자신의 권력기반을 강화하기 위해 군대를 정비하고 확충했지만 그것은 오히려 그의 지위를 위협할 소지도 안고 있었다. 이러한 위협을 사전에 차단하기 위해 그는 다음과 같은 몇 가지 방법을 강구했다. 첫째, 군부의 고위직에 자신이 믿을 수 있는 코칸드 출신을 임명하는 것이었다. 쿠로파트킨은 이에 대해 다음과 같이 기록하고 있다.

> 다흐바시에서 판자흐바시로 진급하는 것은 판사드가 결정하지만, 유즈바시나 판사드로 진급하는 것은 야쿱 벡의 손에 달려 있고, 그는 자신의 판단에 따라 졸병을 곧바로 판사드로 승진시키기도 하고 혹은 똑같은 방식으로 판사드를 졸병으로 강등시키기도 한다.[62]

이 같은 방법은 군 고위직 인물들의 세력이 정도 이상 비대해지는 것을 예방하는 동시에 자신에게 충성을 바치는 엘리트를 창출하는 효과도 갖고 있었다. 이런 방식에 의해 야쿱 벡은 군의 고위직 거의 모두를 외지인, 특히 코칸드 칸국 출신으로 채웠던 것이다. 예를 들어 그가 1866년 처음으로 임명했던 네 명의 '사령관'은 모두 외지인이었으니, 그 출신배경을 조사해보면

---

61) "Report of the Mirza's Exploration", *Proceedings of Royal Geographic Society*, vol.15, no.3(1871), p.194. Ṭâlib Akhûnd(Prov. 116, 9r)는 수천 명의 키르기즈인이 우룸치 원정에 동참했다는 기록을 남기기도 했다.

62) *Kashgaria*, p.200.

압둘라('Abd Allâh)는 마르길란 사람이요, 미르자 아흐마드는 타쉬켄트, 우마르 쿨리는 킵착, 자마다르는 아프간 출신이었다.[63] 당시 코칸드 출신이 군의 요직을 어느 정도 독점했는가 하는 사실은 사이라미가 제시한 명단에서도 쉽게 드러난다. 그의 글에서 '사령관'(amîr-i lashkar)이라는 칭호로 언급된 사람들은 모두 13명이 보이는데, 그 가운데 단 한 명만이 카쉬가리아 출신이고 나머지는 모두 외지인이었다. 판사드의 칭호를 갖던 사람들의 경우도 사정은 마찬가지였다.[64] 이로써 야쿱 벡이 코칸드 출신 인물들을 군의 고위직에 앉힘으로써 카쉬가르 현지인을 배제하는 정책을 썼음은 분명히 드러난다. 그의 이러한 정책은 나름대로의 근거가 있었으니, 카쉬가리아 사람들이 시딕 벡, 무카랍 샤 벡, 왈리 한, 부주르그 등 과거에 자신과 대립했던 사람들을 지지했었기 때문이다.

둘째, 야쿱 벡은 이들 외지 출신의 군지휘관들에 대해서 '견제와 균형'의 정책을 사용했다. 코칸드 칸국에서의 정치세계에서 잔뼈가 굵은 그는 코칸드 칸국 출신의 군관들을 同鄕이라고 무작정 믿을 정도로 어리석지는 않았다. 따라서 그들이 자신에 반대하는 연맹세력을 형성하지 못하도록 출신배경이 상이한 사람들을 교묘하게 섞어서 배치했다. 앞에서 언급한 네 명의 '사령관'들이 좋은 예이니 그 가운데 하나는 킵착이고, 둘은 서로 다른 도시 출신의 사르트(Sart)인이고, 마지막 하나는 아프간인이었다. 또한 그는 군에 대한 통제력을 강화하기 위해 자신의 두 아들인 벡 쿨리(Beg Quli)와 학 쿨

---

63) 압둘라를 제외하고 나머지 세 사람 모두 1865년 9월 코칸드 칸국에서 넘어온 무리들에 속했으며 그들의 이름은 TS, 46r에서 확인된다. 그들의 출신에 대해서는 Mîrzâ Aḥmad의 "Badaulet", pp.90-94를 참조. 또한 우마르 쿨리에 대해서는 TA/Pantusov, p.145, p.175, p.282 및 Petrovskii의 "Kratkiia svedeniia", p.96을 보시오. 자마다르라는 인물은 Gordon의 *The Roof of the World*, pp.90-92에는 'Nubbi Buksh'라는 이름으로 나오는데, 아프간인으로 펀자브에서 태어났고 오랫동안 시크 군대에서 봉사하다가 코칸드군에 들어간 인물이다. 그에 관해서는 Kuropatkin, *Kashgaria*, p.175, pp.221-222 ; TA/Pantusov, p.145, p.147, p.282 ; Petrovskii, "Kratkiia svedeniia," p.92 ; Shaw, *Visits to High Tartary*, p.347 등을 참조하시오.

64) TA/Pantusov, pp.282-284.

리(Ḥaqq Quli)를 '사령관'으로 임명했는데, 장자 벡 쿨리는 후에 우룸치 원정을 성공적으로 완수한 뒤 '총사령관'으로 승진되었다.

셋째, 야쿱 벡은 지방정부와 군대의 지휘계통을 분리시킴으로써 양자가 결합하여 단일한 반대세력을 이루지 못하도록 했다. 행정상으로 볼 때 지방 주둔군은 전쟁시 그 지방 하킴의 지휘와 통제를 받게 되지만, 하킴은 지방의 군사령관에 대한 임면권을 갖지는 못했다. 나아가 재정적인 측면에서 지방정부의 지원을 받는 것이 아니라 별도의 재정 계통을 통해 중앙정부의 통제를 받았다. 따라서 지방장관과 지방의 군사령관 사이의 종속관계는 엄밀히 규정되지 않은 채 모호한 상태로 두어졌고, 단지 명목상으로만 후자가 전자에 예속되었던 것이다. 이러한 현상은 행정제도의 미성숙을 나타내는 한 지표로도 볼 수 있겠지만, 지방의 민정과 군정을 분리시킴으로써 양자의 결합을 예방하는 효과를 노린 것이라고 이해할 수도 있을 것이다.

1866년 야쿱 벡이 5개의 사단을 편성하여 정규군을 만든 것은 군사력을 증강하려는 그의 끊임없는 노력의 시작에 불과했다. 1만 5000명에 달하는 이 5개 사단만으로는 내적인 불안과 외적인 위협에 효과적으로 대처하기가 어렵다고 판단한 그는 병력을 지속적으로 보강해서 우리가 앞에서 본 것처럼 거의 4만 명에 가까운 규모로까지 확충했던 것이다.

그렇다면 그는 과연 어디서 이 같은 병력을 충원할 수 있었을까? 이제 그가 채택한 병력 충원방법, 물자의 보급과 봉급체계, 훈련과 장비 등의 문제를 검토해보도록 하자.

(2) 軍備增强과 '新軍'의 創設

야쿱 벡은 처음에 추가병력을 충원할 때 직업이 없는 사람이나 '자신의 신분을 명확히 밝히지 못하는 사람'들만을 대상으로 했고, 농민들(zamîndâr)은 병역에서 면제시켜주었다.[65] 그러나 그것만으로는 인적 자원이 충당되지

65) TA/Pantusov, p.233 ; Gordon, *The Roof*, p.76.

않자 그는 후일 '강제적인 징병제도'를 도입하고 지원에 의한 병력 충원은 '보조적'인 것으로만 활용했던 것으로 보인다.[66] 15세에서 35세 사이의 남자는 징병대상이 되었지만, 충원할 병력의 숫자는 고정되지 않고 매년 상황에 따라 바뀌었던 것으로 추정된다. 그리고 일단 충원된 병력은 고정된 연한 없이 여러 지방의 군대에 배속되며, 반드시 자기 고향에만 근무하는 것은 아니었다.

이처럼 강제로 징발된 현지민 이외에도 야쿱 벡은 적지 않은 수의 외국인들을 군인으로 충원했다. 당시 이슬람권에서의 그의 명성은 상당히 높았기 때문에 이방의 많은 무슬림들이 행운을 찾아서 혹은 '성전'의 열정을 불태우기 위해서 카쉬가리아로 왔다. 물론 코칸드 출신들이 외지인 병사의 다수를 점했지만, 그들 외에도 아프가니스탄이나 인도에서 온 사람들도 있었다.

그들은 일반적으로 카쉬가리아 현지인들보다 더 많은 전투경험을 갖고 있었기 때문에, 그들이 일단 이 지방에 발을 들여놓으면 야쿱 벡은 무슨 수를 써서라도 그들을 잡아두려고 했다. 심지어 그들은 본국에 처자식이 있음에도 불구하고 현지 여자들과 혼인을 강요당하는 경우도 있었다.[67] 병사들은 현물 또는 현금으로 봉급을 수령했는데, 그 정확한 액수를 확인하기는 어렵다. 이에 관해 쿠로파트킨은 다음과 같이 기록하고 있다.

> 카쉬가리아 군인들의 봉급과 보급품은 정해진 규정에 의해서 지급되는 것이 아니다. 군인들에게 지급되는 봉급은 작전중이냐 혹은 여러 지역에 있는 막사에 주둔중이냐, 아니면 변방초소에 근무하느냐에 따라 달라진다. 그러나 무엇보다도 그것은 야쿱 벡의 현금보유고의 상황에 따라 바뀌었다.[68]

아마 이러한 이유에 기인하는 것이겠지만 얼마 안 되는 자료들조차 병사

---

66) Kuropatkin, *Kashgaria*, p.197.

67) Bellew, *Kashmir and Kashghar*, pp.246-247에는 이 지방에 온 아프간 병사들에 관한 묘사가 있다.

68) Kuropatkin, *Kashgaria*, p.208.

들의 봉급에 관해서는 많은 차이를 보인다. 예를 들어 1868-69년 이곳을 방문한 쇼우는 한 유즈바시로부터 자신은 1년에 300틸라(ṭilla ; 약 10yambu에 해당)를 받고 일반 병사들은 30틸라(약 1yambu)를 받으며, 전시에는 봉급이 배증된다는 말을 들었다.[69] 그러나 1876-77년 비교적 상황이 좋았을 때, 일반 병사가 매달 3-15탱개(1년에 약 0.03-0.16yambu), 다흐바시(十人長)는 20탱개(1년에 0.21yambu), 판자흐바시(五十人長)는 25탱개(1년에 1yambu), 유즈바시(百人長)는 30탱개(1년에 3.3yambu)를 받았다는 기록도 보인다.[70] 따라서 자료에 나타난 수치의 얼마간의 차이를 인정한다고 하더라도 야쿱 벡 정권의 말기로 가면서 병사들의 봉급이 상당히 줄어들지 않았는가 하는 추측도 가능하다.

사실 러시아 사절단은 이곳을 방문했을 때 한 병사로부터 자신이 5년 동안 근무하면서 받은 것이라고는 고작 옷 두 벌과 25탱개에 불과하다는 불평을 들었다.[71] 이 액수는 당시 노동자들의 한 달 수입과 맞먹는 것이었다.[72] 현물로 지급되는 봉급, 보다 정확하게 말하면 병사들이 받는 보급품은 적어도 원칙적으로는 매일 지급되는 두 덩어리의 빵과 한 그릇의 밥(pilau), 그리고 여기에 약간의 차, 밀가루, 고기가 매달 추가되었다. 이밖에도 병사들은 축제일이 되면 옷을 받기도 했고, 보너스로 옷이나 현금을 받기도 했다.[73]

야쿱 벡은 군대에 필요한 물자를 지급하기 위해 세 가지 방법을 사용했다. 첫째는 지방에 주둔하는 군대나 변경초소의 병사들이 필요로 하는 보급품을 사르카르(sarkar)라는 회계관의 감독하에 해당군대의 지휘관에게 직접

69) *Visits to High Tartary*, p.255.

70) Kuropatkin, *Kashgaria*, p.208. Shaw의 *Visits to High Tartary*(p.228)에 따르면 1868-69년 銀 1yambu는 금 31ṭilla(코칸드産)와 同價이며 1100tängä에 해당된다고 하였다. 만약 Kuropatkin의 기록이 정확하다면 1yambu는 1866-67년경 1100tängä와 맞먹는다. 그러나 우룸치 원정 말기에 가면 銀價에 약간의 下落이 있었다.

71) Kuropatkin, *Kashgaria*, p.213.

72) 같은 글, p.66.

73) 같은 글, pp.208-209 ; *Dâstân*, 2v.

보내는 방법이고, 둘째는 일정한 토지를 할당해준 뒤 고용된 노동자나 병사들이 그것을 경작해서 자신들의 식량을 조달하는 방법이요, 셋째는 하나 혹은 그 이상의 촌락을 食邑으로 주어 지방군대가 필요로 하는 물자를 그곳에서 충당케 하는 방법이다.[74]

야쿱 벡은 군대를 혁신적으로 개선하기 전에는 결국 언젠가 닥치고 말 청군의 반격을 막아내기 어려우리라는 사실을 알고 있었다. 이미 1870년경 그는 4만 명에 가까운 군대를 보유하게 되었지만, 군대의 숫자만이 군사력의 강도를 좌우하는 것이 아니며, 사기·훈련·조직·무기 등 여러 가지 복합적인 요인들이 중요한 역할을 한다는 점을 깊이 인식하고 있었기 때문이다. 1864년 반청 봉기가 일어났을 때 여기에 동참한 대부분의 무슬림들은 비록 이교도 지배에 대한 저항정신으로 사기는 충천했을지 모르지만 그 나머지 요건들은 거의 갖추지 못한 상태였다. 1865년 7월 전술한 한 아릭의 전투에서 2만 6000명에 달하는 쿠차군이 불과 2000명의 야쿱 벡 군대에게 패배한 까닭도 여기에 있었다. 당시 동투르키스탄의 무슬림 세력 가운데 가장 강력했던 쿠차군이 사용했던 무기들 가운데에는 포(top, 혹은 zambarak)와 소총(miltiq) 혹은 화약(dura) 같은 것도 있었지만[75] 이것들도 대부분 청군으로부터 빼앗은 노후한 것들이었다. 또한 칼(qilich)·활(oq)·창(näyzä)이 사용되기도 했지만 대부분의 무슬림들은 단순히 몽둥이(kaltäk, chomaq, tayaq)로 무장했을 뿐이었다.[76]

따라서 야쿱 벡은 무엇보다도 軍備를 확충해야 할 필요성을 절실하게 느꼈고 이미 1870년까지는 상당량의 소총(rifle)도 확보한 것으로 보인다. 1868년 말에서 1869년 초에 걸쳐 이곳을 방문한 영국인 쇼우는 러시아제 소

---

74) *Kashgaria*, pp.209-210 ; *Dâstân*, 2v.

75) 이들 무기를 사용한 예들을 일일이 예시하기는 너무 번거롭고, 단지 쿠차군이 砲를 사용한 경우들만을 사이라미의 저작(TH/Baytur)에서 뽑아보면 다음과 같다. p.185, p.187, p.198, p.203, p.214, p.236, p.238, p.256, p.258, p.261, p.263, p.265, p.272, p.281, p.283 등.

76) 예를 들어 TH/Baytur, pp.191-192, p.335, pp.369-370.

총을 보았는데, 당시 카쉬가리아에는 그러한 소총이 약 1000정 정도 있었으며 그 중 일부는 전리품으로 획득한 것이고 일부는 1868년 그곳에 온 러시아 사신으로부터 인도받은 것으로 카쉬가리아에서 이를 모방한 소총들을 제작하고 있다는 말을 들었다고 전하고 있다.[77]

그러나 1868년 당시 나린河를 경계로 군사적 대치상황으로까지 갔던 러시아측이 다수의 소총을 공급했다고 보기는 힘들고 아마 고관에게 선물이나 견본으로 주었을 가능성은 있다. 따라서 설사 1000정의 소총이 있었다는 말이 사실이라 하더라도 극소수의 신식 소총을 제외한 나머지는 대부분 구식이었던 것으로 추측된다. "야쿱 벡은 화기와 대포를 매우 필요로 하였다. 전자의 경우 당시 그가 갖고 있던 것은 주로 火繩銃(flint musket)이었는데 일부는 주변의 독립된 국가들로부터, 또 일부는 현지공장에서 제작된 것들이었다. 야쿱 벡은 이러한 화승총 이외에도 1868년에는 소수의 單發式 혹은 雙發式 사냥용 소총을 구입하였다. (그럼에도 불구하고) 야쿱 벡의 화력은 매우 열악한 상태에 처해 있었다"는 쿠로파트킨의 보고[78]는 이러한 추측을 뒷받침해주고 있다.

따라서 야쿱 벡은 화력의 증강을 위해 외부로부터의 무기 구입을 적극적으로 추진했다. 그는 먼저 아프가니스탄으로부터의 구입을 시도하였으나 만족스러운 결과를 얻지 못하자[79] 영국과 오스만 쪽으로 방향을 돌렸다. 카쉬가리아에 대한 영국측의 직접적 혹은 간접적인 형태의 군사지원의 실체를 파악하기란 용이하지 않다. 러시아와의 외교적 마찰을 우려하여 공개적으로 지원할 수 없는 처지였기 때문이다. 그렇지만 러시아측은 카쉬가리아에 대한 영국의 정책에 대해 항시 의혹을 품었고 카쉬가리아를 방문한 러시아인들은 그런 눈으로 보아서 그런지 영국의 군사지원이 사실상 있었던 것으로

---

77) *Visits to High Tartary*, p.267.

78) *Kashgaria*, p.191.

79) FO 65/874, No.50(St.Petersburg, March 26, 1872 ; from Lord A.Loftus to the Earl of Granville).

기록하였다. 예를 들어 쇼우의 방문(1868-69)과 포오사이쓰의 두 차례에 걸친 방문(1870, 1872-73) 때에 禮物로써 수백 정에 달하는 Snider型 後裝式(breech-loading) 소총, Enfield型 前裝式(muzzle-loading) 소총, 권총(revolver)들과 함께 탄약도 주었다고 하였다.

또한 1875년 카쉬가리아를 방문한 러시아의 레인탈(Reintal)은 매우 노후한 것이었지만 '상당수의 雷管式 소총'(percussion rifles)이 영국측에 의해 인도되었으며, 야쿱 벡이 영국의 도움을 받아 총기제조창을 지어 이미 4000정의 전장식 소총을 후장식으로 개조하였고 일주일에 16정의 소총을 제작할 수 있는 수준이며, 카쉬가리아에는 '다수의 영국인 작업자'들이 있었다고 보고한 바 있다.[80] 이러한 보고는 러시아측에서도 인정하였듯이 '다소간 과장된 것'임은 사실이지만, 영국측의 지원이 카쉬가리아의 화력증강에 도움을 준 것만은 부인하기 힘들다. 다만 그 지원이 정부 차원의 공식적인 것이었다기보다는 외교적 典例의 형식을 빌린 증여, 상인을 매개로 한 판매 등 '비공식'적인 성격을 띠었던 것으로 보인다.[81]

반면 오스만으로부터의 군사지원은 국가 대 국가간의 공식적이고 공개적인 형태로 진행되었기 때문에 영국측의 지원에 비해 규모도 크고 실질적인 것이었다. 뒤에서 오스만 제국과의 외교관계에 관한 부분에서 자세히 설명하겠지만, 1873년 1차로 1200정의 소총(신식 200, 구식 1000)과 6문의 대포를 받았고, 1875년 2차로 다시 2000정의 Enfield형 소총과 6문의 산악용 대포 그리고 상당량의 부속장비·탄약 등을 지원받았다.

이것은 모두 카쉬가리아가 오스만의 '보호국'이 되는 대가로 받은 일종의 '무상' 원조였던 셈이나, 이밖에도 사이드 야쿱 한은 야쿱 벡의 특별지시를

80) 이상의 내용은 Kuropatkin, *Kashgaria*, pp.191-193 참조. Cf. 러시아 일간지인 *Golos* 1874년 6월 9일(21)의 기사(이 기사의 英譯은 FO 65/902, from Loftus to the Earl of Derby). 사이라미(TH/Baytur, p.400)도 '作業場'(ishkhâna)에 대해서 언급하고 있으나 비교적 초보적인 수준의 무기와 의복 등을 제작했던 것으로만 기록하고 있다.

81) 같은 책, pp.205-206.

받고 추가로 이스탄불과 이집트 등지에서 무기를 구입한 것으로 보인다. 쿠로파트킨의 보고에 의하면 그는 1만 2000정의 소총을 구입하도록 지시받았으나 이스탄불에서 6000정만을 카쉬가리아로 가져오는 데 성공하고 나머지 6000정은 비용을 지불하지 못해서 이스탄불에 남아 있는 상태이며, 카쉬가리아에 도착한 6000정의 소총은 전장식과 후장식이 섞여 있었다고 한다.[82)]

필자의 추측으로는 이때 도착한 6000정 가운데에는 술탄이 '無償'으로 지급한 2000정도 포함되어 있었던 것 같다. 야쿱 벡은 이런 루트로 들여온 Enfield형 전장식(=구식) 소총을 자체 기술로 Snider형 후장식(=신식) 소총으로 개조하였고, 이 신식 소총을 1877년 1월 휘하 군인들에게 보급할 계획이었다고 한다.[83)]

야쿱 벡은 군사력의 증강을 위해 신무기의 입수에 많은 노력을 기울인 동시에 새로운 조직과 훈련을 통한 '근대적'인 군대의 건설에도 커다란 관심을 보였으며, 이 역시 오스만의 지원을 통해서 해결하려고 노력하였다. 야쿱 벡이 오스만에게 여러 명의 현직 혹은 퇴직 군관들의 파견을 요청한 까닭도 바로 오스만의 '新軍'(nizâm-i cedîd askerî)[84)]을 모델로 카쉬가리아 군대의 조직과 훈련방식을 개혁하기 위해서였다.

그가 초기에 군인들을 어떠한 방식으로 훈련시켰는지에 대해서는 자세히 알 길이 없지만, 1876년 이곳을 방문한 러시아 사절단은 모스크에서 예배를 올리는 금요일을 제외하고는 병사들이 매일 아침 5시에 기상, 병영 앞에 집합하여 하루 5-10시간의 훈련을 받고 있으며, 훈련방식은 아프간식 · 힌두식 · 러시아식이 혼합된 것에다가 야쿱 벡 자신이 약간의 수정을 가한 것이

82) 같은 책, p.205.

83) 같은 책, p.204.

84) nizâm-i cedîd는 원래 '新秩序'를 뜻하는 말로서, 오스만 제국이 서구세력에 계속 패퇴를 경험한 뒤 18세기 말 서구를 모델삼아 추진한 군사 · 행정상의 제반 개혁을 지칭한다. 특히 전통적인 封建軍事階層으로 구성된 Yeniçeri를 革罷하여 新軍(nizâm-i cedîd askerî)을 건설하는 것이 개혁의 가장 중요한 골간이었다. 이에 관해서는 *Islâm Ansiklopedisi*, 9. Cilt (Istanbul, 1964), pp.309-318을 참조하시오.

었다는 기록을 남기고 있다.[85)] 카쉬가리아 군인들 전체는 아니겠지만 상당수는 제복(uniform)을 착용하였던 것으로 보인다.[86)]

야쿱 벡 휘하의 군대는 이처럼 적어도 외형상으로는 잘 조직되어 있는 것처럼 보이지만 그 내용을 들여다보면 매우 다양한 성분의 군인들로 구성되어 있었음을 알 수 있다. 고오든(Gordon)이 목격한 바에 의하면 카쉬가리아 원주민 이외에도 안디잔인, 카쉬미르인, 힌두(인도)인, 아프간인, 쿤주트인, 와한인, 바다샨인, 중국인, 퉁간, 칼묵(몽골)인, 키르기즈인 등 매우 다양한 민족·지역 출신의 군인들로 이루어져 있었다고 한다.[87)] 이 가운데 원주민들은 상무정신이 부족하고 중국인·퉁간·칼묵인들은 대부분 전쟁포로였고, 전투에 능한 카쉬미르인·힌두인·아프간인들은 조그만 집단으로 나뉘어 여러 부대에 분산 배치되어 있었다.[88)]

따라서 야쿱 벡이 믿고 의지할 수 있는 집단은 사실상 안디잔인, 즉 코칸드 칸국에서 넘어온 1만 명 안팎의 군인들이 주력을 이루었던 셈이다. 따라서 이처럼 다양한 민족집단으로 구성된 군대에서는 언어소통의 문제도 적지 않았을 것이며, 어느 하나 일관된 체제에 의한 훈련방식이 채택되기 힘든 까닭도 충분히 이해할 수 있다.

야쿱 벡이 이러한 한계를 극복하기 위해 기존의 군대조직을 재편하고 체계적인 훈련방식을 도입함으로써 외적의 침입에 충분히 대응할 수 있는 능력을 갖춘 군대로 탈바꿈시키려고 생각했다고 해도 사실 놀라운 일은 아닐 것이다.

그러나 의외로 그는 오스만 제국의 '新軍'을 모델로 하는 군제개혁을 적극

---

85) *Kashgaria*, p.214.

86) 1873년 영국 사절단의 일원인 Bellew에 의하면 이 제복은 황색 가죽외투와 가장자리에 털이 부착된 원추형 가죽모자로 되어 있었다고 하고(*Kashmir and Kashghar*, p.289), 몇 년 뒤 그곳을 찾은 Kuropatkin 역시 같은 모양의 가죽모자와 붉은 빛을 띤 kaftan을 언급하고 있다(*Kashgaria*, p.201.).

87) *The Roof of the World*, pp.94-95.

88) 같은 책, pp.94-95.

적으로 추진하지 않았으며, 이러한 사실은 후일 귀환한 오스만 군관들의 보고서를 통해서 드러난다. 1874년 술탄의 명령으로 파견된 工兵百人長(istihkâm yüzbashi) 알리 카짐('Alî Kâzim)은 다음과 같이 회고하고 있다.

> 야쿱 칸 殿下는 小人을 야르칸드 하킴인 물라 유누스 閣下(sa'adetlu)의 휘하에 배속시켰다. 任地인 야르칸드시에서 '新軍'(nizâm-i askerîye)에 대해서 아무런 지식도 없는 사람들로 1개 포병대대(tabur-i topçu)를 편성하여, 포병이라면 알아야 할 필요한 기술과 제식훈련을 시키고 여타 新軍을 완벽하게 가르칠 목적으로 이스탄불의 군대에서와 같이 엄격한 교관이 된 것이다. 소인은 신의 그림자인 황제 폐하의 (군사)학교에서 배운 것에 기초하여 소인이 배운 공병기술을 추가로 가르치기를 희망하였지만, 야쿱 칸 전하는 이 공병기술을 가르칠 필요가 없다고 하여, 단지 앞서 언급한 1개 大隊 이외에 3000명으로 구성된 1개 聯隊(alay)에게 各個(nefer)·中隊(bölük)·大隊(tabur) 훈련을 시키라는 명령에 따라 이 3000명에게도 '新軍'의 바탕 위에서 군사훈련을 시켰다.[89)]

이는 야쿱 벡이 오스만 장교 알리 카짐에게 기본적으로 연대·대대·중대 단위의 제식훈련과 최소한의 포병기술만을 가르치도록 제한하였고, '신군'이 되기 위해 필요한 다른 기본지식들을 교육시키는 것은 금지하였으며, 그 활동범위도 야르칸드에만 한정시킨 사실을 말해준다.

이러한 사정은 1875년에 파견된 군관들의 경우에도 마찬가지였다. 이스마일 학 에펜디(Ismâ'îl Ḥaqq Efendi)를 비롯한 군관들 역시 야르칸드로 배속받아 하루 두 시간 정도의 훈련만 시킬 수 있었고 혼자서 병영 밖으로 외출하는 것도 금지되었다.[90)]

야쿱 벡은 무엇 때문에 오스만 군관들을 활용하여 '신군'의 창설을 적극적으로 추진하지 않았을까. 이에 대해 『카쉬가르史』의 저자는 다음과 같은 흥

---

89) Yıldız tasnif, No. 33-1481-73-91.
90) *Kaşgar tarihi*, p.390.

미있는 설명을 하고 있다.[91] 우선 첫번째 이유는 오스만에 파견되어 사신으로서 활동하던 사이드 야쿱 한이 '사이드'(sayyid)였기 때문에 야쿱 벡은 혹시라도 그가 자신의 권좌를 위협하지 않을까 하는 우려를 갖고 있었고, 따라서 그와 밀접하게 관련되어 있던 오스만 군관들이 군사적인 문제에 깊이 관여하여 실권을 행사하지 못하도록 했기 때문이라는 것이다. 두 번째 이유는 야쿱 벡이 군대개혁을 절실하게 원하기는 했지만 그것이 초래할 내적인 반발을 우려했기 때문이라는 것이다.

이스마일 학 에펜디가 교육시킨 포병부대의 열병식에 참가한 야쿱 벡이 훈련의 미숙함에 불만을 표시하자 그는 "오스만 황제께서는 우리를 이곳에 봉사하라고 보냈고 이곳에서 군대를 교육시키고 개혁하는 데 힘쓰라고 명령하였습니다. 우리는 이슬람의 힘을 위해 혼신을 다할 각오가 되어 있으나 오늘날까지 집에 갇혀 있기만 하고 일을 제대로 하지 못했습니다. 만약 이슬람을 강화한다는 우리의 의무를 다할 수 없다면 우리나라로 되돌아가겠습니다"라고 대답하였다. 이에 야쿱 벡은 "눈물을 흘리면서" 그의 말을 수긍하고는 "나도 황제께서 하신 것처럼 군대를 개혁하고 싶소. 그러나 오늘날까지 아직 이를 실행할 때가 되지 않았었소. 황제께서도 오스만 군대의 '예니체리'(Yeniçeri)를 버리고 신군을 건설하는 데 얼마나 많은 시간을 들여 노력하였소"라고 반문하였다고 한다.

위의 기록은 이스마일 자신의 구술을 근거로 한 것이기 때문에 상당 정도 신빙성이 있다고 볼 수 있다. 그렇다면 야쿱 벡은 '신군'으로의 개편과정에서 생겨날 수 있는 불안요인들, 즉 기존의 집권층이라 할 수 있는 '안디잔인'들의 반발, 자신보다 사이드 야쿱 한과 더 밀접한 관계를 갖고 있는 오스만 군관들의 군권장악 등의 사태가 자신의 지위에 심각한 위협을 가져다 줄지도 모른다는 우려로 인해 군제개혁을 과감히 추진하지 못한 셈이다.

이러한 추측은 당시 그의 처지나 정책들을 돌이켜볼 때 충분히 설득력이

91) *Kaşgar tarihi*, pp.390-393.

있다. 소수의 코칸드 출신 군인들에 의존했던 그의 내적인 권력기반은 취약했고, 때문에 항상 스파이들을 이용해 치밀한 정보정치를 시행함으로써 자신에 대한 위협을 사전에 봉쇄하려 했다는 사실은 앞에서도 지적한 바이다.

그러나 야쿱 벡은 이후 보다 적극적인 개혁으로 입장을 선회한 듯하다. 그는 이스마일 학 등 오스만 군관들을 수도 카쉬가르로 오게 하여 군대를 교육시키도록 했고, 자신이 직접 훈련에 참여하여 "만약 교육받는 도중 내가 잘못을 범하면 다른 사람처럼 야단을 쳐라"고 할 정도로 열성을 보였으며, 휘하 군대에 오스만 군대에서 사용하는 것과 유사한 바지와 코트와 모자로 이루어진 제복을 착용토록 했다고 한다. 이스마일 학 에펜디와 자만 에펜디(Zamân Efendi) 등은 후일 악수로 배치되어 야쿱 벡의 아들 학 쿨리의 감독 아래 군대를 훈련시켰다.[92)]

나아가 그는 군대조직도 재편성하여, 종래 중앙아시아에서 널리 쓰이던 什進制를 대신하여 오스만 제국에서 행해지던—이 역시 서구에서 차용한 것이지만—새로운 조직원리를 채용하였다. 즉 오십(panjâh)→백(yüz)→오백(panṣad) 등의 구분이 아니라 bölük·takım(중대)→tabur(대대)의 구분으로 전환시켰다.

쿠로파트킨이 관찰한 바에 의하면 보병의 경우 1개 중대(bölük)는 30列로 구성되는 것을 원칙으로 하였고 8개의 중대가 모여 1개 대대를 이루었으며, 기병의 경우에는 1개 중대(takım)는 15-16列로 구성되며 마찬가지로 8개의 중대가 하나의 대대를 구성하였다.

그러나 이러한 개편 역시 전군을 대상으로 한 것이 아니라 일부에 그쳤을 뿐인데 특히 기병은 대체로 전통적인 십진제 조직을 그대로 유지하였다.[93)] 쿠로파트킨의 이 기록은 우리에게 매우 흥미있는 사실을 암시해주고 있다. 즉 기병의 주력을 이루는 것은 바로 코칸드 출신의 장병들이었고 이들은 바

92) *Kaşgar tarihi*, p.405.
93) *Kashgaria*, p.196.

로 야쿱 벡의 권력장악을 가능케 했던 장본인이기도 하였다. 따라서 그는 카쉬가리아의 현지민들이 주를 이루는 보병에 대해서만 새로운 조직을 적용했을 뿐, 기병에 대해서는 코칸드 출신의 반발을 우려하여 손쓰지 못했던 것으로 보인다. 이것이 바로 야쿱 벡의 군대개혁이 안고 있던 한계였던 것이다.

앞에서 살펴본 바와 같이 야쿱 벡은 4만 명에 달하는 많은 수의 군대를 확보하고 또 군사력을 강화하기 위한 여러 가지 조치를 취했으나, 이는 결국 카쉬가리아 경제에 막대한 부담을 초래하지 않을 수 없었다. 정규군을 유지하는 데 필요한 경비 이외에도 우룸치 퉁간들을 굴복시키기 위해 감행한 두 차례의 원정에서 상당량의 국고를 탕진하고 말았다.[94)]

그러나 야쿱 벡이 설사 그러한 사실을 알고 있었다고 할지라도 청군과의 궁극적인 대결에 대비하기 위해 군비를 삭감할 처지가 아니었다. 결국 세금은 늘리고 병사들의 봉급은 삭감하는 결과를 낳을 수밖에 없었고, 그것이 다시 백성들의 경제적 부담을 가중시키고 군대의 사기를 저하시키게 된 것이다.

더구나 자신들의 의지와는 관계없이 군대에 강제로 편입되어 카쉬가리아에 머물고 있던 외지 출신 병사들의 불만은 더욱 커져갔다. 그의 군대에는 카쉬가리아인은 물론이고 코칸드인, 퉁간, 한인, 키르기즈인, 카쉬미르인, 인도인, 아프간인에 이르기까지 극도로 이질적인 요소들이 혼재했다. 쇼우는 한 병사로부터 "우리의 유일한 희망이라고는 한꺼번에 반란이 일어나 우리가 이곳에서 탈출하는 것"이라는 말을 들었을 정도였다.[95)]

카쉬가리아 현지민들은 그들 나름대로 코칸드 군인들이 고위직을 독점하는 것에 대해 큰 불만을 품었는데, 그들 중 일부는 "중국인들이 지배할 때가 더 나았다"고 말하기에 이르렀던 것이다.[96)]

---

94) TA/Pantusov, pp.282-284.
95) *Visits to High Tartary*, p.272.
96) Kuropatkin, *Kashgaria*, p.212.

3. 稅金과 徵稅

(1) 混亂의 餘波

무슬림 봉기가 일어난 뒤 수년에 걸친 격렬한 전쟁은 동투르키스탄과 준가리아의 사회경제적 상황에 심대한 타격을 가져다 주었다. 전쟁으로 수많은 사람들이 사망했고 또 고향을 떠나 다른 지방으로 유랑한 사람들도 적지 않았다. 오랫동안 보살피지 못한 관개시설은 훼손되었고 교역도 域內·域外를 막론하고 급격히 쇠퇴했다. 그러나 이러한 피해의 정도는 신강 전역에 균일한 것이 아니라 지역에 따라 차이가 있었다. 대체적으로 보아 동투르키스탄의 동부(하미, 투르판, 카라샤르 지방)와 준가리아가 타림 분지의 서부지역에 비해 더 큰 타격을 받았던 것으로 보인다.

피해의 정도면에서 가장 심했던 지역은 아마 일리 계곡이 아니었나 생각된다. 청군이 집중적으로 배치되어 있던 이곳에서는 청군과 무슬림들 사이의 치열한 전투가 벌어졌고 뒤에는 타란치와 퉁간들까지 가세하여 전후 7년에 걸친 전란 속에서 많은 도시와 촌락들이 폐허로 변했다. 1873년 이 지역을 방문한 미국인 스카일러(E.Schuyler)는 일리 惠遠城의 상황을 다음과 같이 묘사하고 있다.

> 약 10마일이나 되는 도로를 따라가는 동안 그 전구간은 과거에 잘 경작된 농토들이 있었겠지만 지금은 황량한 폐허가 되어 있다. 마침내 우리가 도시의 외곽에 도착했을 때 사방에 널려 있는 폐허더미들이 눈에 들어왔고, 때로는 담벼락 전체가 혹은 지붕이 없어진 집이 보이기도 했다. 얼마 지나지 않아 그 폐허는 바로 우리 앞에서부터 멀리 성벽이 있는 곳까지 우리의 시야가 미치는 만큼 멀리 양쪽으로 펼쳐져 있었다. ……너무나 견고하여 파괴되지 않은 채 남아 있던 성벽 안으로 들어가니 비슷한 광경이 우리 눈에 들어왔는데, 이곳에서는 파괴의 정도가 훨씬 더 철저했다. 곧게 뻗어 있는 2개의 넓은 大路는 마치 폐허로 메워지기에는 너무나 넓은 듯 그대로 드러나 있었다. 그러나 다른 길들은 모두 무

너진 집들로 막혀버려 어디로 난 길인지조차 분간할 수 없었다.[97]

스카일러는 일리로 가는 길에도 황폐화된 여러 도시들을 목격했다. 예를 들어 야르켄트(Yarkent)는 "거의 알아볼 수 없을 정도"였고, 침판치(Chimpantsi)에는 "단 하나의 가옥도 남아 있지 않았"으며, 호르고스(Khorgos)는 "그저 흙무지일 뿐"이었고, 알림투(Alimtu)는 "또 다른 폐허화된 도시"에 불과했다.[98]

파괴된 것은 도시와 가옥만이 아니었다. 수많은 인명 또한 희생되었다. 綏定에 있던 한 퉁간 악사칼(aqsaqal)은 스카일러에게 "〔일리가 함락되던〕 그날 아침에는 병사를 포함해서 모두 7만 5000명의 주민들이 있었는데, 그날 저녁에는 한 사람도 살아 남지 못했다"고 말했다.[99] 물론 과장된 말이긴 하겠지만 일리시에서 어떤 일이 벌어졌는지를 추측케 하며, 사실 인구통계도 일리 주민들의 급격한 감소를 말해주고 있다.

혁명이 일어나기 전 일리 지구의 주민 총수는 약 35만 명 정도였으나,[100] 1876년 러시아가 이 지역을 점령한 뒤 실시한 조사에 의하면 그 숫자는 13만 1910명(정주민 8만 2142명, 유목민 4만 9768명)으로 나타났다.[101] 심지어 30년이 지난 1910년에도 일리의 인구는 30만 명으로 혁명 이전의 수준을 회복하지 못했던 것이다.[102]

우룸치의 상황도 일리보다 크게 나을 것이 없었다. 우룸치와 그 부근 지

---

97) *Turkistan*, vol.2, p.162.

98) 같은 책, p.158.

99) 같은 책, p.164.

100) 같은 책, p.197.

101) Pantusov, *Svedenie o Kul'dzinskom raione*, p.9. 1882년 일리 지방을 여행한 H.Lansdell의 보고에 의하면 퉁간 봉기 직전인 1862년경 일리 계곡의 퉁간 인구는 약 6만 명 정도였으나, 1877년 청군의 재정복 이후에는 남자 2100명, 여자 900명에 불과했다고 한다(*Russian Central Asia including Kuldja, Bokhara, Khiva and Merv*, vol.1, London, 1885, pp.208-209).

102) 『新疆圖志』 卷43.

역이 퉁간들에 의해 함락되면서 많은 한인과 만주인들이 살해되었고, 뒤이어 야쿱 벡과 퉁간들 사이에 벌어진 2년간의 전쟁에서 다시 수많은 퉁간들이 사망했다. 사이라미는 우룸치에서 1만 5000명의 퉁간이 죽었고, 마나스에서는 벡 쿨리가 함락할 때 2000명의 퉁간이 죽었으며, 이 전쟁에서 모두 20만 명의 퉁간들이 사망했다고 추정했다.[103] 左宗棠이 우룸치를 수복한 뒤 조사해보니 반란 이전에 2만 3800戶였던 것이 6400戶밖에 없었다고 한 것도 당연했다.[104] 독일인 르 콕(Le Coq)은 그로부터 30년이 지난 1904년 겨울 투르판에서 우룸치로 오는 도중에 야쿱 벡과 퉁간들의 전쟁중에 파괴된 채 여전히 방치되어 있는 폐허들을 목격할 수 있었다.[105]

타림 분지의 동부에 위치한 카라샤르, 투르판, 하미의 상황도 준가리아의 일리나 우룸치에 못지않았던 것 같다. 1873-74년 이 지역을 다녀온 영국인 사절단은 카라샤르와 우샥 탈 사이의 지역에 대해 다음과 같이 보고했다.

> 중국인들의 가옥으로 연이어져 있으나 모두 아미르(=야쿱 벡)에 의해 파괴되었고, 우샥 탈에 이르는 50마일의 전구간이 황폐화된 경작지와 버려진 가옥들로 뒤덮여 있었다. ……이 〔카라샤르〕 地區의 인구는 과거에 8000호, 즉 5만 6000명으로 추산되었으나 지금은 강가에 있는 300호의 무슬림 촌락과 아미르에 의해 건설된 성채를 제외하고는 거의 아무것도 볼 수 없는 형편이다.[106]

재정복을 끝낸 청조는 경작지의 파괴와 인구의 격감으로 인해 카라샤르 지구에 대하여 1878년 면세혜택을 부여해주었다.[107] 투르판 역시 "카쉬가르 국

---

103) TA/Pantusov, pp.214-215, p.218. 러시아 상인 I.Somov에 따르면 전쟁이 끝난 뒤 마나스의 주민은 채 6000명이 안 되었고, 우룸치 · 투르판 · 산주 · 구마디 · 쿠투피 등지에 있는 남자의 숫자도 4만 명 정도(여자의 숫자는 남자보다 적어도 2-3배는 되었다)였다고 한다. Stratanovich, "K voprosu", p.61 참조.

104) 曾問吾, 『中國經營西域史』, p.353.

105) *Buried Treasures of Chinese Turkestan*(1928 ; Oxford, 1985), p.49.

106) *Mission to Yarkund*, p.63.

107) 『新疆圖志』 卷97, 26r.

가 전역에서 가장 인구가 많고 번영하던 곳"이었으나 "최근 퉁간들의 혁명과 뒤이은 아미르의 정복으로 인해 끔찍한 피해를 입어, 이제는 폐허가 된 농가들과 드문드문 존재하는 소작지들로 길게 이어져 있다"고 할 정도였다.[108)]

반면 카라샤르 이서지방은 비록 전쟁의 파괴로부터 자유로울 수는 없었다고 하더라도 앞에서 말한 지방에 비해서는 비교적 양호한 상태였다. 서구의 방문자들은 도시나 일부 농촌지역에서 다소간 피해를 입은 모습을 보긴 했지만,[109)] 전반적으로 볼 때 카쉬가리아 지방은 혁명과 내전의 충격에서 빠른 속도로 회복했던 것으로 추측된다. 이 지역을 다녀간 여행가들은 경작지와 관개시설이 훌륭히 유지되고 있었다고 기록했다. 예를 들어 영국인 쇼우는 농촌경제의 아무런 피폐상도 보지 못했다고 하면서, "시야가 닿는 곳까지 매우 잘 경작된 들판이 있었고, 과수원과 작은 숲들이 여기저기 흩어져 있는 수없이 많은 가옥들을 둘러싸고 있어, 언뜻 보기에는 숲처럼 보였다"고 묘사했다.[110)]

1873년 영국 사절단도 그와 비슷한 인상을 받았다고 적었다. 그 중 한 단원은 카쉬가르 교외에 있는 한 아릭과 키질 부이에서 "어디를 가나 측량을 실시했는데, 조사했던 모든 지역에는 마을들이 촘촘히 배치되어 있고, 강과 운하가 치밀한 망을 이루고 있다는 인상을 받았다."[111)]

재정복이 완료된 지 1년 뒤인 1878년 카쉬가리아 지역에서 거두어들인 額徵糧을 반란 이전의 것과 비교해보아도 카쉬가리아의 농업생산은 오히려 더 증가했음을 알 수 있다. 즉 1878년의 보고서에는 카쉬가르 6만 508石, 양기

---

108) *Mission to Yarkund*, p.50.

109) 예를 들어 *Mission to Yarkund*, p.35를 참조. 1870년대 이 지역에 대한 광범위한 조사를 실시한 2개의 서구측 보고서는 반란 이전에 비해 인구가 현격하게 감소되었음을 보여주고 있다. 영국측 보고서는 1873년의 인구는 반란이 일어나기 전 '중국인 통치자들의 호구조사'에 기록된 101만 5000명(14만 5000호)보다 더 적었다고 하였고, 러시아측 보고서는 1825년 150만 명이던 주민의 숫자가 1876년에는 120만 명으로 줄어들었다고 기록했다. Cf. *Mission to Yarkund*, pp.62-63 ; *Kashgaria*, p.34, p.126.

110) *Visits to High Tartary*, p.248.

111) *Mission to Yarkund*, p.253.

히사르 2만 612石, 야르칸드 7만 9412石, 호탄 3만 6879石, 악수 1만 4230石, 우쉬 투르판 8378石, 쿠차 1만 2849石으로 나와 있어, 반란 이전의 액수에 비해 거의 2배증했음을 확인할 수 있다.[112)]

카쉬가리아와 준가리아의 사회경제적인 피해상황에 어떻게 이 같은 차이가 생겨나게 되었는가에 대해 몇 가지 설명이 가능하다. 우선 청지배기에 준가리아에는 청군과 여러 형태의 둔전들이 집중되어 있었기 때문에, 무슬림들이 이 지역을 장악하는 데 카쉬가리아보다 더 많은 기간이 소요될 수밖에 없었다. 청조에 대항한 봉기에서 많은 무슬림들이 죽음을 당했고 만주인과 한인들은 거의 절멸되다시피 했다. 거기에다가 2년에 걸쳐 계속된 야쿱 벡과 우룸치 퉁간들 사이의 전쟁은 투르판에서 마나스에 이르는 전지역을 황폐화시켰고 수많은 퉁간들의 목숨을 앗아갔다. 일리 계곡에서의 전투는 우룸치에서보다 더 오래 지속됨으로써 파괴는 더욱더 철저했다.

이들 지역에 비하면 카쉬가리아에서의 무슬림 봉기는 비교적 사상자가 적었는데, 그것은 무슬림군이 수적으로 열세였던 청군을 단기간에 압도한 데도 원인이 있지만, 또 다른 한편으로는 뒤이어 계속된 반군집단들끼리의 내전에서도 야쿱 벡이 일단 카쉬가르와 양기히사르를 장악하여 발판을 굳힌 뒤에는 매우 신속하게 카쉬가리아의 다른 도시들을 함락시켰고 대체로 무절제한 학살도 자행되지 않았기 때문이다. 다만 주민들의 완강한 저항으로 말미암아 상당수가 살해되었던 호탄은 이 점에서 예외였다.[113)]

(2) 社會經濟的 狀況

이처럼 지역적인 차이가 존재하기는 했지만 오랜 전란이 휩쓸고 간 동투

---

112) 1878년 報告(『新疆圖志』 卷97, 25v-26r)는 鎭迪 · 투르판 · 카라샤르까지 포함하여 모두 25만 4008石이고 이것은 반란 이전에 비해 12만 -13만 石이 증가한 것이라고 했다. 乾隆-同治年間의 額徵糧에 대해서는 佐口透, 『社會史硏究』, pp.193-214 참조.

113) 20세기의 위구르 민족주의 역사학자 Mehmet Emin Boghra(STT, p.386)는 호탄에서 4만 명이 살해되었다고 했다. 반란을 직접 목격했던 한 작가(THP, 27r)는 카라카쉬에서만 3000명이 죽음을 당했다는 기록을 남겼다.

르키스탄에서 야쿱 벡이 4만 명이라는 군대를 유지한다는 것은 결코 쉬운 일이 아니었다. 청조 역시 그와 비슷한 숫자의 병력을 주둔시키면서도 내지의 각 성에서 상당한 보조금을 매년 신강으로 보내야만 했다. 따라서 그 같은 대안을 갖지 못했던 야쿱 벡으로서는 충분한 인적·물적 자원을 확보하는 일이 급선무였다.

일부 자료들은 야쿱 벡이 우룸치 지역에서 호구조사의 실시를 지시했다는 기록을 남기고 있다.[114] 그가 이와 같은 조사를 다른 지역에서도 실시했는지의 여부에 대해서는 확인하기 어렵지만, 유랑민·무뢰배·실업자 등의 유동인구를 없애고 그들의 노동력을 활용하려는 조치를 취했음은 다음과 같은 사이라미의 글을 통해서도 알 수 있다.

> 완악하고 말썽을 일으키는 사람들, 무뢰배, 유랑민, 강도, 도박꾼, 사기꾼, 투전꾼 등 남을 기만함으로써 생계를 유지하는 사람들은 모두 아탈릭 가지의 엄중한 분노를 두려워하여 자리를 잡고 일을 했다. 만약 누군가 싸우거나 언쟁을 벌이거나 터무니없는 訟事를 일으키는 사람이 있으면 그는 즉시 유즈바시, 판사드, 혹은 질라드(jilâd, '형집행인')에게 보내져서 군대로 투입되었다.[115]

그는 제1차 우룸치 원정을 끝내고 카쉬가르로 돌아올 때 무려 2만 명의 퉁간을 데리고 왔고,[116] 혁명이 성공을 거둔 뒤 살아 남은 중국인들은 무슬림으로 개종되어 병사, 기술자, 농민으로 고용되었다. 동시에 야쿱 벡은 가능하면 많은 외국인들을 카쉬가리아에 묶어두려고 했다. 이들 다양한 집단 가운데 특히 코칸드 칸국 출신이 다수를 점했는데, 외지인들은 일단 카쉬가리아로 들어오면 자기들 마음대로 나갈 수 없었다. 야쿱 벡이 통치하던 시

---

114) TA/Pantusov, pp.215-216 ; Ṭâlib Akhûnd(Prov.117), 21v-23r.
115) TA/Pantusov, p.233.
116) 이것은 1871-72년 英領 印度에 사신으로 간 사이드 아흐라르가 영국 관리들에게 말한 내용 속에 보인다. FO 65/874 참조.

기에 이들 외지인들의 숫자가 얼마나 되는지 추정할 길은 없다. 다만 혁명이 터지기 전인 1850년대에 이 지역을 방문한 발리하노프는 카쉬가리아에 살던 외지인의 숫자가 모두 14만 5000명, 즉 그곳의 현지민을 포함한 전체 인구의 1/4을 점했다고 했다.[117] 이 숫자가 어느 정도 과장된 것인지는 모르겠지만 적어도 야쿱 벡이 정권을 장악한 뒤 더 늘었음은 분명하다.

야쿱 벡은 다양한 종류의 군비를 제작할 수 있는 기술자들에 대해서 각별한 주의를 기울였다. 그는 이들 장인과 미숙련 노동자들을 조직하여 카쉬가르, 야르칸드, 호탄과 같은 대도시에 '작업장'(ishikhâna)을 세웠다. 국가에 의해 운영되는 이 작업장은 과거 어느 시기에도 보지 못했을 정도로 거대한 규모였으며, 총 5만 명의 기술자와 노동자들이 거기서 일했던 것으로 보인다.[118] 귀금속을 다루는 기술자들은 금·은으로 된 혁대·활통·재갈·껑거리끈·안장끈을 만들었고, 대장장이들은 총·칼·검·등자·대포·화살 등을 만들었으며, 재단사들은 수가 놓인 의복과 비단옷을 만들었다. 이밖에 목수나 주물공 등 다수의 기술자들도 모았다.[119]

이들은 직업에 따라 분류되어 '감독'(üstäbashi)의 관리 아래 두어졌고 '감독'들은 다시 '총감독'(ishibashi)이 관할했다.[120] 그러나 이들 공인·노동자들이 일종의 강제노역에 동원된 것처럼 오해해서는 곤란하다. 왜냐하면 작업장에서 일하느냐의 여부는 적어도 초기에는 본인의 자유의사에 의한 것이었고, 거기서 일하는 기술자들은 작업에 대한 대가로 日給 혹은 月給을 받았

117) "O sostoianii Altyshara", pp.161-162.

118) TA/Pantusov, p.185 ; TA/Jarring, 131v ; TA/Pelliot, 121v-122r ; TH/Jarring, 84v. 그러나 Tikhonov는 이 부분을 잘못 번역하여 "5만 명 이상의 보병과 기병이 작업장에서 일하도록 강요받았다"라고 했지만, 원문은 "보병과 기병의 숫자는 5만 명이 넘었다. 그리고 작업장에서 일하도록 강요된 장인과 기술자들의 숫자는 5만 명에 가까웠다"라고 되어 있다. Cf. Tikhonov, "Nekotorye voprosy vnutrennei politiki Iakub-Beka", *Uchenye zapiski Instituta Vostokovedenie*, 14(1958), p.136.

119) TA/Pantusov, p.183.

120) TA/Pantusov, p.183. *Mission to Yarkund*(p.478)는 이러한 감독을 'aqsaqal'이라 불렀고, 호탄에 200명 정도의 aqsaqal이 있었다고 기록했다.

기 때문이다.[121] 예를 들어 국가에 의해 운영되던 호탄의 한 카펫 공장에서 일하는 노무자들은 하루에 20pul의 일당을 받았다. 만약 가내에서 작업을 하며 국가에서 필요로 하는 물품을 공급할 경우에는, 원료는 국가에서 무료로 제공받고 하루에 10pul의 일당을 지급받았다.[122] 물론 야쿱 벡이 이처럼 대규모 국영 작업장을 운영하게 된 목적은 노동력을 조직하여 체계적이고 효율적인 생산체제를 건설하려는 데에 있었다.

뿐만 아니라 금광·철광·동광 등에서 일하는 상당수의 광부들도 있었는데, 더러는 自辦으로 하는 사람들도 있었고 또 이 광물을 국가에 납품하거나 시장에 내다 판매하는 중개인과 계약을 맺고 일하는 사람들도 있었다. 특히 호탄 지역에는 금광이 많아서 7000명 이상의 광부들이 일하고 있었는데, 그들 대부분은 빈민층 출신이었다. 국가는 채광된 금의 1/5을 취하고, 광부들은 나머지를 관리의 감독하에 면허를 받은 중개상인들에게 판매할 수 있었는데, 국가는 이 나머지 부분에 대해서도 중개상인으로부터 시장가격보다 약간 더 싼 가격에 구입할 권리가 있었다. 광물의 불법적인 은닉이나 판매를 막기 위해 관리들은 때로 광부들의 집이나 몸을 수색하기도 했고, 만약 불법을 범했을 경우 야쿱 벡 정권 초기에는 그 처벌이 비교적 가벼웠으나 후기로 갈수록 가혹해졌다.[123]

철광은 야르칸드 서북방에 위치한 키질 탁(Qizil Tagh)에 있었고,[124] 악수·바이·쿠차 등지에는 동광이 있었다. 호탄은 玉의 생산지로 유명했지만 이 시기에는 한인 출신의 옥세공인들이 없어서 가공업은 그리 활발하지 않았다.

---

121) TA/Pantusov, p.183.

122) *Mission to Yarkund*, p.478.

123) *Mission to Yarkund*, p.476. 또한 Tikhonov의 "Nekotorye voprosy", pp.133-134에 인용된 Vasilii Nikitin의 증언내용도 참조하시오. 청지배기의 관행에 대해서는 "Narrative of the Travels of Khwajah Ahmud Shah Nukshbundee Syud", *Journal of the Asiatic Society of Great Britain and Ireland*, 25-4(1856)를 보시오.

124) Bellew, *Kashmir and Kashghar*, pp.289-290.

이처럼 야쿱 벡은 사실 주민들을 동원하고 노동력을 조직함에 상당한 성공을 거두었지만 그렇다고 내적인 경제가 현저하게 개선된 것은 아니었다. 야쿱 벡 통치 이전에도 상업화와 화폐경제는 그다지 발달하지 못해 이 지역에서의 주된 교역형태는 여전히 물물교환이었다. 통화량의 제약과 급격하고 빈번한 銀·銅比價의 변동은 화폐경제의 발달을 심각하게 저해하는 요인이었다. 여기에 부하라나 코칸드에서 만들어진 외국화폐의 광범위한 통용, 그리고 키르기즈인들이 제조한 위조화폐의 통용 등은 화폐에 대한 이곳 주민들의 불신을 가중시켰다.

이러한 이유로 일상적인 경제활동은 교환의 단계에 머물러 있었으며, 이러한 상황이 야쿱 벡의 시대에 개선되었다는 증거는 찾아보기 어렵다. 주민들은 수확한 양의 일부를 국가에 세금으로 바치고 또 기본생활에 필요한 부분을 제외한 나머지인 극히 일부만을 시장에 내다 팔 수 있는 정도였다.

시장(바자르)은 당시 카쉬가리아의 상업활동의 내용을 들여다볼 수 있는 가장 좋은 지점이었다. 장이 서는 날이면 주위의 촌락에 사는 사람들은 시장으로 몰려들었고, 그들은 곡식·과일·면화·가축 혹은 집안에서 짠 옷감 등을 갖고 와서 일상생활에 필요한 물품들, 예를 들어 의복·모자·부츠·혁대 등을 구입했다. 이러한 거래에 화폐는 거의 사용되지 않았다. 카쉬가리아의 토착상인들은 자본금도 소규모인데다 정치적인 보호도 거의 받지 못했고, 설령 그들은 상당한 수입을 올리는 경우가 있어도 그 사실을 겉으로 드러내 인정하려 하지 않았다.[125] 중국 상인들이 자취를 감추자 그들이 하던 역할은 이제 정치적으로 비호를 받는 코칸드 출신이나 다른 소수의 상인들에 의해 대치되었다.

물론 화폐가 상거래의 중요한 매개물은 아니었지만 화폐는 그 전부터 존재했었다.[126] 동투르키스탄에서 청의 세력이 축출된 뒤에도 청대의 화폐는

125) *Mission to Yarkund*, p.482.
126) 신강의 화폐제도에 관한 개설서로는 穆淵의 『清代新疆貨幣史』(新疆大學出版社, 1994)가 있

여전히 통용되었지만 동시에 새로운 화폐도 만들어졌다. 라시딘 호자는 쿠차와 악수를 장악한 뒤 pul錢을 주조했는데, 한 면에는 주조된 도시를 나타내는 '쿠차領에서 주조'(ḍarb-i dar as-salṭânat-i Kûchâ)라는 문구가, 다른 면에는 군주의 이름을 나타내는 'Sayyid Ghâzî Râshidîn Khân'이라는 문구가 새겨져 있다.[127] 그러나 이 화폐는 쿠차정권의 몰락과 함께 곧 사용되지 않았다.

호탄정권의 하비브 울라도 錢幣를 주조했는데, 한 면에는 주조된 장소를 나타내는 '호탄領에서 주조'(ḍarb-i Khotan-i laṭîf)라는 글귀가 새겨졌고, 다른 면에는 알라의 유일성과 무함마드의 사도성을 '증언'(shahâda)하는 '알라 이외에 신은 없고, 무함마드는 알라의 사도이다'(lâ illâh illâ allâh muḥammad rasûl allâh)라는 구절이 새겨졌다.[128] 그러나 안타깝게도 지금 그 현물은 전해지지 않고 있다.

야쿱 벡 역시 새로운 전폐를 만들었는데, 이와 관련하여 사이라미는 매우 흥미롭지만 언뜻 이해가 안 되는 기록을 남기고 있다. 그의 글에 따르면 야쿱 벡은 오스만 제국과 공식적인 외교관계를 맺기 전에 코칸드 칸국의 군주인 말라 칸(Mallâ Khân ; 1858-62)의 이름이 새겨진 금화(ṭillâ)를 만들었고, 또한 중국 道光帝(1821-50)의 이름으로 동전(mis pul)을 만들었다고 한다.[129]

이슬람권에서 鑄錢(sekke)과 금요예배에서의 說教(khuṭba)는 군주권의 소재를 나타내는 가장 중요한 두 가지 지표였다. 이것은 전폐에 누구의 이름이 새겨지고 또 누구의 이름으로 설교가 행해지느냐 하는 것이다. 따라서 만약 사이라미의 기록이 사실이라면 그것은 야쿱 벡이 적어도 공식적으로는

고, 기타 堀直의 「清代回疆の貨幣制度」, 『中嶋敏先生古稀紀念論集』, pp.581-602와 V.S.Kuznetsov의 *Ekonomicheskaia politika*, pp.146-162 등을 참조하시오.

127) Bykov, "Monety Rashaddina", pp.288-296.

128) TA/Pantusov, pp.170-171.

129) TA/Pantusov(p.183) 刊本은 원문을 정확히 옮기지 못한 듯하다. TA/Jarring, 130r ; TA/Pelliot, 120v ; TH/Jarring, 83r 등을 참조하시오. 야쿱 벡이 말라 칸의 이름으로 금화를 주조했다는 사실은 또 다른 자료에 의해서도 확인된다. Gavrilov, "Stranichka", p.132 참조.

처음부터 자신이 독자적인 군주임을 주장하지는 않았음을 보여주는 자료이다. 물론 그렇다고 그에게 코칸드나 청조에 복속할 생각이 있었던 것은 아니다. 이미 그가 이러한 전폐를 주조할 당시 말라 칸이나 도광제는 모두 생존한 인물이 아니었기 때문이다.

어쨌든 야쿱 벡의 이러한 태도는 앞서 지적한 쿠차의 라시딘 호자와는 좋은 대조를 이룬다. 야쿱 벡은 자기 통치권의 합법적인 근원을 외부에 존재하는 기존의 정치적 권위에서 구한 셈인데, 그의 이러한 태도는 끝까지 변하지 않았다. 예를 들어 후일 그는 이스탄불로 사신을 보내 술탄 압둘 아지즈(Sulṭân 'Abd al- 'Azîz)에게 자신의 국가를 술탄의 보호국으로 받아들여줄 것과 동투르키스탄에 대한 자신의 통치에 대해 축복을 내려줄 것을 요청했다. 술탄이 이를 수락하고 그 사신이 카쉬가르로 돌아온 뒤, 그는 1873년 12월 초 술탄의 이름으로 두 종류의 전폐, 즉 '악크 탱개'(aq tängä, 은화)와 '키질 틸라'(qizil ṭillâ, 금화)를 만들고 또 그의 이름으로 금요설교를 행하도록 명령했다.[130]

물론 그는 새로운 화폐를 만들 때 경제적인 측면도 고려했을 것이다. 즉 봉급의 지급 등을 위해 얌부(yambu)보다는 적고 풀(pul)보다는 큰 단위의 화폐를 필요로 했을 것이고, 아울러 과거의 화폐제도를 개선하여 보다 새로운 활력을 불어넣고 안정성을 높이려는 의도도 있었을 것이다. 그러나 우리는 그가 화폐주조를 통해 자신의 정치적 합법성을 외적으로 표현하려 했다는 점을 잊어서는 안 될 것이다.

---

130) 이스탄불 고고학박물관에는 그러한 전폐 3점이 보관되어 있다. 2개는 qizil ṭillâ이고 하나는 aq tängä(no.2064, no.2065, no.2066)이다. 제작연대는 회력 1290년과 1291년이며, 한 면에는 '술탄 압둘 아지즈'라는 이름이 보이고, 다른 면에는 주조된 장소로 'ḍarb-i dâr as-salṭânat-i Kâshghar'(no.2064), 'ḍarb-i maḥrûsa-i Kâshghar'(no.2065), 'ḍarb-i laṭîf-i Kâshghar'(no.2066)라고 되어 있어 모두 카쉬가르에서 만들어졌음을 확인할 수 있다. no.2065와 no.2066은 A.R.Bekin, "Yakub Beg'in doğu Türkistan'ı eğemenliği altına alması", *Doğu Dilleri*, 2-1(1971), p.117에 사진이 게재되어 있다. Cf. *Mission to Yarkund*, p.494.

여러 가지 자료에 나타난 것을 종합해보면 야쿱 벡의 시대에는 이밖에도 몇 가지 다른 화폐들이 통용되었음을 알 수 있다. 가장 작은 화폐단위는 풀(pul, 검은색을 띠었기 때문에 qara pul이라고도 불렸고, 중국어 '黑錢'이라는 말을 옮겨 khoichan이라 불리기도 했다)이었는데, 청대의 '當五'와 같은 가치를 지녔다. 2풀은 다르친(darchin), 혹은 돌찬(dolchan)이라 불렸는데 이는 중국어의 '大錢'을 옮긴 말이고 '當十'에 해당된다. 이것들은 모두 銅으로 만들어졌다. 50풀, 즉 25다르친은 은화 1탱개와 같다.

탱개란 야쿱 벡 시대 이전에는 실존하는 화폐가 아니라 가치를 나타내는 단위로만 존재했었다. 탱개에는 두 종류가 있었는데, 하나는 야쿱 벡의 지시에 의해 카쉬가르에서 주조된 것이고 또 하나는 코칸드에서 만들어진 것으로, 카쉬가르 탱개와 코칸드 탱개는 2:1의 비율로 교환되었다. 또한 금으로 만들어진 틸라에도 카쉬가르, 코칸드, 부하라 등지에서 제조된 몇 종류가 있었다.

이처럼 주조된 전폐 이외에도 얌부('元寶'라는 말에서 기원)라고 불린 銀塊가 있었는데, 그 모양은 "이물과 고물이 튀어나온 바닥이 깊은 배"와 같이 생겼다.[131] 가장 큰 얌부는 50兩 혹은 50세르(ser), 즉 약 2kg 정도의 무게였으며, 그보다 더 작은 것들도 있었다.

무슬림 봉기가 한창이던 기간 동안 외부와의 교역은 거의 완전히 단절되었다. 중국과의 직교역은 끊어지게 되고 극소수의 중국 제품만이 러시아 영내인 베르느이(Vernyi, 현재의 알마타Alma Ata)를 거쳐서 카쉬가리아로 반입될 뿐이었다.[132] 따라서 그동안 수요가 많았던 중국산 차는 크게 부족할 수밖에 없었다. 1865년 영국인 존슨(W.H.Johnson)은 호탄의 주민들이 사막에 파묻힌 옛 성터를 발굴해서 차를 찾아내는 사례를 보고하기도 했다.

131) *Mission to Yarkund*, p.494.

132) FO 65/874 ("Strictly confidential ; Memorandum of an Interview with the Envoy of Yarkand", p.4, Dec.25, 1871).

그는 "아주 잘 알려진 그곳에서 많은 양의 塼茶가 발견되었는데, 중국과의 교역이 모두 끊어졌기 때문에 그것은 시장에서 잘 팔려나간다"라고 보고했다.[133)]

혁명으로 인한 정치적 혼란은 러시아와 동투르키스탄과의 무역에도 심각한 충격을 주었다. 1868년 투르키스탄 총독인 카우프만(Kaufmann) 장군에게 보낸 서신에서 야쿱 벡은 "교역이 창출해낸 좋은 것들이 중국의 지배가 무너지고 난 뒤 지금까지 6년 동안 모두 파괴되어버려 아무것도 남아 있는 것이 없다. 그렇기 때문에 貴國의 부유한 상인들이 이곳에 오는 것을 허용하지 않는 것이다. 그들은 이곳에서 폐허 이외에 아무것도 찾을 수 없기 때문이다"라고 썼다.[134)] 물론 그가 이러한 편지를 쓴 것은 러시아 상인들의 카쉬가리아 입경을 불허하는 자신의 정책을 합리화하기 위함이었지만, 분명히 현실의 일면을 반영하고 있는 것도 사실이다.

1864-67년의 기간 동안 북쪽으로는 토크막(Tokmak)을 통해, 서쪽으로는 오쉬(Osh)를 통해 카쉬가리아로 들어오던 러시아 상품들은 커다란 제약을 받았다. 한 보고서에 의하면 1868년 12월에서 1869년 12월에 이르는 13개월 동안 토크막-나린 루트를 통해 이루어진 양측의 수출입 총액은 27만 4665루블이었는데, 이는 1869년 한해의 수출입 총계가 기껏해야 25만 루블 정도였음을 추정케 한다. 1870년에도 교역량은 크게 변하지 않아 22만 4025 루블이었지만, 1871년 이 액수는 거의 3배증하여 60만 4710루블이 된다.[135)]

토크막-나린 루트를 통한 양측의 교역이 전체의 85퍼센트를 점하기 때문에 이 액수의 증가는 전체 교역량에 절대적인 영향을 미쳤다.[136)] 러시아가 야쿱 벡에게 압력을 가해 1872년 무역협정을 체결한 것은 아마 이러한 교역

---

133) "Journey to Ilchi", p.5 및 p.13의 주. 또한 *Journal de St. Petersburg*, 1872, *March*(그 사본이 FO 65/874, no.50에 삽입)와 *Kashgaria*, p.71을 참조.

134) Schuyler, *Turkistan*, vol.2, p.318에서 인용.

135) Schuyler, *Turkistan*, vol.1, p.217.

136) Kuropatkin, *Kashgaria*, p.88.

량의 급증 때문이었을 것이다. 바로 그해 교역은 100만 루블을 넘어섰지만, 이 액수는 야쿱 벡 지배기 말년에 이를 때까지 더이상 증가하지 않았다.[137)]

카쉬가르와 인도와의 교역도 러시아의 경우와 유사한 파동을 보여주었다. 양측의 교역량은 1864-66년에 최저점에 달했다가 1867년부터는 회복기미를 보이며 수출입 총량이 22만 7000루피를 기록했고, 1868년에는 2배로 늘어났다가 그 뒤 점진적인 증가추세를 보였다. 1873년 영국 정부와의 무역협정이 맺어지면서 1874년에는 131만 5000루피를 기록했지만 그 이후로는 현저한 증가를 보이지 않았다.[138)]

영·러 양국과 협정이 맺어진 뒤에도 교역량에 커다란 변화가 없었던 원인은 무엇보다도 야쿱 벡 정권의 정치적 장래의 불투명성, 지리적인 장애, 카쉬가리아의 시장으로서의 한계 등이 지적될 수 있을 것이다. 그러나 동시에 우리가 잊어서는 안 될 점은 주변국들과의 교역이 확대되는 것에 대한 야쿱 벡 자신의 조심스러운 태도이다.

영국이나 러시아와 무역협정을 체결함으로써 그가 노리고자 했던 것은 사실 국제교역의 증대 그 자체보다는 러시아로부터의 직접적인 위협을 줄이고 국제적으로 자신의 정치적 입지를 강화하는 것이었다. 조약이 맺어진 뒤에도 많은 외국 상인들이 카쉬가르 정부로부터 각종 자의적인 취급을 받았다는 사실도 이러한 추정을 입증해준다. 야쿱 벡은 외국무역의 급격한 증가와 그에 따른 외국상품과 상인의 대대적인 유입이 오히려 예상치 못한 변화를 초래하여 자신의 지배를 위협할지도 모른다는 생각을 했을 가능성도 있다.

대외무역의 팽창에 대한 그의 이러한 조심스러운 태도와는 대조적으로 야쿱 벡은 국내 교통시설의 확충과 안전상태의 강화를 위해 많은 노력을 기울였다. 그는 公道上에 거리를 표시하기 위해 일정한 간격을 두고 이정표를 세

---

137) Kuropatkin, *Kashgaria*, pp.68-69, pp.76-77.

138) G.J.Alder, *British India's Northern Frontier* 1865-95 : *A Study in Imperial Policy* (London, 1963), pp.318-319(본고에서 제시된 수치는 그의 설명대로 반으로 줄인 것이다).

웠는데 이를 타쉬(tash, '돌')라고 불렀다.

전술했듯이 이러한 이정표 세우는 일을 책임지고 담당했던 마히 웃 딘 마흐둠이라는 인물은 '미르자 파르사흐'(Mîrzâ Farsakh)라는 별명으로 불렸다. '미르자'는 그의 관직명이요 '파르사흐'는 거리의 단위를 나타낸다. 1타쉬는 1만 2000步이며 대략 4.5 내지 5마일에 해당된다.[139] 야쿱 벡은 교통과 안전을 확보하기 위해 도로를 따라 宿舍(langar)와 驛站(rabat) 혹은 소규모 성채(qurghancha)를 세우고, 변경에는 초소(qarawul)를 설치했다. 때로는 그 자신이 "먼지를 뒤집어쓴 채" 그러한 작업에 참여하여 감독하거나 일을 하기도 했다고 한다.[140] 특히 청지배기에 여행자나 상인을 습격하여 통행료를 빼앗아가던 키르기즈나 사리콜 사람들과 같은 산간 유목민들에 대한 통제를 강화하였다. 영국 사절단의 보고서는 당시 통행상의 안전에 대해 다음과 같이 묘사하고 있다.

> 어떤 사람이 벌판 한가운데에 채찍 하나를 떨어뜨렸다면 1년이 지난 뒤에도 그것을 다시 찾을 수 있을 것이다. 이는 내가 동투르키스탄에 머무는 동안 사람들이 곧잘 하는 말이었고, 현정권 아래에서 얼마나 안전이 잘 지켜지는가를 설명하기 위한 예로 여러 번 들은 이야기였다.[141]

물론 우리가 주의해야 할 점은 이러한 안정이 야쿱 벡의 엄격한 정치에 기인한 일종의 "공포에 의한 안정"에 가까웠다는 사실이다.[142] 내적 안정의 확립을 올바로 이해하기 위해서 우리는 야쿱 벡의 종교정책에 대해서 살펴볼 필요가 있다. 그가 통치하는 동안 동투르키스탄의 사회생활에서 나타난

---

139) *Mission to Yarkund*, p.436 ; Shaw, "A Sketch of the Turki Language as Spoken in Eastern Turkestan", *Journal of Asiatic Society of Bengal*(Calcutta, 1880), 1878년호 pt.1의 extra number, p.63.

140) *Visits to High Tartary*, p.226, p.312 ; Bellew, *Kashmir and Kashghar*, p.288.

141) *Mission to Yarkund*, p.269.

142) Bellew, *Kashmir and Kashghar*, p.302.

가장 현저한 변화는 이슬람의 관점에서 볼 때 이교도인 청조의 지배기에 온 사회에 만연했던 종교적·도덕적 이완에 대한 강력한 반작용이었다. 과거에 주민들은 자유롭고 또 공개적으로 음주를 해도 무방했고, 연회에는 거의 반드시 음악과 춤이 수반되었으며, 여자들은 베일로 얼굴을 가리지 않고도 거리를 활보했었다. 혁명이 터지기 직전 이 지역을 다녀간 한 관찰자는 그 같은 '狂信의 不在'의 이유가 동투르키스탄 주민들의 독특한 역사적 경험, 즉 서쪽에 있는 무슬림 형제들보다는 이교도인 중국인들과 더 빈번한 접촉을 가졌기 때문이라고 보았다.[143] 아마 그의 지적은 이슬람 정신이 '퇴조'하는 근본원인이 중국인의 지배에 있다고 보는 당시 무슬림들의 일반적인 견해를 반영한 것으로 보인다.

무슬림들이 청조 군인들에 대해 승리를 거둔 직후부터 지도자들은 '이교도'의 영향을 제거하기 위한 조치들을 취했고 무슬림들에 대해서는 율법의 규정들을 엄격하게 지키도록 강요했다. 라시딘정권이 지배하던 우쉬 투르판에서는 쿠브라위 교단을 비롯한 수피 교단들에 대한 가혹한 탄압이 가해졌으며, 호탄에서 하비브 울라는 일찍이 보기 힘들 정도로 철저하게 율법을 준수하도록 요구했다. 우룸치 퉁간의 지도자들은 국호를 '淸眞國'(즉 이슬람국)이라고 부를 정도였다.

이러한 지방세력들을 모두 병합한 야쿱 벡도 예외는 아니었으나, 그 자신이 존경받는 종교지도자는 아니었다. 오히려 그는 하비브 울라, 라시딘, 자말 웃 딘, 왈리 한과 같은 종교인들을 처형하고, 메카 성지순례라는 명목으로 부주르그를 추방시켜버렸으며, 캐태 한을 독살시켰다는 소문까지 돌았다. 그의 이러한 행동은 아마 많은 카쉬가리아인들의 분노를 야기했을 것이고, 때문에 그는 '이슬람의 보호자'로서의 자신의 이미지를 강화하기 위해 더 많은 노력을 기울여야만 했다. 그가 '칸'이나 '술탄' 같은 군주의 칭호를 취할 수도 있었겠지만 그렇게 하지 않은 것은 '찬탈자'라는 인상을 주지 않

143) Valikhanov, "O sostoianii Altyshara", p.157.

기 위해서였다. 또 바로 그런 연유에서 오스만 술탄에게 사신을 보냈고 술탄의 이름으로 화폐를 주조했던 것이다. 심지어 술탄으로부터 '아미르'(amir)라는 칭호를 부여받은 뒤에도 그는 여전히 그것을 사용하지 않고 전술했듯이 '아탈릭 가지'나 '바다울라트'와 같은 칭호를 사용했으니, 그 이유는 바로 이러한 칭호들이 갖는 종교적인 상징성 때문이었던 것으로 보인다.

그는 또한 성묘, 사원, 기도소 등 많은 종교건물들을 새로이 건축하거나 보수토록 했고, 그 같은 종교시설의 운영을 위해 寄進金(waqf)을 헌납하기도 했다.[144] 대표적인 예로 그는 카쉬가르에 있는 호자 아팍 성묘의 아치(gumbad ; 중앙아시아에서는 gombaz로 발음)를 새로 짓도록 했고, 성묘 안에 기도소와 사원을 건설토록 했다.[145] 또한 비비 미리암(Bibi Miriyam) 성묘나 사툭 보그라 칸(Satuq Boghra Khan) 성묘의 보수도 지시했고, 이들 성묘를 정기적으로 방문하기도 했다. 이렇게 해서 그가 새로 짓거나 보수한 종교건물들은 거의 60개소에 달했다고 한다.[146]

야쿱 벡은 그 자신이 율법을 얼마나 엄격히 준수하는가를 보여주려고 했을 뿐만 아니라 백성들에게도 그것을 요구했다. 율법의 준수 여부를 감시하기 위해 도시는 물론 군대에도 관리를 배치했다.[147] 예를 들어 카디 라이스(qâḍî ra'is)라는 관리는 '디라'라는 채찍을 들고 다니는 여러 명의 무흐타십(muḥtasib)을 데리고 거리와 바자르를 정기적으로 순찰했다.[148]

> 그는 가게에 들어가 저울을 조사한 뒤 무게에 차이가 있다던가 하면 채찍질을 한다. 더 심각한 사안이면 범법자는 무프티에게로 보내져 판결을 받는다. 그 자

144) *Mission to Yarkund*, p.17.
145) TA/Pantusov, p.235.
146) Bellew, *Kashmir and Kashghar*, pp.308-309, p.324, pp.344-345 ; Stein, *Ruins of Khotan*, p.143.
147) TA/Pantusov, p.234.
148) Bellew, *Kashmir and Kashghar*, pp.281-282에는 여섯 명의 무흐타십이 따라다녔는데, 앞뒤로 세 명씩 수행했다고 되어 있다.

신의 권한은 채찍으로 20대에서 40대 사이를 때리는 것을 넘지 못하며, 베일을 쓰지 않고 거리를 다니는 여자나 도박꾼, 술취한 사람, 싸우는 사람, 행색이 엉망인 사람, 혹은 정해진 기도시간을 소홀히 하는 사람들에 대해서는 언제라도 매질이 가해진다.[149)]

자기가 사는 지역 밖으로 여행하고자 하는 사람은 당국에서 발부한 여행증을 소지해야만 했다. 만약 여행증이 없이 다른 지역에 있다가 발견되면 그는 경찰서로 보내져 심문을 받게 된다.[150)] 주민들은 규정에 따른 기도와 금식을 수행해야 하지만, 음주·흡연·가무는 공적인 장소든 사적인 장소든 엄격히 금지되었다.[151)] 러시아의 쿠로파트킨이 "그〔=야쿱 벡〕는 마치 나라 전체를 하나의 거대한 사원으로 바꾸어놓으려는 듯이 행동한다. 거기서 '새로운 승려'들은 땀을 흘리며 밭을 일구어서, 그의 호전적인 충동을 만족시켜 주기 위해 자기 수입의 많은 부분, 아니 거의 대부분을 바쳐야만 한다"고 묘사한 것은 바로 이러한 사회적 분위기를 잘 나타내고 있다.

(3) 稅金 : 正規稅와 非正規稅

국가가 징수하는 정규세에는 우쉬르('ushr, 혹은 하라지kharâj), 타납(ṭanâb), 자카트(zakât)의 세 종류가 있었다. 원래 이슬람권에서 우쉬르세란 무슬림들이 소유하는 경작지에서 수확한 곡식의 1/10을 바치는 것을 의미했고, 하라지세는 무슬림이 아닌 사람들이 토지에서 거두어들이는 것으로 일반적으로 전자에 비해서 세율이 더 높았다. 그러나 이슬람으로의 개종이 늘어나면서 하라지세를 내는 사람들이 줄어들게 되었는데, 이는 곧 稅收의

149) *Mission to Yarkund*, p.104.
150) 같은 곳. 이러한 여행증의 견본이 Shaw, "A Grammar of the Language of Eastern Turkestan", *Royal Asiatic Society of Bengal*, 1877, no.3, pp.322-323, p.349에 보인다.
151) TA/Pantusov, p.233. 그러나 Bellew의 관찰에 의하면 軍樂隊가 있었고 특별한 경우에는 개인의 가옥 안에서 연주되기도 했다고 한다(*Kashmir and Kashghar*, p.286).

감소를 의미했다. 7-8세기에 후라산과 서투르키스탄의 주민들이 신속한 속도로 개종한 이면에는 사실 하라지세의 부담에서 벗어나려는 경제적인 욕구도 강하게 있었다. 어쨌든 대부분의 중앙아시아 주민들이 무슬림이 된 뒤에는 이 양자의 구별이 무의미해져 두 용어는 사실상 동의어로 사용되었다.[152)]

우쉬르세는 토지에서 생산되는 곡식의 1/10을 현물로 징수하는 것이 원칙이었지만 야쿱 벡 국가에서의 현실은 매우 달랐던 것 같다. 영국측 사절단은 "사실상 徵稅吏가 자신들의 이익을 위해 훨씬 더 많이 거두었고, 양기히사르의 어떤 지역에 대해서는 정부가 3/10의 비율로 우쉬르세를 거두라는 명령을 내린 것을 보았다"고 보고하고 있다.[153)]

타납세는 果樹園이나 菜蔬地, 혹은 棉花와 같이 非穀物類를 생산하는 토지에 대해 부과되는 세금으로, 이 용어는 원래 길이의 단위로서 지역이나 시대에 따라 상이했다. 청조의 경우에는 곡물류와 비곡물류를 재배하는 토지에 대해 세금을 매길 때 차이를 두었다. 곡물의 경우에 사용되는 척도는 바트만(batman)으로, 5石 3斗의 종자[154)]를 파종할 수 있는 토지를 1바트만으로 했고, 개인소유의 토지로부터는 所出의 1/10을, 그리고 국가소유의 토지로부터는 1/2을 거두었다. 비곡물을 심는 토지에 대해서는 어떠한 척도를

---

152) Kuropatkin(*Kashgaria*, p.43)은 kharâj라는 용어를 사용한 반면, 영국측 사절단과 사이라미는 'ushr라는 용어를 썼다. 서투르키스탄에서도 이러한 혼란이 보이는데 이에 대해서는 Schuyler, *Turkistan*, vol.1, pp.298-299, p.303을 참조하시오. 서투르키스탄에서는 토지에서 생산되는 곡식의 1/10을 거두는 것을 kharâj라고 부르고, 그보다 더 높은 비율로 거둘 경우에는 'ushr라고 부르는 경향이 있다. Cf. A.A.Semenov, "Ocherki pozemel'no-podatnogo i nologovogo ustroistva v Bukharskogo khanstva", *Trudy Sredne-Aziatskogo Gosudarstvennogo Universiteta*, 2, no.1(1929), p.22.

153) *Mission to Yarkund*, p.103. 사실 이처럼 원칙에서 벗어난 重徵稅는 카쉬가리아뿐 아니라 서투르키스탄에서도 오래 전부터 널리 행해지던 관행이었다. 후다야르 칸 치세에 코칸드 칸국의 경우에 대해서는 Troitskaia의 *Katalog*, p.567을 참조하고, 티무르조 시대의 관행에 대해서는 *Istoriia Uzbekskoi SSR*(Tashkent, 1955-56), vol.1, pp.355-356을 참조하시오.

154) 청이 신강을 정복한 직후에 1바트만은 4석 5두였으나 1761년 이후 5석 3두로 바뀌었다. 1바트만은 무게로 640근, 즉 382.08kg의 무게에 해당되었다. 紀大春, 「維吾爾族度量衡舊制考索」, 『西域硏究』, 1991年 第1期, pp.60-61.

사용했는지 분명치 않은데, 이는 청조측 기록에 稅額이 단지 현금(tängä)으로만 표시되어 있기 때문이다.

그러나 카쉬가리아에 주재하던 코칸드측 악사칼들이 그곳에 살던 코칸드인이나 찰구르트(chalghurt)들이 소유하던 과수원이나 면화재배지에서 세금을 징수할 때 — 과수원에서는 1타납의 경작지에 10탱개, 郊外의 전답이나 초지에서 대해서는 5탱개 — 타납을 척도로 사용했다는 사실은 확인할 수 있다.[155] 이러한 형태의 세금은 코칸드 칸국에서 '타나바나'(ṭanâbâna)라고 불렸고, 야쿱 벡은 카쉬가리아를 정복한 뒤 이러한 제도를 그대로 실시한 것으로 보인다.

발리하노프의 보고에 따르면 1850년대 말 카쉬가리아에서의 1타납은 0.375desiatina(즉 4050m²)였다고 한다.[156] 그러나 1868-69년 그곳을 방문한 쇼우는 1타납의 토지를 "〔한 변의〕 길이가 40gaz인 사각의 토지인데, 1gaz는 3피트 5인치"라고 했고, 이를 계산하면 1820m²가 된다.[157] 또한 1873-74년 그곳을 찾은 영국 사절단도 1타납이 47야드에 해당되고 "兩邊이 그 길이인 공간을 1타납의 땅이라고 부른다"고 했는데,[158] 이는 1849m²의 넓이가 된다. 결국 야쿱 벡 시기의 1타납의 면적은 청조지배 시기에 비해 절반도 채 안 되었던 셈이다.

이러한 차이가 나는 이유가 어느 한쪽의 잘못된 정보에 기인하는 것인지 아니면 시대에 따른 차이에서 생겨난 것인지 확실치 않다. 다만 양측의 기록이 정확하고 시대에 따른 차이라고 한다면, 그것은 야쿱 벡 정권이 稅收를

---

155) Valikhanov, "O sostoianii Altyshara", p.186.

156) 같은 곳.

157) "A Sketch of the Turki Language", p.136. 러시아 점령 직전 서투르키스탄의 경우 1ṭanâb은 사마르칸드와 타쉬켄트에서는 약 2700-2800m²였고 히바에서는 4100m²였다. Cf. Abduraimov, *Ocherki agrarnykh otnoshenii*, vol.1, p.215, no.94 ; Budagov, *Sravnitel'-nyi slovar'*, vol.1, p.741 ; Troitskaia, "Arkhiv Kokandskikh khanov XIX veka : Predvaritel'nyi obzor", *Trudy Gosudarstvenoi Publichnoi Biblioteki imeni M.E.Saltykova-Shchedrina* 2(5)(1957), p.187.

158) *Mission to Yarkund*, p.103.

증대시키기 위해 타납의 면적을 의도적으로 감소시켰을 가능성을 시사한다. 1870년대 초기에 1타납에서 거두어들이는 세금은 "수확물의 종류와 가치에 따라" 1-2탱개에서 8-10탱개까지 차이가 났고,[159] 야쿱 벡 치세의 말기가 되면 20탱개까지 증대되었다.[160]

자카트세는 원래 貧者의 보호나 공공목적에 필요한 재원을 마련하기 위해 지불하는 일종의 '구휼세'로서, 무슬림이라면 마땅히 준수해야 할 의무의 '다섯 기둥' 가운데 하나였다. 그러나 후대로 내려오면서 이 稅目은 '關稅'나 '家畜稅'를 의미하게 되었고 원래의 목적인 구휼에는 사용되지 않았다. 19세기 후반 카쉬가리아에서 자카트세는 모든 유목민이 소유하는 가축이나 상인들이 국외로 반출 혹은 반입하는 상품의 1/40을 징수하는 것을 의미했다. 그러나 야쿱 벡 국가가 러시아(1872)와 영국(1873)과 무역협정을 체결하기 이전에, 비무슬림 상인들은 상품가치의 5퍼센트를 관세로 내야 했으며, 이외에도 힌두 상인들은 그 영내에 머무는 동안에는 매달 2탱개의 인두세(jizyâ)를 물어야 했다. 협정이 체결된 뒤 힌두 상인들에 대한 인두세는 철폐되었고 모든 외국상인들에 대한 관세도 2.5퍼센트로 낮추어졌다.[161] 천산과 파미르 산지에 사는 가축을 기르는 유목민이나 시장에서 가축을 매매하는 상인들로부터 가축을 세금으로 받는 것도 자카트세라고 불렀다.

이 세 종류의 正規稅, 즉 우쉬르, 타납, 자카트는 물론 국가세입의 가장 주요한 항목이었으며, 야쿱 벡 정권의 출현 이전에도 이 지역에 존재했던 것이었다. 예를 들어 준가르인들이 카쉬가리아를 정복하고 그 주민들을 '貢納民'(albatu)으로 만들었을 때에도, 주민들은 일정한 양의 貢納(alban)을 거두어 일리로 보내야 했다. 무슬림측 기록에 의하면 이 공납은 地稅(kharâj), 關稅(bâj), 人頭稅(jizyâ)의 세 항목으로 이루어져 있었다.[162] 청조는 준가르

---

159) 같은 곳.

160) *Kashgaria*, p.43.

161) Kuropatkin, *Kashgaria*, pp.61-62 ; Boulger, *The Life of Yakoob Beg*, pp.323-324.

162) 예를 들어 『호자傳』(TAz/Bodleian : d.20, 32r-33v, 59r-59v)에 의하면 준가르인들은 "모굴

를 멸망시키고 카쉬가리아를 접수한 뒤 기본적으로 준가르인들의 '舊制'를 그대로 유지하다가 후일 약간의 수정을 가했을 뿐이다.[163] 그러나 이미 앞에서 설명했듯이 청조는 1820년대 후반부터 코칸드측의 압력을 받기 시작하여 1832년 협약 이후에는 코칸드 출신의 상인들, 후에는 서부 카쉬가리아 영내의 모든 외국상인들에 대한 자카트의 징수권을 코칸드측에 양도했다.

그러나 정규세의 세율은 이론상으로만 그러할 뿐 실제로 경작자들은 그보다 몇 배나 더 많은 세금을 국가에 바쳐야 했다. 청조 치하에서 '국유지'(khâniyya zamîn)를 경작하는 사람들은 생산물의 반을 바쳐야 했는데, 실제로는 관리들의 수탈로 그보다 더 많은 양을 바쳐야 했다.[164]

이러한 상황은 야쿱 벡의 시대에도 변하지 않았다. 청조 치하에서 국가나 고위 벡 관리가 소유하던 토지와 재산은 야쿱 벡에 의해 몰수되었고, 그는 이 같은 토지를 개인에게 다시 팔거나 혹은 관리나 군대에 양도하여 소작케 하기도 했다. 개인적인 토지 所有者나 賃借人들조차도 기존의 권리를 인정받기 위해서는 다시 구매하는 경우가 있었다.[165] 심지어 남의 토지를 경작하는 사람은 수확의 1/10을 국가에 地稅로 납부하고, 나머지에서 다시 3/4을 지주에게 바치는 사례도 보고되고 있다.[166] 그렇게 될 경우 실제 경작자에게 돌아가는 부분은 전체 수확물의 22.5퍼센트에 불과했다.

뿐만 아니라 농민들은 이러한 정규세 이외에 여러 종류의 비정규세도 내지 않으면 안 되었는데, '카프센'(kafsen), '미라바나'(mîrâbâna), '사만 풀'

리스탄 城市들의 10만 명으로부터 10만 tängä"를 매년 jizyâ로 거두었다고 한다. 그러나 카쉬가리아를 정복한 뒤 이 지역의 상황을 조사한 중국측 보고에 의하면 준가르의 마지막 군주인 Galdan Tsering의 시대에 카쉬가르에서만 징수한 공납이 현금과 실물을 모두 포함하여 6만 7000탱개에 이르렀다고 한다(『陝甘新方略』 正編, 卷75, 30v-31r).

163) 이 문제에 대해서는 嶋田襄平, 「清代回疆の人頭稅」, 『史學雜誌』, 61-11(1952), pp.25-40 ; 羽田明, 『中央アジア史硏究』, pp.117-121을 참조하시오.

164) L.I.Duman, *Agrarnaia politika Tsinskogo pravitel'stva v Sin'tsiane v kontse XVIII veka* (Moskva, 1936), p.211.

165) *Mission to Yarkund*, p.103.

166) 같은 곳.

(saman pul), '타라카'(tarâka), '코날가'(qonalgha) 등이 그러한 예이다. 카프센은 국가로부터 봉록을 제대로 받지 못하는 지방의 벡 관리들이나 사르카르와 같은 稅吏들의 몫으로 징수되는 것이었는데, 서투르키스탄에서도 이와 동일한 관행이 있었다.[167] 관개수로를 보수·관리하고 물을 분배하는 직무를 담당하는 미랍(mîrâb)을 위해서도 마을에서 생산된 수확물의 2퍼센트를 징수했는데, 이를 미라바나라고 불렀다.[168] 쿠로파트킨의 보고에 의하면 징세리들은 지세(kharâj)를 거둘 때 1바트만에 2푸대의 곡식(보통 밀)을 따로 받았는데 이를 사만 풀이라 불렀다. 이것은 후에 현금으로 징수하는 형태로 바뀌었다고 한다.[169] 포오사이쓰의 보고서에 "곡식 30차락(charak ; 이것은 3차락의 잘못일 것이다 — 필자〕 분마다 하킴은 〔현금으로〕 1탱개 36풀에 해당하는 나귀 1마리분의 짚(straw)을 요구한다"고 한 것도 아마 이것을 두고 한 말인 듯하다.[170]

타라카(혹은 tärkä)는 相續稅를 의미하는 것으로, 국가가 죽은 자 재산의 2.5퍼센트를 징수하는 것이 원칙이었지만, 때로는 2배로 받기도 했다.[171] 그러나 이것은 청조 치하에서 벡 관리를 역임했던 사람들이나 야쿱 벡의 통치에 불만을 갖던 사람들의 재산을 몰수하기 위한 수단으로 악용되는 예도 많았다. 그런 사람들이 사망하면 관리가 파견되어 그 재산을 실제보다 훨씬 더 많게 算定했는데, 심지어는 상속자가 상속받은 재산을 모두 처분해도 상속세를 충당할 수 없을 정도였다고 한다.[172] 또한 군인들이나 외국의 사절단

---

167) Schuyler, *Turkistan*, vol.1, p.304.

168) *Mission to Yarkund*, p.77 ; Troitskaia, *Katalog*, p.553 ; *Istoriia Uzbekskoi SSR*, vol.1, p.356.

169) 영역본(*Kashgaria*, p.43)은 이 부분을 잘못 번역했다. 러시아어 원문 p.33을 참조하시오. saman이라는 말은 'straw'를 뜻한다(Clauson, *An Etymological Dictionary*, p.829).

170) *Mission to Yarkund*, pp.504-505.

171) *Kashgaria*, p.43. Kuropatkin은 이 세금을 tari-kara로 잘못 옮겨 적었다. 사이라미는 이를 tärkä라고 불렀다(TH/Jarring, 103v ; TH/Baytur, p.520). 코칸드 칸국에서 이와 유사한 제도에 대해서는 Troitskaia, *Katalog*, p.564를 참조하시오.

172) TH/Jarring, 103v-104r ; TH/Baytur, pp.519-520 ; TA/Pelliot, 159r 등을 참조하시오.

이 통과하는 지방의 주민들이 그 숙박과 식량의 일부를 부담하던 것을 코날가('宿泊'의 의미)라고 불렀다.[173)]

이 같은 상황을 더욱 악화시킨 것은 稅吏를 포함하여 국가의 관리들에게 정해진 봉급이 없었다는 사실이다. 그들은 중앙으로 올려 보내지는 액수의 나머지, 즉 지방경비에서 자신의 봉급을 취해야 했기 때문에 징세액을 최대로 늘릴 수밖에 없었고 이에 따라 각 村莊에 보다 많은 액수를 할당한 것이다. 중앙정부 역시 자기가 필요로 하는 액수만 확보된다면 그 같은 관행을 눈감아주었던 것으로 보인다.

뿐만 아니라 지방의 하킴들은 징수한 세금을 중앙정부에 정규적으로 올려 보내는 것 이외에도 자신의 지위를 보장받기 위해 1년에 한두 차례씩 야쿱 벡에게 많은 양의 '膳物'(tartuq)을 상납했다. 상납품으로는 "말, 의복, 카펫, 비단, 차, 설탕, 금화나 은화 혹은 은괴를 담은 접시들"이 포함되었다.[174)] 예를 들어 호탄의 태수였던 니야즈 벡은 자신에 대한 야쿱 벡의 불신을 지우기 위해 "70마리의 낙타에 실은 선물과 2마리의 말에 실은 銀"을 선물로 바쳤다.[175)]

물론 태수는 이렇게 해서 안게 되는 재정적 손실을 일반인들에게 신속하게 전가했고, 사이라미가 개탄했듯이 호탄의 니야즈 벡, 악수의 압둘 라흐만, 바이와 사이람의 무함마드 아민이 이런 방식으로 나라에 "엄청난 피해를 가져다 주었다."[176)] 이러한 상납에 대해 야쿱 벡은 고가의 의복와 혁대와 무기를 하사했는데, 특히 의복이 많았기 때문에 이러한 하사품을 '사로파'

TA/Pantusov, pp.242-243의 텍스트는 잘못되어 있다.

173) 사이라미와 Ḥâjjî Yûsuf 등이 이에 대해 언급하고 있다. Tikhonov, "Nekotorye voprosy", p.130 참조. 또한 『新疆簡史』, 卷2, p.171도 참조하시오. 이 말의 어원과 다른 지역에서의 사례에 대해서는 Radloff, *Versuch*, vol.2, pp.538-539 ; Bartol'd, "Otchet o komandirovke v Turkestane", *Sochineniia*, vol.8, p.203 등을 참조.

174) Kuropatkin, *Kashgaria*, p.42.

175) *Visits to High Tartary*, p.276, p.307, p.320. Cf. Gordon, p.97.

176) TA/Pantusov, p.241.

(sar-o-pâ)[177]라 불렀다.

(4) 徵稅와 稅吏

이 같은 각종의 세금을 징수하기 위해 각 성에는 사르카르(sarkâr), 자카트치(zakâtchî), 미르자(mîrzâ) 등의 직함을 갖는 관리들이 임명되었다. 쇼우는 사르카르에 대해 "하킴이나 수령의 지시를 받는 대소 村莊에서 現物로 세금을 징수·분배·계산하는 임무, 그리고 국가의 動產을 補塡하고 補修하는 모든 일을 담당하는 (大小)의 관리"라고 정의했다.[178] 그는 또 다른 곳에서는 그것을 '戶口調查人'(comptroller of the household)이라고 옮기면서 "국왕의 모든 재고를 담당하는 관리"라고 설명하기도 했다.[179] 한편 쿠로파트킨은 사르카르가 하킴에 의해 임명되며, 현물이든 현금이든 일정한 액수의 세입을 확보해야 할 책임을 졌다고 하면서, '한 명의 책임 사르카르와 몇 명의 미르자들'이 하킴에게 속해 있다고 했다.[180]

이상의 자료들을 종합해볼 때, 우리는 각 성에는 세금의 징수와 분배를 책임지는 수명의 사르카르들이 배치되어 있었고 그 중 대표적인 인물들은 야쿱 벡이 임명하는 경우도 있었음을 알 수 있다. 청대의 신강에는 이 같은 이름의 관직이 없었던 반면, 이와 유사한 기능과 동일한 직명을 지닌 관리가 부하라 칸국과 코칸드 칸국에도 존재했다는 점을 생각할 때,[181] 이 제도는 서투르키스탄에서 차용된 것이라고 할 수 있다.

---

177) 문자 그대로의 의미는 '머리와 발'이다. H.Vambery의 *Čagataische Sprachstudien* (1867 ; Amsterdam, 1975, p.219)에 의하면 이 말의 원뜻은 "sar tâ pâî", 즉 "머리에서 발까지"이지만 실제로는 "터번, 겉옷, 혁대, 부츠를 포함한 의복 일체"를 의미한다.

178) "A Sketch of the Turki Language", p.122.

179) *Visits to High Tartary*, p.265.

180) *Kashgaria*, p.44.

181) 이와 비슷한 제도는 부하라의 '디바니 사르카르'(dîvân-i sarkar), 코칸드의 '사르카르'(sarkâr) 및 '사르카르바시'(sarkârbâshî) 같은 것에서도 발견할 수 있다. 이에 관해서는 A.A.Semenov, "Bukharskii traktat", p.149, no.72 ; M.A.Abduraimov, *Ocherki agrarnykh otnoshenii*, vol.1(Tashkent, 1966), p.83 ; Troitskaia, *Katalog*, p.562 등을 참조하시오.

자카트치(혹은 'âmil az-zakât)는 자카트세를 징수하기 위해 야쿱 벡이 각 지방에 파견한 관리들이었다. 사이라미는 자신이 7년 동안 미르자로 일하면서 상관으로 섬겼던 미르자 바바 벡(Mîrzâ Bâbâ Beg)은 야쿱 벡이 악수 省의 자카트치로 임명한 인물이었고, 그는 악수는 물론 우쉬 투르판에서 쿠를라에 이르는 지역의 자카트세를 징수할 책임을 부여받았다고 했다. 驛站도 그의 관할하에 있었다.[182] 이러한 관리들이 아마 다른 지역에도 파견되었을 것으로 추측되지만, 그 숫자가 얼마였는지는 확인할 길이 없다. 다만 미르자 바바 벡이 3개의 省(우쉬 투르판, 악수, 쿠차)을 동시에 관할한 것으로 보아 반드시 省마다 1인의 자카트치가 두어진 것은 아닌 듯하다.

자카트치의 補助吏는 미르자라고 불렸으며 村莊들로부터의 징세를 기록하고 보관하는 업무를 수행했다. 사이라미는 야쿱 벡 치하에서 총 11년(1867-77) 동안 미르자로 일했는데, 그 임무는 자카트치를 보좌하며 각 村莊의 稅入額을 계산하고 관리하는 것이었다.[183] 야쿱 벡은 미르자를 통해서 각 지방에서 발생한 사소한 사건이나 떠도는 소문들을 수집했다. 따라서 그는 "〔사람들이〕 말하고 행동하는 것을 사실과 거짓을 불문하고 모두 알고 있었고, 하킴들이 매년 한 번씩 그를 찾아오면 그들과 지방문제를 논의할 완벽한 준비를 갖추고 있었다."[184]

야쿱 벡 치하에서 미르자는 지방에서 떠도는 소문이나 사건들에 관한 상세한 정보를 수집하여 보고하는 일도 했다. 그들은 "사실이든 거짓이든 사람들의 모든 행동과 발언을 관찰하여, 하킴들이 매년 정기적으로 그(=야쿱 벡)를 만나러 갈 때 지방 사무에 관한 토론에 대비토록 하는" 일을 했던 것이다.[185] 우리는 당시 동투르키스탄 사회의 각 부분에 이 같은 정보원들이 배

182) TA/Pantusov, p.194, pp.279-280.

183) TA/Pantusov, p.285. S.K.Ibragimov et. al ed., *Materialy po istorii Kazakhskikh khanstv XV-XVIII vekov*(Alma-Ata, 1969), pp.478-480도 참조.

184) Gordon, *The Roof of the World*, p.98.

185) 같은 곳.

치되어 있었음을 의심할 수 없으며, 이곳을 방문했던 외국인들도 그 사회 안에 팽배했던 불신과 의심에 대해서 기록을 남기고 있다.[186)]

야즈(yâz) 혹은 마할라(maḥalla)라고 불리던 마을들에는 村長이 임명되었는데, 디반베기(dîvânbegî, 혹은 간단히 dîvân), 악사칼(aqsaqâl), 유즈바시(yüzbâshî) 등의 칭호로 불렸다. 사이라미에 의하면 하킴이 있는 省들 가운데 큰 것은 500-600명의 디반(dîvân)이 있고 작은 것의 경우에도 70-80명의 디반이 임명되었다고 한다. 호탄省의 경우에는 모두 700명 정도의 디반이 있었다.[187)] 또한 아스틴 아르투쉬(Astïn Artush)에는 약 20개의 작은 촌락들이 있었는데 20명의 디반이 두어졌다는 보고도 있다.[188)] 다음 사이라미의 글은 당시 디반들의 처지를 잘 보여준다.

〔그들은〕 매년 촌락으로 가서 촌락마다 부자(bâî) 한 사람을 잡고, 그가 원하든 원치 않든 디반으로 만들곤 했다. 그에게 印章(nishân)과 證書(dastak)를 주는 즉시 관리를 붙여서 돈을 걷기 시작했다. 〔관리들은〕 1년이 될 때까지 자카트, 우쉬르, 하라지 등의 세금을 율법에 따라 백성들로부터 걷으라고 〔디반에게〕 맡긴 뒤, 조사를 위해 잔혹한 성질의 관리와 포악한 성격의 미르자를 그 디반에게 보내 조사를 시켰다. 하나를 열로, 열을 백이라고 기록하여 2만 혹은 3만 탱개의 돈을 정확한 액수라고 하며 디반의 책임으로 떠넘겼다. 그들은 토지든 가축이든 카펫이든 집기든 솥과 숟가락까지 팔아서 돈을 만들어 사르카르에게 바치곤 했다.[189)]

디반은 지방 통치조직에서 가장 하부단계에 위치한 존재였고 동시에 지방

186) Shaw, *Visits to High Tartary*, p.217, p.259 ; *Mission to Yarkund*, p.103. 그러나 Boulger (*The Life of Yakoob Beg*, pp.148-149)가 주장하듯 야쿱 벡이 치밀한 조직으로 짜여진 비밀경찰을 갖고 있었다고까지 보는 것은 지나친 듯하다.

187) TH/Baytur, p.559.

188) *Mission to Yarkund*, p.509 ; Hayward, "Journey from Leh to Yarkand", p.133.

189) TH/Jarring, 103v ; TH/Baytur, pp.518-519.

의 행정 혹은 재정을 담당하는 관리들과 모두 연결되어 있었다.[190] 행정적으로는 省의 최고책임자인 하킴 혹은 城市·村莊의 벡 관리의 통제를 받았지만, 동시에 徵稅業務에서는 사르카르, 자카트치, 미르자 등 稅吏들의 명령을 받았다. 그러나 촌락단위에서 실질적으로 징세업무를 담당한 것은 바로 그들이었고, 정부의 관리는 그들에게 매년 징수할 세액을 할당해주었는데, 만약 그 액수를 채우지 못하면 자신의 재산으로 그것을 메워야 했다.[191]

'디반'(베기)이라는 명칭은 청대의 벡 관제에서도 '都官'·'都觀'·'都管'(伯克) 등으로 보이기는 하지만,[192] 당시 이 직책으로 정해진 숫자는 아홉 명에 불과했기 때문에 야쿱 벡 시대의 디반(베기)과 동일한 것으로 보기는 어렵다. 청대에 촌락민 가운데 뽑혀서 자기 마을의 징세를 담당하는 직책을 가진 사람은 大莊의 경우에는 '밍바시'(千戶長), 小莊의 경우에는 '유즈바시'(百戶長)라 불렸다. 야르칸드에서 만들어진 한 帳籍簿는 407개의 村莊에 346명의 유즈바시가 두어졌던 사실을 말해주고 있다.[193] 이들은 또 '악사칼'(aqsaqâl)이라고도 불렸는데 이 명칭은 카쉬가리아보다는 준가리아 지방에서 보편적으로 사용되었다. 악사칼이라는 칭호는 키르기즈 유목집단의 수령들에게도 붙여졌고 그들 역시 촌락의 디반들이 행하는 것과 유사한 임무를 수행했다.

이들 稅吏가 징세과정에서 자행하는 억압적인 활동에 의해 피해를 본 것은 비단 카쉬가리아의 주민들뿐 아니라 외국에서 온 상인들도 각종의 제약과 부당한 피해를 보았다. 1876-77년 이 지역을 방문한 쿠로파트킨은 당시 서투르키스탄에서 온 상인들의 불만을 접수받았고, 타쉬켄트와 코칸드 출신 상인 40여 명이 자신에게 '집단적인 탄원'을 올리려고 했다는 기록을 남기고

---

190) 코칸드나 부하라에서는 디반(베기)이 중앙정부의 고위관리로서 징세를 책임졌다. Troitskaia, *Katalog*, p.542 ; Abduraimov, *Ocherki agrarnykh otonoshenii*, vol.1, pp.72-74 참조.

191) TA/Pantusov, p.242.

192) 佐口透, 『社會史硏究』, pp.116-117.

193) 堀直, 「清朝の回疆統治についての二, 三問題」.

있다.[194] 사이라미 역시 외국 상인들이 도착하면 그들이 갖고 온 화물을 개봉하여 조사하고 모든 물건들이 강제로 몰수되어서, 때로 그들은 "빈 상자와 끈만 갖고" 돌아가는 일도 있었다고 했다.[195]

이처럼 정규·비정규 세금들과 각종의 착취는 카쉬가리아와 준가리아 주민들에게 막대한 고통을 안겨주는 결과를 낳았다. 물론 이러한 상황은 국가의 관리가 충분하고 고정된 봉급을 받지 못하고 생계와 승급을 위해 뇌물을 바치는 것이 관행으로 굳어진 사회에서는 흔히 일어날 수 있는 일이며, 야쿱 벡 치하의 동투르키스탄에서 보이는 각종 稅目과 弊端은 사실 같은 시기 서투르키스탄에도 존재했다. 그럼에도 불구하고 그의 지배를 받았던 이 지역 주민들의 경제적 상황은 특히 통치 후반기로 가면서 더욱 악화되었음이 분명하다. 사람들은 야쿱 벡 정권에 대하여 점점 더 심한 절망감과 배신감을 느끼게 되었고, 심지어 淸軍이 다시 들어와 점령하기를 바라는 사람도 적지 않았다. 『하미드史』에 소개된 다음과 같은 逸話는 당시 그들의 심정을 잘 말해주고 있다.

> 전해지는 이야기에 의하면 카쉬가르에 있는 페이자바드(Fayzâbâd)라는 마을에 살던 한 사람이 씨를 뿌리고 새를 쫓아내고 있었는데, 다른 어떤 사람이 와서 묻기를 "어이, 형제여! 여기에 무엇 때문에 씨를 뿌리는가"라고 했다. 그러자 그는 "씨를 뿌린다네! 중국인을 씨뿌리고 있다네"라고 대답했다. 그러자 물었던 그 사람은 미소지으며 기분이 좋아져서 갔다고 한다. 6개월도 지나지 않아 그 땅 위에 중국인들이 진을 치고 軍營(yingpan)을 쳤다고 한다.[196]

1872년 카쉬가리아를 방문했던 영국인 의사 빌류가 소개한 그곳의 한 위구르 청년과의 대화도 바로 이 점을 잘 보여주고 있다. 그 청년은 중국인들

194) *Kashgaria*, p.64. 또한 p.63의 註도 참조하시오.
195) TA/Pantusov, p.241.
196) TA/Pantusov, p.243 ; TH/Baytur, p.523.

에 대해서 이렇게 말했다고 한다. "나는 그들을 증오한다. 그러나 그들이 못된 지배자들은 아니었다. 그 당시 우리는 모든 것을 갖고 있었지만, 지금은 아무것도 없다!"[197]

197) Bellew, *Kashmir and Kashghar*, pp.354-355. 그 자신이 관찰한 내용에 대해서는 pp.382-383을 참조하시오.

5章 ‖ 國際關係의 展開

1. 카쉬가르정권과 英·露의 角逐

(1) 러시아의 南進과 영국의 戰略

'공포왕' 이반(Ivan Groznyi)이 킵착 칸국의 後身인 카잔(Kazan) 칸국과 아스트라한(Astrakhan) 칸국을 각각 1552년과 1554년에 무너뜨림으로써 비로소 러시아의 중앙아시아 진출을 위한 길이 처음으로 열리게 되었다. 그 뒤 중앙아시아의 무슬림 국가들을 향한 러시아의 南進은 시베리아를 가로지른 東進에 비해 그 속도가 훨씬 더디었다. 동방으로의 진출은 코삭크 지휘관인 예르막(Yermak)이 시비르 강을 건너는 군사작전을 시작한(1579) 지 불과 60년 만에 소수의 코삭크인들이 오호츠크 해에 도달했다(1639). 그 영토 확장의 속도는 역사상 가히 미증유라 할 만큼 신속하여, 16세기 중반부터 17세기 말에 이르는 기간 동안 평균 3만 5000km², 즉 현재 네덜란드 크기의 영토를 매년 추가한 셈이었다.[1]

그러나 남방으로의 팽창은 무려 3세기 동안 봉쇄되어 있었다. 표트르 대제(1689-1725)는 1717년 여름 아랄 해 부근에 위치한 히바 칸국을 복속시키기 위해 3500명이 넘는 군대를 파견했지만, 식량과 물의 부족으로 고생하다가 히바 군대의 공격을 받아 전군이 몰살당하다시피 하는 참담한 결과만 낳은 채 실패로 끝나고 말았다.[2] 그 뒤 1734년 카자흐족 일부가 女帝 안나(Anna)의 재위중에 복속의사를 표시해왔지만, 그것은 러시아로부터 물질적인 지원을 받기 위해 '양심을 판 것'에 불과할 뿐, 그것으로 러시아가 카자

1) R.Pipes, *Russia under the Old Regime*(New York, 1974), p.83.
2) M.A.Terent'ev, *Istoriia zovoevaniia Srednei Azii*(1906 ; 中譯本『征服中亞史』 第1卷, 北京, 1980), pp.39-49.

흐스탄에 대한 실질적인 지배권을 확보했다고 보기는 힘들다. 러시아가 카자흐 초원에 대한 통제력을 장악할 수 있게 된 것은 19세기 전반이 되어서였고, 그것을 발판으로 1853년 마침내 시르다리아 하류에 위치한 악크 마스지드(Aq Masjid)를 점령함으로써 그 이남의 중앙아시아에 대한 전면적이고 신속한 팽창의 길이 열리게 된 것이다.[3)]

이 같은 러시아의 남진과 관련하여 중앙아시아에 대한 영국의 외교적 전략의 가장 핵심에는 여하히 印度에 있는 자국의 이권을 보호하느냐 하는 문제가 있었다. 러시아의 황제 파울(Paul ; 1796-1801)이 나폴레옹에게 양국이 연합군을 편성해서 인도를 정복하자고 제안한 이래, 영국의 정치가들은 러시아가 중앙아시아로의 남진정책을 추구하면서 궁극적으로 노리는 것이 印度일지도 모른다는 일말의 불안감을 지우지 못하고 있었다.[4)] 그러나 러시아가 광대한 카자흐 초원을 넘어서 본격적으로 중앙아시아의 사막과 오아시스를 위협하기 전까지 영국측은 그다지 직접적인 위협을 느끼지는 않았으나, 1837년 러시아가 이란의 무함마드 샤(Muḥammad Shâh ; 1838-48)를 지원하여 아프가니스탄의 중요도시인 헤라트(Herat) 공격을 도운 사건이 벌어진 뒤부터는 영국내에서도 러시아에 대한 '공포'가 보다 강하게 대두되기 시작했다. 비록 7개월에 걸친 헤라트 공략은 실패로 끝나고 말았지만, 이것은 영국 정부로 하여금 중동·중앙아시아에 대한 전략을 심각하게 재고토록 했고 그 결과 1839년 아프가니스탄 침공을 결행하게 된 것이다. 이렇게 해서 시작된 제1차 아프간 전쟁(1839-42)은 영국의 실패로 막을 내렸고, 그 뒤로도 영국은 중앙아시아에서의 러시아측 동향에 대해 깊은 관심을 보여주었다.

1840-50년대에 영국은 인더스 강을 건너 펀자브(Punjab)를 편입시키고

---

3) 18세기에서 19세기 전반에 이르기까지 러시아의 카자흐스탄 편입과정에 관해서는 *Istoriia Kazakhshoi SSR s drevneishikh vremen do nashikh dnei v piati tomakh*, vol.3(Alma-Ata, 1979)이 가장 상세하지만 러시아측 입장을 충실히 반영하고 있다.

4) O.E.Clubb, *China and Russia : The "Great Game"*(New York, 1971), p.91.

과거에는 귀속이 분명치 않았던 지역으로 영향력을 확대해 나갔다. 반면 러시아는 악크 마스지드를 점령함으로써 '시르다리아 前線'을 형성했다. 이렇게 해서 이제 두 강대국 사이에는 "내전으로 엉망이 된 부족들이나 퇴락의 밑바닥을 헤매는 민족들이 살고 있는 불과 수백 마일의 좁은 땅, 그것도 온 사방으로 군사도로가 나 있는 지역"만이 가로놓인 상태가 되었다.[5] 따라서 1865년 러시아가 타쉬켄트를 점령하고 코칸드 칸국을 편입시켜버리자, 영국은 이러한 사태가 인도에 가져다 줄 심각한 위협에 대해 생각하지 않을 수 없게 되었다.

심지어 '당당한 不動'(masterly inactivity)을 가장 강력하게 주장하던 로렌스(Henry M. Lawrence)도 자신의 인도 총독 재임 말기에 가서는 러시아에 대한 보다 적극적인 대응의 필요성을 인정하게 되었고, 그의 뒤를 이은 메이오(S.B.Mayo ; 1869-72)는 인도의 북방을 "우호적인 독립국가들의 非常線"으로 둘러쳐야 한다고 보았다.[6] 이렇게 해서 영국 정부는 아프가니스탄을 자국의 영향권 안에 편입시키기로 결정하고, 나아가 이제 야쿱 벡에 의해 새로운 이슬람정권이 세워진 동투르키스탄에 대한 러시아의 영향력을 배제하기 위해 노력하기 시작했다.

(2) 러시아와의 關係

1867년 여름, 카쉬가리아 전역을 통합하는 데 성공한 야쿱 벡 역시 중앙아시아를 둘러싼 양대국의 각축전에 휘말려들지 않을 수 없었다. 처음에 그는 러시아와의 모든 정치·경제적인 관계를 중단시키려고 시도했는데, 그것은 교역을 통한 침투가 곧 군사적인 팽창으로 이어지리라는 것을 잘 알고 있었기 때문이다. 그러나 이미 청 정부로부터 러시아 상인들이 동투르키스탄을 방문하여 무역에 종사할 수 있는 권리와 쿨자에 공장과 영사관을 설치

5) H.Rawlinson, *England and Russia in the East*(London, 1875), pp.141-142.
6) 같은 책, p.331.

할 수 있는 권리를 확보한 러시아측으로서는 야쿱 벡의 이러한 태도를 결코 좌시할 수 없었다.[7)]

야쿱 벡의 비우호적 태도에 대해 러시아가 취한 최초의 조치는 그 북방의 변경 지역에 대해 군사적인 위협을 가하는 것이었다. 이미 1865년 7월 영국측은 러시아 군대의 적대적인 활동에 관한 소문을 접했다.[8)] 그러나 이 '소문'은 1865년 러시아의 군사활동, 즉 그달에 단행된 타쉬켄트 점령과 같은 사건으로 생겨난 것으로 추측된다. 그로부터 2년 뒤인 1867년 러시아는 실제로 군대를 나린 강 유역으로 이동시켰다. 당시 야쿱 벡은 쿠차정복을 완료하고 귀환하는 길에 악수에 잠시 머무르고 있었다. 그는 러시아군의 이동 소식을 접하자 즉시 수도인 카쉬가르로 돌아가 10월 1일 도착했다. 심지어 그는 러시아군이 카쉬가르에 가까운 외곽에 위치한 아르투쉬까지 내려왔다는 보고를 받았는데 곧 잘못된 보고임이 밝혀졌다. 그러나 1868년 러시아는 나린 계곡에 성채를 지었고, 야쿱 벡은 국경을 봉쇄하고 그 근처에 군대를 집중 배치함으로써 대응했다.[9)]

이 사건은 비록 양측의 무력충돌로까지는 발전하지 않았으나 그 후로도 긴장된 관계는 쉽게 풀어지지 않았다. 1868년에는 러시아 상인 흘루도프(Khludov)가 이끄는 隊商團이 카쉬가리아 국경을 넘은 직후에 습격을 받아 베르느이(Vernyi)로 되돌아간 일이 벌어졌다. 그 뒤 그는 세미레치에 총독으로부터 서한을 받아 비로소 카쉬가르로 들어올 수 있었다. 스카일러(E.Schuyler)에 의하면 이때 흘루도프가 야쿱 벡에게 강한 인상을 주어 미르자 무함마드 샤디(Mîrzâ Muḥammad Shâdî)를 타쉬켄트에 사신으로 파

---

7) E.Hertslet ed., *Treaties, &c., between Great Britain and China ; and between China and Foreign Powers*(London, 1908), vol.1, pp.449-454, pp.461-472.

8) FO 65/868, nos.19, 27(from Lumley to Russel).

9) TS, 65v-66r ; TA/Pantusov, p.182 ; Schuyler, *Turkestan*, vol.2, p.317. 이밖에도 M.A.Terent'ev, *Russia and England in Central Asia*(Calcutta, 1876), vol.1, p.263 ; Alder, *British India's Northern Frontier*, p.35 등을 참조.

견하는 계기가 되었다고 한다.[10] 이 시점에서 야쿱 벡은 더이상 북방의 강력한 세력의 존재를 무시할 수 없다는 사실을 인식하게 되었고, 무엇인가 긴장을 완화하기 위한 조치의 필요성을 깨달았던 것으로 보인다.

카우프만 장군에게 보내는 야쿱 벡의 親書를 휴대한 미르자 샤디는 러시아 상인 흘루도프와 함께 1868년 8월 베르느이에 도착했다. 거기서 그를 맞이한 콜파코프스키(Kolpakovskii) 장군은 카우프만이 이미 페테르부르그로 떠났다는 사실을 밝힌 뒤, 미르자 샤디가 갖고 온 서한이 외교적 관례에 맞지 않는다고 불만을 표시했다. 그리고 그는 레인탈(Reintal) 대위를 카쉬가르로 파견하여 자신의 편지를 전달하고, 카우프만 장군의 소재를 밝히는 동시에 러시아인들을 습격한 키르기즈인들과 포로가 된 러시아인들을 인도해 줄 것을 요구했다.[11]

야쿱 벡은 이 키르기즈인들을 체포했지만 러시아에는 러시아 포로들만 넘겨주었다. 이 일이 있은 뒤 미르자 샤디는 페테르부르그로 향하여 그곳에서 카우프만을 만날 수 있었지만, 러시아측이 외무성과의 직접적인 접촉을 허용하지 않아 정부 차원의 교섭은 이루어지지 않은 채 카쉬가르로 돌아올 수밖에 없었다.

1869년 카쉬가르에서는 러시아가 코칸드 칸국의 후다야르 칸을 부추겨 카쉬가르를 침공하려 한다는 소문이 널리 퍼졌다. 라닥크(Ladakh)에 특수임무를 띠고 파견되어 있던 케일리(Henry Cayley)는 비밀보고서를 통해 후다야르 칸과 부주르그 호자가 연합하여 反야쿱 벡 前線을 만들려 하고 있고 러시아측이 그들을 적극 지원하고 있다는 사실을 영국측에 알려왔다. 야쿱 벡에게 실권을 빼앗기고 카쉬가르에서 추방된 부주르그는 당시 라닥크와 펀

---

10) *Turkistan*, vol.2, p.317. Cf. Bouler, *The Life of Yakoob Beg*, pp.182-184. 무함마드 샤디는 후일 야쿱 벡 치세중에 호탄 근처의 구마(Guma)에서 사망했다. Petrovskii, "Kratkiia svedeniia", p.95 참조.

11) N.Aristov, "Nashi otnosheniia k Dunganam, Kashgaru i Kul'dzhe", *Ezhegodnik : Materialy dlia statistiki Turkestanskago kraia* 2(1873), p.181.

자브를 거쳐 이미 코칸드에 와 있었다.[12)]

앞에서 설명했듯이 1870년 봄, 동부지역의 상황이 심상치 않자 야쿱 벡은 투르판과 우룸치에 근거를 둔 퉁간세력을 제거하기 위해 원정을 감행했고, 이 작전에서 야쿱 벡이 거둔 신속한 성공은 그와 결코 우호적인 관계에 있지 않던 러시아에게 큰 우려를 가져다 주었다. 러시아는 일리에 있던 술탄국과도 역시 좋은 관계를 갖지 못했다.

1870년 11월 29일 카울바르스(A.V.Kaul'bars)는 베르느이를 출발하여 일리의 술탄인 알라 칸(A'la Khan)을 방문했는데, 그의 방문목적은 쿨자에 러시아 정부의 대표를 주재시키는 것과 일리 지역에서 러시아 상인들의 자유로운 무역활동을 보장받는 것이었으나 소기의 목적을 달성하는 데 실패하고 말았다.

러시아측이 특별히 우려했던 부분은 일리의 알라 칸과 카쉬가르의 야쿱 벡이 주도하는 두 무슬림정권이 연합전선을 결성하는 것이었는데, 그렇게 될 경우 러시아의 領內 혹은 변경 지역에 있는 무슬림들이 크게 동요할 위험성이 있을 뿐만 아니라 영국의 영향력이 준가리아 지역으로까지 확대될 가능성이 있기 때문이었다.

실제로 1870년 가을, 사신 자격으로 일리의 쿨자를 방문했던 보로딘(Borodin)은 도중에 역시 쿨자로 향하던 야쿱 벡의 사신을 만나게 되었고, 러시아측은 야쿱 벡이 알라 칸과 연합하여 세미레치에 지방에 대한 공격을 감행하려는 것이 아닌가 하는 의구심을 품게 되었다.[13)] 러시아 외무성은 비록 야쿱 벡이 일리 계곡을 점령할 가능성은 없다고 보았지만,[14)] 중앙아시아에 주둔하고 있던 러시아의 장군들은 그럴 위험성이 충분하다고 판단했고,

---

12) FO 65/871, no.16, Oct.25, 1869(from Cayley to Thornton).

13) B.P.Gurevich, "Istoriia 'Iliiskogo voprosa' i ee Kitaiskie fal'sifikatory", *Dokumenty oprovergaiut protiv fal'sifikatsii istorii Russko-Kitaiskikh otnoshenii*(Moskva, 1982), p.434.

14) 같은 글, pp.434-435.

특히 일리 술탄국의 약체성을 생각할 때 더욱 그러했던 것이다.[15] 러시아군은 예방조치를 취하기 위하여 카쉬가리아에서 쿨자로 넘어가는 길목인 무자르트 고개를 봉쇄해버렸다. 결국 러시아 정부는 준가리아에 있는 적대적인 세력을 제거하는 것이 최상이라는 결론에 도달했고, 이를 위해 청 정부와 협의하여 양국 군대의 연합 군사작전을 통해 이 지역을 탈환하는 방안을 모색했다. 戰爭省은 양국군이 동시에 쿨자와 우룸치를 점령하는 방법을 제의했으나 청측의 거절로 러시아는 단독으로 작전을 수행할 수밖에 없었고 목표는 일리 계곡으로 한정시켰다.[16] 작전은 1871년 6월 24일 시작되어 7월 4일 쿨자의 함락으로 열흘 만에 종료되었다.

그러나 이같이 신속한 군사작전의 배경에 과연 그렇게 하지 않으면 안 될 만큼 야쿱 벡측으로부터 제기된 '직접적'인 위협이 있었느냐 하는 문제에 대해서는 간단히 대답하기 어렵다. 이미 앞에서도 언급했듯이 야쿱 벡은 1870년 11월 우룸치 원정을 마쳤을 뿐만 아니라 그의 군사적 작전범위도 우룸치 근교로만 한정되어 있었다. 그 뒤 우룸치에서 반발이 일어나자 야쿱 벡의 아들인 벡 쿨리가 1871년 6월 다시 원정을 감행했는데, 러시아군의 움직임은 시기적으로 그의 북상과 일치하는 듯하다.

과연 러시아군의 이동이 벡 쿨리의 북상 이전인지 아니면 이후인지 현재로서는 판명하기 어려우나, 적어도 우리가 분명히 말할 수 있는 것은 야쿱 벡측에는 쿨자를 점령하려는 의도가 없었고 따라서 러시아군의 일리점령이 쿨자에 대한 야쿱 벡의 위협에 대한 대응이라고 말하기는 힘들다는 사실이다. 러시아군의 이동은 한 학자의 표현대로 차라리 야쿱 벡의 우룸치점령 뒤에 초래될 상황에 대비한 '예방적 조치'라고 보는 것이 옳겠지만,[17] 러시아측이 그 같은 '예방적 조치'를 취할 만큼 야쿱 벡의 위협이 긴박한 것이었

15) Terent'ev, *Russia and England*, vol.1, pp.272-273.
16) Gurevich, "Istoriia 'Iliiskogo voprosa'", pp.436-438.
17) Terent'ev, *Russia and England*, vol.1, p.272.

느냐 하는 점에 대해서는 논란의 여지가 있다고 할 수 있다.

이 시점까지 러시아는 야쿱 벡을 새로운 국가의 적법한 군주로 받아들이지 않았다. 그 이유는 크게 보아 두 가지로 요약될 수 있다. 하나는 러시아와 청 정부 사이에 존재하던 기존의 관계였고, 또 하나는 야쿱 벡 정권의 장기적 안정성에 대한 회의였다. 러시아는 이미 무슬림 봉기가 터지기 전에 중국과의 조약을 통해서 교역상의 중요한 특권을 확보한 상태였기 때문에 동투르키스탄에 대한 중국측의 영유권을 부인한다는 것은 자신의 國益과도 배치되는 일이었다. 더구나 중국과 맺고 있는 기존의 외교적 관계를 고려할 때 러시아로서는 중국이 不法이라고 규정하고 있고 또 언제 무너질지도 확실치 않은 정권과 외교적 관계를 수립함으로써 어려움을 자초할 이유가 없었던 것이다.

카우프만 장군은 야쿱 벡에게 러시아가 중국으로부터 부여받은 특권을 인정할 것과 러시아의 변경 지방을 약탈한 키르기즈인들을 인도해줄 것을 강력히 요구했지만, 야쿱 벡으로서는 러시아가 자신의 정권을 인정하지 않는 상태에서 그 요구에 응할 수는 없었다. 결국 이러한 외교적 신경전에 지친 카우프만은 후다야르 칸에게 만약 그가 카쉬가르 지방에 대한 군사작전을 감행할 경우 러시아가 지원해줄 것을 약속했다. 그러나 후다야르는 원정에 나섰다가 혹시 휘하의 병사들이 야쿱 벡측으로 넘어갈 경우 자신의 지위가 일거에 무너질지도 모른다는 우려 때문에 카우프만의 제의를 받아들일 수 없었다.[18] 대신 그는 야쿱 벡에게 사림삭 후다이치(Sarîmsâq Hudâîchî)라는 사신을 보내 러시아와 평화적 관계를 맺도록 종용했으나, 이 사신 역시 소기의 목적을 이루지 못한 채 돌아오고 말았다.

이렇게 되자 카우프만은 러시아인이 아닌 또 다른 사람을 사신으로 보내 강력한 메시지가 담긴 자신의 서한을 전달했다. 이에 대해 야쿱 벡은 러시아인을 사신으로 보내라는 요구로 응수했는데 그 이유는 분명했다. 즉 "야

18) 같은 글, pp.266-267.

쿱 벡은 비록 러시아와의 우호관계를 중시했지만 그로 인해 자신이 화해를 구걸하는 입장으로 전락하는 것을 원치 않았고, 동시에 코칸드 칸국의 개입을 자신의 독립성에 대한 침해로 간주했기 때문이었다."[19]

이런 방식으로 야쿱 벡은 러시아측으로 하여금 외교관계의 개선을 위한 제일보를 내딛도록 유도했다. 결국 카우프만은 참모본부 소속 장교였던 카울바르스를 사신단의 대표로 임명하고, 그에게 기술자와 지리전문가와 상인을 각각 한 사람씩 대동케 하여 카쉬가르로 파견했다. 이 사신단의 목적은 일차적으로 카쉬가르측과 무역조약을 체결하는 것이었고, 나아가 카쉬가리아에 관한 정보를 입수하고 그 나라와 영국령 인도와의 관계를 파악하는 것이었다. 조약은 실제로 1872년 6월 22일 체결되었지만, 카울바르스는 6월 2일에 조인한 것으로 문서를 작성했다. 그날이 바로 카우프만 장군의 守護聖者인 성 콘스탄티누스의 날이었기 때문이다.[20]

이 조약은 기본적으로 다섯 항목으로 구성되어 있다. 즉 ① 아무런 방해를 받지 않고 자유로이 무역할 수 있는 권리, ② 카라반사라이(caravan-sarai, 즉 隊商館)의 설치, ③ 카라반바시(caravanbashi, 즉 商頭)를 설치할 수 있는 권리, ④ 關稅는 從價 2.5퍼센트로 확정할 것, ⑤ 이와 동일한 조건이 양국에 모두 적용될 것 등이다. 조약의 조문들은 러시아가 부하라나 코칸드측과 맺었던 조약과 거의 문자 그대로 동일하다.

그러나 다른 나라와의 조약과는 달리 카쉬가르와의 조약이 지니는 중요한 의미는 바로 이 조약을 통해 러시아가 야쿱 벡의 '실질적인'(*de facto*) 합법성을 인정했다는 점이다. 러시아 외무부 副相이던 웨스트만(Westman)이 카울바르스의 방문과 관련하여 야쿱 벡에 대한 러시아 정부의 입장이 무엇이냐는 질문에 대해 "야쿱 벡은 현재 그 나라를 지배하는 통치자이며 제정 러

19) 같은 글, p.281.
20) Schuyler, *Turkistan*, vol.2, pp.321-322. 러시아와 카쉬가르의 관계에 대한 스카일러의 설명은 대체로 Terent'ev의 책에 의존했으나 이처럼 독자적인 일화가 소개되기도 한다.

시아는 그에 상응해 그를 대우할 것이다"라고 말한 것도 이러한 사실을 말해 준다.[21]

러시아도 야쿱 벡을 인정하는 대신 자기들의 이익을 챙겼으니 그것은 카쉬가리아 지방에 대해 무엇보다도 경제적인, 나아가 정치적인 영향력을 확대할 수 있는 중대한 외교적인 틀을 마련했다는 점이다. 동시에 야쿱 벡이 이 조약을 준수하지 않을 경우 "그에 대한 전쟁을 선포할 수 있는 빌미"를 러시아측에 제공한 것이다.[22] 이렇게 해서 양측은 전혀 다른 의도하에 1872년 공식적인 외교관계를 수립할 수 있게 되었다.

(3) 영국과의 關係

야쿱 벡 치하의 카쉬가리아와 영국과의 외교관계에 대해서는 이미 올더(G.J.Alder)의 상세한 연구가 있기 때문에[23] 본서에서 이를 다시 자세히 설명할 필요를 느끼지 않는다. 다만 무슬림정권의 대외관계에 대한 전체적인 조망을 갖기 위해 필요한 커다란 줄거리만을 간략하게 정리하도록 하겠다. 영국이 카쉬가르측과 외교관계를 갖게 되기까지는 쇼우(R.B.Shaw), 헤이워드(G.W.Hayward), 존슨(W.H.Johnson)과 같은 사람들의 개인적인 노력이 큰 작용을 했다. 특히 1868-69년 카쉬가르를 방문한 뒤 쇼우가 쓴 글들은 영국의 동투르키스탄에 대한 정책에 커다란 영향을 미쳤다. 그는 이 지역이 갖는 市場으로서의 무한한 잠재력과 만약 그처럼 전략적으로나 경제적으로 중요성을 지니는 지역을 러시아에게 양보할 경우에 발생할 엄청난 손실을 강조했다. 야쿱 벡 치하의 동투르키스탄이 보유한 재화와 정치적 안정에 대한 쇼우의 낙관적인 전망은 1869년 초 인도 총독으로 부임한 메이오(Mayo)에게 깊은 인상을 남겼다.[24]

---

21) FO 65/874, no.288, Oct. 16, 1872(from Loftus to Granville).

22) *Kashgaria*, p.62.

23) *British India's Northern Frontier 1865-95 : A Study in Imperial Policy*.

24) 같은 글, pp.39-40.

앞에서도 지적했듯이 메이오는 아프가니스탄과 동투르키스탄을 영국에 우호적인 독립국으로 설정하는 새로운 정책을 구상했다. 쇼우와 헤이워드의 방문에 고무된 야쿱 벡은 사이드 아흐라르(Sayyid Aḥrâr)를 메이오 총독에게 보내 영국인 관리를 카쉬가르로 보내줄 것을 요청했다. 그렇지 않아도 카쉬가르와의 외교관계를 모색하던 메이오는 즉시 포오사이쓰(D.Forsyth), 헨더슨(G.Henderson), 흄(A.O.Hume) 등으로 구성된 영국 최초의 사절단을 파견했고, 얼마 후 쇼우도 여기에 합류했다.[25] 그러나 이들이 야르칸드를 방문했을 때 야쿱 벡은 퉁간과의 전투 때문에 동부전선에 가 있었고, 영국측 사절단은 인도를 출발하기에 앞서 메이오 총독으로부터 여하한 상황에서도 겨울을 그곳에서 보내서는 안 된다는 엄중한 지시를 받은 바 있기 때문에 계속 야르칸드에 머무를 수 없었다. 결국 사절단은 소기의 목적을 이루지 못한 채 돌아올 수밖에 없었다.

전쟁터에서 카쉬가르로 돌아온 야쿱 벡은 1871년 말경 인도 총독과 영국 여왕에게 보내는 친서와 함께 사이드 아흐라르를 파견했다. 사이드 아흐라르 파견의 목적은 최근 야쿱 벡이 우룸치 퉁간들에 대한 원정을 성공리에 끝냈다는 사실을 영국 정부에게 알리고 인도 시장에서 소총을 구입하는 것이었다.[26] 1872년 러시아와 카쉬가리아 사이에 체결된 무역협정을 통해 점증하는 러시아의 영향력, 그리고 '엘도라도'와도 같은 잠재력을 지닌 카쉬가리아 市場을 개방시킴으로써 영국이 얼마나 많은 경제적 이익을 얻을 수 있는가를 역설한 쇼우의 노력[27] 등은 영국과 카쉬가리아 관계에 새로운 자극제가 되었다.

1873년 초, "商會나 다른 기관들이 파견한 대표들과 그들의 청원서가 印度

---

25) 이들의 방문에 대해서는 G.Henderson & A.O.Hume, *Lahore to Yarkand*(London, 1875)를 참조하시오.

26) FO 65/874에는 사이드 아흐라르의 도착 및 인도 총독과의 면담에 관한 상세한 보고가 실려 있다.

27) *Visits to High Tartary*, p.68.

廳(India Office)으로 쏟아져 들어왔고, 그들은 모두 영국이 아탈릭 가지와 무역협정을 맺어야 한다는 쇼우의 주장을 근거로 대었다."[28] 메이오의 뒤를 이어 신임 총독이 된 노쓰브룩(Northbrook) 역시 카쉬가리아와의 우호적인 관계가 바람직하다고 생각했다.

1873년 2월 이스탄불에 사신으로 파견되어 가던 사이드 야쿱 한은 캘커타에 들러 1289년 Sha'ban월 1일(즉 1872년 10월 5일)附로 된 야쿱 벡의 친서를 총독에게 전달했다.[29] 3월 8일에 열린 총독과의 회담에서 야쿱 벡의 사신은 자신의 방문의 일차적인 목적이 "영국 정부와의 우호적인 연맹관계를 공식적으로 증진·강화하고 두 정부 사이의 긴밀한 연맹관계를 세상에 확인시켜줌으로써 다른 어떠한 열강이라도 자신의 군주와 그 영역의 평화에 대해 적대적인 생각을 품지 못하도록 하는 데에 있다"는 점을 분명히 했다.[30] 여기서 '다른 어떠한 열강'이란 무엇보다도 러시아를 가리키고 있음은 의심의 여지가 없다.

야쿱 벡으로부터 전권을 위임받은 사이드 야쿱 한은 무역협정의 체결을 위한 또 다른 영국측 사절단의 초청을 제의했을 뿐 아니라, 양국의 대표가 상대국에 영구적으로 주재할 수 있도록 하자는 제안도 했다. 그 결과 사이드 야쿱 한이 이스탄불을 방문하고 귀환할 때는 약 350명의 일행으로 구성된 포오사이쓰(D.Forsyth) 사절단이 동행하여 카쉬가르를 방문하게 된 것이다. 이 일행이 카쉬가르에 도착한 것은 1873년 12월 초였고, 1874년 2월 2일 양측은 무역협정에 서명했고, 같은 해 4월 13일 인도 총독인 노쓰브룩에 의해 비준되었던 것이다.[31]

---

28) Alder, *British India's Northern Frontier*, pp.48-49.

29) 이 서한의 英譯은 FO 65/877, enclosure no.3에 보인다.

30) FO 65/877, enclousre no.5.

31) 조약문은 Boulger의 *The Life of Yakoob Beg*, pp.322-329 ; Alder, *British India's Northern Frontier*, pp.324-328에 再錄되었고, Parliamentary Papers, The House of Commons, 1874(48)도 참고하시오.

이 조약의 내용은 기본적으로 1872년 러시아-카쉬가르간의 조약과 동일하지만 한 가지 중요한 차이점이 있다. 러시아와의 조약에서 양측은 '카라반바시'(caravanbashi)를 두기로 했는데 그것은 일종의 '商務代表' 정도에 불과한 것이었다. 반면 영국과 카쉬가르 사이에 맺어진 조약에는 양국이 大使나 領事에 상응하는 특권과 지위를 부여받은 대표를 임명할 수 있도록 되어 있다. 이 '카쉬가르 特任官'(Officer on Special Duty, Kashghar)에 처음으로 임명된 사람이 바로 쇼우였고, 그는 1875년 6월에 귀환할 때까지 현지에서 근무했다.[32)]

그러나 올더(G.J.Alder)가 지적했듯이 "1873-74년 포오사이쓰 사절단은 카쉬가르에 대한 영국측 영향력의 절정을 의미하는 것이기도 하지만, 동시에 그 지방의 상업적 잠재성에 대해 영국이 가졌던 환상이 점진적으로 퇴조를 보이게 된 시발점이기도 했다."[33)] 더구나 사절단이 돌아온 뒤 작성한 보고서는 러시아가 카라코룸을 넘어 인도로 병력을 남하시키기가 어렵고, 대신 파미르나 그보다 더 서쪽 루트를 통해서는 가능할 것이라는 사실을 지적하였다.

그래도 노쓰브룩이 총독으로 재임할 때까지는 카쉬가리아에 대한 영국의 정책은 적극성을 잃지 않아 인도 政廳의 묵인 아래 '중앙아시아 무역회사'(Central Asian Trading Co.)를 통해 무기도 판매되었다. 그러나 노쓰브룩의 뒤를 이어 리튼(Lytton)이 인도 총독으로 부임하면서 카쉬가리아에 대한 영국의 관심은 점차로 약화되어갈 수밖에 없었다.[34)]

---

32) Shaw의 귀환배경에 관해서는 Alder, *British India's Northern Frontier*, pp.52-53을 참조하시오. 러시아는 초대 商務代表로 Reintal을 임명했다. Terent'ev, *Russia and England*, vol.1, p.291.

33) Alder, *British India's Northern Frontier*, p.54.

34) L.E.Frechtling, "Anglo-Russian Rivalry in Eastern Turkistan, 1863-1881", *Royal Central Asiatic Journal*, vol.26(1939), pt.3, pp.483-484.

2. 오스만 帝國과의 關係

(1) 交涉의 背景

1853년 시르다리아 하반에 위치한 코칸드 칸국의 변경 거점인 악크 마스지드를 점령한 러시아는 남진의 고삐를 더욱 조여 1865년에는 타쉬켄트에 대한 전면공격을 준비하였다. 이에 코칸드 칸국은 극도의 혼란에 빠지게 되었고 인근 부하라 칸국은 이를 이용하여 수도 코칸드를 점령한 뒤 그때까지 부하라에 망명중이던 후다야르를 칸으로 내세웠다. 이렇게 되자 칸위를 상실하게 된 사이드 술탄 칸(Sayyid Sulṭân Khan)과 그를 명목상의 군주로 내세우고 실권을 장악하고 있던 알림 쿨리는 급히 이스탄불로 사신을 보내 지원을 요청했다.

이때 사신으로 파견된 인물이 사이드 야쿱 한(Sayyid Ya'qûb Khân)이었다. 그의 이름 앞에 있는 '사이드'(sayyid)는 '예언자의 후예'들에게만 부여되는 호칭으로서 이들은 중앙아시아는 물론 이슬람권에서 대단한 존경의 대상이었다. 그에게는 카디(qâḍî)라는 호칭이 붙여지기도 했는데 이는 이슬람 율법에 관한 고등교육을 마친 뒤 법적인 문제에 대해 판결을 내릴 수 있는 '판관'의 자격을 갖추었기 때문이다.[35] 또한 안타깝게도 우리에게 전해지지는 않고 있으나 그가 몇몇 저술을 남기기도 하였다는 기록이 있다.[36] 이러한 몇 가지 사실들을 종합해볼 때 그는 당시 중앙아시아에서 최고수준을 갖춘 지식인이자 聖的 권위를 지닌 고위 종교인이었다고 할 수 있다.

그는 1865년 4월 초 이스탄불에 도착하였다. 그러나 술탄과 면담하기도 전에 러시아에 의한 타쉬켄트 점령과 알림 쿨리의 사망소식이 전해졌고, 따라서 알림 쿨리를 대신하여 오스만측에 지원을 요청할 필요성도 사라지게

---

35) 사이라미는 『하미드史』에서 그를 "Îshân Sayyid Qâḍî Khân Tûram"이라고 부르고 있다. 사이드 야쿱 한의 호칭은 TH/Baytur, p.418 ; TH/Jarring, 86r 참조.

36) T.D.Forsyth, *Autobiography and Reminiscences of Sir Douglas Forsyth*(ed. by his daughter ; London, 1887), 60ff.

되었다. 그런데 바로 그 즈음 이스탄불에는 카쉬가리아에서의 야쿱 벡의 활약이 알려지기 시작했고, 이에 사이드 야쿱 한은 자신의 독자적인 판단에 근거하여 술탄에게 새로운 내용의 요청을 하게 되었다. 그는 카쉬가리아의 야쿱 벡과 코칸드의 후다야르 칸에게 각각 한 통씩의 勅書(nâme-i hümâyûn)와 오스만 紋章(nişân-i 'alî-yi Osmânî)을 하사하고 아울러 雷管式 小銃(iğneli tüfeng)과 彈倉式 小銃(şeşhaneli tüfeng)을 각각 한 鋌씩, 일반병사에서 장군에 이르기까지 오스만 군인들이 착용하는 군복의 견본들을 보내줄 것을 요청하였다.

그러나 오스만 정부는 1868년 9월 16일, 중앙아시아의 政情이 아직 안정되지 못했다는 이유를 들어 上記 소총과 군복의 견본만 보내주기로 하고, 사이드 야쿱 한이 알렉산드리아를 거쳐 봄베이까지 이르는 여행경비를 지급해 주기로 결정하였다.[37)]

이처럼 우리는 사이드 야쿱 한이 1865-68년 사이 이스탄불에 체류하면서 중앙아시아에서 일어난 새로운 정치적 변화—후다야르 칸의 즉위와 야쿱 벡 정권의 탄생—에 주목하고, 오스만측의 보다 적극적인 관심과 개입을 촉구한 사실을 확인할 수 있다. 더구나 알림 쿨리가 사망한 뒤 그의 이러한 활동은 어느 특정인의 '사신'으로서가 아니라 '개인'자격으로 한 것임에 주목할 필요가 있다.

과연 그는 무엇 때문에 그러한 제안을 했을까. 비록 알림 쿨리가 사망하였지만 그는 여전히 코칸드 칸국에 속한 인물이었고 또 야쿱 벡과는 혈연관계가 있다는 점도 관련이 전혀 없지는 않을 것이다. 그러나 그가 소총과 군복의 見本들을 요청하면서 "그곳[=중앙아시아]에서 軍備와 軍制의 정비를

---

37) İrâde Hariciye, No.13785. 이 자료는 *Osmanli develti ile Kafkasya, Türkistan ve Kırım Hanlıkları arasındaki münâsebetlere dâir arşiv belgeleri(1687-1908)*(Ankara, 1992), p.31, pp.134-135에서 인용했다. 이외에 M.Saray, *Rus işgali devrinde Osmalı devleti ile Türkistan hanlıkları arasındaki siyasi münasebetler(1775-1875)*(Istanbul, 1984), pp.70-71도 참조.

통해 이슬람을 강력하게 하기 위해서"라고 한 그 자신의 말[38]에 주목한다면, 그가 오스만 제국의 지원하에 중앙아시아 국가들이 군제개혁과 신식무기의 도입을 통해서 러시아의 남진에 대처할 만한 自强 실현의 필요성을 느꼈기 때문이라고 생각할 수 있다. 또한 3년여 동안 이스탄불에 머물며 오스만 제국에서 그동안 추진되어왔던 제도개혁(Tanzimat), 나아가 범이슬람권의 연대를 주장하던 '청년 오스만'(Young Ottomans)의 활동에 대해서 알게 됨으로써 이 점이 그에게 영향을 주었을 가능성도 배제할 수 없다. 사이드 야쿱 한은 그 다음 해(1869) 봄 카쉬가리아로 가서 야쿱 벡을 만나 오스만의 술탄에게 臣屬할 것을 종용하였는데, 야쿱 벡은 처음에 이를 거부하였다. 그러자 그는 자신이 왜 이스탄불로 갔는지, 또 거기서 누구와 만났고 어떠한 이야기들을 하였는지에 대해 다음과 같이 말하면서 설득했다고 한다.

> 러시아인들이 타쉬켄트를 점령한 뒤 울람마와 사이드들이 "이제 우리에게 이 땅은 '不法'(ḥarâm)〔의 땅〕이 되었다"라고 하며 러시아에 복속하기를 거부하고 예언자의 先例와 律法(sunnat-sharî'at)을 수행하고 예언자를 본받아 移住(hijrat)를 선택하였다. 그래서 나도 이주하기로 마음먹고 성스러운 두 도시 (즉 메카와 메디나)를 참배한 뒤 룸(Rûm, 즉 오스만 제국)으로 가서 며칠 머물렀다. 그곳의 귀족들과 토론할 기회를 갖게 되었는데, 그들 말에 의하면 "훼르가나 지방이 러시아에 의해 점령되었다고 하지만, 〔중국〕 황제의 지방에 있는 일부 무슬림들이 봉기를 일으켜 이슬람을 열고 승리를 거두었다고 한다. 칼리프 폐하께서 이를 듣고 모스크들마다 5차례의 기도가 끝난 뒤에 동방에서 이슬람을 연 무슬림들의 번영을 위해 기도를 올리라는 칙령을 내렸고 자신이 먼저 동방을 위하여 기도하였다." ……무슬림들의 보호자이신 오스만 제국, 즉 룸 칼리프朝가 건립된 이후 지상의 무슬림들이 고개를 들고 일어서면 언제라도 칼리프는 기뻐하였고 그들의 번영을 위하여 기도했었다. 만약 그들이 패배당한 것을 알게 되면 마음 아파하고 슬퍼하며 잘되기를 기도했었다. 사방에서 머리를 쳐든

38) Cf. *Rus işgali devrinde*, p.70.

무슬림들에 관해 어떤 소식이라도 듣게 되면 모두 문서에 기록하여 세상에 공표했다. ……이 모굴리스탄 지방은 〔야쿱 벡〕 폐하에게 속한 것이니, 당신을 칼리프에게 알리는 것이 마땅히 필요하다.[39]

물론 이 내용이 사이드 야쿱 한이 한 말을 그대로 옮겼다고는 볼 수 없겠지만, 러시아의 위협에 직면한 중앙아시아 무슬림들의 절박한 처지, 오스만 제국내에 존재하는 범이슬람권에 대한 연대의식 등에 대한 그의 생각의 일면을 반영하고 있는 것으로 보인다.

그러나 야쿱 벡은 사이드 야쿱 한과는 달리 코칸드 칸국의 복잡다단한 정치권에서 잔뼈가 굵었고 소수의 군대를 이끌고 수많은 난관을 극복하면서 카쉬가리아를 통일한 현실주의적인 군인이자 정치인이었기 때문에, 범이슬람권의 연대라든가 근대적인 군제개혁을 낙관적으로만 생각하지는 않았다.

실제로 1865년 코칸드의 무슬림들이 러시아의 지배에 항거하는 반란을 일으켰을 때 그는 혼란의 파장이 자신이 지배하는 카쉬가리아에까지 미칠 것을 우려하여 경비를 강화하고 혹시라도 망명집단들이 넘어오지 못하도록 국경을 봉쇄했으며,[40] 영국의 외교관들은 만일 영국과 오스만이 연합하여 러시아와 전쟁을 벌일 경우 야쿱 벡이 러시아 편을 들지도 모른다고까지 생각했던 것이다.[41]

물론 야쿱 벡이 코칸드 칸국 출신이었기 때문에 19세기 여러 차례에 걸쳐 이루어졌던 오스만과 코칸드간의 외교접촉에 대해 어느 정도는 알고 있었으리라고 추측된다. 그러나 그가 카쉬가리아 지방을 통일한 뒤 최초로 대외적인 접촉을 시도한 상대국은 영국과 러시아였고, 이는 카쉬가리아에 인접하면서도 막대한 영향력을 가진 이 두 열강으로부터 자신의 존재를 인정받는

---

39) TH/Baytur, pp.418-419. TH/Jarring(86r)에는 이 부분이 누락되어 있다.

40) 영국 외무성 문서 FO 65/957, 1876년 6월 6일(Loftus to Derby). 현재 이 문서들은 런던 소재 公文書館(Public Record Office)에 소장되어 있다.

41) Alder, *British India's Northern Frontier*, p.63.

것이 가장 직접적인 실리를 거둘 수 있으리라고 생각했기 때문일 것이다. 지리적으로도 멀고 또 국제사회에서 외교적 영향력도 미약했던 오스만에 대해 그가 일찍이 어떤 형태의 접촉을 희망하거나 시도했다는 자료를 찾아볼 수 없는 것은 어쩌면 당연한지도 모른다.

이처럼 현실주의자였던 야쿱 벡이 오스만과의 외교관계를 추진키로 결심을 했다면 그것은 오스만과의 관계가 그에게 무엇인가 구체적인 이익을 가져다 주리라는 예상 때문이었을 것이다. 그것은 두 가지 측면에서 이해될 수 있다. 하나는 대내외적으로 자신이 건립한 국가의 위상과 지배자로서의 자신의 권위를 인정받을 수 있다는 계산이었다. 동투르키스탄은 과거 1세기 이상 청의 지배를 받아온 영토의 일부였기 때문에, 청은 물론 대부분의 국가들은 무슬림 봉기와 야쿱 벡 정권의 성립으로 인해 이 지역에 대한 청의 지배권이 완전히 소멸되었다고는 생각하지 않았다. 또한 야쿱 벡 자신 역시 당시 중앙아시아에서 보편적으로 인정되던 정치적 권위의 원천이 결여되어 있었고 그의 권력은 단지 총검에 의해서 탄생된 것이었다. 따라서 오스만 술탄이 카쉬가리아에 대한 자신의 지배권을 '공인'해준다면 그것은 바로 그에게 결여되어 있던 것을 부분적으로나마 채워주고, 자신의 정통성이 이슬람권에서는 물론 서구열강 사이에서도 상당히 인정받으리라고 판단했던 것으로 보인다.

오스만과의 관계를 통해 그가 기대할 수 있었던 또 다른 實益은 바로 군비지원의 가능성이었다. 그는 청군과의 대결을 위해 창·검·화승총 따위의 구식무기 대신에 소총이나 대포와 같은 신식무기를 필요로 하였고, 이를 입수하기 위해 부단히 노력하고 있었다. 인접한 러시아나 영국이 수입 대상국일 수 있으나 러시아는 여전히 카쉬가리아에 대해 적대적인 태도를 버리지 않고 있었고 영국은 청과 러시아의 입장을 생각하여 공개적으로 군비지원을 할 수 없는 처지였다. 따라서 그는 아프간으로부터 무기구입을 시도해보기도 하고 인도로부터 소수 私商들을 통해서 구입을 추진하기도 하였으나 만족할 만한 규모는 아니었다. 이런 점에서 오스만은 야쿱 벡의 군비증강을 실현시켜줄 차선의 대안이었다. 바로 이러한 현실적 고려들이 그로 하여금 사이드 야쿱 한의 권고를 받아들이게 한 것으로 추측된다.

그러나 중앙아시아에 대한 오스만의 정책에 근본적인 변화가 없었다면 야쿱 벡이 아무리 외교적인 접촉을 시도했다고 해도 과거의 다른 예들처럼 실패로 끝날 수밖에 없었을 것이다. 그런데 오스만측의 소극적인 외교자세가 1870년대에 들어서면서 변화의 조짐을 나타내기 시작했다. 이는 오스만 지배층 내부의 변동과 '청년 오스만'들의 활동과 밀접한 관련을 맺고 있다. 1871년 재상 알리 파샤('Alî Paşa)의 죽음은 레시드 파샤(Reşîd Paşa), 푸아드 파샤(Fuad Paşa)를 포함한 소위 탄지마트 시대의 권력집단의 몰락을 의미하는 것이자, 동시에 술탄 압둘 아지즈('Abd al-'Azîz)가 종래 무소불위의 재상권을 축소시키고 자신이 보다 적극적으로 정치에 개입하게 되는 계기를 마련해주었다.[42] 나아가 푸아드 파샤와 알리 파샤의 專橫과 그들에 의해 추진된 급진적인 서구화 정책을 비판하다가 국외로 추방당했던 '청년 오스만'들이 사면을 받아 돌아오게 되었고, 이들은 오스만 제국의 回生의 처방을 이슬람의 근본정신과 범투르크적 연대에서 찾아야 한다고 주장했다.[43] 더구나 범이슬람주의를 주창하며 이슬람권을 遊歷하던 자말 웃 딘 알 아프가니(Jamâl ad-Dîn al-Afghanî)가 1871년 이스탄불로 와 공개강연을 통해 자신의 주장을 역설한 것 역시 새로운 분위기로의 전향에 큰 자극이 되었다.[44]

그 결과 오스만의 지식층과 집권층 일각에서 종래에는 관심조차 없었던 중앙아시아 무슬림들의 운명에 대해 깊은 공감을 갖기 시작했고, '청년 오스만'에 속하는 저명한 논객 나믹 케말(Namık Kemal)은 1872년 7월 6일

42) S.J.Shaw & E.K.Shaw, *History of the Ottoman Empire and Modern Turkey*, vol.2 (London, 1977), pp.152-153.

43) Namık Kemal, Ziya Paşa, Ali Suavi 등 탁월한 사상가들이 포함된 청년 오스만들의 정치적 입장과 정신적 원류에 대해서는 Ş.Mardin, *The Genesis of Young Ottoman Thought* (Princeton, 1962), pp.81-132를 참조하시오.

44) N.R.Keddie, *Sayyid Jamâl ad-Dîn "al-Afghânî"*(Berkeley : University of California Press, 1972), pp.58-80.

『警告』(*Ibret*)誌에서 "20년 전까지만 해도 카쉬가르에 무슬림들이 존재한다는 사실조차 알려져 있지 않았으나, 이제 여론은 그들과 연대를 이루어야 한다고 주장하고 있다. 이러한 경향은 마치 솟구치는 홍수와 같아서 그것이 지나가는 곳에 있는 어떠한 장애물도 그것을 막지 못할 것이다"라고 적었다.[45] 그 즈음 이스탄불에서 발행되는 신문에서도 중국 서부에서 일어난 무슬림 봉기와 야쿱 벡의 활동에 대한 기사가 실리기 시작했는데, 그 내용인즉 1600만 명의 무슬림들이 중국에 대해 반란을 일으킨 뒤 세 명의 지도자들이 서로 대립하게 되었는데 악크 마스지드에서 300명의 군인들과 함께 카쉬가르로 온 야쿱 벡이 이들을 복속시켜 2000만 명의 무슬림을 지배하는 군주가 되었고, 시베리아 등지에서 6만 명에 가까운 무슬림들이 그에게로 이주해왔다는 것이다.[46]

그 내용이 소문에 근거한 것이어서 상당히 부정확하고 과장되어 있기는 하지만, 중앙아시아 특히 카쉬가리아에 대해 그 당시 오스만인들 사이에 퍼져 있던 관심과 기대의 분위기를 반영하고 있는 것임에는 분명하며, 바로 이러한 분위기가 오스만측으로 하여금 카쉬가리아의 외교적 접근에 적극적으로 호응하게 된 계기가 된 것은 두말할 나위도 없다.

(2) 外交·軍事關係의 成立과 强化

사이드 야쿱 한은 야쿱 벡의 지시에 의해 1872년 10월 이스탄불을 향해 출발했다. 먼저 인도에 도착한 그는 총독이 있는 캘커타로 가서 그 다음 해 봄까지 그곳에 머물면서 영국과의 우호관계를 정착시키기 위해 총독부측 고위인사들과 접촉을 가졌다. 그는 1873년 2월 27일 外相을 만나 인도 정부와의 경제·정치적인 관계를 강화하기 위한 야쿱 벡의 구체적인 제안을 설명했는데, 이 자리에서 그는 이스탄불 방문의 목적에 대해 "우호적인 서한과

---

45) Mardin, 전게서, p.60에서 인용.
46) Mehmed Atef, *Kaşgar tarihi*, p.366.

메시지"를 전달하는 것 외에는 없다고 밝힌 뒤, 술탄에게 야쿱 벡 지배하의 지역을 '보호국'(protectorate)으로 받아주도록 요청할 것이라고 말했다. 이어서 그는 만약 술탄이 "카쉬가리아측과 영국 정부가 우호관계를 갖는 것을 승인하지 않을 경우 어떻게 하겠는가"라는 질문에 대해 "터키의 절망적인 상황을 알고 있기 때문에 이러한 요청이 받아들여지지 않으리라는 것을 확신한다"고 전제하고, 그렇게 될 경우 앞으로 오스만측의 입장에 아무런 구애를 받지 않고 자유로이 영국측과 외교교섭을 적극적으로 추진하도록 노력할 것이라고 밝혔다.[47]

사이드 야쿱 한의 이러한 대답은 아무런 가식 없이 자신의 예측을 솔직하게 개진한 것일 수도 있다. 그것은 과거 여러 차례에 걸쳐 러시아의 군사적 위협에 직면한 중앙아시아의 칸국들이 오스만에 지원을 요청했지만 번번이 거절당했고, 최근 오스만 술탄을 설득하여 후다야르 칸과 야쿱 벡에게 勅書와 紋章을 하사하여 외교관계를 맺게 하려고 했던 자신의 노력도 실패했었기 때문이다. 따라서 이번에 과거와 유사한 내용의 지원요청을 하기 위해 파견되는 자신이 무난히 소기의 목적을 달성하기가 어려울지도 모르리라고 추측했을 가능성은 충분히 있다.

그러나 다른 한편으로는 그의 대답이 오스만과의 외교관계의 불투명한 전망을 강조함으로써 영국측의 적극성을 유도하려는 고도의 외교술을 반영한 것이라고도 볼 수 있다. 즉 오스만측이 중앙아시아 문제에 적극적으로 개입할 처지가 전혀 아니라는 사실을 지적함으로써 영국 역할의 상대적 중요성을 인식시키고, 나아가 카쉬가리아측은 오스만측 입장을 고려할 필요도 없이 영국과 상호간의 이익을 극대화할 수 있는 여하한 관계도 추진할 준비가 되어 있음을 주지시키려는 의도를 담고 있는 것이다.

사실 1873년 3월 8일 그가 인도 총독 노쓰브룩과 회견했을 때 이러한 입장을 더욱 강조하고 있다. 그는 자신이 비록 오스만 정부에 우호서한을 갖

47) FO 65/877, Enclosure No.4.

고 가기는 하지만, 영국 정부가 카쉬가리아와 지리적으로 가장 가깝게 위치해 있기 때문에 오스만보다는 필요한 지원을 해줄 수 있는 더 나은 입장이라는 사실을 야쿱 벡에게 설명했고 야쿱 벡도 이 점에 동의했음을 밝히면서, 자신이 이스탄불로 향하는 목적의 하나도 바로 영국과의 우호관계의 체결을 술탄으로부터 공식적으로 허락받으려는 것이라고 밝혔다.[48] 사이드 야쿱 한과 영국측 고위관리들과의 대화내용을 구체적으로 기록하고 있는 영국측 문서들은 그의 발언이 신중하면서도 정확하고, 경직되지 않으면서도 확고하게 자신의 입장을 표명함으로써 상대방에게 신뢰를 주는 뛰어난 외교가로서의 그의 면모를 충분히 느끼게 한다.

사이드 야쿱 한은 늦어도 1873년 5월 하순까지는 이스탄불에 도착한 것으로 보인다. 오스만측 공문서 가운데 그의 一次 使行과 관련된 것으로는 모두 5건이 있는데 이 중 날짜가 가장 이른 것이 回曆으로 1290년 Rabî al-awwâl 27일, 즉 西曆 1873년 5월 25일에 기록된 것으로서, 이 문서는 "카쉬가리아 지방에 있는 많은 무슬림들로 구성된 이슬람 공동체의 수령(hükmdârî) 야쿱 칸"이 술탄에게 '臣屬關係'(rabîṭ-i rîşte-i 'ubûdiyyat)를 맺을 목적으로 사이드 야쿱 한을 사신으로 파견했다는 사실을 보고하고, 그가 휴대하고 온 친서의 번역문을 올리는 동시에, 이 사신이 술탄을 직접 알현하고 그 의사를 전달하고 싶어하니 이를 윤허해달라는 內務部의 청원서이다. 물론 이 청원은 윤허되었고 그는 內殿(Mâbeyn-i Hümâyûn)에서 술탄 압둘 아지즈를 만나 야쿱 벡의 희망을 전달했다.[49]

이어 나머지 4건의 문서는 오스만측이 사이드 야쿱 한의 '예상'과는 달리 상당히 적극적으로 카쉬가리아측의 요구를 수용한 사실을 보여준다. 우선 6월 16일 '카쉬가르의 하킴(ḥâkim)'인 야쿱 벡에게는 보석으로 장식된 제1급 오스만 紋章(nişân-i 'osmân)과 2만 쿠루쉬(kuruş) 상당의 劍을 하사하고,

---

48) FO 65/877, Enclosure No.5.

49) İrâde Dahiliye No.46454.

사신인 사이드 야쿱 한에게는 제2급 오스만 紋章과 1만 쿠루쉬[50]의 여행경비(ḥârc-i râh)를 지급하도록 해달라는 외무부의 요청이 받아들여졌고,[51] 7월 28일에는 사이드 야쿱 한에게 내려주기로 했던 紋章을 제1급 메지디 紋章(nişân-i mecîdî)으로 바꾸는 동시에, 카쉬가리아의 고관인 이스학 잔(Isḥâq Jân)과 셰이흐 무함마드 에펜디(Shaykh Muḥammad Efendî)에게는 제3급 紋章을, 그리고 물라 아르툭 에펜디(Mullâ Artûq Efendî)에게는 제4급 메지디 紋章을 하사해줄 것을 청원하는 내무부의 요청이 승인되었다.[52] 그리고 8월 2일에는 야쿱 벡이 술탄에게 보낸 친서에 대한 답신으로 그에게 술탄의 칙서(nâme-i hümayûn)를 보내도록 하자는 건의도 받아들여졌고,[53] 8월 13일에는 대포(top)와 소총(tüfeng)을 비롯하여 술탄의 군사학교에 있는 유능한 군관들 가운데 카쉬가리아의 무슬림들을 군사적으로 지도할 유능한 사람을 보내달라는 요청과 관련하여, 유숩 에펜디(Yûsuf Efendî) 등 두 명이 자원하였으므로 이들에게 1만 5000쿠루쉬의 여비를 지급하여 사신과 동반하여 카쉬가리아로 보내도록 하자는 내무부의 건의가 받아들여졌다.[54]

위에서 열거한 문서들에는 카쉬가리아에 보내기로 결정한 것들 가운데 특히 군사지원과 관련된 사항, 즉 군관들과 무기의 정확한 숫자가 잘 드러나 있지 않으나 후일 야쿱 벡이 술탄의 호의에 대해 감사해하는 답신에서 밝힌 바에 의하면 네 명의 군관(zâbitân), 6문의 대포, 구식소총 1000정, 신식소총 200정 등이 술탄의 윤허를 받고 보내진 것으로 확인된다.[55]

그런데 1873년 이스탄불로부터 귀환하는 사이드 야쿱 한과 오스만 군관들을 직접 목격했던 영국측 사절단의 일원 빌류(Bellew)가 남긴 기록에 의

50) 오스만의 화폐단위.
51) İrâde Hariciye, No.15524.
52) İrâde Dahiliye, No.46685.
53) İrâde Hariciye, No.15546.
54) İrâde Dahiliye, No.46753.
55) İrâde Dahiliye, No.49054.

하면 "유럽에서 온 다수의 투르크인들 가운데 네 명의 군관(military officers)과 한 명의 민간인(civilian)이 포함되어 있었다"고 한 것으로 보아,[56] 민간인이 한 명 더 '자원'하였던 것으로 보인다. 그리고 다른 기록을 통해 이들의 이름은 메흐멧 유숩(Mehmed Yûsuf), 체르케스(Cherkes) 출신의 유숩 이스마일(Yûsuf Ismâ'îl), 이스마일 학 에펜디(Ismâ'îl Haqq Efendî), 다게스탄(Daghestan) 출신의 자만 베이(Zamân Bey) 등 네 명의 퇴역군관, 그리고 자원한 민간인으로 宮內府(Enderun-i Hümâyûn)에서 퇴임한 무라드 에펜디(Murâd Efendî)였음을 확인할 수 있다.[57]

그러나 후일 야쿱 벡 정권이 붕괴한 뒤 카쉬가리아에서 이스탄불로 귀환한 오스만 군관들 가운데 하나인 알리 카짐('Alî Kâzim)의 회고록에 의하면, 술탄의 지시에 따라 軍需廠 사령관과 公共製造廠 총감독이 선정한 2000정의 캡슐식 Enfield형 소총과 3파운드 Krupp제 대포 6문, 그리고 캡슐을 제작할 수 있는 약간의 장비들이 보내졌다고 했고,[58] 또 다른 군관이었던 메흐멧 유숩은 30문의 대포와 3000정의 소총, 그리고 유숩 이스마일, 메흐멧 유숩 자신, 이스마일 학 에펜디 등 세 명이 각각 보병·기병·포병을 훈련시키기 위해 파견되었다고 회술했다.[59]

무기의 수량에 차이가 나타나는 것은 아마 상당한 시간이 경과한 뒤 그의 기억이 불분명해진 점, 혹은 사이드 야쿱 한이 이스탄불에서 돌아오는 길에 이집트에 들러 추가로 무기를 구입한 사실 등에 기인하는 것으로 추측된다. 따라서 上記 야쿱 벡의 답신대로 1873년 술탄의 지시에 의해 카쉬가리아로 파견된 군관의 숫자는 네 명이고—이외에 자원한 민간인 한 명—무기는 대포 6문, 신·구식 소총 1200정이 전부였다고 보아야 할 것이다.

---

56) Bellew, *Kashmir and Kashghar*, p.188.
57) *Kaşgar tarihi*, p.383.
58) Yıldız Tasnif, 33-1481-73-91.
59) FO 17/826 ("Translation of statement made by Muhammad Yusaf, Effendi, late in the service of the Amîr of Kâshghar").

사이드 야쿱 한은 이스탄불에 머물면서 당시 개혁적 성향의 지식인들이나 신비주의 교단의 지도자들과 접촉한 것으로 보인다. 당시 이스탄불 주재 러시아 대사였던 이그나티에프(N.Ignatiev)의 비밀보고에는 그는 "아흐멧 베픽 에펜디(Ahmed Vefik Effendi ; 1823-91)의 집에서 아시아 여러 나라들의 대표들"과 회합을 가졌으며, 이외에 청년 오스만들과의 긴밀한 접촉, 낙쉬반디 교단에 속하는 우즈벡인들의 '道場'(tekke)의 領袖들과의 회동 등도 언급되어 있다.[60]

아흐멧 베픽은 뛰어난 작가이자 학자였지만 동시에 교육부 장관과 수상까지 역임했던 정치적 중진으로서 나믹 케말 등과 같은 청년 오스만들과도 관련을 맺고 있었다.[61]

사이드 야쿱 한 일행은 1873년 8월 14일 혹은 그 직후에 오스만측의 여비 지원을 받아 이스탄불을 출발하여 船便으로 이집트에 들렀다가 인도의 봄베이에 도착했고, 거기서부터는 영국측의 호송을 받아 10월 23일에는 카쉬가리아로 향하던 영국의 사절단과 국경초소인 샤히둘라(Shahidulla)에서 합류하였다.[62] 사이드 야쿱 한은 11월 하순 카쉬가르에 도착하였다.

영국 사절단의 일원이던 빌류의 증언에 의하면 그들이 도착하고(12월 4일) 며칠 뒤 야쿱 벡은 카쉬가르 교외에 위치한 호자 아팍의 성묘를 참배한 뒤 그 다음 날 돌아왔으며, '아미르 알 무미닌'(amîr al-mûminîn, '신도들의 수장')이라는 칭호를 취하고 오스만의 술탄 압둘 아지즈의 이름으로 새로운 錢幣를 주조했다고 한다. 그러나 이를 축하하기 위한 거창한 행렬이나 의식은 없었으며 단지 자신의 거처에 소집된 회의에서 군인들의 축하를 받았을

---

60) 1873년 6월 14日附의 이그나티에프의 이 보고는 FO 65/903(St. Peterburg, June 14, 1873, Loftus to Derby)에 인용되어 있다. 이스탄불에서 중앙아시아 출신 낙쉬반디 수피들의 활동에 대해서는 G.M.Smith, "The Özbek tekkes of Istanbul", *Der Islam*, 57-1(1980) 참조.

61) *Islam Ansiklopedisi*, vol. 1(Istanbul, 1978), "Ahmed Vefik Paşa"(pp.207-210) ; Mardin, *The Genesis*, p.67, p.249.

62) T.E.Gordon, *The Roof of the World*, pp.29-30 ; Bellew, *Kashmir and Kashghar*, pp.187-188.

뿐이라고 한다.[63]

한편 또 다른 일행이었던 고오든(T.E.Gordon)에 따르면 무슬림들의 큰 명절인 쿠르반(Qurban) 축제가 열리던 1874년 1월 28일 야쿱 벡은 카쉬가리아가 술탄의 보호국이 된 사실을 공식적으로 선포하고 그로부터 부여받은 '아미르'(amîr)의 칭호를 취했으며 술탄 압둘 아지즈의 이름으로 '후트바'(Khuṭba)를 읽고 '섹케'(sekke)를 하였으며, 그날 많은 양의 금화를 군인과 신하들에게 나누어주었다고 한다.[64]

위의 영국인들의 증언과 기타 오스만측의 기록[65] 및 야쿱 벡이 술탄에게 보낸 친서[66] 등을 종합해보면, 그는 당시 카쉬가르에서 가장 성스러운 장소였던 호자 아팍의 성묘에서 술탄이 보내온 劍을 차고 紋章을 禮服에 부착한 채 100발의 예포를 울리는 의식을 거행했으며, 술탄 압둘 아지즈의 이름으로 '후트바'와 '섹케'를 지시했고, 자신은 종전에 사용하지 않던 새로운 칭호인 '아미르'를 칭했다는 사실을 확인할 수 있다. 야쿱 벡이 '후트바'와 '섹케'를 모두 술탄 압둘 아지즈의 이름으로 행하도록 지시했다는 것은 오스만이 카쉬가리아의 종주국이요 자신은 술탄의 신하라는 사실을 천명한 것이었다.

이렇게 해서 1873년 사이드 야쿱 한의 一次 使行은 카쉬가리아와 오스만 간의 공식적인 외교관계를 여는 데 성공을 거두었고, 야쿱 벡 정권의 위상을 대내외적으로 제고시키는 결과를 가져왔다고 볼 수 있다. 비록 오스만은 카쉬가리아의 '종주국'이고 술탄은 야쿱 벡의 '主君'이라는 형식을 취하였으나, 실질적으로는 오스만이 카쉬가리아의 내정에 간섭할 수 있는 상황이 아니었기 때문에 그러한 주종관계는 명목적인 것에 불과했다.

그것이 명목적인 성격을 가지면서도 적극적으로 수용된 까닭은 그렇게 해서 형성된 관계가 양측의 이해에 모두 부합하였기 때문이다. 즉 술탄은 자

---

63) Bellew, *Kashmir and Kashghar*, p.304.
64) T.E.Gordon, *The Roof of the World*, p.87.
65) *Kaşgar tarihi*, p.384.
66) İrâde Dahiliye, No.49054.

신이야말로 전이슬람권의 수장이요 특히 서구 이교도들의 군사적 팽창으로 위협받는 중앙아시아 무슬림들의 보호자임을 내외에 과시함으로써 그동안 오스만 체제의 약화로 인해 실추된 자신의 권위를 제고시킬 수 있다고 생각했다.

야쿱 벡의 입장에서 볼 때에도 오스만 술탄의 '신하'임을 인정받는 것은 자신이 코칸드에서 건너온 '안디잔인'으로서 신강 무슬림 봉기의 지도층을 이루던 종교인들을 갖은 방법을 동원하여 제거해버린 일개 군인에 불과하다는 주민들의 비판적인 시각을 수정하고, 자신이 바로 중국인 이교도들을 물리치고 장차 있을지도 모를 그들의 위협으로부터 무슬림들을 보호하는 '신도들의 수장'임을 확인시켜주는 효과가 있었던 것이다. 나아가 그는 오스만과의 관계가 대외적으로도 카쉬가리아의 국제정치적 실체성을 인정받는 데에 도움이 될 뿐만 아니라, 1874년 2월 통상조약을 통해 맺어진 영국과의 외교관계와 더불어 청이나 러시아의 팽창의도를 저지하는 효과도 있으리라고 생각했을 것이다.

양측의 외교관계의 성립과 함께 카쉬가리아측이 거둔 또 다른 성과는 비록 제한된 규모였지만 그동안 절박하게 필요로 했던 군사적 지원을 어느 정도라도 확보할 수 있게 되었다는 점이다. 1868년에는 국경 지역이던 나린河 유역에 군사시설을 설치하고 1871년에는 일리 지역을 점령하여 적대적인 입장을 보이던 러시아로부터 카쉬가리아가 그러한 지원을 기대한다는 것은 처음부터 무망한 일이었다.

러시아의 남하에 위협을 느낀 코칸드와 부하라가 1862년과 1866년에 각각 군사지원을 요청했으나 '거리가 멀다'는 이유로 거부하며[67] '불간섭 정책'을 고수하던 영국이 1869년 이후 보다 적극적인 정책으로 선회했지만[68]

67) Saray, 전게서, pp.71-78.

68) G.Morgan, *Anglo-Russian Rivalry in Central Asia* : 1810-1895(London, 1981), pp.100-117 ; G. J. Alder, *British India's Northern Frontier*, pp.38-39.

여전히 청과 러시아와의 관계를 고려하여 카쉬가리아에 대한 군사적 지원에는 조심스러울 수밖에 없었고, 공개적인 무기지원보다는 오스만측으로부터 온 무기의 호송을 도와주는 정도에 그칠 수밖에 없었다. 이에 비해 오스만은 그러한 외교적 제약으로부터 자유로웠던 것이다.

이렇게 해서 기초가 놓이게 된 양국관계는 1875년 사이드 야쿱 한의 二次使行에 의해 더욱 강화되는 계기를 맞게 되었다.[69] 그의 二次 방문의 기본목적은 술탄의 호의에 대한 야쿱 벡의 감사의 뜻을 전달하는 데에 있었다. 1292년 Rabî al-awwâl 27일, 즉 1875년 4월 23일 내무부는 카쉬가리아의 사신이 이스탄불에 도착한 사실을 알리고 그에게 필요한 경비지급을 재가해 달라는 보고서를 술탄에게 올렸다.[70] 이어 내무부는 5월 3일 야쿱 벡의 친서의 번역문을 첨부하여 사이드 야쿱 한이 술탄을 직접 만날 수 있도록 해 달라는 보고서를 올렸고 그 결과 사신은 5월 7일(금요일)에 內殿에서 술탄을 알현했다.[71]

야쿱 벡은 이 친서에서 우선 자기의 사신 사이드 야쿱 한을 통해 술탄이 勅書와 여러 물품·인원을 보내준 것은 자신뿐만 아니라 카쉬가리아 전주민들의 영광임을 밝힌 뒤, 술탄이 보내준 검을 차고 칙서를 공개하며 100발의 예포를 터뜨리는 선포식을 가졌음을 보고했다. 이어 그는 자신의 生命이 다할 때까지 이 은사를 잊지 않을 것이며 앞으로 술탄이 지시하는 어떠한 명령이라도 수행할 것임을 맹서했다. 또한 술탄의 은사는 중앙아시아(Asiyâ-i vasṭî)에 있는 무슬림들에게 새로운 생명을 부여한 것이기 때문에 모두가 술

69) 1873-75년 사이에 양국간에 특기할 만한 접촉은 없었으나, 술탄이 보낸 선물을 전달받은 뒤 야쿱 벡이 어떤 조치를 취했는지를 알리는 사이드 야쿱 한의 서한이 봄베이 駐在 오스만 領事(şhehbenderi)에게 전달되었고, 영사로부터 이 서한을 받은 외교부는 술탄에게 그 譯文과 함께 보고를 올린 일이 있었다(İrâde Hariciye, No.15817). 또 한 가지는 야쿱 벡의 여동생인 아이 비비(Ay Bibi)가 성지순례를 마치고 이스탄불에 들러 오스만측의 후대를 받고 돌아간 일이 있었다(*Kaşgar tarihi*, p.386).

70) İrâde Dahiliye, No.49016.

71) İrâde Dahiliye, No.49054.

탄에게 몸과 마음을 향하게 되었고, 따라서 자신은 짧은 기간내에 중앙아시아의 주민들이 '칼리프의 圈域'(Dâr al-Khilâfat)과 연결되어 '이슬람의 단결'(ittifâk-i Islâm)을 성취할 수 있기를 희망한다고 밝혔다. 아울러 오스만 제국의 깃발(sancak)을 펼치고 '후트바'와 '섹케'를 술탄의 이름으로 하도록 지시했음도 알렸다.[72)]

『카쉬가르史』의 저자인 메흐멧 아테프에 의하면 사이드 야쿱 한은 술탄을 만난 자리에서 야쿱 벡이 보낸 다음과 같이 페르시아어로 된 詩가 새겨진 板額(levha)을 헌정하였다고 한다.

> 압둘 아지즈 칸은 올바른 辨別의 지팡이로
> 지상의 군주들로부터 제왕의 땅을 취해 가셨도다.
> 그 증거는 카쉬가르 나라에서
> 후트바와 섹케를 그의 이름으로 한 것만 보아도 충분하리라.[73)]

즉 압둘 아지즈 칸의 善政이 지상의 여러 지역으로 널리 퍼지게 되리라는 것은 카쉬가리아가 그의 종주권을 인정하게 된 사실만 보아도 알 수 있다는 뜻의 讚詩이다.

오스만 정부는 양측의 관계를 더욱 강화하기 위하여 일차 사행 때에 비해 훨씬 더 많은 선물과 무기를 제공하기로 결정하였다. 우선 1292년 Rabî al-âkhir 26일, 즉 1875년 6월 1일 『쿠란』의 開章句인 '파티하'(Fâtiḥâ)가 씌어진 깃발, 칼날이 휜 단검, 2000정의 소총, 6문의 산악용 대포, 윗부분이 술탄의 紋章(tuğra)으로 장식된 시계, 가장자리가 장식된 한 벌의 외투(hilat) 등 술탄의 권위에 어울리는 선물을 보내기로 결정하였으며,[74)] 6월 27일과 28일에는 교육부에서 인쇄·발행된 『쿠란』 500부를 카쉬가리아로 보내는

---

72) İrâde Dahiliye, No.49054.
73) *Kaşgar tarihi*, pp.386-387.
74) İrâde Dahiliye, No.49145.

동시에 사신 사이드 야쿱 한에게 여행경비를 지급하고,[75] 야쿱 벡의 아들인 벡 쿨리와 학 쿨리에게 각각 제2급과 제3급 紋章을, 그리고 사이드 야쿱 한과 함께 이스탄불을 방문한 그의 조카 아딜 한('Âdil Khân)과 제국 군수창에 속해 있다가 카쉬가리아로 파견되는 메흐멧 에펜디(Mehmet Efendî)에게는 제4급 메지디 紋章을 하사할 것을 결정했다.[76]

마지막으로 술탄의 칙서를 전달하기로 결정했는데 이 칙서는 Rajab월 15일, 즉 8월 17일자로 작성되었다. 이 칙서에서 술탄은 우선 사이드 야쿱 한을 통해서 2년 전 자신의 은사에 대하여 카쉬가리아에서 취한 조치를 보고받았음을 밝힌 뒤, 야쿱 벡이 자신이 죽으면 장자 벡 쿨리를 후계자로 임명해줄 것을 요청한 데 대해 '후트바'와 '섹케'를 술탄의 이름으로 계속하고 이미 하사한 오스만 깃발의 모양이나 색깔을 변경시키지 않으며, 카쉬가리아 주변의 나라들과 필요없는 분란을 일으키지 않는다는 전제조건하에서 이를 승인했다.[77] 이는 오스만이 비록 카쉬가리아를 직접적으로 통치할 수는 없으나 명목적으로나마 자국의 '속국'으로 묶어두려는 의지를 나타낸 것이라고 할 수 있다.

양측 관계의 이러한 진전에 따라 카쉬가리아에 대해 추가로 군사지원이 이루어졌다. 즉 3파운드 강철대포 1문과 2000정의 Enfield형 소총 외에 상당량의 탄약과 부속장비들을 보내기로 결정했다.[78] 또한 현직군관 세 명이 파견되었는데, 무기제작을 담당할 알리('Alî), 砲兵百人長 알리('Alî), 工兵百人長인 카짐 에펜디(Kâzim Efendî) 등이 그들이었다. 뿐만 아니라 이들 장

---

75) İrâde Dahiliye, No.49220.

76) İrâde Dahiliye, No.49338.

77) Saray, p.105. 勅書의 全文은 İrâde Dahiliye, No.49426과 *Kenan Bey âsâri*, pp.9-12에 보인다.

78) *Kaşgar tarihi*, p.387에는 다음과 같은 구체적인 명세가 기록되어 있다. 3파운드 鋼鐵大砲 1門과 그에 필요한 導火線과 놀이쇠와 (馬車에 연결하는 데 필요한) 끌채, 2000정의 Enfield형 小銃, 600개의 砲彈, 60개의 散彈, 7개씩의 마개와 雷管, 31상자의 彈藥, 6204점의 장비(edevat), 1만 개의 特製캡슐, 2만 1000개의 일반캡슐, 2만 개의 銃彈, 1만 개의 캡슐彈(kapsül oku), 캡슐제작에 필요한 장비 등 모두 합해서 5만 5800파운드의 重量.

비와 인원이 인도의 봄베이에 도착할 때까지 소요되는 경비도 모두 군수창에서 지불하기로 결정했다.[79] 이들 물자는 오스만 군관들과 또 카쉬가리아에서 파견되어온 인원들의 감독하에 1875년 10월 이스탄불을 출발하여 인도로 향했다.[80]

이상에서 살펴보았듯이 사이드 야쿱 한의 2차 사행은 카쉬가리아에 대한 군사지원을 더욱 확대시키는 성과를 거두었다. 사실 야쿱 벡이 청에 대해 하등의 외교적 압력을 가할 수 없는 입장인 오스만에 대하여 희망할 수 있는 가장 실질적인 지원은 군사적인 것이었다. 그는 장차 있을지도 모를 청의 침공을 저지하기 위해서 여러 방면의 대책을 강구하지 않으면 안 되었는데, 영국과 통상조약을 체결한 것도 바로 국제사회에서 큰 영향력을 행사하는 열강의 외교적 지원을 노린 것이었다. 그러나 그는 외교적인 노력만으로는 문제가 해결될 수 없고, 궁극적으로 청의 침입을 분쇄시킬 만한 군사력의 증강이 불가피하다고 보았다. 바로 이 점에서 그는 오스만 제국의 지원을 통해서 군대를 새로이 훈련시키고 무기를 확충하려 했던 것이고, 여기에 사이드 야쿱 한의 2차 사행 목적이 있었던 것이었고 그 목적을 부분적으로나마 달성했다고 할 수 있다.

사이드 야쿱 한의 2차 사행은 또 다른 목적, 즉 러시아와의 관계개선이라는 목적을 갖고 추진되었던 것으로 보인다. 그것은 그가 이스탄불에 체류하는 동안 러시아 대사였던 이그나티에프를 방문하고 또 그의 答訪을 받은 사실에서도 알 수 있다.[81] 이그나티에프는 1864년부터 1877년까지 대사로 근무했는데, 특히 당시 宰相이었던 마흐무드 네딤(Mahmûd Nedîm)의 지지를 받으면서 오스만 정계에 막강한 영향력을 행사하여 이스탄불에서는 그를 '술탄 이그나티에프'라고 부를 정도였다.[82]

---

79) 같은 책, pp.387-388.
80) 같은 책, p.390.
81) 같은 책, p.387.
82) S.J.Shaw & E.K.Shaw, *History of the Ottoman Empire*, p.156.

사이드 야쿱 한은 오스만측의 지원물자를 카쉬가리아로 보낸 뒤 자신은 러시아의 수도 상 페테르부르그로 향하였고, 거기서 황제를 접견하여 카쉬가리아측이 코칸드내에서 일어난 반란에 관여하지 않겠다는 점을 분명히 밝히고 장차 일어날지도 모를 청과의 전쟁에서 카쉬가리아에 대해 우호적인 입장을 취해줄 것을 요청했으나, 황제는 이 문제에 대해서 투르키스탄 총독인 카우프만 장군과 협의하라고만 대답했다. 이에 사이드 야쿱 한은 타쉬켄트를 거쳐서 카쉬가리아로 귀환하였다.[83]

(3) 外交關係의 終焉

이렇게 긴밀하게 발전된 오스만-카쉬가리아간의 외교관계도 야쿱 벡 정권의 붕괴와 함께 종언을 고할 수밖에 없었다. 다음 장에서 자세히 설명하겠지만 야쿱 벡이 청군의 접근에 대한 소식을 처음으로 접한 것은 1875년 9-10월의 일이었고 그는 즉시 군대를 이끌고 악수로 갔다가 거기서 그해 겨울을 지낸 뒤 1876년 봄 쿠를라에 도착하여 지휘본부를 설치하였다. 사태의 위중함을 인식한 야쿱 벡은 이때 일부 투르크 군관들을 대동했던 것 같다. 알리 카짐의 회고에 의하면 당시 우쉬 투르판에서 군대를 훈련시키던 두 명의 유숩(메흐멧 유숩과 유숩 이스마일)과 악수에 있던 이스마일 학 등 세 명을 전방에 배치되어 청군과 대치하던 부대 일부를 지휘토록 했는데,[84] 이는 메흐멧 유숩이 자신과 두 명의 다른 오스만 군관들이 야쿱 벡을 따라 톡순(Toqsun)으로 갔다는 記述과 일치하는 것이다.[85]

야쿱 벡은 다시 야르칸드에 있던 알리 카짐을 불러들였는데, 알리 카짐은 야르칸드에서 300명, 악수에서 300명, 바이에서 300명 등 모두 900명의 부

---

83) *Kaşgar tarihi*, pp.388-389.

84) Yıldız, 33-1481-73-91.

85) 메흐멧 유숩은 후일 청군의 포로가 되었다가 풀려나와 페샤와르(Peshawar)로 왔는데 거기서 영국 관리의 요청에 따라 짧은 回顧錄을 작성하였다. 이 회고록은 현재 FO 17/826, No.1621에 들어 있다.

대를 차출하여 쿠를라에 도착하였다. 야쿱 벡은 그에게 다시 양기히사르와 쿠를라 등지에서 차출된 병사들을 덧붙여주어 모두 1530명의 군대를 위임했고 아울러 3파운드 Krupp제 대포 4문을 주어 청군과 대치하도록 했다. 당시 우룸치를 공격하러 온 청군의 숫자가 20만 명이라는 소문이 있었기 때문에 야쿱 벡은 극도로 긴장했고 따라서 가능하면 많은 병력을 동부전선에 집결시켰던 것이다.[86)]

야쿱 벡이 이 '소문'에 얼마만한 신빙성을 두었는지는 알 수 없으나 그는 분명히 군사적인 대결을 통해 청군의 진입을 막으려 하지는 않았던 것으로 보인다. 그는 외교적인 협상으로 문제를 풀어보려고 했고 따라서 사이드 야쿱 한을 런던으로 파견하여 영국의 중재하에 중국측 대표와 교섭을 벌이도록 하는 한편, 청군과 대치하고 있던 휘하 군대에 대해서는 발포금지의 명령을 내렸던 것이다. 사이드 야쿱 한은 런던으로 가기에 앞서 먼저 인도를 거쳐 이스탄불로 향했는데, 이러한 사실은 1294년 Safar 19일, 즉 1877년 3월 5일 봄베이 주재 오스만 영사의 보고를 통해서 알 수 있다. 이에 의하면 사이드 야쿱 한이 그로부터 닷새 전 이스탄불을 향해 출발했고, 사신이 봄베이에 머무는 동안 필요한 제반 경비와 수에즈 운하에까지 이르는 선박비용도 지급했으며, "소문에 의하면(mesmû'âte göre) 그가 이곳으로 다시 돌아오지 않고 그곳(이스탄불)에 머무르려 한다"고 했다.[87)] 현재 우리가 이 소문의 진위를 확인할 길은 없으나, 당시 일부에서는 밀려오는 청의 군대에 대한 카쉬가리아측의 대응태세를 회의적으로 전망했음을 보여주는 한 예라고 할 수 있다.

1877년 사이드 야쿱 한의 이스탄불 방문, 즉 3차 사행의 목적은 명목상으로는 오스만의 새로운 술탄 압둘 하미드('Abd al-Ḥamîd)의 즉위를 축하하

86) 이상의 정황에 대해서는 알리 카짐의 전게 회고록 참조. 당시 야쿱 벡이 청군에 대응하기 위해 동부전선에 배치한 병력의 總數는 대략 3만 명 내외인 것으로 추측된다.

87) İrâde Hariciye, No.16526.

기 위함이었다. 1876년 5월 압둘 아지즈가 폐위되고 무라드(Murâd)가 뒤를 이었으나 그 역시 곧 폐위되어 1876년 9월 1일 압둘 하미드가 즉위하였으며, 그의 즉위를 알리는 勅書가 카쉬가리아로 보내졌던 것이다.[88] 사이드 야쿱 한은 이스탄불에 도착한 뒤 4월 중순경 술탄을 만나 종래와 같이 臣屬關係와 충성을 서약하고 야쿱 벡이 보낸 선물을 전달했지만, 청군의 진격을 저지할 어떠한 외교적인 노력을 했는지에 대해서는 아무런 언급이 없어 확인할 수 없다.[89]

사이드 야쿱 한은 6월 초 이미 런던에 도착하여 청과의 외교협상에 관해 영국측의 중재를 부탁했다. 그러나 그가 영국 외무성의 주선 아래 청측 대표인 郭嵩燾와 협상을 벌이고 있던 중인 7월 16일 야쿱 벡의 사망소식이 런던으로 전달되었고 이에 따라 협상도 종료되어버리고,[90] 사이드 야쿱 한은 곧바로 이스탄불로 돌아오고 말았다.[91] 청과의 대결상황에서 사이드 야쿱 한이 취한 외교적 행보를 살펴보면 카쉬가리아측은 처음부터 오스만측의 외교적 능력에 아무런 기대를 하지 않았음을 알 수 있고, 또 오스만의 역할이 전무했던 것도 사실이다. 이런 점에서 카쉬가리아-오스만간의 외교관계는 야쿱 벡의 대내외적인 권위의 강화에 약간이나마 기여하였을지는 모르겠지만, 궁극적으로 청에 대해 하등의 외교적 압력이 되지 못했다는 점에서 처음부터 엄연한 한계를 안고 있었던 것이다.

1877년 5월 야쿱 벡의 急死와 함께 카쉬가리아정권은 신속하게 무너져갔고 1877년 말까지 신강 거의 전역은 다시 청군의 손으로 들어가버렸다. 이 과정에서 오스만 군관들의 운명은 어떠했을까. 이미 위에서 언급한 바 있는 알리 카짐과 메흐멧 유숩의 회고를 종합해보면 다음과 같은 사실을 확인할

88) İrâde Dahiliye, No.60621.

89) İrâde Dahiliye, No.60710 & No.60716.

90) 이에 관해서는 I.Hsü의 "British Mediation of China's War with Yakub Beg, 1877", *Central Asiatic Journal*, vol.9, no.2(1964), pp.142-149 참조.

91) *Kaşgar tarihi*, p.406.

수 있다. 우선 야쿱 벡 사망 직후 쿠를라에서 '칸'으로 추대된 하킴 한은 그곳에 있던 오스만 군관들에게 충성을 맹세할 것을 요구했으나 이를 거부당하자 그들이 지휘하던 군대를 빼앗아 다른 사람에게 주었다. 벡 쿨리가 하킴 한을 패배시키자 이들은 시종 벡 쿨리와 행동을 같이했던 것으로 보이며, 청군이 거의 눈앞에 들이닥친 최후의 순간 오스만 군관들의 일부는 벡 쿨리를 따라 도주했지만 일부는 남아 있다가 청군의 포로가 되었다. 메흐멧 유숩은 당시 오스만 군관들이 서로 '협의'한 결과 의견이 갈라져 두 명은 떠나기로 하고 자신은 "중국인들이 어떠한지 보고자 하는" 호기심 때문에 남았다고 설명하고 있지만 선뜻 납득이 가지 않는 대목이다. 나아가 그는 포로로 잡힌 뒤 5개월 동안 머물렀는데 그동안 "중국 정부는 매우 공평하고 정당하였으며" 자신에게 "잘 대우해준 중국인들에 의해 떠나도 좋다는 허락"을 받고, 사리콜과 와한을 거쳐 파미르를 넘은 뒤 바닥샨에 도착, 거기서 카불로 갔다가 다시 페샤와르로 왔다고 회술하고 있다.

반면 알리 카짐은 그와 상당히 다른 매우 고통스런 체험기록을 남기고 있다. 그는 상술한 바와 같은 '협의'가 있었는지에 대해서는 침묵하고 있고, 단지 벡 쿨리가 떠나간 뒤 여기저기 흩어져 있던 병사 3000명과 지휘관(valî) 일곱 명이 청군의 포로가 되었으며, 이때 그도 함께 투옥되었다고 한다. 그는 팔과 발에 쇠사슬(timur zincir)을 차고 청의 고위군관 앞으로 불려나가, "왜 야쿱 칸을 도왔느냐"고 심문을 당하면서 등을 채찍으로 맞기도 하고 예리한 鐵筆을 손톱 밑에 쑤셔넣는 고문을 받기도 하면서 꼬박 33일을 지냈다. 이어 모든 소지품을 빼앗기고 벌거벗기운 채 팔과 발과 목에 쇠사슬이 채워지고 손톱은 쇠꼬챙이에 끼워진 채 청군의 사령관(zungtung)에게 5차례나 불려나갔다.

그동안 야쿱 벡측의 지휘관들이 모두 감옥에서 끌려나와 머리가 잘려 城門에 梟首되는 것을 보기도 하였고, 쇠사슬에 채워진 채 市場을 돌았던 경우도 있었으며, 처형장으로 끌려나가 사람들이 처형당하는 것을 목격한 뒤 다시 감옥으로 돌려보내지기도 했다. 이렇게 9개월간 감옥에 있다가 결국 자신과 세 명의 오스만 군관들에게 국외로 추방한다는 결정이 내려져 네 명이 함께 라닥크에 도착했다. 그는 거기서 영국인들의 도움을 받아 봄베이로 갔다가 그곳에서 船便을 이용하여 고국으로 돌아갈 수 있었던 것이다.

위에서 살펴보았듯이 알리 카짐과 메흐멧 유숩의 기록은 서로 상당한 차이점을 드러내고 있는데, 후자가 알리 카짐을 비롯한 네 명의 오스만 군관들과 함께 라닥크로 온 것 같지는 않다. 그가 무슨 연유로 청측으로부터 호의적인 대우를 받았고 신속하게 방면되었는지에 대해 우리가 섣부른 추측을 할 수는 없으나, 야쿱 벡 정권 붕괴시 적어도 다섯 명의 오스만 군관들이 청군의 포로가 되었다가 풀려난 사실은 확인할 수 있다.

청의 신강 재정복으로 카쉬가리아와 오스만간의 '공식적'인 외교관계는 종언을 고하고 말았다. 그러나 야쿱 벡의 잔여세력이 카쉬가리아를 청으로부터 다시 탈환하기 위해 오스만측과 최후의 접촉을 시도했던 사실을 잊어서는 안 될 것이다.

1879년 10월 카쉬미르의 라닥크 駐在官이던 헨비(F. Henvey)가 인도 정부에 보고한 바에 의하면 타쉬켄트에 망명중이던 하킴 한을 중심으로 야쿱 벡의 잔여세력이 규합되어 있었고 이들은 러시아의 지원하에 카쉬가리아를 공격하여 변경초소인 밍욜에서 벌어진 전투에서 다수의 청군이 사망하여 시체를 실은 여섯 수레가 카쉬가리아로 돌아온 것을 목격한 사람들이 있다고 했으며, 러시아는 벡 쿨리가 카쉬가리아를 탈환하는 데 7000명의 코삭크병과 경비까지 지원해주었다고 한다. 나아가 아흐멧(Ahmed)이라는 이름의 한 카쉬가리아인을 통해 "중국령 투르키스탄의 모든 중요도시에 사는 많은 사람들이 중국의 학정을 비난하고 구원을 요청하는 탄원서를 터키의 술탄에게 보냈다"고 하였고, "중국인들이 많은 무고한 무슬림들을 살해하고 주민들을 억압하고 있으며, 술탄의 이름으로 새겨진 銅錢들을 파괴하고 통용을 금지시켰고, 마드라사(madrassa)들을 돼지고기를 먹는 식당이나 술집으로 바꾸고 공공의 모스크를 팔아치웠기 때문에, 모든 무슬림들의 영수인 술탄이 자신들을 중국인의 지배로부터 구원하고 이 나라를 차지해줄 것을 기도하고

있다"고 하였다.[92)]

흥미로운 사실은 이때 전달된 탄원서로 보이는 한 문서가 오스만측 자료 가운데 보이고 있다는 점이다. 이것은 '야쿱'(Ya'qûb)이라는 이름의 서명[93)]이 있는 1297년 Muharram 10일, 즉 1879년 12월 25일자 문서인데 카쉬가리아 '보병 지휘관'(piyâde askeri kumandani)이었던 메흐멧 한(Mehmed Khân)이 이스탄불로 와 그 탄원내용을 전달한 것으로, 야쿱 벡 사후 무슬림들의 내분으로 인해 청군이 전투도 하지 않고 카쉬가리아를 점령하게 된 사정, 청군이 정복 후 무슬림들에게 행한 가혹함, 카쉬가리아의 여러 지역에 매장된 풍부한 자원들에 대한 소개, 그리고 마지막으로 술탄이 유능한 관리를 청의 황제에게 보내 카쉬가리아가 야쿱 벡의 시대에 오스만 제국의 일부였던 사실을 "각별하고 우호적으로" 설명함으로써 카쉬가리아를 평화적인 방법으로 청에서 독립시킬 수 있도록 해달라는 내용이다.[94)] 이러한 탄원에 대해서 술탄이 어떻게 대처했는지를 말해주는 자료는 없으나 그 요청의 비현실성으로 보아 이에 응했을 가능성은 희박하다.

야쿱 벡 정권의 붕괴 이후 오스만측은 카쉬가리아를 청으로부터 다시 탈환할 가능성에 대해서 매우 회의적으로 본 듯하지만 타쉬켄트로 망명한 잔여세력들은 그래도 일말의 희망을 갖고 오스만과의 접촉을 유지하려고 했다. 1880년 말 야쿱 벡의 아들 벡 쿨리의 이스탄불 방문은 바로 그러한 희망의 표현이었다. 그는 술탄 압둘 하미드에게 장문의 탄원서(1880년 11월 15일)를 올렸고 거기서 자기 부친이 12년 동안 카쉬가리아를 통치하며 '이슬람의 단결'을 위해 얼마나 노력했는가 하는 점에 대해 주의를 환기시키면서, 부친이 사망한 뒤 자신이 술탄에 의해 야쿱 벡의 후임자로 이미 임명되어

---

92) FO 17/826, No.127.

93) Kemal H. Karpat은 이 인물이 이스탄불에 주재하던 카쉬가르 정권의 '대표'(representative)였다고 보았다. 그의 "Yakub Bey's Relations with the Ottoman Sultans : A Reinterpretation", *Cahiers du Monde russe etésovi tique*, vol.32, no.1(1991), p.26 참조.

94) Yıldız, 33-1638(pp.148-151).

있었음에도 불구하고 무슬림들이 자신의 권위를 인정하지 않고 '내전'(muhâribat-i dâhiliyye)을 벌여 나라를 상실하게 되었다고 설명했다.

이어 그는 러시아의 지배하에 있던 타쉬켄트로 망명하게 되었고 당시 쿨자 지역의 반환문제를 두고 청과 이해가 엇갈렸던 러시아가 청에 압력을 가하기 위해 자신에게 군대를 줄 테니 카쉬가리아를 청으로부터 탈환하라고 여러 차례 요청했지만 자신이 단순히 그들의 이용물에 불과하다는 사실을 알았기 때문에 이를 거절하고 부친의 고향인 피스켄트로 내려와 조용히 살게 되었다고 밝혔다.[95]

그러나 청은 카쉬가리아를 정복한 뒤 자기 부친의 屍身을 묘에서 파내 불에 태운 것은 물론 무슬림들에게 폭정을 자행하고 있기 때문에 카쉬가리아에 남아 있는 지도자들이 자신에게 서한들을 보내와 코칸드와 타쉬켄트 등지에 있는 사람들을 규합하여 카쉬가리아를 해방시켜달라고 요청함에 따라, 알라이 산맥에 거주하는 1萬帳 가까운 키르기즈의 수령 압둘 라흐만 다드하('Abd ar-Rahmân Dâdkhwâh)와 연합하여 과거 술탄이 보내준 소총으로 무장하여 카쉬가리아를 탈환하기로 결심했다고 적었다. 마지막으로 그는 이러한 계획과 관련하여 필요한 것은 물심 양면에서의 술탄의 지원이지만 지리적으로 너무 멀리 떨어져 있기 때문에 물질적인 것보다는 정신적인 지원(ma'nevî bir mu'âvenet)이라는 점을 강조했다.[96]

여기서 '정신적'인 지원이란 다름아니라 야쿱 벡 사후 '내전'의 당사자였던 자신과 하킴 한 사이의 경쟁관계가 그 후로도 계속되어 카쉬가리아 탈환에서의 주도권 다툼이 벌어지고 있던 상황에서 술탄이 자신의 정통성을 인정해주는 것을 의미하는 것으로 추측되는데, 오스만 정부가 벡 쿨리의 요청에

95) 淸側의 資料도 1880년 러시아의 카우프만 장군이 벡 쿨리에게 露·淸 兩國이 "일리문제로 서로 군사적으로 대치하고 있으니 당신이 나라를 회복할 수 있는 기회는 바로 이때다. 당신이 우선 카쉬가리아 주민들에게 告諭하여 중국인들을 몰아내도록 하면 여러 도시들이 檄文을 서로 전하여 (문제가) 해결될 것이다"라고 선동하였다고 기록하고 있다. 『沙俄侵華史』 第3卷 (北京 : 中國社會科學院近代史硏究所, 1981), p.263 참조.

96) Yıldız, 14-382(pp.153-158).

대해 구체적으로 어떻게 처리하였다는 자료가 없는 것으로 보아 그의 요청은 묵살된 것으로 보인다.

사실 그가 '물질적'인 지원이 아니라 '정신적'인 지원으로만 자신의 요청을 국한시켰던 까닭도 아마 오스만측의 회의적인 태도를 감지했기 때문인지도 모른다. 그는 오스만 정부로부터 정치적 지원에 대한 구체적인 약속을 받지는 못했지만 이스탄불의 괵수 사라이(Göksu Saray)에 머물면서 후대를 받았고, 1881년 11월 23일 이즈미르(Izmir)로 갔다가 거기서 인도를 거쳐 타쉬켄트로 돌아갔다.[97] 이로써 카쉬가리아-오스만간의 외교적 접촉은 완전히 종언을 고하고 말았던 것이다.

97) *Kaşgar tarihi*, pp.457-458.

6章 ‖ 무슬림政權의 崩壞

1. 新疆遠征의 準備

(1) 섬서 · 감숙 回民 蜂起의 鎭壓

左宗棠이 1867년 중반경 섬서에 도착하였을 때, 섬서 · 감숙 회민 봉기는 전혀 수그러들 기색을 보이지 않았고, 청군이 주둔하고 있던 몇몇 대도시를 제외하면 대부분의 농촌지역은 회민들이나 패주하던 太平軍 혹은 捻軍의 수중에 있었다. 청조 지배층 내부의 반란 진압방법을 둘러싼 첨예한 견해 차이도 반란의 조기진압을 저해하는 요소로 작용했고, 군량과 재원의 고갈 때문에 적지 않은 청군 병사들이 대열을 이탈하여 도시와 농촌지역에 대한 약탈을 자행했으며, 그런 과정에서 그들은 심지어 퉁간들과 손을 잡기도 했다. 그러나 청조의 진압노력이 완전히 무위로 끝난 것은 아니었다. 만주족 출신의 장군인 多隆阿는 적어도 1864년 5월 그가 사망할 때까지 회민 지도층의 내부분열을 이용하여 섬서성 지역 안에서 상당한 정도의 거점을 마련하는 데 성공했다.[1]

섬서 · 감숙 지역의 회민들 역시 청군 못지않게 어려운 상황이었다. 回軍은 흔히 "十八大營"[2]으로 불렸지만, 이는 결코 중앙의 지휘부에 의해 조직적으로 통제되던 집단이 아니었다. 현재 반군의 내부조직에 대한 연구 부족으로 그 구체적인 실상을 파악하기는 힘드나, 각각의 營은 원래 촌락의 清眞寺 혹은 禮拜寺라 불리던 모스크를 중심으로 형성된 지역적 신앙공동체, 즉 '教坊'이라 불리던 조직을 모체로 하여 만들어진 것으로 보이며, 각 營의 지도자들은 '아훈드'(=아홍) 혹은 '물라'라는 칭호를 갖던 종교인들이었다. 十八

---

1) 左宗棠 到來 이전 陝甘 回民 叛亂에 대한 清朝의 對策과 清軍의 作戰失敗에 관해서는 Wen-djang Chu의 *The Moslem Rebellion in Northwest China*, 제2-3장(pp.23-88)을 참조하시오.
2) 馬霄石, 『西北回族革命簡史』(上海 : 東方書社, 1951), pp.13-14.

大營의 수령들 가운데 적어도 반 정도는 바로 이 계층에서 나온 사람들이었음이 확인되고 있다.[3)]

섬서 · 감숙 지역 회민들의 이슬람교 분파는 크게 三大教派와 四大門宦으로 나뉘어 있었는데, 전자는 格底目(Qadîm), 依黑瓦尼(Ikhwânî), 西道堂(漢學派)이고, 후자는 虎夫耶(Khufiyya), 戛的林耶(Qâdîriyya), 哲赫忍耶(Jahriyya), 庫不忍耶(Kubrâwiyya)였다. 이 兩者는 문환이 소위 이슬람 신비주의의 각 분파에 해당되는 것인 데 반해, 교파는 그와 관계없이 형성되었다는 점에서 차이가 있었다. 또한 교파는 모두 모스크를 중심으로 구성된 조직을 갖고 있으면서도 각각의 조직들 사이에 상호연락이 없어 봉기가 일어났을 때 결속된 힘을 발휘하지 못했다.

그런가 하면 문환은 教主를 정점으로 광범위한 지역과 많은 신도를 거느림으로써 광역적인 규모를 가졌지만, 新 · 舊教간의 갈등과 나아가 40여 개가 넘는 支派들의 난립으로 상호간의 긴밀한 협력을 달성하기가 어려웠다.[4)] 따라서 감숙에는 金積堡의 馬化龍, 河州의 馬占鰲, 西寧의 馬貴原, 肅州의 馬文祿 등 큰 규모의 회민집단들이 있었지만, 거리상으로나 교파상의 이견으로 상호간에 원만한 협조를 이루지는 못했다.

이미 太平軍의 진압에서 탁월한 능력을 발휘한 바 있는 左宗棠은 1867년 7월 섬서성의 潼關에 도착했다. 그는 약간의 준비를 마친 뒤 곧바로 이 지역

---

3) 白壽義 編, 『回民起義』(上海 : 1952), 卷4 「陝甘劫餘錄」, p.311. 馮增烈과 馮鈞, 「伊斯蘭教在同治年間陝西回民反清起義中所起的作用」(『伊斯蘭教在中國』, 寧夏, 1982), pp.205-207. 청대 咸同年間의 회민 봉기에 대한 중국측의 평가는 종래 林干이나 馬長壽 등의 농민혁명적 관점에서 점차 민족투쟁적 입장으로 파악하는 학자들이 늘어가고 있다. 단 그것은 漢 · 回간의 민족갈등이 아니라, 청조의 부당한 민족정책에 대한 회민들의 투쟁을 의미하는 것으로 본다는 데에 주의할 필요가 있다. 그러나 이러한 입장에 선 吳萬善도 1860년대의 봉기에서 宗教上層人士들이 주도적 역할을 하였음을 인정하고 있다. 林吉, 「清代陝甘回民起義研究概述」(『民族研究』, 1988-5), pp.107-112 ; 吳萬善, 「清朝同治年間陝甘回民起義性質的再檢討」(『西北民族學院學報』, 哲社版, 1985-1), pp.62-69 등 참조.

4) 馬通, 『中國伊斯蘭教派門宦制度史略』(寧夏人民出版社, 1983) 참조. 이 책은 저자가 1950년대에 행한 자신의 현지조사를 통해 외부세계에 대해 매우 폐쇄적인 教派 · 門宦 組織의 실태를 밝힌 것으로, 그 姊妹篇으로 『中國伊斯蘭教派門宦溯源』(寧夏人民出版社, 1987)이 있다.

의 회복을 위한 전략을 수립했는데, 그의 제일 목표는 馬化龍과 그 추종자들이 장악하고 있는 金積堡를 함락시키는 것이었다. 이 목표를 달성하기 위해 그는 감숙 남부의 董志原을 두르고 있는 회민세력의 소탕이 무엇보다도 먼저 선행되어야 한다고 생각했다.

1869년 4월, 무려 3만 명이 넘는 회민들의 죽음과 함께 그의 일차 작전은 완료되었다. 회민들은 이 전투에서 입은 막대한 인적인 손실로 말미암아 18大營을 4大營으로 축소 재조직한 뒤 金積堡로 후퇴할 수밖에 없었다.[5] 무함마드 아윱(Muḥammad Ayûb)이라는 무슬림식 이름을 갖고 있던 白彦虎(일명 白素) 역시 이때 퇴각한 회민집단의 수령 가운데 한 사람이었다.[6]

이렇게 해서 金積堡로 가는 청군의 길은 열리게 되었다. 여름 동안 좀더 준비를 한 뒤 청군은 9월에 들어서 작전을 재개했다. 세 갈래로 나뉜 청군은 金積堡를 향해 각기 다른 방향에서 접근해 들어갔는데, 劉松山 휘하의 부대는 동쪽에서, 魏光燾 휘하의 부대는 서쪽에서, 그리고 다른 장군이 이끄는 마지막 부대는 남쪽에서 진군했다.[7]

그러나 이 작전은 左宗棠이 예상했던 것보다 훨씬 더 많은 난관에 봉착했다. 金積堡에 도달하기 위해 청군은 먼저 그 근처의 수백이 넘는 조그만 요새들을 처리하지 않으면 안 되었고, 게다가 馬化龍이 섬서에서 퇴각한 회군들은 물론이지만 감숙 지방에 산재해 있는 자신의 동조자와 추종자들에게 원조를 요청했기 때문이다. 회군의 대오는 이렇게 해서 모두 50개 영을 상회할 정도가 되었다.[8]

---

5) Chu, *The Moslem Rebellion*, p.132 ; 楊東梁, 『左宗棠評傳』(湖南人民出版社, 1985), pp.155-156.

6) O.V.Poiarkov, *Poslednii epizod Dunganskago vozstaniia*(Vernoe, 1901), p.11. *Târîkh-i jarîda-i jadîda*(1889년 Kazan본, pp.64-65)에 의하면 그의 또 다른 이름은 Nûr ad-Dîn으로 나타나 있다. 白彦虎에 대한 평가문제는 常德忠의 「白彦虎的英雄形象不容歪曲」(『回族文學論叢』, 第一輯, 寧夏人民出版社, 1990, pp.264-271)을 참고하시오. 馬霄石(『西北回族革命簡史』, p.41)에 의하면 4大營을 지휘한 인물은 白彦虎 이외에 崔偉, 禹得彦, 馬振和가 있었다.

7) 楊東梁, 『左宗棠評傳』, p.157.; Bales, *Tso Tsungt'ang*, p.240에 있는 지도도 참조하시오.

8) 馬霄石, 『西北回族革命簡史』, pp.38-41.

이처럼 회군들이 전열을 가다듬는 동안 左宗棠도 그 나름대로 심각한 내적인 진통을 겪고 있었다. 그의 휘하에 있던 군대 안에서 소요가 일어나는가 하면, 1870년 2월의 전투에서는 장군 劉松山이 전사하는 사건까지 겹치자 조정 안에서는 左宗棠의 군사적 지휘능력에 대한 심각한 회의마저 일어나게 되었다.[9)]

내적인 분열과 어려움은 청군에게만 국한된 것이 아니었다. 청군이 金積堡를 포위하는 동안 회민들 내부에서도 첨예한 갈등이 표출되었다. 그것은 설사 자신이 처형되는 결과가 초래될지라도 청군에 항복함으로써 평화적인 해결을 주장했던 馬化龍에 대하여, 馬의 아들과 白彦虎를 중심으로 하는 사람들은 끝까지 무력투쟁을 고집했는데, 이들 강경론자들은 심지어 북경을 급습하자는 제의까지 할 정도였다.[10)] 당시 현장을 목격한 한 퉁간의 회고에 의하면 그들은 馬化龍을 암살할 생각까지 했다고 한다.[11)] 따라서 馬化龍이 최종적으로 투항을 결정하자, 상당수의 회민들은 白彦虎의 영도 아래 金積堡를 떠나 馬占鰲가 있던 河州로 근거를 옮기게 된 것이다. 이렇게 해서 청군은 결국 1년 반이나 넘게 치열한 전투를 벌였으나, 馬化龍의 자발적인 투항에 의해서야 비로소 金積堡를 함락할 수 있었고, 1871년 2월 21일 馬化龍을 처형하였던 것이다.[12)]

3월에 들어서 左宗棠은 河州로 군대를 進發시켜 9월에는 그곳을 막고 있던 馬占鰲의 회군에 대하여 작전을 전개했지만, 그 다음 해인 1872년 봄 太子寺의 전투에서 결정적인 패배를 당하게 되었다. 놀라운 사실은 馬占鰲가 이러한 승리에도 불구하고 청군에 투항키로 결정한 것인데, 이 같은 결정에

---

9) K.C.Liu & R.J.Smith, "The Military Challenge : The Northwest and the Coast", *Cambridge History of China*, vol.2, pt.2(Cambridge, 1980), pp.230-231.

10) 馮增烈 · 馮鈞,「伊斯蘭教」, p.220.

11) Poiarkov, *Poslednii epizod*, p.22.

12) 馬化龍이 左宗棠의 명령에 의해 처형된 것이 아니라 金積堡 전투중에 청측의 統領인 楊子英이란 인물이 거짓으로 馬에게 투항했다가 암살한 것이라는 주장은 근거가 희박한 것으로 보인다. 關連吉,「關于馬化龍之死的歷史眞象」,『民族硏究』, 1984년 第5期, pp.74-76 참조.

대해 左宗棠 자신도 "원군이 도착할 때까지 시간을 벌기 위한 속임수"[13)]가 아닐까 의심할 정도였고, 참으로 '불가사의한 怪劇'[14)]이라 아니할 수 없다. 아마 그의 투항결정은 점차 증대되는 淸의 援軍을 생각할 때 太子寺의 승리는 일회적인 것에 그칠 수밖에 없으리라는 판단과, 아울러 자발적 투항에 의해 청조의 비호를 받아 초토화된 회민사회에서의 주도권을 장악하려는 계산까지 있었는지도 모른다.[15)] 사실 馬占鰲는 투항 후 馬化龍처럼 처형된 것이 아니라 統領으로 임명되어 그의 부대는 청군의 一支를 이루게 되었으며, 그의 자손들 역시 중공정권 성립시까지 근 80년 동안 감숙 회민사회를 대대로 지배할 수 있었다.[16)]

左宗棠은 1872년 8월 본거를 蘭州로 옮겨 西寧과 肅州의 탈환에 전력을 투구했고, 1년 이상의 어려운 전투 끝에 1873년 말 비로소 이 지역을 수중에 넣을 수 있었다. 白彦虎가 '大虎'라는 별명을 얻게 된 것도 바로 여기서의 전투에서 그가 보여준 용맹 때문이었다.

이상에서 살펴본 바와 같이 左宗棠이 회민 봉기를 진압하기 위해 陝西에 도착한 것이 1867년이고 목적이 최종적으로 성취될 때까지 무려 7~8년이라는 시간이 필요했던 셈이다. 金積堡를 공격하는 동안 그의 副將 劉松山은 전사했지만 馬化龍의 투항으로 겨우 1년 반 만에 그곳을 함락시킬 수 있었다. 河州 太子寺에서 청군은 큰 패배를 당했지만 역시 馬占鰲의 항복으로 그곳을 손에 넣을 수 있었다. 西寧과 肅州의 함락에도 역시 1년 이상의 기간이 소요되었다.

이렇게 볼 때 左宗棠이 섬감 회민 봉기를 진압하는 데에는 그가 지휘하던

---

13) 『左文襄公全集』(臺北 1964년 影印本 ; 以下 『全集』으로 略稱), 「奏稿」 卷41, 9a ; Bales, *Tso Tsungt'ang*, pp.276-278.

14) 馬霄石, 『西北回族革命簡史』, pp.44-47.

15) 馬 자신이 "승리한 뒤에 투항하는 것이 패배하여 투항하는 것보다 얻는 것이 더 많다"고 한 것이 그러한 計算을 말해주는 듯하다. 馬霄石, 『西北回族革命簡史』, p.47.

16) 馬通, 『史略』, p.234.

청군의 군사적 우위보다는 차라리 섬감 회민사회가 보여준 분열성과 지도층 내부의 갈등이 더 큰 작용을 했다고 보는 편이 정확할 것이다.

(2) 新疆遠征의 準備

1874년 초 左宗棠은 신강정복을 위한 준비작업에 착수하여, 金順과 張越에게 휘하 군대를 이끌고 西進하라는 명령을 내렸다. 그러나 그때 전혀 예상치 않았던 사건이 터져 원정을 지연시키게 되었으니, 그것이 바로 1874년 봄 일본군에 의한 대만점령이었다. 일본과의 전투에서의 패배는 청조 해군들 사이의 협력부족에 기인한 것으로, 이로써 청의 해군력이 얼마나 취약한지 여지없이 드러났고, 청조는 "海防을 강화하기 위해 모든 수단을 강구"하지 않으면 안 되게 되었다.[17] 해안방위의 취약성이 드러난 차제에 신강탈환을 위해 막대한 재원을 투입한다는 사실에 대해 심각한 회의를 제기하는 여론이 조정 안에서 일게 되었다. 左宗棠은 1866년 9월부터 1874년 2월까지 섬서와 감숙 지역에서의 작전을 위해 거의 3200萬兩을 소비하였는데,[18] 이 액수는 거의 같은 기간(1866년 12월 - 1874년 8월) 동안 左宗棠 자신에 의해 창설되었고 청조의 연안방위에서 매우 중요한 기지가 된 福州船政局을 건설하는 데 투여된 액수(550萬兩)[19]의 무려 6배에 달하는 규모였다.

물론 청조가 신강을 제국의 영역 안에 두어야 하느냐 마느냐의 문제는 이때 처음 제기된 것이 아니었다. 이보다 약 10년 전 타르바가타이 參贊大臣이었던 李雲麟도 이미 1865년 무슬림 봉기에 의해 신강을 상실하고 난 직후 다음과 같은 내용의 상주를 올려 청조가 전쟁을 통해 신강을 회복해야 할 필요가 있는지에 대해 심각하게 문제를 제기한 바 있다.

---

17) I.Hsu, "The Great Policy Debate in China, 1874 : Maritime Defense vs. Frontier Defense", *Harvard Journal of Asiatic Studies*, 25(1964-65), p.213.

18) Chu, *The Moslem Rebellion*, pp.113-114.

19) J.L.Rawlinson, *China's Struggle for Naval Development, 1839-1895*(Cambridge, Mass., 1967), p.56.

西北의 大局이 무너진 것이 하루아침의 연고는 아닙니다. 이를 파탄으로 이르게 한 까닭은 첫째 無餉이요, 둘째 無兵이요, 셋째 用人不當이며, 넷째 不知緩急입니다. ……오늘날 신강에 대한 대책은 그것을 포기해야 할지 혹은 취해야 할 지를 아는 것입니다. 我朝는 乾隆 중엽 이전에 신강을 소유하지 않았습니다. 지금 국가의 원기가 회복되지 않았고 兵帑가 모두 고갈되었는데, 養兵과 息民을 생각지 않고 마구 전쟁을 일으켜 멀고 먼 땅에서 승리만을 좇는다는 것은 經國의 良策이 아니니, (신강을) 포기함만 못합니다. 만약 신강이 祖宗의 基業이라 하여 포기해서는 안 된다면 마땅히 어찌 취할지의 대책을 생각해야 할 것입니다.[20]

醇親王 奕譞과 左宗棠을 비롯한 고위관리들은 이러한 제의에 대해 맹렬히 반대했고,[21] 이 문제는 1874년에 이르기까지 다시 제기되지 않았다.

'海防'이냐 '塞防'이냐를 둘러싸고 1874-75년간에 벌어진 대논쟁의 결과가 신강의 운명과 직결되었다는 점에서는 물론이지만, 19세기 말 청조 수뇌부가 당시의 위기상황을 어떻게 인식하고 있었으며 제국의 안보를 위해 어떠한 기본정책을 취해야 할지에 대해 날카로운 대립을 보였다는 점에서 주목할 만하다.

이미 기존의 연구에 의해 상세한 내용이 밝혀졌기 때문에[22] 여기서 부연하여 설명할 필요는 없겠지만, 본고의 논지전개를 위해 간략히 정리하면 다음과 같다. 즉, 李鴻章을 필두로 하는 '海防論者'들은 연안 지역으로부터의 위협이 신강의 무슬림정권 혹은 일리를 점령한 러시아로부터의 위협보다 훨씬 더 심각하다고 보았기 때문에, 李鴻章은 "西邊의 장군들에게 비밀리에 지시를 내려 변경을 예의방어하기만 하도록 하고, 어떠한 성급한 공격적인 자세를 취하지 말고 단지 군사들은 둔전에 힘쓰도록 하라"고 조정에 요청하는

20) 『陝甘新方略』 卷137, 18r-20v.
21) A.Khodzhaev, *Tsinskaia imperiia*, p.71.
22) 앞에서 든 Hsu의 "The Great Policy Debate in China, 1874" 이외에 우리나라에도 崔熙在의 「1874-5年 海防.陸防論議의 性格」(『東洋史學硏究』 22, 1985, pp.85-129)이 있다.

동시에, 궁극적으로는 西邊 주둔군의 감축과 해체를 통해 보다 많은 예산을 '海防'으로 돌릴 것을 제안했다.[23)]

이에 대해 '塞防論'의 左宗棠은 1875년 4월 12일 제출한 유명한 상주를 통해 서구 해양국가들의 궁극적인 목적은 교역을 통한 경제적 이익의 획득일 뿐 결코 중국의 영토나 인민에 있지 않은 반면, 신강의 방위는 몽골의 방위에, 그리고 몽골의 방위는 다시 북경을 방위하는 데 필수적이라는 점을 역설했다.[24)]

그의 논리는 말하자면 오늘날의 도미노 이론과 비슷한 것으로서, 북방의 유목민족과 중원왕조와의 길고 긴 전쟁과 정복의 역사를 익히 알고 있던 당시 북경의 정책 입안자들에게는 심리적으로 커다란 호소력을 발휘했다. 그의 주장은 조정에서 큰 영향력을 갖고 있던 두 명의 만주인 고관, 즉 軍機處大臣 文祥과 光緖帝의 生父 醇親王의 지지를 받게 되어,[25)] 결국 그해 4월 말경 그의 신강원정을 재가하는 최종적인 결정이 내려지고 그는 新疆軍務를 督辦하는 欽次大臣으로 임명되었다.

이렇게 볼 때 소위 '海防' 對 '塞防' 논쟁의 결과는 先王들이 이루어놓은 위업을 자기들 시대에 와서 상실할 수는 없다는 왕조적 자존심도 있었겠지만, 1840년 아편전쟁 이래 중국이 서구열강으로부터 맛보았던 온갖 쓰라린 경험에도 불구하고, 중국인들의 마음 속에 북방 혹은 서북방의 방위가 얼마나 중요한 부분을 차지하고 있었는가를 단적으로 드러내주었다고 할 수 있다. 분명히 그러한 태도가 '복고적'이며 '전통 지향적'인 측면을 갖고 있는 것은 사실이나, 그것은 결국 신강의 재탈환이라는 역사적 유산을 중국인들에게 남겨준 것이다.[26)]

이처럼 左宗棠은 신강원정에 관한 최종적인 합의를 도출해내기까지 많은

---

23) Hsu, "The Great Policy Debate", p.217.
24) 『全集』, 「奏稿」 卷46, 32r-41v.
25) Khodzhaev, *Tsinskaia imperiia*, p.71.
26) I. Hsu("The Great Policy Debate", p.227)는 이러한 "초원 지향적(steppe-oriented)인 전략

어려움을 겪었지만, 논쟁이 종결된 뒤 원정을 현실화시키는 데에도 재정적인 면에서 그에 못지않은 난관에 봉착했다. 1876년 초 그는 1000만 냥의 외국차관을 들여오도록 조정에 요청하는 한편, 자신의 친구이자 당시 兩江總督이던 沈葆楨에게 차관도입을 주선해주도록 부탁했는데, 의외로 沈은 차관의 이자율이 너무 높다는 이유로 반대의사를 표명했다.

결국 그해 3월 조정은 요청된 액수의 반인 500만 냥만 차관으로 충당하고, 나머지 반은 戶部에서의 200만 냥과 各省에서의 出捐金 300만 냥으로 메우기로 결정했다.[27]

그러나 재원의 확보가 곧 군량의 성공적인 조달을 의미하는 것은 아니었다. 이미 1874년 金良이 현지에서의 식량조달을 제의했으나, 左宗棠은 嘉峪關을 나서서 서쪽으로 가면 하미, 투르판, 우룸치에 이르기까지 거의 전지역이 전쟁으로 황폐화되어 식량의 현지생산과 조달이 불가능하다고 판단했다. 따라서 그는 중국 내지에서 운송해오거나, 현지의 지방상인들로부터 구입하거나, 혹은 변경에 있는 러시아 상인들로부터 구입하는 방법을 강구하여, 그 결과 1876년 봄까지는 하미, 古城子, 바르쿨 등지에 2천 수백만 근의 군량을 비축하는 데 성공했다.[28]

여기서 한 가지 짚고 넘어가야 할 문제는 러시아 정부의 개입 여부이다. 즉, 1875년 카멘스키(I.O.Kamenskii)라는 이름의 러시아 상인이 청군에게 곡식 500만 근(100근당 7兩5錢)을 팔았고, 1876-77년에는 左宗棠 휘하에 있

적 사고는 완전히 낡은 것(obsolescent)이 되어버렸음에도 불구하고……"라고 지적하였는데, 과연 중국인들의 內陸重視態度가 그의 말대로 '낡은 것'인지는 재고할 필요가 있을 것이다. O.Lattimore(*Inner Asian Frontiers of China*, Boston, 1962 repr., xxii)가 예견했듯이 20세기에 들어와 해군력보다는 공군력이 더 중시되면서 내륙과 해안간의 상대적 중요성도 변화하게 되었다. 필자는 1960년대 이래의 中·蘇 紛爭에도 단순히 사회주의권내의 헤게모니 문제 외에, 이와 같은 중국의 전통적인 내륙중시관이 깊이 내재되어 있다고 보며, 그것을 두고 결코 '낡은 것'이라고 규정하기는 어려울 것이다.

27) Chu, *The Moslem Rebellion*, pp.121-122 ; 羅正鈞, 『左宗棠年譜』(校點 再刊本, 長沙, 岳麓書社, 1982), pp.308-311.

28) 秦翰才, 『左文襄公在西北』, pp.106-111 ; 董蔡時, 『左宗棠評傳』, pp.120-121.

던 金順의 군대에 1000만 근의 곡식을 40만 銀兩에 팔았다.[29] 이 거래는 러시아측에게는 두말할 것도 없지만,[30] 凉州나 肅州 등의 내지에서 운송되어 오는 곡식이 100斤當 15兩 이상이었던 점을 생각하면[31] 거의 2배 가량 낮은 가격이어서 청측에게도 유리했다. 그런데 문제는 과연 러시아 학자가 주장하듯이 "청조와 신강 반군 사이의 전쟁에서 엄정한 중립을 지키라고 결정한 러시아 정부의 공식적인 금지에도 불구하고"[32] 이러한 상거래가 이루어졌는가 하는 점이다. 이에 대해서는 청과 러시아 양측의 공식기록이 모두 분명히 그렇지 않음을 보여주고 있다. 즉, 左宗棠이 蘭州에 있을 때 러시아 장교(中校) 소스노프스키(I. Iu. Sosnovskii, 索思諾福齊)[33]가 찾아와 자이산(Zaisan) 湖에서 古城子까지 곡식 100斤當 7.5兩의 가격으로 500만 근을 운송·판매하겠다고 제안해 1876년 그가 직접 400만 근을 운송해서 古城子로 가져왔음이 확인되고,[34] 러시아의 정기간행물 *Turkestan Gazette*(1876)에도

> 쿨자의 러시아 상인들은 Guchen(古城)에 있는 청군에게 식량을 보급해주기로 한 Kamensky의 商隊를 보호해주기 위해 러시아의 分遣隊가 Sazanza(Shiho의 서북)에 주둔해 있는 것에 대해 반가워하고 있다. ……Sazanza의 분견대는 분명히…… 약탈을 방지하고, Sazanza와 Guchen 사이에 있는 퉁간들의 공격에

---

29) 秦翰才, 『左文襄公在西北』, p.109 ; Khodzhaev, *Tsinskaia imperiia*, p.80에 의하면 카멘스키가 실제 판 것은 850萬斤이고, 나머지는 다른 러시아 商人에 의해 販賣된 것이라고 한다.

30) 예를 들어 쿨자에서 밀 1pud(약 36pound)를 10-15kopeika에 살 수 있으나, 당시 식량이 귀했던 古城子에서는 8rouble에 팔려 거의 60-80倍의 利潤率을 남겼다고 한다. 물론 청군과의 거래에서는 시중가격보다 싸게 정하였으리라는 점을 감안하더라도 상당한 이윤이 남는 장사였음은 의심할 수 없다. Khodzhaev, *Tsinskaia imperiia*, p.80.

31) 董蔡時, 『左宗棠評傳』, p.120.

32) Khodzhaev, *Tsinskaia imperiia*, p.80.

33) Khodzhaev(*Tsinskaia imperiia*, p.77)는 이 문제와 무관한 곳에서 A.N.Khokhlov의 "Popytki ukrepleniia man'chzhurskikh voisk v Kitae vo vtoroi polovine XIX - nachale XX v"(*Voprosy istorii i istoriografii*, Moskva, 1968 ; 筆者 未見)을 인용하여 Sosnovskii가 1875년 5월 蘭州에서 左宗棠과 만난 사실을 언급하고 있다.

34) 『全集』, 「奏稿」 卷46, 39-40 ; 卷48, 69-70 ; 秦翰才, 『左文襄公在西北』, p.109, pp.140-141 ; 董蔡時, 『左宗棠評傳』, p.121.

대해 Kamensky의 商隊를 보호할 것이다.[35]

라고 하고 있어, 러시아측의 공식적인 개입이 명확히 드러난다. 신강의 무슬림 봉기를 민족해방운동으로 파악하여 左宗棠의 신강정복, 나아가 중국의 신강지배의 역사적 타당성에 대해서도 의문을 제기하는 러시아측 입장으로서는 이러한 내용이 당혹스럽지 않을 수 없지만, 당시 야쿱 벡 정권을 간접적으로 지원하던 영국과는 대조적으로 그 정권이 중앙아시아에서 러시아의 이해에 위협이 된다고 판단하여 그 세력확장에 대해 일리점령으로 대응했던 러시아 정부로서는 청군에 대한 식량판매를 통해 경제적·정치적 이익을 노리려 했던 것은 아마 당연한 결정이었다고 보아야 할 것이다.

현재 중국학계에서 左宗棠의 신강 재정복에 대해 커다란 역사적 의의를 부여하고 있는 가장 중요한 이념적 근거는 그것이 영국 제국주의의 '下手'인 야쿱 벡 정권을 붕괴시키고 일리를 점령한 러시아 제국주의 세력을 척결함으로써 중국의 영토적 통일성을 회복했기 때문인 것으로 보인다.

그러나 위에서 검토했듯이 원정 자체가 필요한 것이냐에 관한 정책논쟁에서 결국 원정을 인정하도록 유도한 것은 왕조적 자존심과 전통적 內陸중시 태도였으며, 경비와 군량의 조달 등을 둘러싼 여러 문제를 처리하는 과정에서도 서구열강의 차관을 도입한다든가 혹은 러시아 정부의 직접적인 도움을 받았다는 점 등을 생각해볼 때, 결국 신강원정에 대해 反帝的 성격을 지나치게 강조함으로써 그 정당성 혹은 정의성을 운위하기는 힘들다고 할 수밖에 없을 것이다.

이처럼 여러 어려운 과정을 하나씩 극복한 左宗棠은 1876년 봄 지휘본부를 蘭州에서 肅州로 옮기고, 휘하의 장군인 張曜와 金順으로 하여금 嘉峪關을 나서게 하여 그해 여름에는 하미의 점령에 성공했다. 그 뒤 金順의 군대

35) FO. 65/957. no.240. St.Peterburg. May 30, 1876(from Loftus to Derby), 괄호는 원문에 있는 것이고, *Turkestan Gazette*의 날짜는 나와 있지 않다.

는 보그도 울라 산맥을 가로질러 바르쿨에 도달하였고, 古城子도 함락시켰다. 이로써 左宗棠이 어떠한 전략으로 신강을 탈환하려 했는지 분명하게 드러나게 되었다. 즉, 먼저 준가리아를 장악한 뒤 타림 분지의 오아시스 도시들을 공격하는 소위 '先北後南'의 전략이다. 이것은 그가 처음부터 야쿱 벡의 정예군과 충돌하는 것을 원치 않았기 때문이며, 먼저 퉁간들이 방어하는 천산 북방을 끊어내 야쿱 벡을 압박하기 위함이었다.[36] 그는 준가리아 최대의 요새인 우룸치를 공략하는 데 하미→피찬(闢展)→투르판→다반친→우룸치를 경유하는 南路가 아니라, 바르쿨→古城子→阜康→마나스→우룸치에 이르는 北路를 선택한 것이다. 그 까닭은 아마 투르판에 배치된 야쿱 벡의 주력군을 피하기 위한 것으로 보인다. 그는 4월 劉錦棠으로 하여금 肅州를 떠나도록 명령했고, 7월 말까지 劉의 군대는 古城에 집결했다. 이렇게 해서 劉錦棠, 張曜, 金順 등이 이끄는 80餘營의 약 3-4만 명의 청군[37]이 古城과 바르쿨 등지에 포진해 신강으로의 공격준비를 모두 완료하게 되었다.

2. 야쿱 벡 정권의 崩壞

(1) 淸의 준가리아 占領과 야쿱 벡의 死亡

1873년 말경 투르판의 하킴이었던 하킴 한(Ḥâkim Khân)은 '다후'(Dâkhû)와 '슈후'(Shûkhû)가 지휘하는 수만 명의 퉁간들이 투르판의 접경

36) 楊東梁, 『左宗棠評傳』, p.250.

37) 천산 북로로 진군한 청군의 숫자를 정확하게 산출하기는 어려운데, 楊東梁의 『左宗棠評傳』, p.242에 나온 비교적 자세한 표에 의하면 약 3-4만 명 정도로 추산된다. Khodzhaev (*Tsinskaia imperiia*, pp.72-77)가 1875년 左宗棠이 督辦新疆軍務로 임명될 당시 그의 군대는 모두 141營(7만 500명)이라고 했으나, 물론 여기에는 후방군이 포함되었기 때문에 실제로 작전에 참여한 숫자는 이보다 훨씬 더 적었다고 보아야 할 것이다.

지역으로 이동해오고 있다는 놀라운 보고에 접하게 되었다.[38] 이들은 바로 '大虎', 즉 白彥虎와 '小虎', 즉 于小虎의 지휘를 받으며 左宗棠의 청군을 피해 西走해온 섬서와 감숙의 회민들이었다.[39] 이들은 西寧이 청군에 의해 함락되기 직전인 1873년 5월 그곳을 떠나 安西를 노략한 뒤 8월경에는 하미로 밀려들어가 청군과 교전을 갖게 되었다. 10월 10일(음력 8월 乙巳)에는 하미 回城을 점령하고 郡王의 夫人('福晉')을 포로로 삼기까지 하였으나, 10월 말 청군의 공격에 이기지 못해 하미를 버리고 다시 투르판으로 향한 것이다.[40]

무슬림측의 사료들은 하미에서 투르판으로 옮겨간 퉁간들의 숫자에 대해 일치하고 있지는 않으나 1만 3000-3만 5000명 사이인 것으로 추정하고 있다.[41] 그 정확한 숫자가 과연 얼마인지 우리가 단정하기는 힘드나 하킴 한에게 경계심을 불러일으키기에는 충분할 정도의 규모였던 것으로 보인다.

『小史』(*Târîkh-i ṣigharî*)의 저자인 압둘라('Abd Allâh)에 의하면 하킴 한은, 우룸치에 대한 2차 원정을 성공리에 마친 뒤 아직 카쉬가르로 돌아가지 않고 톡순에 머무르고 있던 야쿱 벡의 아들 벡 쿨리에게 보고했고, 벡 쿨리는 즉시 白彥虎에게 사람을 보내 그들이 서쪽으로 온 진의가 무엇인지를 알아보도록 하자, '大虎'와 '小虎'가 톡순으로 와 복속의사를 표시했다고 한다.[42] 이렇게 해서 퉁간들은 우룸치, 구마디, 마나스, 쿠투비 등지에 정착할 수 있도록 허가를 받았고,[43] 벡 쿨리는 이 문제를 처리한 뒤 1874년 2-3월경

---

38) TA/Pantusov, p.220.

39) 이들은 좌종당의 奏稿에서 함께 언급되는 경우가 많다. 예를 들어 『全集』, 「奏稿」 卷49, 25r-26r. *Târîkh-i jarîda-i jadîda*(Kazan본, pp.64-65)에 의하면 于小虎의 무슬림식 이름은 'Alî Qanbar(혹은 'Alî Qambar)였다고 한다.

40) 『勘定新疆記』 卷1, 16r-16v. 퉁간의 하미습격에 대해서는 A. von Le Coq, "Osttürkische Gedichte und Erzählungen"(*Keleti Szemle*, 18, 1918-1919), p.83, p.89 참조.

41) THP(34v)에는 1만 3000명, TA/Pantusov(p.220)에는 3만여 명, TS(102b)에는 3만 5000명으로 기록되어 있다.

42) TS, 102v-104v. THP(34v)는 하킴 한이 야쿱 벡에게 보고를 올렸다고 했다.

43) 左宗棠은 "白彥虎가 陝甘의 悍回들을 다시 데리고 紅廟, 古牧(구마디), 瑪納斯(마나스)에 分踞하여 서로 연락하면서, 南으로는 모두 安酋帕夏(=안디잔의 수령 파디샤, 즉 야쿱 벡)와 통하고 있다"라고 했다(『勘定新疆記』 卷2, 8b). 당시 白彥虎는 紅廟子에, 그리고 于小虎는 瑪納斯에

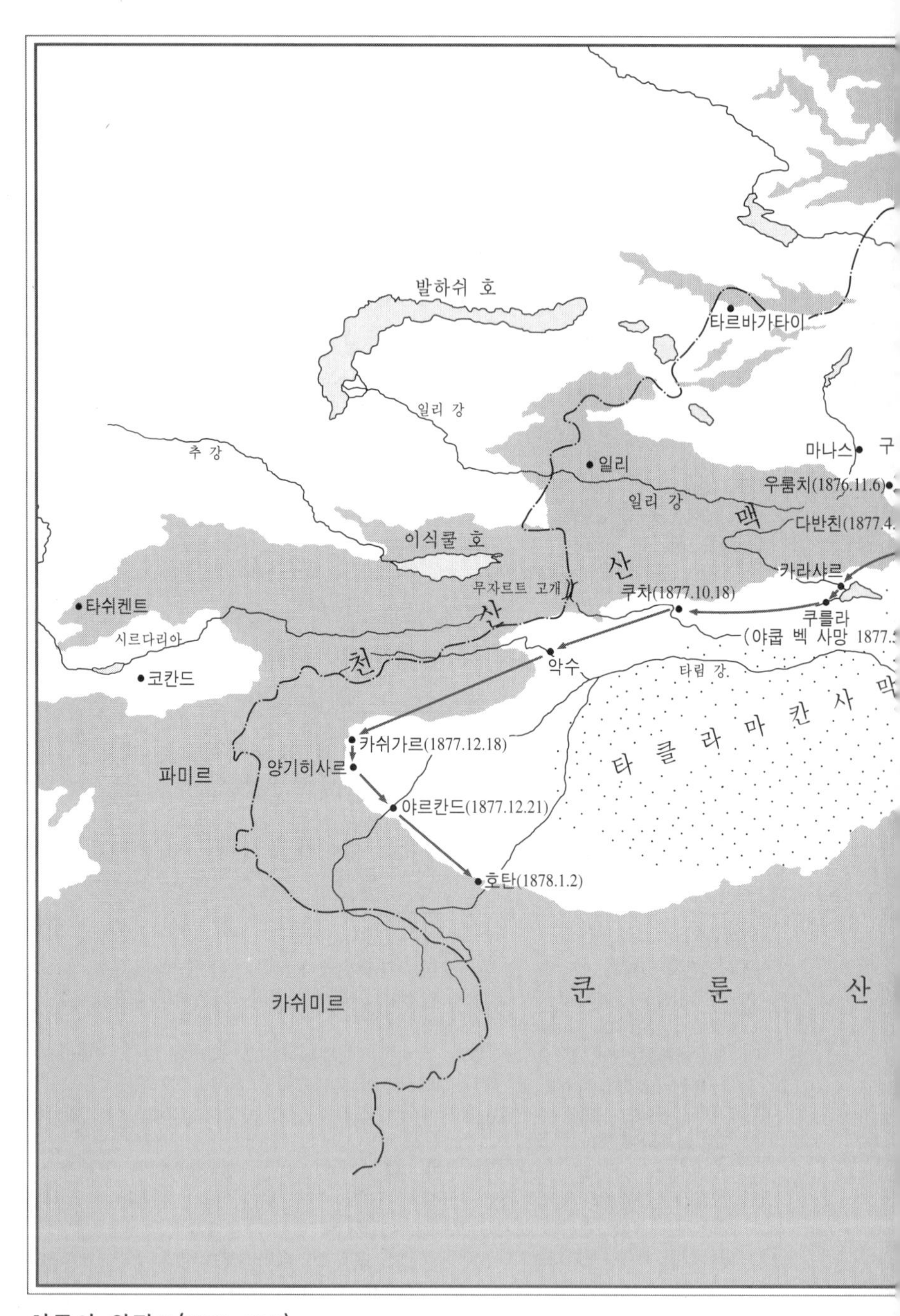

청군의 원정도(1876~1877)

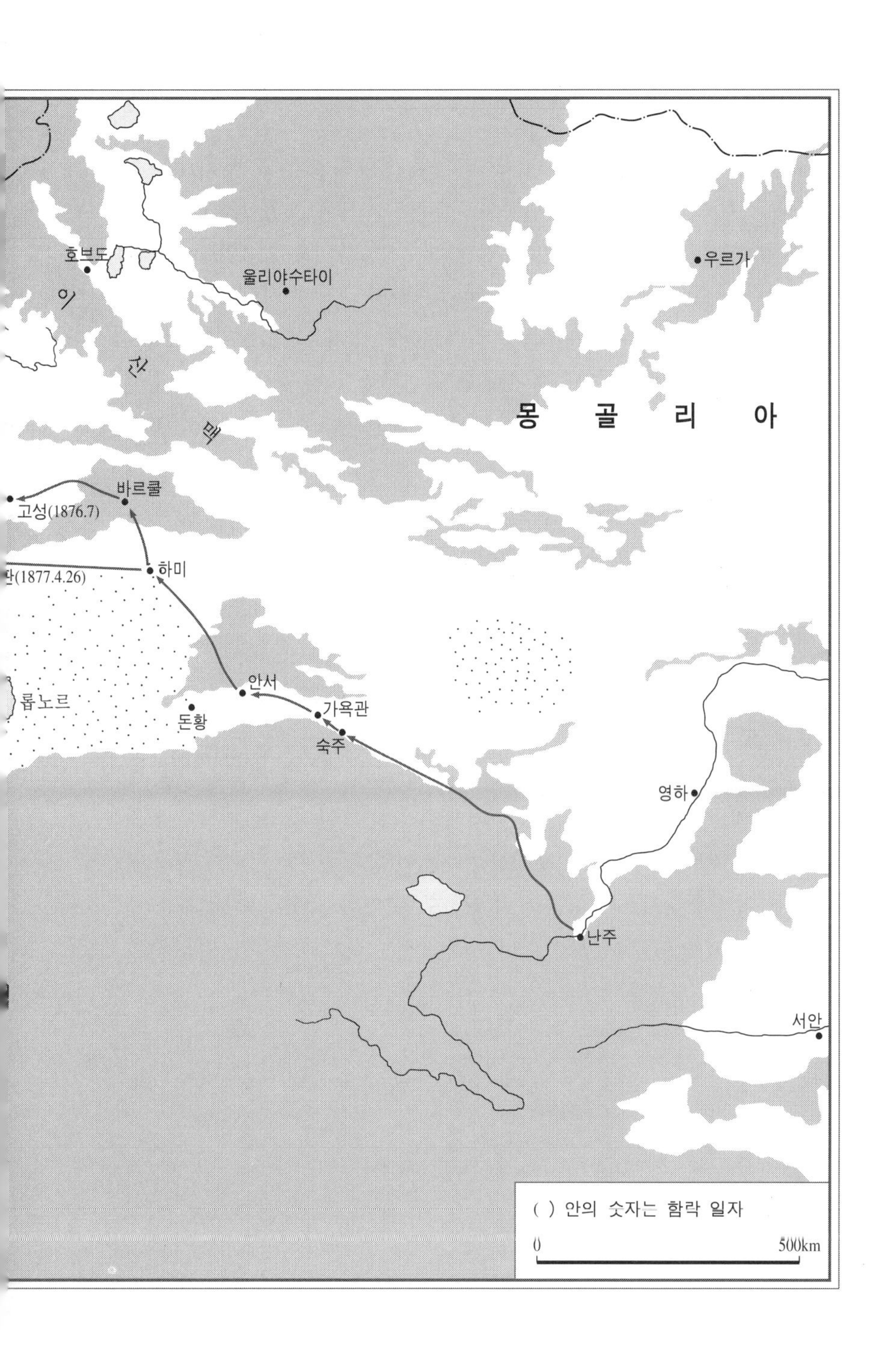
호브도
울리야수타이
우르가
이
산
맥
몽 골 리 아
바르쿨
고성(1876.7)
하미
(1877.4.26)
안서
롭노르
돈황
가욕관
숙주
영하
난주
서안
( ) 안의 숫자는 함락 일자
0
500km

카쉬가르로 돌아갔다.[44)]

1875년 9-10월경 마침내 청군의 진격소식을 접하게 된 야쿱 벡은 수도 카쉬가르를 아들인 벡 쿨리에게 위임하고, 스스로 군대를 지휘하여 동쪽으로 향했다. 그는 그해 겨울을 악수에서 지내면서 전위부대를 접경지대로 파견한 뒤, 1876년 봄 악수를 떠나 쿠를라에 도착하여 그곳에 지휘본부를 두었으나, 劉錦棠의 군대가 7월 古城으로 진격했다는 소식을 듣고 다시 국경에 가까운 톡순으로 옮긴 뒤 그곳에 성채를 건설하라고 명령을 내렸다. 현재 확인할 수 있는 자료에 의하면 그가 악수를 떠날 때 기병 1만 명과 보병 3000명을 합쳐 1만 3000명의 군대를 이끌고 갔다고 하는데, 이제 상황이 더욱 심각해짐에 따라 악수에서 추가로 1만 명(기병 7000명, 보병 3000명)을 징발하여 보내도록 둘째 아들인 학 쿨리에게 명령을 내렸다고 한다. 동시에 그는 馬 달루야와 아짐 쿨 판사드로 하여금 수천 명의 군대를 지휘케 하여 우룸치로 보내 준가리아의 방위를 강화했다. 특히 아짐 쿨은 300-400명의 군사를 이끌고 구마디로 가 그곳의 방위를 지원하도록 지시받았고, 나머지 군대는 모두 우룸치에 남았다.[45)]

7월 말경 劉錦棠과 金順 휘하의 청군은 阜康으로의 이동을 완료하였다. 우룸치를 공격하기 위해 그들은 먼저 외곽에 위치한 구마디를 공격해야 했지만, 문제는 阜康과 구마디 사이에 있는 100여 리의 황무지를 지나기 위해 필요한 물을 어떻게 구하느냐 하는 데에 있었다. 유일한 水源이 黃田이라는 곳에 있었으나, 이곳은 大路에서 벗어나 있었을 뿐만 아니라 퉁간 군인들이 지

각각 근거를 두고 있었던 것으로 보인다. 『全集』, 「奏稿」 卷49, 35a ; 『平回志』, 卷7, 13a ; Poiarkov, *Poslednii epizod*, p.35 참조.

44) D.Forsyth, *Mission to Yarkund*, p.19.

45) TA/Pantusov, pp.222-224. 『勘定新疆記』에 의하면 야쿱 벡은 "夷目 阿托愛를 수천 명의 騎兵과 함께 구원차 보냈다"고 한다(卷2, 14a). 그러나 『全集』, 「奏稿」(卷49, 3a, 5a)는 한 명의 pansad(五百人長)와 한 명의 yüzbashi(百人長)가 지휘하는 358명의 '안디잔' 병사들이 성채가 함락될 때 모두 사망했다고 기록하고 있다.

키고 있었다.[46] 당시 퉁간들의 전술은 갈증으로 지친 청군이 구마디로 접근해오면 그때 일거에 공격하여 패배시키는 것이었다.

이에 대해 劉錦棠이 취한 방법은 陽動作戰이었다. 즉, 휘하 군대의 일부로 하여금 大路를 통해 진군하도록 함으로써 黃田을 지키고 있던 퉁간군으로 하여금 마치 淸軍이 모두 곧바로 구마디로 향하는 것처럼 오인하게 하여 黃田에서의 방어태세를 약화시킨 뒤 黃田을 급습하는 것이었다. 그의 전략은 성공을 거두어 물을 확보한 뒤 8월 12일 구마디에 도착할 수 있었다. 성채는 5일간의 포위, 공격 끝에 점령되었고, 그 과정에서 5000~6000명의 무슬림이 斬殺되었다. 사망자 가운데에는 아짐 쿨 판사드도 포함되어 있었다.[47]

구마디에 입성한 劉錦棠과 金順은 적의 火藥硝黃 수천 근을 거두었을 뿐만 아니라 우룸치 퉁간의 수령인 馬人得이 구마디를 방어하고 있던 퉁간의 한 수령에게 보낸 지원군을 요청하는 내용의 서한을 손에 넣어 이를 통해 우룸치에 많은 병력이 집중되어 있지 않다는 사실을 알게 되어, 구마디를 함락한 다음 날인 8월 18일 우룸치로의 진군을 강행했다. 청측의 사료에 의하면 청군은 七道灣이라는 곳을 지날 때 적의 기병들과 교전을 벌였으나 이를 쉽게 제압하였다고 하지만,[48] 무슬림측은 이와 대치되는 기록을 남기고 있다. 사이라미에 의하면, 'Ji Daban'(즉 七道灣)이라고 불리는 곳에서 청군과 교전을 벌인 군대는 구마디에서 포위당한 아짐 쿨을 구원하기 위해 오던 馬 달루야의 군대였다고 한다. 처음에는 그들이 우세하였으나, 전투를 계속하지 말라는 야쿱 벡의 명령으로 후퇴할 수밖에 없었고, 馬는 카쉬가르로의 귀환을 명령받았다고 한다.[49]

---

46) 秦翰才, 『左文襄公在西北』, pp.126-127.

47) 『全集』, 「奏稿」 卷49, 1r-3r ; 『陝甘新方略』 卷300, 6v-10v ; 『平回志』 卷7, 13r-14r ; 『勘定新疆記』 卷2, 13r-14v ; TA/Pantusov, p.224 ; *Kaşgari tarihi*, pp.409-411 등 참조.

48) 『全集』, 「奏稿」 卷49, 3v-4r.

49) TA/Pantusov, p.224. *Kaşgari tarihi*, pp.411-412에 의하면 七道灣에서 청군과 싸운 것은 Muḥammad Saʿîd의 騎兵과 마 달루야의 砲兵이었는데, 처음에는 이들이 우세했지만 우에

우룸치 방위를 책임지고 있던 白彦虎와 馬人得은 자신들이 청군의 정면공격을 도저히 감당할 수 없음을 깨닫고, 이미 구마디가 함락되기 전인 8월 13일 남쪽으로 도주했기 때문에, 청군은 사실상 아무런 저항도 받지 않은 채 8월 19일 우룸치를 함락할 수 있었다. 한편 일리의 장군 榮全은 徐學功과 孔才가 이끄는 民兵隊를 파견하여 북쪽에서부터 마나스로 내려와 8월 18일 마나스 北城을 점거해버렸다. 이에 于小虎는 남으로 도망쳤지만, 퉁간군의 일부는 마나스 南城에 들어가 격렬한 항전을 계속했다. 그러나 청측에서는 金順이 우룸치에서 직접 군대를 이끌고 와서 徐學功 등을 지원했고, 榮全도 타르바가타이에서 내려와 합세했다. 이에 야쿱 벡으로부터 아무런 지원을 받지 못한 이들은 2개월 반 가량에 걸친 포위 끝에 11월 6일 청군에 투항하고 말았다. 이렇게 해서 청군의 준가리아 공략전은 당시 러시아가 점령하고 있던 일리 계곡을 제외하고는 불과 3개월 만에 성공적으로 종료된 셈이었다.[50] 마침 겨울이 가까워오고 있었고, 추위와 눈으로 인해 더이상 작전을 수행하기가 어려워지자, 左宗棠은 다음 해 봄까지 기다릴 수밖에 없었다.

그해 겨울 야쿱 벡은 우룸치와 톡순 사이에 위치한 다반친의 방위를 강화하도록 지시를 내리고 자신은 지휘의 본거를 톡순에서 카라샤르의 서쪽에 있는 쿠를라로 옮기는 한편, 톡순에는 학 쿨리를 주둔시키고, 투르판의 방위를 위해서는 하킴 한을 임명하고 馬人得으로 하여금 그를 보좌토록 했다. 야쿱 벡이 쿠를라에 머물던 1877년 1월 그를 방문한 러시아 사절단의 대표 쿠로파트킨은 당시 이 지역에 배치된 야쿱 벡의 병력이 쿠를라, 다반친, 투르판, 톡순 등지에 모두 보병 8160명과 기병 1만 400명으로 구성된 정규군 1만 8560명과 1만 명의 퉁간 민병대가 있었다고 보고했다.[51] 이 숫자는 야쿱 벡이 동부전선으로 갈 때 모두 2만 3000명을 데리고 갔다고 한 사이라미

지쳐서 톡순으로 후퇴했다고 하며, 야쿱 벡의 퇴각명령에 관해서는 언급하지 않고 있다.

50) 楊東梁, 『左宗棠評傳』, p.215.

51) *Kashgaria*, pp.241-242. 그 상세한 숫자에 대해서는 제4장 2절 참조.

의 기록(퉁간 민병대는 제외)보다는 약간 적은 것이지만, 퉁간 민병대까지 포함해서 대략 3만 명 내외의 규모로서, 앞에서 언급했다시피 당시 3-4만 명으로 추산되던 청군에 비해 크게 뒤지는 것이 아니었다.

1877년 4월 14일, 劉錦棠은 19개의 營을 우룸치에서 다반친으로 진군시켰다. 다반친에 대한 5일간의 포위 공격기간(4월 16-20일) 동안 무슬림 방위군들은 매우 소극적으로 저항하다가 결국 약 2000명의 사망자를 낸 채 도주하고 말았다. 당시 한 무슬림 포로가 供述한 바에 의하면, "안디잔 사람들은 〔야쿱 벡으로부터〕 바라고 있던 지원이 끝내 오지 않고 청군의 포위는 날이 갈수록 조여지자 포위망을 뚫고 도망치기로 결정하였다"고 한다.[52]

劉錦棠은 며칠간 휴식을 취한 뒤 25일 다시 14개의 營을 이끌고 톡순으로 갔으나, 이미 그곳의 무슬림 군대는 철수한 뒤였다. 또 다른 포로의 말에 의하면 학 쿨리를 비롯해서 톡순에 있던 무슬림 지휘관들은 다반친이 함락되었다는 소식을 듣자 급하게 성채를 버리고 떠났다고 한다.[53]

이즈음 지무사(濟木薩)와 하미에서 각각 군대를 이끌고 西進하던 徐占彪와 張曜의 군대 역시 合隊하여 칙팀(七格騰木), 피찬(闢展), 룩친(魯克沁) 등을 점령하고, 4월 26일에는 투르판에서 약 3마일 떨어진 곳에서 무슬림 군대와 교전을 벌였다. 여기서도 청군은 적을 간단히 격파하고 그날로 투르판에 입성하자 馬人得은 항복하고 하킴 한은 도주해버렸다.[54] 투르판과 톡순이 청군의 수중에 들어감으로써 드디어 카쉬가리아로 들어가는 關門은 활짝 열린 셈이었는데, 이들이 본격적인 공격을 개시하여 무슬림군과 일대 혈전을 벌이기 직전, 야쿱 벡이 쿠를라에서 갑작스럽게 사망함으로써 사태는 크게 달라지게 되었다.

야쿱 벡의 죽음은 그가 신장 무슬림정권의 절대적인 지배자였고, 그의 사

52) 『全集』, 「奏稿」 卷50, 34v.
53) 같은 책, 36r-36v.
54) 같은 책, 17r-19v.

망시점이 청군의 본격적인 南疆攻略 직전이었다는 점에서 그 영향은 치명적이었다. 그러나 그의 정확한 사망원인과 사망일자에 관해서는 여러 가지 견해들이 엇갈리고 있다. 당시 많은 무슬림들은 그가 독살당했다고 믿었고 지금까지도 일부 학자들이 그러한 견해를 그대로 받아들이고 있다.[55] 예를 들어 사이라미는 당시의 정황을 다음과 같이 전하고 있다.

야쿱 벡은 카말 웃 딘 미르자(Kamal ad-Dîn Mîrzâ)라는 인물[56]에게 격노하여 주위에 있는 사람에게 그를 매질하도록 지시했으나, 그래도 화가 풀리지 않자 자신이 직접 그를 구타하기 시작했다. 그러다가 지치고 숨이 차자 侍從(maḥram)에게 차가운 茶를 가져오라고 명령했는데, 그는 시종이 가져온 냉차를 마시자마자 쓰러지더니 몸이 뻗뻗하게 굳어지면서 피부색이 퍼렇게 변하고는 균열이 생기기 시작했다고 한다. 사이라미는 이 시종이 호탄의 하킴 니야즈 벡에게 매수된 인물일 것으로 추정하였다.[57] 뿐만 아니라 무함마드 알람(Muḥammad A'lam)이나 탈립 아훈드(Ṭâlib Akhûnd)와 같은 무슬림 사가들도 그와 비슷한 견해를 나타내면서, 니야즈 벡에게 혐의를 두었다.[58]

그러나 필자는 이러한 毒殺說을 받아들이기 힘들다고 본다. 즉 독살설에 대한 가장 강력한 反證은 음모자로 지목된 니야즈 벡 자신이 淸의 장군 張曜에게 보낸 서한에서 야쿱 벡이 자살했다고 밝히고 있는 것이다.[59] 만약 그가 정말로 야쿱 벡을 독살했다면 청측으로부터의 포상은 보장받은 것이나 다름없기 때문에 굳이 그것을 부인할 하등의 이유가 없었을 것이다. 이밖에도 야쿱 벡의 아들인 학 쿨리나 그의 副將이었던 하킴 한이 그를 독살했으리라

---

55) 러시아의 Khodzhaev나 Baranova와 같은 학자들이 그 예이다. *Tsinskaia imperiia*, p.99 ; "Svedeniia Uigurskoi", p.93.

56) TA/Pantusov(p.278)에 의하면 그는 부하라인으로서 Mahî ad-Dîn Makhdûm 아래에서 미르자로 일했다고 한다.

57) 같은 책, p.228.

58) THP, 38r ; Ṭâlib Akhûnd(Prov.117), 92r-93r.

59) 『全集』, 「書牘」 卷19, 30r-31v.

는 추측도 있지만 역시 아무런 사실적인 근거가 없다.[60)]

야쿱 벡의 죽음에 관한 또 한 가지의 가설은 그가 청군의 맹렬한 진격을 눈앞에 두고 좌절에 빠져 자살했다고 하는 것이다. 이 自殺說은 특히 敵情에 관한 군사보고에 기초하여 청측의 장군들이 굳게 믿었었다.[61)] 그러나 자살설 역시 충분한 설득력이 없어 보인다. 비록 청군이 준가리아를 점령하고 카쉬가리아로 들어가는 관문인 투르판과 톡순을 장악하기는 했어도, 그때까지의 청군의 승리는 뒤에서도 설명하다시피 격렬한 전투에 의한 것이 아니었다. 야쿱 벡은 퉁간들에게 아무런 지원군도 보내지 않았고, 어떤 의미에서 야쿱 벡은 아직 청군에 의해 진정한 패배를 맛보지 않은 상황이었다고 할 수 있다. 더구나 그는 아직 카쉬가리아 전역을 장악하고 있었다. 이러한 상황에서 그가 청군과 결정적인 교전도 하기 전에 '좌절 속에서' 자살했다는 것이 과연 납득할 수 있는 일일까.

아마 야쿱 벡의 죽음에 관한 가장 설득력 있는 설명은 오스만 제국에서 파견된 장교 자만 한 에펜디(Zamân Khân Efendî)의 증언에서 드러나듯이 急死說로 보인다. 그의 보고에 근거한 쿠로파트킨의 기록에 의하면 1877년 5월 28일 오후 5시경, 야쿱 벡은 이미 위에서 언급한 카말 웃 딘이라는 사람에 대해 격노하여 그를 구타해 죽였고, 그러고도 분노가 가라앉지 않아 사비르 아훈드(Ṣabir Akhûnd)를 다시 때리기 시작했다고 한다. "그 순간 그는 충격(blow)을 받아 기억과 언어를 상실하고 말았다."[62)] 그는 그러한 상태로

---

60) Kuropatkin, *Kashgaria*, p.249.

61) 『全集』, 「奏稿」 卷50, 71r-71v. 이 보고는 아마 앞서 설명한 것처럼 니야즈 벡의 傳言에 근거를 둔 것이 아닌가 추측된다.

62) Kuropatkin의 원문(*Kashgaria*, p.211)은 다음과 같다. "V eto vremia s nim sdelalsia udar, lishiushii ego pamiati i iazyka." 그러나 이 문장의 영역(*Kashgaria*, pp.248-249)인 "In the struggle with him [Sabir Akhund] he received a blow which deprived him of his senses"는 마치 야쿱 벡이 사비르 아훈드에게 맞아서 죽은 것처럼 오해할 소지가 있다. 중국의 紀大椿이나 일본의 高桑駒吉이 야쿱 벡은 맞아죽었다고 주장한 것도 사실 이 애매한 飜譯을 잘못 이해했기 때문이다. 紀大椿, 「關於阿古柏之死」(『新疆大學學報.・社科版』, 1979, no.2, pp.149-151) ; 高桑駒吉, 「阿古栢伯克(Yakub Beg)の死因に就いて」(『史學雜誌』, 30,

몇 시간 있다가 마침내 다음 날인 5월 29일 새벽 2시경 숨을 거두고 말았다.[63] 필자는 당시 상황에 관한 이러한 묘사, 즉 야쿱 벡의 극심한 분노, 격렬한 신체적 움직임, 갑작스러운 쇼크 및 수시간에 걸친 마비상태 등을 미루어볼 때 그가 일종의 腦溢血과 같은 것에 의해 사망했을 가능성이 크다는 推定에 적극적인 동의를 표하며,[64] 일부 다른 사료들 역시 사고에 의한 급사설을 뒷받침하고 있다.[65]

견해가 엇갈리는 것은 그의 死因에 관해서만이 아니라, 사망일자에 대해서도 마찬가지여서 4월 28일(사이라미), 5월 1일(부울저), 5월 29일(쿠로파트킨), 7월(바라노바) 등 각종의 의견이 백출하는 형편이다.[66] 저명한 탐험가로서 야쿱 벡이 사망하기 직전에 쿠를라를 방문했던 프르제발스키(N.M. Przheval'skii)가 그와 5월 9일(Julian曆으로는 4월 28일) 회견한 뒤 5월 11일 그곳을 떠났는데, 그가 떠날 때까지 야쿱 벡의 사망에 관한 아무런 소식도 접하지 않은 것으로 보아, 야쿱 벡이 적어도 5월 11일까지는 생존해 있었던 것으로 보아야 할 것이다.[67]

따라서 사이라미와 부울저가 제시한 일자는 분명히 잘못된 것이다. 바라노바의 의견은 야쿱 벡이 투르판이 함락된 지 두 달 뒤에 사망했다는 사이라미의 기록에 의거한 것으로서, 사이라미 자신이 제시한 야쿱 벡의 사망일자도 잘못된 것인데, 다른 상반되는 기사들을 모두 제쳐두고 굳이 그의 기록만을 믿어야 할 하등의 이유가 없다고 생각한다.

---

no.4, 1919, pp.107-111). 『新疆簡史』(卷2, p.190)도 동일한 잘못을 되풀이하고 있다. 그러나 원문의 'udar'나 영어의 'blow'는 갑작스러운 쇼크를 표현할 때에도 사용하는 단어이다.

63) Kuropatkin, *Kashgaria*, p.249.

64) Masami Hamada, "L'Histoire de Hotan de Muhammad A'lam", pt. 3, pp.83-84.

65) Baranova, "Svedeniia Uigurskoi", p.93, note 76 참조.

66) TA/Pantusov, p.228 ; D.Boulger, *The Life of Yakoob Beg*, pp.250-252 ; Kuropatkin, *Kashgaria*, p.249 ; Baranova, "Svedeniia Uigurskoi", pp.92-93, note 74.

67) *Ot Kul'dzhi za Tian'-shan' i na Lob-Nor*(Moskva, 1947), pp.92-93 ; E.D.Morgan의 영역본 *From Kulja, Across the Tian Shan to Lob-Nor*(London, 1879), pp.127-129.

앞에서 인용한 쿠로파트킨에 의하면 그의 사망은 5월 29일 새벽이었고, 그의 죽음을 직접 혹은 간접으로 접한 무슬림들이 남긴 기록들도 대략 5월 말경에 이 사건이 일어났다고 전하고 있다.[68] 더구나 당시 야쿱 벡의 동정에 가장 예민한 관심을 보이고 있었을 청측의 보고에 의하면 야쿱 벡은 5월 22일에 사망한 것으로 되어 있다.[69] 이렇게 볼 때 야쿱 벡의 사망은 5월 말, 보다 정확하게 말하자면 5월 22일 혹은 5월 29일에 일어난 것으로 보아야 할 것이다. 이상에서 야쿱 벡의 죽음을 둘러싼 몇 가지 의문, 특히 그 원인과 일자에 관해 필자의 소견을 피력해보았는데, 그 타당성 여부는 차치하고라도 그의 죽음이 매우 갑작스러웠고 전혀 예상치 못했던 것임은 분명하며, 그것은 결국 청군과의 결전을 앞둔 무슬림정권에 치명적인 타격을 가져다 줄 수밖에 없었다.

그런데 그의 갑작스런 죽음이 가져다 준 충격도 문제였지만, 실제로 그보다 더 중요한 것은 이미 그가 사망하기 전에 무슬림 군대의 사기는 땅에 떨어진 상태였다는 사실이다. 위에서 살펴보았듯이 청군이 준가리아를 정복하는 동안 야쿱 벡은 天山 남부에 머물면서 극히 소극적인 수비태세로 일관하였다. 퉁간에 대한 지원은 매우 제한적이었고, 七道灣의 전투에서는 馬 달루야의 군대가 우세를 점했음에도 불구하고 오히려 철수를 명했을 정도였다.

그러나 야쿱 벡의 소극적인 수비태세가 무슬림군의 사기가 저하된 이유를 모두 설명해주지는 않는다. 무슬림군의 수세와 패배에는 또 다른 기묘한 사정이 있었는데, 그것은 야쿱 벡이 적군에 대해 발포하지 말라는 명령을 내린 것이었다. 당시 무슬림측 사료들이 거의 이구동성으로 언급하고 있는 이 사실에 대해 호자에프(Khodzhaev)[70]를 제외한 다른 모든 학자들이 이 점

---

68) 예를 들어 FO 17/826에 있는 Mehmet Yusuf의 證言과 *Kashgaria*, p.250에 있는 Zaman Han의 證言을 참조하시오.

69) 『全集』, 「奏稿」 卷50, 71r-71v.

70) *Tsinskaia imperiia*, pp.88-95 참조. 호자에프는 여기서 淸과의 외교적인 타결을 위한 야쿱 벡의 시도들에 대해 설명하고 있다. 그는 무슬림 사료에 나오는 야쿱 벡의 發砲禁止命令에

에 주목하지 않고 있는 것은 의외라고 할 수 있다. 야쿱 벡이 그러한 발포금지 명령을 내린 것이 무슬림측 전열의 붕괴에 결정적인 원인이 되었기 때문에, 그가 왜 그러한 명령을 내렸는지 그 이유를 살펴볼 필요가 있다고 생각한다. 그러기 위해서는 무엇보다 먼저 청에 대한 그의 정책을 살펴볼 필요가 있다.

(2) 야쿱 벡의 對淸政策의 失敗

사실 야쿱 벡의 對淸政策의 제일 목표는 전쟁이 아니라 외교적인 방법을 통한 자신의 정권유지였다. 그는 이미 1871년 1월 포로로 잡은 청의 한 군관을 풀어주면서 그를 통해 청측에 자신의 서한을 전달했다.[71] 현재 이 서한의 내용에 대해서는 알 길이 없으나, 그리스 여행가인 포타고스(P. Potagos)도 언급한 바 있는[72] 1871년 청측이 야쿱 벡에게 파견했다고 하는 사신단은 아마 그의 이러한 외교적 제스처에 대한 대응이 아니었나 추측된다. 이처럼 야쿱 벡은 청의 원정군이 신강에 파견되기 훨씬 전부터 이미 북경과 외교적 접촉을 가지려고 시도했으며, 심지어 자신의 의사를 전달할 사신을 북경에 보내려고까지 했다. 그는 1873-74년 영국측 사절단의 대표인 포오사이쓰에게 그 같은 희망을 표시했으나, 포오사이쓰는 그 같은 제의가 도리어 청 정부의 자존심을 해칠지도 모른다고 충고했다.[73]

청의 관리들 가운데에도 야쿱 벡과의 협상이 필요하다고 생각하는 그룹이 있었다. 포오사이쓰가 1876년 4월 李鴻章과 만났을 때, 李鴻章은 야쿱 벡이 淸에 臣屬하겠다는 의사를 표시하는 서한을 조정으로 보낼 수 있는지에 대

대해 처음으로 주목했을 뿐 아니라, 그것이 가지고 온 치명적인 결과에 대해서도 정확히 관찰하고 있다.

71) Khodzhaev, *Tsinskaia imperiia*, p.54.

72) P.Potagos, *Dix annees de voyages dans l'Asie Centrale et l'Afrique equatoriale*, vol.1 (Paris, 1885), tr. from Greek by A.Meyer, J.Blancard & L.Labadie, and ed. by E.Burnouf, pp.91-92(J.Fletcher, "China and Central Asia", p.223, pp.367-368의 note 121에서 인용).

73) FO 17/825, April 9, 1876(from Forsyth to Wade).

해 물어본 적이 있었다.[74] 뿐만 아니라 恭親王과 總理衙門은 웨이드(Wade)의 권고와 李鴻章의 주선으로 左宗棠에게 편지를 보내, 야쿱 벡의 사신을 肅州에 위치한 그의 本營에서 접견하는 가능성을 고려하라고 종용한 바도 있었다. 이에 대해 左宗棠은 "나는 이 문제에 관해 모든 지휘관들이 주지하도록 지시를 내렸고, 만약에 안디잔인 야쿱 벡이 청원서를 올릴 경우, 그리고 그 청원의 내용이 비교적 납득할 만하고 타당하다면 지휘관들은 서슴지 말고 내게 보고하고, 청원서와 사신을 肅州로 보내 나로 하여금 숙고하여 판단을 내릴 수 있도록 하라고 지시했다"는 회신을 보냈다.[75] 나아가 1877년 5월 8일, 프레이저(Fraser)는 북경에서 런던으로 보낸 電文을 통해 "카쉬가르의 아미르(Amir)와의 교섭에 관한 件은 軍機處에서 묵인되었다. 恭親王은 '점유물 보호의 원칙'(*uti possidetis*)에 준하여, 그러나 조약이나 기타 공식적인 협상방법을 통하지 않고, 적대관계의 종식을 희망하고 있는 것으로 알려지고 있다"고 보고하였다.[76]

야쿱 벡은 청군이 원정을 시작했을 때, 자신의 特使로 사이드 야쿱 한을 런던으로 파견하여,[77] 청측의 대표인 郭嵩燾와 협상을 진행시키도록 했다. 영국 정부 역시 야쿱 벡 정권의 존속이 자신의 중앙아시아에 대한 외교정책에 유리하다고 판단하였으므로, 양자간의 중재자 역할을 기꺼이 담당했다. 당시 야쿱 벡은 정권유지를 위해 "(청에 의한 군사적) 탈취(expropriation)만 아니라면 중국이 그에게 요구하는 어떠한 지위라도 받아들일" 준비가 되어 있었다.[78] 사실 사이드 야쿱 한은 1877년 7월 런던에서 만약 야쿱 벡이 현재

---

74) FO 17/825, April 9, 1876(from Forsyth to Wade).

75) FO 17/825, no. 219, Dec.10, 1876(from Fraser to Derby).

76) 같은 곳.

77) 그는 Ishân Khân이라는 이름으로도 알려졌는데, Mirza Ahmad는 그가 중국의 황제에게 파견된 것으로 오해했고, Khodzhaev 역시 이러한 오류를 반복하고 있다(*Tsinskaia imperiia*, p.68, p.116의 note 2).

78) 이것은 사이드 야쿱 한이 포오사이쓰에게 비밀리에 말한 내용이다(I. Hsu의 "British Mediation of China's War with Yaqub Beg, 1877", *Central Asiatic Journal*, 9, no.2, 1964,

그가 장악하고 있는 지역에 대한 완전한 통제권을 인정받기만 한다면 중국의 종주권까지도 인정할 수 있다는 점을 분명히 했다. 郭嵩燾 역시 세부적인 사항에 관해서는 약간의 異見을 보였지만 기본적으로는 이러한 제안에 대해 호의적인 태도를 보였고, 李鴻章에게 편지를 보내 영국의 중재를 통해 신강 원정을 종식시킬 수 있는 좋은 기회를 놓쳐서는 안 된다고 강조하는 한편, 조정에 대해서도 자신의 그러한 입장을 은근히 암시했다.[79)]

그러나 동투르키스탄에서의 군사적인 상황은 점차 청측에게 유리하게 바뀌어가고 있었고, 그에 따라 북경의 입장 역시 강경해지기 시작하였다. 恭親王도 1876년 자신이 표명했던 입장과는 대조적으로 이제는 모든 결정이 左宗棠의 손에 있다는 점을 분명히 함으로써 어떠한 형태의 협상에 대해서도 완강히 거부하는 태도를 보였다. 李鴻章으로서도 어쩔 수 없었고, 상황은 외교적 타결을 희망하던 야쿱 벡에게 불리하게 돌아갈 수밖에 없었다.

그럼에도 불구하고 우리는 1876-77년 당시 야쿱 벡이 북경과 런던에서 진행중이던 영국측의 중재노력에 대해 분명히 알고 있었다는 사실에 대해 의심할 수 없다. 어쩌면 야쿱 벡은 자신이 중국의 종주권을 인정할 정도로 상당한 타협안을 내놓았기 때문에, 런던에서 협상을 담당하던 사이드 야쿱 한이 모종의 성과를 거두리라고 기대했는지도 모르겠다. 그가 협상결과에 대해 과연 어느 정도로 기대했는가는 별개의 문제로 여긴다 하더라도, 적어도 런던에서의 협상결과가 분명해질 때까지, 혹은 협상에 유리한 분위기를 조성하기 위해 左宗棠의 군대와 직접적인 군사적 충돌을 가능하면 회피·지연시키는 것이 좋으리라는 판단이 있지 않았을까.

필자는 야쿱 벡이 자신의 지휘관들과 군관들에게 청군에 대해 발포하지 말라는 명령을 내린 이면에는 이러한 계산이 있었다고 생각한다. 비록 중국측 기록에는 그 같은 명령에 관해 하등의 언급이 없지만, 무슬림측 사료[80)]에

p.145에서 인용).

79) Hsu, "British Mediation", pp.146-147.

80) TA/Pantusov, p.225 ; THP, 35a ; Ṭâlib Akhûnd(Prov.117), 78b ; Qurbân 'Alî의 *Târîkh-i*

는 상당히 광범위하게 발견되고 있고, 특히 당대의 사가인 사이라미는 야쿱 벡이 그런 명령을 내린 이유가 "중국의 황제와 화해하여(yaraship) 화평하게 조약을 맺으려는" 희망 때문이었다고 분명히 기록하고 있다.[81] 예를 들어 구마디의 방어를 도우러 가던 도중 七道灣이라는 곳에서 청군과 조우하여 교전을 벌인 馬 달루야는 야쿱 벡의 명령을 어겼다고 해서 내리쬐는 뙤약볕 아래에 열흘씩이나 방치되는 처벌을 받았다.[82]

야쿱 벡은 문제를 외교적으로 해결하는 데에 교전의 회피가 필요하다고 보았고, 이를 위해서는 준가리아 전부와 심지어 카쉬가리아의 동부지역 일부까지도 희생할 각오가 되어 있었던 것이다. 만약 그가 이러한 생각을 갖고 있지 않았다면, 白彦虎와 馬人得이 무엇 때문에 청군에 대해 격렬한 저항을 벌이지 않고 수비군대 모두를 데리고 우룸치를 떠났는지, 그리고 투르판을 방어하던 하킴 한이 거의 2만 명에 달하는 병력과 막대한 군량을 갖고 있었음에도 불구하고 전투를 회피하고 그곳을 떠났는가를 이해하기 힘들 것이다.[83] 청군은 이슬람정권의 동부 방위에 있어서 사실 전략적으로 가장 중요한 지점이라고 할 수 있는 우룸치와 투르판에 문자 그대로 그냥 걸어들어간 셈이었다.

左宗棠의 군대가 金積堡 한 곳을 장악하는 데 무려 1년 반의 시간과 수많은 인명의 희생이 필요했다는 사실, 혹은 河州에서 당한 패배나 西寧에서 맛본 곤욕 등을 상기할 때, 그들이 신강에서 그처럼 신속한 성공을 거둘 수 있었던 것이 반드시 야쿱 벡의 군대에 대한 청군의 압도적인 우위 때문이라고 보기 어렵다는 점은 누구나 인정할 수 있을 것이다. 사실 당시 대부분의 서방 외교관들은 左宗棠이 이끄는 군대가 승리할 가능성이 매우 희박하다고

ḥamsa-i sharqî, p.119(Khodzhaev, *Tsinskaia imperiia*, p.91에서 인용).

81) TA/Pantusov, p.225.

82) Ṭâlib Akhûnd(Prov.117), 79b. Cf. TA/Pantusov, p.225.

83) 사이라미는 톡순과 투르판에 3만 명의 군대를 30년(!) 동안 먹여살릴 만한 군량이 있었다고 했다(TA/Pantusov, p.227).

판단하고 있었다. 예를 들어 준가리아의 마나스가 청군에게 함락되었다는 소식을 접한 영국과 러시아의 외교관들은 "야쿱 벡이 간접적으로 지원하는 우룸치 퉁간들이 결국은 청군을 축출할 것"이라고 관측하였고,[84] 1876년 말 청군이 준가리아 전역을 탈환했음에도 불구하고 그들이 "제대로 무장하지 않은 퉁간무리들"에 대해서는 승리했지만 "카쉬가르의 잘 정비된 군대"에 대해서도 그 같은 성공을 거둘 수 있을지에 대해 회의를 표시했다.[85]

현재 여러 가지 객관적인 정황에 대한 지식을 갖고 있는 우리는 야쿱 벡이 왜 교전회피라는 전략을 취했는지에 대해 그런 대로 이해할 수 있지만, 당시 무슬림들은 그렇지 못했을 것이다. 청군의 압박으로 직접적으로 위협받는 상황에서 야쿱 벡의 발포금지 명령은 전혀 이해할 수 없는 것이었고 따라서 그의 태도에 관해 다양한 추측들이 나올 수밖에 없었다. 앞서 인용했듯이 사이라미처럼 야쿱 벡이 청 정부와 평화조약을 체결하기 위해서였다고 정확히 지적한 사람들이 있는가 하면, 혹자는 우룸치와 투르판에서의 퇴각이 전술적인 고려, 즉 기병이 충분히 제기능을 발휘할 수 있는 평원에서 청군과 교전하는 것이 낫다는 야쿱 벡의 판단에서 비롯된 것이라고 이해한 사람들도 있었다.[86]

뿐만 아니라 左宗棠이 야쿱 벡에게 편지를 보내 大虎와 小虎를 인도해주면 그의 통치영역을 인정해주겠다고 했다는 소문도 당시에 상당히 널리 퍼져 있었다.[87] 이 소문은 물론 어느 정도 왜곡된 부분이 있기는 하지만, 전혀 사실무근은 아니었던 것으로 보인다. 청측의 기록에 의하면 다반친의 방위를 책임지던 하이다르 쿨리(Ḥaydar Quli)가 청군에 붙잡혔을 때, 그는 자신이 야쿱 벡에게 大虎 白彦虎를 인도하고 청에 복속할 것을 권하는 편지를 쓸 수 있도록 해달라고 요청했던 것이다. 그러나 하이다르 쿨리는 그대로 연금되

84) FO 65/957, no. 444(secret), St. Peterburg, Sept.26, 1876(Loftus to Derby).
85) *Turkestan Gazette*, no. 1(Jan. 5, 1877)을 인용한 FO 65/989 참조.
86) THP, 37r ; Baranova, "Svedeniia", p.91도 참조.
87) 예를 들어 Ṭâlib Akhûnd(Prov.117), 71r-73r ; THP, 35r-36v 참조.

었고, 그의 편지가 부하를 통해 야쿱 벡에게 전달되었지만 이에 대한 회답은 없었다.[88]

야쿱 벡이 무엇 때문에 발포금지 명령을 내렸는지에 대해서 물론 다른 추측도 불가능한 것은 아니다. 하지만 그러한 명령이 있었다는 사실과 그러한 명령이 당시 무슬림들에게는 도저히 이해하기 힘든 것이었고, 군대의 사기를 결정적으로 저하시켰음은 부인할 수 없다. 잇따라 병사들의 도망이 일어났고, 평소 그의 내정에 불만을 품고 있던 주민들은 청군의 진입을 도리어 환영하며, 청군과 은밀히 교신을 한다거나 직접 투항하는 사례가 많아졌다.[89] 점점 더 많은 수의 카쉬가리아 주민들이 적에게 투항하는 한편, 야쿱 벡에 충성을 다하던 코칸드 출신의 군관들은 적의 공격과 야쿱 벡의 명령 사이에서 진퇴양난의 처지에 빠지게 되었다.

이렇게 해서 야쿱 벡 정권의 기반은 급속하게 허물어져가기 시작했는데, 당시 한 사가의 표현을 빌리자면 그것은 "마치 제 발로 절벽 끝을 향해 걸어가는 것과 같았다."[90] 야쿱 벡은 끝까지 외교적 해결에 대한 희망을 버리지 않았으나, 그것이야말로 그의 가장 중대한 실책이었던 것이다. 따라서 그의 갑작스러운 죽음이 그러한 붕괴과정을 가속화시키는 결과를 낳았지만, 설령 그가 그처럼 죽지 않았다 하더라도 이미 심각한 붕괴조짐을 보이고 있던 그의 군대로서는 청군을 막아낼 힘이 없었을지도 모른다.

(3) 무슬림政權의 最後

야쿱 벡의 죽음은 결국 청군의 진격에 대한 무슬림 진영의 방어태세에 치명적인 타격을 가져다 주었는데, 그것은 그의 죽음 그 자체 때문이라기보다

---

88) 『全集』, 「奏稿」 卷50, 35r-36v ; 『平回志』 卷7, 19v-22r ; 『陝甘新方略』 卷303, 17v-18r.

89) TA/Pantusov, pp.225-226. Grenard의 "Spécimen", p.31에 흥미있는 일화가 기록되어 있다. 야쿱 벡이 죽던 날, 그는 니야즈 벡을 향하여 "너도 중국인(Khitay)이 되었느냐? 너도 중국인들과 私通하고 있느냐"라고 힐문했다고 한다.

90) TA/Pantusov, p.226.

는 차라리 그의 갑작스러운 죽음이 몰고 온 권력의 공백을 누가 차지하느냐, 즉 계승을 둘러싼 치열한 분쟁 때문이었다고 하는 편이 옳을 것이다.

야쿱 벡의 후계자로 지명되었던 장자 벡 쿨리가 마침 그의 임종 자리에서 멀리 떨어진 카쉬가르에 있었던 것 역시 무슬림 지도층 내분을 더욱 악화시키는 요인으로 작용했다. 따라서 톡순과 투르판은 이미 빼앗기고 청군은 전면적인 공격을 위한 준비를 완료한 상황에서, 심지어 무슬림들 자신조차 과연 그 같은 공격을 감당해낼 수 있을지, 혹은 정권 자체가 존속할 수 있을지에 대해 회의적일 수밖에 없었을 것이다.

당시 카라샤르에 있던 둘째 아들 학 쿨리는 아버지의 부음을 접하자마자 서둘러 쿠를라로 와, 그곳에 며칠간 머물면서 "병사들에게 의복을 하사해주고 밀린 봉급을 줌으로써 그들을 자기 편으로 끌어들이려" 노력했다.[91] 그러나 그는 스스로 새로운 군주임을 자처하지 않았는데, 그것은 아마 카쉬가르에 있던 형 벡 쿨리를 적법한 후계자로 생각했기 때문인 듯하다. 그는 하킴 한을 '사령관'으로 임명하여 청군에 대한 방위를 위임하고, 자신은 야쿱 벡의 시신을 받들고 6월 7일 소수의 군대와 함께 카쉬가르로 향했다. 그러나 그가 떠난 바로 다음 날 쿠를라에 남아 있던 지휘관들은 하킴 한을 새로운 군주로 추대하였다.[92]

---

91) 야쿱 벡 사후 무슬림 진영에서 일어난 일에 대해서는 여러 무슬림 사료들 외에 오스만 제국에서 파견된 장교들의 기록도 매우 유용하다. 그 중 하나인 메흐멧 유숩의 증언은 FO 17/825에 있고, 자만 한 에펜디의 기록은 Kuropatkin의 *Kashgaria*(p.249 ff)에 있으며, 알리 카짐의 보고서는 이스탄불의 Basbakanlık Arşivi 문서관에 소장되어 있다(Yılız Tasnif 33-1481-73-91). 알리 카짐의 보고서는 A.R.Bekin의 "Sultan Abdulhamid'e sunulan Doğu Türkistan ile ilgili bir rapor"(*Dogu Dilleri*, 3, no.4, 1983)에 문서의 影印과 飜譯이 있다. 또한 Mehmed Atef는 *Kaşgar tarihi*에서 이 문제와 관련하여 비교적 상세한 설명을 하고 있어 참조할 만하다.

92) 사이라미는 학 쿨리가 쿠를라에 있는 동안 하킴 한이 후계자로 선출된 것처럼 오해했다(TA/Pantusov, p.246). 또한 학 쿨리가 자기 형을 죽일 목적으로 카쉬가르로 향했다는 메흐멧 아테프의 서술(*Kaşgar tarihi*, pp.431-432) 역시 의심스럽다. 그가 그런 목적을 갖고 있었다면 그처럼 소수의 군인들을 데리고 갔을 리도 없지만, 애당초 그렇다면 다른 사람을 보내지 자신이 구태여 카쉬가르로 갈 필요는 없었기 때문이다.

하킴 한은 자신이 '칸'으로 추대되자마자 서둘러 군대를 보내 학 쿨리를 잡아오도록 하는 한편 자신도 그 뒤를 따라 출발했다. 그가 서쪽으로 이동하게 된 데에는 물론 야쿱 벡의 두 아들을 제거함으로써 자신의 권력기반을 확고히 하려는 의도도 있었지만, 동시에 악수에 보관된 야쿱 벡의 財庫를 손에 넣으려는 계산도 있었다.[93] 따라서 청군에 대비하여 동부에 남겨진 병력은 극히 일부, 즉 白彦虎의 지휘하에 있던 약 5000명의 퉁간 병사들뿐이었다. 하킴 한이 보낸 선발대와 그 자신이 악수에 당도했을 때 학 쿨리는 이미 그곳을 떠난 뒤였지만, 학 쿨리는 6월 말 카쉬가르에서 약 50마일 떨어진 쿠프룩(Qupruq)이라는 곳에서 살해되었다. 그가 접근하는 의도에 대해 의심을 품은 형 벡 쿨리가 사람을 보내 죽인 것이다.[94]

이렇게 해서 야쿱 벡 사후의 계승분쟁은 내전으로 확대되면서 정권은 세 조각으로 분할되어버렸다. 하나는 카쉬가르에 근거를 둔 벡 쿨리로서 그는 양기히사르와 야르칸드 하킴들의 지원을 받았고, 두 번째는 악수에 있던 하킴 한으로서 악수 이동지역은 그의 지배하에 있었으며, 마지막으로 악수까지 학 쿨리를 따라가다가 도망쳐 호탄에 근거지를 마련한 니야즈 벡이 있었다.[95]

이 세 집단에 참여한 사람들의 배경을 모두 조사할 방법은 없으나, 적어도 그 지도자들은 분명히 구별되는 특징을 지닌다는 점에 주목할 필요가 있다. 우선 벡 쿨리는 청 지배 말기에 동투르키스탄에서 막대한 영향력을 행사하였고 야쿱 벡 치하에서 가장 많은 특권을 누리던 코칸드 집단의 대표로 볼 수 있다. 반면 캐태 한 투라의 아들로서 백산당계 호자들 가운데 마지막 생존자라고 할 수 있는 하킴 한은 17세기 후반 이후 이 지역에서 聖·俗 양면에 걸쳐 지배자로 군림해왔던 무슬림 종교귀족을 대표하는 인물로서, 야

93) TA/Pantusov, pp.246-247.

94) Kuropatkin, *Kashgaria*, p.251 ; Mehmed Atef, *Kaşgar tarihi*, pp.433-436 ; TA/Pantusov, pp,246-248,

95) Kuropatkin, *Kashgaria*, p.251.

쿱 벡 사후 그의 재등장은 아직 이들의 영향력이 완전히 소멸된 것이 아님을 입증하는 것이라 하겠다. "칸의 자리는 애당초 나의 부친이 차지했어야 했는데, 야쿱 칸(=야쿱 벡)이 강제로 빼앗은 것이다. 이제 야쿱 칸이 죽었으니 칸의 자리는 당연히 내게로 와야 한다."[96] 이 말은 그가 벡 쿨리에게 보낸 서한에 들어 있는 내용으로 무슬림측 사료에 기록되어 있는데, 하킴 한이 父祖 이래 대대로 누려왔던 권위를 자신의 근거로 내세웠음을 말해주는 한 예라고 하겠다.[97]

마지막으로 니야즈 벡은 야쿱 벡의 지배를 어쩔 수 없이 받아들여야 했던, 그러나 정권의 핵심으로부터 소외되어 점차로 그의 지배에 대해 많은 불만을 갖게 된 토착벡 계층을 대표하는 인물이었다. 예를 들어 사이라미는 "훼르가나 지방에서는 야쿱 벡, 모굴리스탄 땅에서는 니야즈 벡"이라고 하여 兩人을 대비하여 連稱하기도 했다.[98] 야쿱 벡 지배 말기로 가면서 이들 토착벡 계층 가운데 일부는 기회만 주어지면 청측에 투항하였고, 벡 쿨리에 대한 니야즈 벡의 반대도 바로 이들의 불만을 전제로 한 것이었다.

벡 쿨리와 하킴 한 사이의 충돌은 그해 8월에 처음 발생했다. 하킴 한은 악수를 출발하여 야이두(Yaidu)라는 곳에 진을 쳤고, 벡 쿨리는 출 쿠둑크(Chul Quduq)라는 곳에 자리를 잡았다. 이는 모두 악수와 마랄바시 사이에 위치한 지역이었다. 그들은 두 차례에 걸쳐 전투를 벌였는데, 처음에는 하킴 한측이 우세했지만 그는 두 번째 싸움에서 패배하여, 天山을 넘어 이식쿨 지방으로 도망갔다가 거기서 다시 훼르가나 계곡에 위치한 마르길란으로 가버렸다. 이때 약 5000명의 병사들이 그와 함께 떠나갔지만, 나머지는 그대로 남아서 벡 쿨리의 군대에 편입되었다고 한다.[99]

---

96) Mehmed Atef, *Kaşgar tarihi*, pp.436-437.

97) 紀大椿, 「阿古栢對新疆的入侵及其復滅」(『歷史硏究』, 1979-3), p.93 참조.

98) TA/Pantusov, p.261.

99) 사료들마다 정확한 병력의 숫자에 대해서는 조금씩 다른 기록을 보이고 있다. 예를 들어 쿠로파트킨의 *Kashgaria*, p.251에 의하면 벡 쿨리는 5000명을, 하킴 한은 4000명을 동원하였

비록 벡 쿨리가 하킴 한을 축출하는 데에는 성공했지만, 이슬람정권의 전도는 날이 갈수록 절망적이었다. 한편으로는 쿠차에 있던 벡들이 벡 쿨리에게 반란을 일으켜 쿠차를 장악해버렸고, 다른 한편으로는 니야즈 벡이 호탄을 점령한 것이다. 벡 쿨리는 우선 니야즈 벡 문제를 처리하기 위해 10월 병력을 호탄으로 이동시켜 자바라는 곳에서 교전을 벌여 쉽게 승리를 거두고 호탄을 탈환했다. 그러나 니야즈 벡은 니야라는 곳을 거쳐 쿠를라로 도망가 거기서 청군에 투항해버리고 말았다.[100]

이처럼 무슬림 지도층이 내분으로 서로 싸우기에 바쁠 때, 청군은 카쉬가리아에 대한 최종적인 공격준비를 완료하고, 당시 톡순에 주둔하고 있던 劉錦棠은 카라샤르를 공격하기 위해 군대를 둘로 나누었다. 그 중 하나는 카라샤르를 급습하기 위해 大路를 피해 바그라시 호수의 南岸을 거쳐 우샥 탈을 경유하는 길을 택하였고, 다른 하나는 劉錦棠의 지휘 아래 대로를 따라 진군했다.

작전은 10월 초에 시작되었는데 劉錦棠의 군대가 카라샤르 근교에 도착하였을 때 白彦虎의 지휘를 받던 무슬림들은 격렬한 저항은 하지 않고, 단지 청군의 진격을 지체시키기 위해 開都河의 강둑을 터뜨려 그 지역을 황폐화시켰을 뿐이다. 10월 7일 劉錦棠은 무난히 카라샤르에 입성하였으나 이미 도시는 완전히 疏開된 뒤로, 數尺에 이르는 물에 잠겨 있는 상태였다.[101] 10월 9일 劉錦棠의 군대는 白彦虎가 이미 포기하고 떠나간 쿠를라를 점령했는데, 그곳 역시 모두 피신하고 한 사람도 찾아볼 수 없는 상태였다. 그리고 보졸과 기병 2500명을 부구르로 보내 무슬림들의 미미한 저항을 쉽게 누르

다고 한 반면, 사이라미의 TA/Pantusov, pp.248-250에 의하면 하킴 한이 이끌고 간 병력의 수는 2만 5000명이었고, Yaidu의 전투에서 양측의 사상자가 1500명, 패배당한 뒤 그는 5000명의 병사들과 함께 도주했고, 약 1만 명의 잔중들은 벡 쿨리에게 다시 복속했다고 한다. *Kaşgar tarihi*, pp.437-440도 참조.

100) TA/Pantusov, pp.252-254

101) 『左宗棠年譜』, p.334 ; 『全集』, 「奏稿」 卷51, 28r.

고 점령해버렸다.[102]

카쉬가리아 동부의 도시들이 청군의 손에 하나씩 함락되는 상황에서, 호탄에 본영을 두고 있던 벡 쿨리를 비롯한 무슬림 지도자들은 적의 침입을 격퇴할 전망이 점차 어두워져감을 느꼈다. 이제 그들은 카쉬가르를 버리고 국경을 넘어 안전한 곳으로 도주할 방안을 생각하게 되었고, 이를 위해 카쉬가르로 사람들을 보내 그곳에 머물러 있던 가족을 데려오도록 했다.

그러나 카쉬가르를 지키고 있던 퉁간 지휘관인 馬 달루야는 상황이 바뀌었음을 감지하고 벡 쿨리에게 반기를 들었다. 이로 인해 벡 쿨리의 일족만이 겨우 빠져나올 수 있었을 뿐 나머지 군관들의 가족은 모두 인질로 잡히게 되었다. 국경을 넘으려고 야르칸드에서 기다리고 있던 지휘관들은 이 소식에 격분하여 가족을 구출하기 위해 카쉬가르를 공격하자고 주장했다. 상황이 이처럼 바뀌게 되자 벡 쿨리 역시 하는 수 없이 카쉬가르를 향해 군대를 다시 이동시킬 수밖에 없었고, 아울러 다른 一隊를 쿠차로 보내 반란을 일으킨 카디르 판사드(Qâdir Pânṣad) 이하 쿠차의 벡들로부터 도시를 탈환하도록 했다.[103]

그러나 벡 쿨리가 보낸 군대가 쿠차에 도착하기 직전 白彦虎와 그가 이끄는 무리는 쿠를라를 탈출하여 카디르 판사드가 있던 쿠차로 왔고, 白彦虎는 카디르의 저항을 쉽게 누르고 쿠차에 입성했다. 그러나 그 역시 劉錦棠의 군대가 바짝 뒤쫓아오고 있었기 때문에 그곳에 오래 머물러 있을 수는 없었다. 청군은 10월 17일 쿠차 근교에 당도하여 그곳의 퉁간과 투르크계 무슬림들의 저항을 무찌르고 그 다음 날 성내에 진입할 수 있었다. 이에 따라 쿠차의 서쪽에 위치한 성시와 촌락들은 하나씩 청군의 수중에 들어갔는데, 키질은 20일에, 바이는 21일, 악수는 23일, 우쉬 투르판은 28일에 함락되었다. 이렇게 되자 白彦虎는 국경을 넘어 러시아의 영토 안에 위치한 나린河 유역

102) 董蔡時, 『左宗棠評傳』, p.167.
103) TA/Pantusov, pp.254-256.

으로 도망쳤는데, 이때 약 4000명의 퉁간들이 그와 행동을 같이한 것으로 알려졌다.[104)]

한편 야르칸드에서 카쉬가르로 온 벡 쿨리는 약 1개월에 걸쳐 성을 포위하고 공격했지만 별다른 성공을 거두지는 못했다. 마침내 청군이 카쉬가르에서 동쪽으로 불과 35마일 정도에 위치한 페이자바드까지 진격했다는 소식을 접한 벡 쿨리는 부하들과 함께 황급히 카쉬가르 서쪽의 테렉 다반 고개를 넘어 러시아領 훼르가나로 도망쳐버렸다. 그가 떠난 직후인 12월 18일 4000명의 청군이 余虎恩과 黃萬鵬의 지휘하에 야쿱 벡 정권의 수도였던 카쉬가르에 입성했다.[105)]

카쉬가르의 함락으로 중국의 신강탈환은 사실상 완료되었으며 이제 남은 일은 여기저기 국부적으로 청군의 손길이 미치지 않은 곳을 정리하는 것뿐이었다.

12월 21일 야르칸드에 도착한 劉錦棠은 곧 董福祥의 지휘하에 청군을 호탄으로 보내는 한편 자신은 카쉬가르로 향했다. 그는 黃萬鵬과 余虎恩에게 白彦虎와 벡 쿨리를 추격하도록 지시했는데, 余虎恩은 밍욜이라는 곳까지 벡 쿨리를 추격했지만 그를 잡는 데에는 실패하였다. 후일 이곳에는 記念碑가 세워졌는데, 그 비문에 의하면 余虎恩은 于小虎, 馬元, 金相印 父子를 사로잡았다고 한다.[106)] 白彦虎를 추격하던 黃萬鵬 역시 러시아 국경까지 갔지만 그를 잡지 못한 채 되돌아왔고, 1878년 1월 2일 호탄의 함락으로 청의 신강원정은 최종적으로 막을 내리게 되었다.

---

104) Poiarkov, *Poslednii epizod*, p.6.

105) 楊東梁, 『左宗棠評傳』, p.224 ; 羅正鈞, 『左宗棠年譜』, p.337.

106) 밍욜 비문에 대해서는 柳用能, 「阿古柏最後覆滅的歷史見證」(『新疆大學學報』 社科版 1979. 3), pp.51-59 참조.

結 論

1864년 6월 4일 쿠차에서 갑작스럽게 터져나온 신강 무슬림들의 봉기는 인근 도시들로 연쇄반응을 일으키며 확산되어 6개월도 지나지 않은 그해 말까지 신강 전역을 석권해버렸다. 이 같은 신속함은 1864년 봉기에서 나타난 중요한 특징의 하나였다. 무슬림 봉기는 어느 특정한 주도세력이 오래 전부터 치밀하게 준비해온 것이 아니었으며, 신강 여러 지역의 봉기들이 상호 긴밀한 연락과 협조 없이 이루어졌다는 것 역시 또 다른 특징이라고 할 수 있다.

이러한 현상이 생기게 된 것은 봉기를 촉발시킨 직접적인 원인이 1862년 섬서와 감숙 지역에서의 회민 봉기로 서북방에 대한 통제력을 상실한 청조가 신강으로의 사태확산을 막기 위해 퉁간들을 학살할 것이라는 '소문'이 신강 전역에 퍼졌기 때문이다. 당시 신강에 주재하던 청조의 관리들이 취한 일련의 조치들은 무슬림들로 하여금 이러한 '소문'이 사실이라는 인상을 갖게 하기에 충분했고, 결국 여러 지역에서 동시다발적으로 봉기가 터지게 된 것이다. 많은 경우 최초로 봉기를 주도한 집단이 퉁간들이었던 까닭도 이 때문이었다.

그러나 이렇게 시작된 무슬림 봉기는 퉁간이든 투르크인이든을 불문하고 신강에 살던 무슬림들 대부분의 광범위한 참여하에 진행되었고, 이 사실은 청조의 신강지배가 근본적인 문제점들을 안고 있었음을 보여준다. 청은 신강의 주민들 대다수가 무슬림이라는 점을 감안하여 토착민들을 관리로 등용하여 그들을 통한 간접적인 지배방식을 채용했으나, 이는 오히려 일반 무슬림들에게 이중적인 부담을 안겨주는 결과를 낳았다. 또한 이 지역을 지배하기 위해 대규모 군대의 주둔이 불가피했는데, 이를 유지하기 위한 막대한 비용은 신강의 무슬림들이나 청조 모두에게 심각한 경제적 부담을 가져다 주었다. 무슬림들의 불만은 곧 국지적인 소요와 반란, 이를 이용한 호자들의 침공으로 이어졌으며 이런 상황은 코칸드 칸국의 간섭으로 더욱 악화되었다. 청과의 교역을 통해 막대한 재정수입을 거두던 코칸드는 신강내에서의 자유로운 교역과 나아가 관세면제의 혜택을 원했으나 청조가 이를 거부하자, 국내에 망명해 있던 호자들을 앞장세워 신강을 침공함으로써 청조의 입장을 곤경에 빠뜨렸다. 1827년 자항기르의 침공, 1830년 유숩의 침공이 이어지고 코칸드를 통제할 방책을 찾지 못한 청조는 결국 1832년 협약을 체결하여 그 요구의 대부분을 수용해주었다.

그러나 코칸드와의 협약을 통해 신강의 상황을 안정시키려던 청조의 희망과는 달리, 청조는 太平天國運動과 捻軍의 反亂으로, 코칸드는 부하라와 러시아의 침공으로 인해 양국 모두 신강에 대한 통제력을 상실하고 말았다. 중국 내지로부터의 지원금이 단절된 신강에서는 주민들에 대한 경제적 수탈이 강화되었고 무슬림들의 불만은 극도로 깊어갔다. 이러한 상황에서 1862년 섬서·감숙의 회민 봉기가 터지고 그 여파로 확산된 '학살 소문'이 신강 전역의 무슬림들을 봉기의 대열로 이끌었던 것이다.

쿠차에서의 봉기가 성공을 거두었다는 소식이 인근 도시로 확산되자 그것은 곧 또 다른 봉기를 촉발시켜, 우룸치·야르칸드·카쉬가르·호탄·일리에서 차례로 무슬림들이 들고일어났다. 이들 도시에서의 봉기는 거의 유사한 패턴을 보여주고 있는데, 퉁간들이 최초의 봉기를 주도하고 이어 투르크계 무슬림들이 참여하는 양상이었다. 군대의 숫자도 많지 않았을 뿐만 아니라 내지와의 교통이 두절되어 사기도 땅에 떨어진 청군은 변변히 무장조차 하지 않은 무슬림군에게 대항하지 못한 채 성채에 들어가 농성하다가 결국 식량이 떨어져 저항능력을 상실하고 말았다. 성이 점령되면서 청의 관리나 병사들 대부분은 자폭하거나 도륙되었다.

퉁간의 숫자가 압도적으로 다수를 차지했던 우룸치에서는 그들에 의한 정권('淸眞國')이 세워졌고, 퉁간과 투르크인들의 세력이 엇비슷했던 일리와 호탄에서는 양측이 서로 대립했으며, 나머지 카쉬가르·야르칸드·호탄에서는 투르크계 무슬림들이 곧 사태의 주도권을 장악했다.

또 한 가지 중요한 공통점이 있는데 그것은 이들 지역의 무슬림들이 모두 종교인을 지도자로 추대했다는 사실이다. 봉기에 참여한 세력은 어느 특정 계층이나 민족에 국한된 것이 아니었다. 계층적으로는 도시빈민이나 무뢰배에서 촌락의 농민, 도시의 상인과 수공업자, 학자와 종교인, 청지배기의 벡 관리에 이르기까지 다양했고, 민족적으로도 '漢回'라고 불리던 퉁간은 물론 위구르, 키르기즈, 카자흐 등 투르크계 무슬림들이 모두 참여했다. 따라서 1864년의 봉기를 '농민기의'니 혹은 '민족해방운동'이니 하는 성격으로 규정하는 것은 사태의 일면을 지나치게 확대해석한 것이라고 볼 수밖에 없다.

당시 신강의 무슬림들이 청조에 대해 품고 있던 갖가지 정치·사회·경제적인 억압은 '이교도'의 지배에 기인하는 것이며 자신들의 목표는 그것을 무너뜨리고 '무슬림'의 지배를 실현시키는 데에 있다고 믿었다. 그랬기 때문에 거의 모든 무슬림측 사료들은 자신들의 행동을 '성전'이라고 불렀던 것이다. 봉기에 참여한 무슬림들이 가졌던 이러한 인식으로 말미암아 종교지도층들의 위상과 역할은 높아질 수밖에 없었으며, 앞서 열거한 6개의 무슬림정권에서 하나의 예외도 없이 종교적 권위를 지닌 인물들이 지도자로 추대된 것이다.

쿠차에서 추대된 라시딘 호자의 예에서 당시 종교인들이 했던 역할의 한 전형을 볼 수 있다. 그는 봉기에서 어떠한 주도적인 역할을 한 인물은 아니었지만, 그의 선조가 모굴 칸국의 군주인 투글룩 티무르를 이슬람으로 개종시킨 '성자'였기 때문에 쿠차 주변 지역의 무슬림들로부터 존경을 받았다. 그래서 그는 자신의 의사와는 상관없이 '칸 호자', 즉 세속적 권력과 종교적 권위를 모두 지닌 군주로 추대되었던 것이다. 그러나 봉기가 특정한 주도세력 없이 일어난 것이었기 때문에 그는 곧 자신의 종교적 영향력을 기반으로 실권을 장악하기 시작했고 지배영역을 넓히기 위해 비록 소수의 군대이지만 東征軍과 西征軍을 조직하여 파견했다.

특히 이스학 호자가 지휘하는 동정군은 카라샤르·쿠를라·투르판을 거쳐 하미까지 진출했고, 우룸치의 퉁간들을 도와 우룸치 滿城을 함락시키기도 했으며, 서정군은 악수와 우쉬 투르판을 점령하는 데에 성공했다. 그러나 영역이 넓어지면서 라시딘 호자를 비롯한 지도층 내부에 알력이 생기기 시작했고 이는 쿠차정권을 약화시키는 중요한 원인이 되었다.

이처럼 신강 전역에서 청조의 지배가 무너지고 무슬림들이 세력을 나누어 할거하며 다투고 있을 때 카쉬가르로 넘어온 인물이 바로 야쿱 벡이었다. 그는 후일 통일을 이룩한 뒤 '아탈릭 가지', '바다울라트', '아미르' 등 다양한 칭호로 불리며 이슬람권은 물론 서방측에도 널리 알려지게 되었다. 코칸드 칸국에서 활약하던 한 무명의 군관이 단기간내에 거대한 영역을 장악하고 이슬람을 표방하는 독립된 국가를 건설했기 때문에, 그는 '위대한 성전사' 혹은 '풍운아'라는 대중적인 이미지를 얻게 되었고 일부 학자들의 글은 이러한 인상을 더욱 보편화시켰다. 그러나 코칸드 칸국에서의 그의 활동과 카쉬가리아로 넘어온 뒤 그의 정복과정을 면밀히 조사해보면 그는 결코 이러한 이미지에 부합되는 인물이 아니었음을 알 수 있다.

야쿱 벡의 출생연도를 정확하게 확인하기는 어려우나 대체로 1813-19년 사이에 출생했고 혈통상으로는 우즈벡에 속하는 것으로 보인다. 그는 25-30세가 될 무렵 하급군관으로 시작하여, 칸국의 고관이던 자기 妹弟의 주선으로 시르다리아 강가에 위치한 악크 마스지드의 장관으로 부임했다. 1853년 러시아군이 이곳을 공격할 때 그가 이를 맞아 용맹하게 항전했다는 주장에는 아무런 근거도 없고 당시 그가 그곳에 없었다는 사실은 이미 밝혀진 바이다.

그 뒤 그는 권력투쟁이 무상한 혼란스러운 칸국의 정치세계에서 부침을 계속하다가 1863년 그가 추종했던 알림 쿨리의 집권과 함께 새로운 전기를 맞게 된다. 카쉬가르를 포위한 채 함락시키지 못하고 있던 무슬림들은 알림 쿨리에게 사람을 보내 자신들의 '성전'을 주도할 백산당계 호자를 보내달라고 요청하자, 알림 쿨리는 자항기르의 아들인 부주르그 호자를 보내면서 야쿱 벡을 대동케 했다. 이렇게 해서 그는 1865년 1월 카쉬가르에 발을 들여놓게 되었다. 따라서 야쿱 벡의 카쉬가르 도래는 과거 일부 논자들의 주장처럼 어떤 모험을 위한 그의 독자적인 행동도 아니요, 알림 쿨리가 그를 두려워했기 때문에 경쟁자를 제거하기 위해 멀리 떠나보낸 것도 아니었다. 부주르그 호자와 야쿱 벡의 카쉬가르에의 도래는 백산당계 호자들을 이용하여 신강에서의 자국의 경제적 이익을 극대화시켜왔던 코칸드 칸국의 전통적인 정책의 연장선 위에서 이해되어야 할 것이다.

야쿱 벡의 초기활동도 이 점을 잘 보여준다. 그가 키르기즈인들과 몇 차례 전투를 치르고 이어 카쉬가르와 양기히사르를 점령하여 발판을 마련하자, 자신의 정치적 후원자였던 알림 쿨리에게 사신을 보내 승전보를 전하고 수많은 선물을 헌납했으니, 이는 그가 자신에게 부여된 임무를 충실히 수행하고 있음을 보이기 위한 것이었다. 그러나 사태는 일전되기 시작했다. 1865년 5월 타쉬켄트 전투에서 알림 쿨리가 사망하고 뒤이어 후다야르 칸이 부하라측 군대와 함께 타쉬켄트로 진군해오자, 그곳에 있던 알림 쿨리 휘하의 군대는 도망칠 수밖에 없었다. 약 7000명을 헤아리던 그들은 수많은 전투에서 단련된 용사들이었지만 달리 갈 데가 없었기 때문에 국경을 넘어 카쉬가르로 들어와 야쿱 벡에게 보호를 요청하게 된 것이다. 그때까지 자신을 추종하는 확실한 지지세력을 갖지 못했던 야쿱 벡에게 이들의 망명은 매우 중요한 힘이 되었고, 그는 이들을 기반으로 4개의 기병·보병 사단으로 구성된 강력한 군사조직을 편성하고 이를 이용하여 카쉬가리아 전역을 장악할 수 있었다.

그러나 코칸드의 군주가 된 후다야르에 반대하는 이들을 야쿱 벡이 받아들였다는 것은 곧 그와 코칸드 칸국과의 관계의 단절을 의미하는 것으로, 이로 인해 그가 부여받은 소임, 즉 더이상 부주르그 호자를 보좌하여 칸국의 경제적 이익을 보호해야 할 필요성이 없어지게 되었다. 따라서 부주르그 호자라는 인물을 명목상의 주군으로 받들어야 할 이유도 없어지게 되자 야쿱 벡은 그를 국외로 추방시킨 뒤 새로운 무슬림정권의 지도자로 변신하게 된 것이다.

이렇게 해서 그는 과거 청조지배하의 신강에서 일리 계곡을 제외한 나머지 대부분의 지역을 장악했다. 여기서는 그가 야르칸드와 호탄을 점령하고 쿠차정권을 무너뜨린 뒤 우룸치의 퉁간들까지 복속시킴으로써 통일을 이룩하게 된 과정을 되풀이하여 설명할 필요는 없겠지만, 그가 이 넓은 지역을 통치하기 위해 어떠한 조직과 체제를 세웠는가 하는 점에 대해서 본론에서 밝혀진 내용을 중심으로 간략하게 정리해보도록 하겠다.

우선 우리가 기억해야 할 사실은 그가 코칸드 출신의 외지인으로서 이렇다 할 정치적·종교적 권위를 지니지 못했다는 점이다. 따라서 당시 카쉬가리아 현지민은 물론 코칸드에서 망명해온 사람들의 눈에도 그는 통치자로서 필요한 적절한 자격을 갖추지 못한 인물로 비출 수밖에 없었다. 이런 상황에서 그에게 필요한 것은 무엇보다도 그의 지배를 뒷받침해줄 강력한 군사력의 확보였다.

그는 1865년 말경 주로 코칸드 출신의 군관들로 구성된 1만 5000명의 기병·보병을 4개의 사단으로 편성했고, 후일 징병제를 실시하여 병력의 숫자를 3만 5000명에서 4만 명 수준까지 증강시켰다. 군대의 지휘관은 '사령관' 휘하에 '오백인장'·'백인장'·'오십인장'·'십인장' 등이 두어졌는데, 흥미로운 사실은 사령관급 전원을 포함하여 대다수의 '오백인장'이 코칸드 출신으로 충원되었다는 것이다. 이는 야쿱 벡이 자신에게 충성을 바칠 뿐만 아니라 정권이 붕괴될 경우 운명을 같이할 수밖에 없는 코칸드인들을 자기 정권의 핵심기반으로 삼았다는 사실을 분명히 보여준다. 그러나 물론 이들 지휘관의 세력이 자신을 위협할 정도로 커지는 것을 방지하기 위해 '백인장' 이상의 장교들에 대한 임면권은 야쿱 벡 자신이 가지고 있었다.

민정을 담당하던 행정조직 역시 군사조직과 마찬가지로 코칸드인의 독점체제를 보여주고 있다. 일부 예외적인 경우를 제외하고는 대부분의 '하킴'들은 코칸드 출신 중에서 기용되었다. 이들 하킴이 담당하는 지방의 행정단위는 '省'(vılayat)이라 불렀는데, 그 숫자는 사료에 따라 조금씩 차이가 나지만

7-10개 사이인 것으로 보이며 기본적으로 8개의 지역적 구분을 두었던 청조의 체제와 흡사하다. 하킴은 명목상으로는 民政, 財政, 軍政, 司法이라는 네 가지 방면의 지방행정을 총괄했다. 예를 들어 군사적인 원정이 행해질 경우 그는 지방군대의 지휘권을 가졌고 지방에서의 징세업무도 관할했다. 그러나 실제로 민정에 관한 기구를 제외한 나머지 부분에 대해서 하킴은 실질적인 통제권이 없었다. 그 이유는 야쿱 벡 자신이 省 단위의 지방에서 군정이나 재정 혹은 사법을 총괄하는 책임자들을 임명하는 경우가 많았으며, 이들 책임자는 지방에서의 중요한 업무사항을 야쿱 벡에게 직접 보고하고 또 그에게 지시를 받았기 때문이다. 이런 식으로 야쿱 벡은 지방장관으로부터 당지에서의 군사권과 재정권을 분리시킴으로써 지방세력이 지나치게 비대해지는 것을 막았다.

따라서 이 무슬림 국가의 지배구조는 극도의 중앙집권적 형태를 취했으나, 그렇다고 중앙에 잘 짜여진 관제로 이루어진 행정기구가 존재한 것이 아니라 절대권력을 휘두르는 야쿱 벡과 그를 보좌하는 소수의 관리들만이 있었다. '미르자'라고 불리던 이러한 중앙의 관리들은 '미르자바시'의 총지휘하에 두어졌다. '미르자'란 당시 서투르키스탄에서는 문서행정을 담당하는 하급관리에 불과했지만 야쿱 벡은 이들에게 세금의 출납을 관장하고 감독하며 자신이 중요한 사항을 결정할 때 자문역을 담당케 함으로써 막중한 임무와 권력을 부여했다. 그들은 외국에 사신으로 파견되어 외교업무를 수행하는가 하면 관리의 임명에 영향력을 행사하기도 했다. 사이라미와 같은 무슬림 역사가는 야쿱 벡 다음으로 '미르자바시'의 권력이 막강했다고 할 정도였다.

그런데 흥미로운 사실은 야쿱 벡에 의해 '미르자바시'로 발탁된 사람들은 모두 과거에 고관을 역임했거나 유명한 가문을 배경으로 한 인물이 아니었다는 점이다. 그들은 단지 회계나 서류작성과 같은 실질적인 방면에 전문적인 훈련과 지식을 갖춘 사람들이었다. 예를 들어 한 미르자바시는 7개의 다른 언어와 6종의 서체를 사용할 수 있었다고 한다. 야쿱 벡이 왜 이런 사람들에게 중책을 맡겼는지 그 이유를 추측하기는 어렵지 않다. 그는 자신의 지위를 위협하지 않을 정도의 영향력이 있는 인물이 아니면서도 동시에 자신에게 충성을 바치며 명령을 충실히, 또 전문가답게 처리할 수 있는 사람을 필요로 했던 것이다.

이처럼 야쿱 벡은 강력한 군대의 육성과 중앙집권적 행정조직을 통해 자신의 지위를 확고부동하게 만들려고 했다. 그러나 이러한 지배체제는 여러 가지 문제점들을 내포하고 있었다. 무엇보다도 먼저 앞서 지적한 것처럼 새로운 국가의 최고지배층은 거의 대부분 코칸드 출신의 외지인들로 채워져 주민 대다수를 구성하는 카쉬가리아 현지민들의 불만을 샀다는 점을 들 수 있다. 그러나 더 심각한 문제는 북방을 위협하던 러시아에 대처하고 궁극적으로 장차 있을지도 모를 청군의 공격에 대비하기 위해 많은 수의 군대를 유지하고 군비를 확충해야만 한다는 데에 있었다.

그는 구식장비로 무장하고 훈련과 기율이 잡히지 않은 군대로는 그 같은 위협에 효율적으로 대처할 수 없음을 깨닫고, 영국령 인도나 오스만 제국과의 외교관계를 적극적으로 추진하여 대포나 소총과 같은 신식무기들을 구입했다. 따라서 4만 명에 가까운 병력의 유지와 군비확충에 필요한 재원은 세금의 징수를 통해 조달될 수밖에 없었는데 이는 카쉬가리아 주민들에게 막대한 부담으로 돌아갔다. 결국 무슬림들의 불만은 날로 높아갔고 야쿱 벡은 이를 억제하기 위해 이슬람의 정신을 강조하며 일방적인 순종을 강요했고, 이에 따르지 않는 사람들을 색출하여 처벌하기 위해 정보원들을 가동시켰다. 이렇게 해서 야쿱 벡 치하의 무슬림 국가는 일종의 '공포와 강권'에 의해 유지되는 체제로 변모해버렸고, 외부의 위협에 대항하여 주민들의 자발적인 참여를 유도하기는 더욱 힘들어졌던 것이다.

야쿱 벡 정권의 취약성은 좌종당이 이끄는 청군이 섬서 · 감숙 지역의 회민 봉기를 진압하고 1875-76년 신강에 발을 들여놓기 시작하면서 여지없이 드러났다. 그러나 청군의 신강 재정복과정은 의외라고 할 정도로 신속하게 진행되었고 무슬림 진영은 청군에 대항하여 이렇다 할 전투조차 해보지도 못한 채 그대로 무너지고 말았다.

청군이 섬서와 감숙 지역을 평정하는 데 겪은 어려움을 생각할 때, 보다 조직적인 훈련과 신식장비로 무장한 3만 명 이상의 야쿱 벡 군대가 그렇게 쉽게 궤산된 것은 사실 청군의 군사적인 우위 때문만은 아니다. 물론 그 배경에는 앞서 설명한 취약성이 있었지만 이같이 신속하게 붕괴된 직접적인 원인에는 야쿱 벡 자신의 결정적인 실책이 있었다. 그는 무슬림 국가의 존립을 위한 최상의 방책이 청과의 군사적 대결이 아니라 외교적 협상에 있다고 보았고 이를 위해 자신의 특사를 런던으로 파견했다. 그는 무슬림 국가의 존속을 희망했던 영국측의 중재노력에 기대를 걸었고 청의 종주권을 인정할 용의도 있음을 밝혔다. 따라서 그 같은 협상을 원만히 타결시키기 위해 가능하면 전선에서 청군과 충돌하지 않는 것이 좋겠다고 판단함으로써 휘하 군대에 대해 청군에게 발포하지 말라는 명령을 내렸던 것이다. 그러나 좌종당의 군대는 이와 무관하게 먼저 우룸치 지역을 점령한 뒤 투르판으로 밀려내려왔고, 야쿱 벡의 발포금지 명령으로 아무런 대응책도 취할 수 없었던 무슬림 군대의 사기는 극도로 저하되어버렸다. 바로 이런 상황에서 야쿱 벡이 1877년 5월 하순 쿠를라에서 急死하자 무슬림 진영에서는 그의 뒤를 이어 누가 주도권을 장악하느냐를 둘러싸고 심각한 내분이 일어났다. 이로 인해 사분오열된 무슬림들은 밀려오는 청군에 속수무책이었고 1877년 말까지 신강 전역은 다시 청의 영토가 된 것이다.

이렇게 해서 1864년에 무슬림 봉기로 시작되어 청조의 지배가 무너지고 무슬림들의 독자적인 국가의 출현까지 보았던 10여 년에 걸친 대격동의 시대는 막을 내리고 말았다. 다시 청 제국의 일부가 된 신강은 내지와 마찬가지로 '省'으로 편입되고 중국의 '불가분할적' 영토의 일부로 바뀌는 조치들이 취해지기 시작했다.[107] 과거와 같이 일리 장군을 필두로 각급 大臣들이 관할

---

107) 신강의 建省過程 및 이와 관련된 논의에 대해서는 一雄의 「新疆の建省」 1-5, 『近代中國』 15-19호(1984-87)가 가장 상세하다.

하는 군사적 지배, 하킴을 비롯한 현지의 벡 관리들을 활용하는 간접적 지배는 더이상 설 자리를 잃게 되었다. 곧이어 청조 말기 내지에서 일어난 혼란으로 말미암아 많은 수의 한인들이 신강으로 이주하기 시작해, 이를 통해 점진적이지만 확고한 '중국화'가 진행되어갔다.

달라진 것은 중국의 정책만이 아니었다. 10여 년에 걸친 격동은 무슬림들에게도 많은 변화를 가져다 주었다. 과거 종교적 권위에 기대어 막대한 영향력을 발휘하던 호자들은 무슬림들에게 더이상 그러한 호소력을 갖지 못했다. 그 대신 이슬람권의 쇠퇴를 각성하며 새로운 교육과 의식을 강조하는 '신문화운동'(Jadidism)의 물결이 신강에까지 밀려들면서 신식교육을 받고 종교적 몽매주의에 대해 비판적인 지식인들이 생겨나면서 이들이 청조가 붕괴한 뒤 신강에서 무슬림들의 대중운동을 주도해 나갔던 것이다.

그런 의미에서 1864-77년의 격동은 동투르키스탄의 역사를 그 이전 시기와 구별하는 하나의 중요한 분수령이 되었으며 근대로의 진입을 알리는 사건이었다. 1864년 무슬림 봉기 그 자체가 이미 넓게는 서구열강의 압력이라는 세계사적인 흐름과 맥을 같이하고 있고, 좁게는 청조 지배체제의 동요라는 변화와 연관되어 있다. 뿐만 아니라 야쿱 벡의 통치하에서 전통적인 종교귀족들이 몰락해버렸고, 그의 정권이 무너진 뒤 중국은 신강에 대한 지배를 가일층 강화하면서 '중국화'의 길을 걷게 된 것이다.

이렇게 해서 신강의 무슬림들은 10여 년에 걸친 격동의 세월을 뒤로 하고 과거와는 전혀 다른 새로운 지향을 설정하게 되었으니, 그것은 아시아의 근대가 공통적으로 보여주는 지향, 즉 민족국가의 실현을 향해 첫발을 내딛게 된 것이다.[108)]

---

108) 20세기 전반 신강의 민족주의운동에 관해서는 A.D.W.Forbes의 *Warlords and Muslims in Chinese Central Asia*(Cambridge, 1986)와 王珂의 『東トルキスタン共和國研究』(東京, 1995)를 참조하시오.

■ 參考文獻

(1) 史 料

(무슬림들이 남긴 필사본 자료들은 제목, 略稱, 저자, 사본의 소재 및 분류번호, 활자본 유무, 저작연도, 필사자 이름 및 필사연도, 엽수(葉數), 기타 관련 문헌정보의 순서로 기재되어 있다)

『戡定新疆記』, 魏光燾 等撰, 袁同禮 編, 『新疆研究叢書』 第十種, 臺北, 1966.

『那文毅公奏議』, 那彥成 撰, 道光 14年, 臺北 文海出版社 影印, 1968.

『欽定皇輿西域圖志』, 傅恆 等 奉勅 撰, 乾隆 47年, 臺北 文海出版社 影印, 1970.

『西域總志』(一名 『西域聞見錄』), 椿園 撰, 嘉慶戊寅年 强恕堂藏板, 臺北 文海出版社 影印, 1966.

『聖武記』, 魏源 撰, 道光 22년, 北京 中華書局本, 1984.

『新疆圖志』, 袁大化 修, 王樹枏 等纂, 臺北 文海出版社 影印, 1965.

『欽定新疆識略』, 松筠 等 奉勅 撰, 道光 元年, 臺北 文海出版社 影印, 1965.

「葉爾羌城莊里數回戶正賦各項冊」, 東京大學 東洋文化研究所 大木文庫 所藏.

『維漢詞典』, 新疆人民出版社, 1982.

『維漢俄辭典』, 鮑爾漢 編, 北京, 1953.

『漢維新疆地名辭典』, 烏魯木齊, 1993.

『左文襄公全集』, 臺北 文海出版社 影印, 1964.

『大淸歷朝實錄』, 臺北 華文出版社 影印, 1964.

『欽定平定準噶爾方略』, 傅恆 等 奉勅 撰, 文淵閣 四庫全書本, 臺北 商務印書館 印行.

『平定回疆剿擒逆裔方略』, 曹振鏞 等 奉勅 撰, 道光 10年, 臺北 文海出版社 影印, 1972.

『平回志』, 楊毓秀 撰, 劍南王氏本, 1889.

『回疆志』, 乾隆間 抄本, 臺北 成文出版社 印行, 1968(中國方志叢書 西部地方 第一號).

『回疆通志』, 和寧 撰, 1925년 校印本, 臺北 文海出版社 影印, 1966.

『回民起義』, 白壽義 編, 上海, 1952.

『欽定平定陝甘新疆回匪方略』, 傅恆 等 奉勅 撰, 文淵閣 四庫全書本, 臺北 商務印書館 印行.

Aḥmad Shâh Naqshabandî, "Narrative of the travels of Khwajah Ahmud Shah Nukshbundee Syud", *Journal of the Asiatic Society of Bengal* 25, no.4 (1856).

——, Tr. Dowson(원문은 페르시아어). "Route from Kashmir, viâ Ladakh, to Yarkand", *Journal of the Royal Asiatic Society of Great Britain and Ireland* 12(1850).

Akabirov, S. F. et al. comp., *Uzbeksko-russkii slovar'*, Moskva, 1959.

Amîr 'Alî, 'Ashûr Akhûnd b. Ismâ'îl b. Muḥammad ; Institut Narodov Azii Akademii Nauk(이하 INA AN SSSR로 略稱) : C 759, C 580 ; 1280/1863-64 ; 저자 親筆寫本으로 추정 ; Muginov, no.19, no.20 ; Dmitrieva, no.134, no.135 참조.

Anîs aṭ-ṭâlibîn(AT), Shâh Maḥmûd b. Mîrzâ Fâḍil Churâs, Bodleian Library, Oxford : Ms. Ind. Inst. Pers. 45 ; INA AN SSSR의 차가타이어 번역본 *Rafîq aṭ-ṭâlibîn* : B 771 ; cf. Akimushkin, *Khronika*, pp.331-344.

Äsirlär sadasi, Alma-Ata, 1963.

Badaulat nâma, Muḥammad 'Umar Marghinânî(*Jang-nâma*의 저자) ; INA AN SSSR : C 587 ; 1308/1890 ; N. F. Petrovskii의 요청에 의한 저자 親筆寫本 ; 61f ; Muginov, no.25, Dmitrieva, no.141 참조.

Bellew, H. W. *Kashmir and Kashgar : A Narrative of the Embassy to Kashgar in 1873-74*, London, 1875.

Budagov, L. *Sravnitel'nyi slovar' Turetsko-Tatarskikh narechii*, 2 vols, St. Peterburg, 1869-71.

Buzkhân Tûram bilän Yâqûb Begni vaqî'asi, 作者未詳 ; L'Institut de France : Ms. 3398-7 ; 6f.

Clauson, G. *An Etymological Dictionary of Pre-Thirteenth-Century Turkish*, Oxford, 1972.

Courteille, Pavet de. *Dictionnaire turk-oriental*, Paris, 1870.

Davies, R. H. comp., *Report on the Trade and Resources of the Countries on the Northwestern Boundary of British India*, Lahore, 1862.

Dmitrieva, L. V. et al, *Opisanie Tiurkskikh rukopisei Instituta Narodov Azii*, vol. 1(Istoriia), Moskva, 1965.

Doerfer, G. *Türkische und mongolische Elemente im Neupersischen*, 4 vols, Wiesbaden, 1963-1975.

Dâstân-i Muḥammad Ya'qûb Beg, Mîrzâ Bî ; India Office Library : Ms. Turki 6 ; 1294/1877-78 ; 1311년 Jumâda I월(1898년 11월 10일-12월 9일) ; 20f.

Forsyth, T. D. *Autobiography and Reminiscences of Sir Douglas Forsyth*, ed. by his daughter, London, 1887.

Gavrilov, M. F. "Stranichka iz istorii Iakub-Beka Badauleta—pravitelia Kashgarii", *V. V. Bartol'd. Turkestanskie druz'ia ucheniki i pochitateli*, Tashkent, 1927.

Geins, A. A. "O vosstanii musul'manskogo naseleniia ili Dunganei v zapadnom Kitae", *Voennyi sbornik*, 1866, no. 8.

Ghazât al-muslîmîn, Muḥammad Ṣâliḥ Yârkandî ; INA AN SSSR : B 3980 ; 1281/1864-65年作으로 추정 ; 1912년 Kashghar에서 필사 ; Dmitrieva, no. 136.

Ghazât dar mulk-i Chîn(GDMC), Mullâ Bilâl ; Pantusov의 활자본 *Voina musul'man protiv Kitaitsev* ; 1293/1876-77年作.

Ghazât-i muslîmîn, 作者未詳 ; E. D. Ross, *Three Turki Manuscripts from Kashghar*에 수록 ; cf. 羽田明의 번역 참조.

Ghuljaning vaqî'atlarining bayâni, Qâsim Beg ; INA AN SSSR : B 4018 ; 19세기 말에 筆寫 ; 01+15+001f ; Dmitrieva, no. 139 ; Tikhonov의 "Uigurskie", pp. 173-174 참조.

Gordon, T. E. *The Roof of the World*, Edinburgh, 1876.

Grenard, M. F. *Mission scientifique dans la Haute Asie, 1890-1895*, 3 vols, Paris, 1898.

——, "Spécimens de la littérature moderne du Turkestan chinois", *Journal asiatique*, 9 sér., tom. 13(1899).

Grum-Grzhimailo, G. E. *Opisanie puteshestviia v Zapadnyi Kitai*, 3 vols, St. Peterburg, 1896.

Habibzade, Ahmet Kemal. *Čin-Türkistan hatırları*, Izmir, 1341/1922-23.

Hartmann, M. "Die osttürkischen Handschriften der Sammlung Hartmann",

Mitteilungen des Seminars für orientalische Sprachen zu Berlin 7, no. 2(1904).
——, "Ein Heiligenstaat im Islam : Das Ende der Caghataiden und die Herrschaft der Choğas in Kašgarien", *Der islamische Orient : Berichte und Forschungen*, pts. 6-10(Berlin, 1905).
Hayward, G. "Jouney from Leh to Jarkand and Kashgar and Exploration of the Sources of the Jarkand river", *The Journal of the Royal Geographical Society* 40(1870).
Hedin, S. *Scientific Results of a Journey in Central Asia 1899-1902*, 2 vols, Stockholm, 1905.
Henderson, G. and Hume, A. O. *Lahore to Yarkand*, London, 1875.
Hertslet, E. *Treaties, &c., between Great Britain and China ; and between China and Foreign Powers*, 2 vols, London, 1908.
Hofman, H. F. *Turkish Literature, A Bio-Bibliographical Survey*, Section 3, pt. 1, vols. 1-6, Utrecht, 1969.
İslam Ansiklopedisi, Istanbul, 1941- .
'Izzat Allâh, Mîr. "Travels beyond the Himalaya", *Journal of the Royal Asiatic Society of Great Britain and Ireland* 7(1843).
——, *Travels in Central Asia*, tr. Captain Henderson, Calcutta, 1872.
Jalâl ad-Dîn Katakîning tadhkirasi, 필자미상 ; G. Jarring Collection : uncatalogued ; 40f ; cf. Muginov, nos. 134-140.
Jam' at-tavârîkh(or *Târîkh-i Ya'qûb Badaulat*), Ḥâjjî Yûsuf b, Mullâ 'Ashûr b, Qurbân Ṣûfî b, Ṣafar Bây ; INA AN SSSR : D 124 ; Ṣafar Bây ; 1325년 Jumâda I 월 - 1326년 Muḥarram월(1907년 6월 - 1908년 3월) ; 352f ; Muginov, no. 157 ; Dmitrieva, no. 145 ; Tikhonov, "Uigurskie", pp. 166-172.
Jang nâma, Muḥammad 'Umar Marghinânî(筆名 Umîdî) ; INA AN SSSR : B 292 ; 1305/1888년 ; 5v-46r ; Muginov, no. 335 ; Dmitrieva, no. 138.
Janâb-i Badaulatni ḥikâyatlari, Aḥmad Quli Andijânî ; The Houghton Library, Harvard University : uncatalogued ; 1322/1904-05년 Kashghar에서 筆寫 ; 56p.
Jarring, G. *An Eastern Turki-English Dialect Dictionary*, Lund, 1964.
Johnson, W. H. "Report on His Journey to Ilchi, the Capital of Khotan, in

Chinese Tartary", *Journal of the Royal Geographical Society* 37(1867).
Katanov, N. Th. "Volkskundliche Texte aus Ost-Türkistan", published by K. Menges, *Sitzungsberichte der preussischen Akademie der Wissenschaften* (Sitzung der phil.-hist. Klasse) 30(1933).
Kenan Bey asari, Istanbul, n.d.
Khronika, Shâh-Maḥmûd ibn Mîrzâ Fâḍil Churâs ; O. F. Akimushkin의 活字本, 露譯 및 註釋, *Khronika*(Pamiatniki pis'mennosti Vostoka, 45), Moskva, 1976.
Kornilov, N. *Kashgariia, ili Vostochnyi Turkestan*, Tashkent, 1903.
Kuropatkin, A. N. *Kashgariia*, St. Peterburg, 1879 ; W. E. Gowan의 부분영역본, *Kashgaria ; Eastern or Chinese Turkestan*, Calcutta, 1882.
Kâmil Khân, Îshân."Risale-i-Iakubi ; Vospominaniia o Iakub-beke Kashgarskom Kamil'-Khana-Ishana", *Istorik-Marksist*, 1940, no.3.
Lansdell, H. *Russian Central Asia including Kuldja, Bokhara, Khiva and Merv*, vol.1, London, 1885
Loewenthal, R. comp., *The Turkic Languages and Literatures of Central Asia ; A Bibliography*, The Hague, 1957.
Maksheev, A. I. *Istoricheskii obzor Turkestana i nastupatel'nago dvizheniia v nego Russkikh*, St.Peterburg, 1890.
Materialy po istorii Kazakhskikh khanstv XV-XVIII vekov, ed. by S. K. Ibragimov et al, Alma-Ata, 1969.
Mehmet Atef, *Kaşgar tarihi*, Istanbul, 1300/1882-83.
Mehmet Emin Boghra, *Sharqî Turkistân târîkhî*, Kashmir, 1940.
Menges, K. "Glossar zu den volkskundlichen Texten aus Ost-Türkistan II", *Akademie der Wissenschaften und der Literatur*(Abhandlungen der geistes- und sozialwissenschaftlichen Klasse), no.14, 1954.
Mîrzâ Aḥmad, "Badaulet Iakub-bek, Atalyk Kashgarskii", N. Veselovskii 간행, *Zapiski Vostochnogo otdeleniia Russkogo arkheologicheskogo obshchestva* 11(1899).
Mîrzâ Shams Bukhârî, *Nekotorye sobytiia v Bukhare, Khokande i Kashgare*, V. V. Grigor'ev 역주, Kazan, 1861.

Muginov, A. M. comp., *Opisanie uigurskikh rukopisei Instituta Narodov Azii*, Moskva, 1962.

Mukhlisov, Yusuf Beg. comp., *Uigur klassik edibiyati qol yazmiliri katalogi*, Sinkiang, 1957.

Muntakhab at-tavârîkh, Ḥâjjî Muḥammad Ḥakîm valad-i Ma'ṣûm Khân ; INA AN SSSR(D 90).

Nadzhip, E. N. comp., *Uigursko-russkii slovar'*, Moskva, 1968.

Osmanlı develti ile Kafkasya, Türkistan ve Kırım Hanlıkları arasındaki münâsebetlere dâir arşiv belgeleri(1687-1908), Ankara, 1992.

Pantusov, N. N. *Svedeniia o Kul'dzhinskom raione za 1871-1877 gody*, Kazan, 1881.

——, "Taranchinskoi pesni", N. N. Pantusov 수집 · 번역, *Zapiski Russkago geograficheskago obshchestva po otdeleniiu etnografii* 17, no. 1(1890).

——, ed., *Taarikh Shakhrokhi ; Istoriia vladetelei Fergany*, Kazan, 1885.

——, ed., *Voina musul'man protiv Kitaitsev*, 2 vols, Kazan, 1880-81, *Ghazât dar mulk-i Chîn* 항목 참조.

——, ed., *Taarikh-i emenie : Istoriia vladetelei Kashgarii*, Kazan, 1905, *Târîkh-i amniyya* 항목 참조.

——, ed., and tr., "Obraztsy taranchinskoi narodnoi literatury", *Izvestiia Obshchestva arkheologii, istorii i etnografii* 25, no. 2-4(1909) ; tr. p. 220, text. p. 165.

Petrovskii, N. F. "Kratkiia svedeniia o litsakh, imevshikh otnosheniia ko vremeni Kashgarskago vladetelia Bek-Kuli Beka", published by N. Ostroumov, *Protokoly zasedanii i soobshcheniia chlenov Turkestanskago kruzhka liubitelei arkheologi* 21(1917).

Pevtsov, M. V. *Puteshestvie po Vostochnomu Turkestanu, Kun'-Luniu, severnoi okraine Tibetskogo nagor'ia i Chzhungarii v 1889-m i 1890-m godakh*, St. Peterburg, 1895.

Poiarkov, O. V. *Poslednii, epizod Dunganskago vozstaniia*, Vernyi, 1901.

Potagos(Papagiotis), *Dix années de voyages dans l'Asie centrale et l'Afrique équatoriale*, tr. from Greek by A. Meyer, J. Blancard and L. Labadie, ed. by E. Burnouf, 제1권만 Paris에서 1885년에 출간.

——, "Le Pamir", *Bulletin de la Societé de Geographie*, 1866.

Przheval'skii, H. M. *Ot Kul'dzhi za Tian'-Shan' i na Lob-nor*, Moskva, 1947. English tr. by E. D. Morgan with Introduction by Sir T. D. Forsyth, *From Kulja, across the Tian Shan to Lob-Nor*, London, 1879.

Qânûn nâma-i 'asâkir, 作者未詳 ; INA AN SSSR : B 1022 ; 1879-80年作으로 추정 ; 45f ; Muginov, no. 273 참조.

Radloff, W. *Versuch eines Wörterbuches der Türk-Dialecte(Opyt slovaria tiurkskikh narechii)*. vols. 4, St. Peterburg, 1893-1911.

——, *Proben der Volksliteratur der nördlichen türkischen Stämme*, vol. 1, pt. 6(Dialect der Tarantschi), St. Peterburg, 1886.

Rakhimov, T. R. *Kitaiskie elementy v sovremennom Uigurskom iazyke : slovar'*, Moskva, 1970.

Raquette, G. "Eastern Turki Grammar, Practical and Theoretical with Vocabulary", *Mitteilungen des Seminars für orientalische Sprachen*, 15-17, no. 2, in three pts., Berlin, 1912-14

——, *Eine kashgarische Wakf-Urkunde aus der Khodscha-Zeit Ost-Turkestans*, Lund, 1930.

Report of a Mission to Yarkund in 1873, Calcutta, 1875.

"Report of the Mirza's Exploration", *Proceedings of the Royal Geographic Society* 15, no. 3(1871).

Risâla-i khâqân ichidä Tunganlari qilghan ishi, 作者未詳 ; INA AN SSSR : C 579 ; 19세기 말경으로 추정 ; Muginov, no. 213 ; Dmitrieva, no. 142 ; Tikhonov, "Uigurskie", pp. 155-157.

Ross, E. D. tr., *A History of the Moghuls of Central Asia ; Being the Tarikh-i-Rashidi of Mirza Muhammad Haidar, Dughlât*, Edited with commentary, notes and map by N. Elias, 1895 ; new impression, 1972, London.

——, ed., *Three Turki Manuscripts from Kashghar*, Lahore, 출판연도 미상, *Ghazât-i muslîmîn* 항목 참조.

Schuyler, E. *Turkistan : Notes of a Journey in Russian Turkistan, Khokand, Bukhara and Kuldja*, vols. 2, New York, 1877.

Serebrennikov, A. G. *Turkestanskii krai ; sbornik materialov dlia istorii ego zavoevaniia*, 특히 vol. 21과 vol. 22.

Shajârat al-anṣâb Sayyid Muḥammad Ḥâkim Khân Khwâjam, 作者未詳이나 Qârî 'Umar Muḥammad일 가능성 ; INA AN SSSR : B 292 ; 1v-5r ; 1305/1888 筆寫 ; Muginov, no. 343 참조.

Shaw, R. B. *Visits to High Tartary, Yarkand and Kashghar*, London, 1871.

——, "A Grammar of the Language of Eastern Turkistan", *Journal of the Asiatic Society of Bengal*, 1877, no. 3.

——, "A Sketch of the Turki Language as Spoken in Eastern Turkistan, Part 2 (Vocabulary)", *Ibid.*, extra number to part 1 for 1878.

——, "The History of the Khôjas of Eastern-Turkestan, Summarized from the Tazkira-i-khwâjagân of Muḥammad Ṣâdiq Kâshgharî", ed. by N. Elias and supplement to *Ibid.*, 46, pt. 1(1897).

Shi'âr dar na't-i Ḥaḍrat-i Khân Khwâjam Pâdishâh, 다음 네 글들의 모음 ; (1) *Rashîd ad-Dîn nâma* by Qârî Najm ad-Dîn(2r-37v), (2) Ghiyâth의 글(38r-47r), (3) *Risâla-i maktûb* by Muḥammad Ṣâliḥ Yârkandî(48r-87v), (4) 題目不明이고 作者未詳의 작품(88r-97r) ; INA AN SSSR : C 584 ; 쿠차정권이 야쿱 벡에게 붕괴된 직후에 씌어짐 ; Iudin, "Nekotorye istochniki" 참조.

Shorter Encyclopaedia of Islam, ed. by H. A. R. Gibb and J. H. Kramers, Leiden, 1961.

Steingass, F. *A Comprehensive Persian-English Dictionary*, 1892 ; 8版, London : Routledge, 1988.

Storey, C. A. *Persidskaia literatura ; Bibliograficheskii obzor*, vols. 3, Iu. E. Bregel의 露譯補完本, Moskva, 1972.

Tadhkira-i Boghrâ Khân(TBK), Khwâja Muḥammad Sharîf ; Bibliothéque Nationale : Suppl. Turc 1286, 375f ; Leningrad에도 동일한 작품이 소장. Muginov, no. 81과 no. 82 참조.

Tadhkirat ar-irshâd(TI), 作者未詳 ; Bibliothèque Nationale : Suppl. Turc 1006 ; 제

목이 *Kitâb-i Tughluq Timur Khaning qiṣaṣlari*로 잘못 알려짐.

Tadhkira-i Khwâja Muḥammad Sharîf, 作者未詳 ; G. Jarring Collection에 3종의 寫本 : Prov. 10, Prov.73 및 번호가 매겨지지 않은 사본 하나 ; Leningrad에 있는 다른 사본들에 대해서는 Muginov, nos.105-106을 참조하시오. 또한 Hartmann, "Die osttürkischen Handschriften", p.7 ; Ross, *Three Turki Manuscripts*, p. 4 참조.

Tadhkira-i Maulânâ 'Arsh ad-Dîn Walî, Leningrad에 7종의 사본 ; Muginov, nos. 134-140 참조.

Tadhkira-i 'azîzân(TAz : 一名 *Tadhkira-i khwâjagân*), Muḥammad Ṣâdiq Kâshgharî ; 현존하는 사본들에 관해서는 Hofman, *Turkish Literature*, section 3, pt.1, vol.4, pp.25-30 참조 ; 두 종의 초역본에 대해서는 Hartmann과 Shaw의 항목을 참조 ; 1768년경 저술 ; 본서에서는 옥스퍼드 대학 Bodleian Library에 있는 사본(Ind. Inst. Pers. d.20)도 이용하였다.

Tadhkira-i Ḥâjjî Pâdishâh Ḥabîb Allâh vä Râshidîn Khân vä Ya'qûb Beg(THP), Muḥammad A'lam ; 1311년 Sha'bân월 18일, 즉 1894년 12월 17일 ; (1)L'Institut de France : Ms.3348-8 ; M. Hamada의 번역은 그의 "L' Histoire de Hotan de Muḥammad A'lam" 참조, (2)INA AN SSSR : B 2332 ; 61f ; Muginov, no.40a ; Dmitrieva, no.143 ; Tikhonov, "Uigurskie", pp.150-155 ; Ibragimova, "Rukopis' Mukhammeda Aliama".

Tadhkirat an-najât(TN), 쿠믈라 출신의 Dâûd ; India Office Library : Ms. Turki 4 ; 1282/1865-66 ; 73f.

Ṭâlib Akhûnd's, 『야쿱 벡의 역사』, 호탄 출신의 Ṭâlib Akhûnd b. Mullâ Ni'mat Mingbegi ; Gunnar Jarring Collection : Prov.115, 116, 117 ; 1317년 Jumâda II 월 1일, 즉 1899년 19월 6일 ; 題目不明 ; 작자의 이름은 Prov. 117에만 보이나 세 사본이 한 사람에 의해 씌어졌으며 야쿱 벡의 역사를 다루고 있는 하나의 연결된 작품임은 분명함.

The Encyclopaedia of Islam, The 1st ed., Leiden, 1908-38. The 2nd ed., Leiden, 1960- (간행중).

Târîkh-i amniyya(TA), Mullâ Mûsa b. Mullâ 'Îsa Sairâmî ; 1321/1903년작. (1) Pantusov의 인쇄본(TA/Pantusov), Pantusov 항목 참조, (2) Bibliothèque

Nationale, Collection Pelliot B 1740(TA/Pelliot) ; 1325/1907-08년 筆寫 ; 著者自筆寫本(?) ; 208f, (3) Gunnar Jarring Collection (TA/Jarring) : uncatalogued ; 210f ; 1331년 필사(아마 1321년의 잘못), (4) INA AN SSSR : C 335 ; 302f ; Muginov, no. 27 ; Dmitrieva, no. 144 참조, (5) 중국 ; Mukhlisov, p.45, no.69 ; Iudin, "Review", p.200 참조 ; 166f ; 著者自筆, (6) 중국 ; Mukhlisov, p.46, no.70 ; 1907년 타쉬말릭의 Ḥâjjî Yûsuf이 필사(INA AN SSSR D 124인 *Jam'at-tavârîkh*의 저자로 추정) ; 162f ; Iudin, "Review", p. 200 ; 카쉬가르에서 발견, Tikhonov, "Uigurskie", pp.159-166 ; Iudin, "Tarikh -i amniia" ; Bartol'd, "Taarikh-i Emenie" ; Baranova, "Svedeniia" 등 참조.

Târîkh-i jarîda-i jadîda(TJJ), Qurbân 'Alî Valad-i Khâlid Ḥâjjî Ayaghûzî ; 1306/1886-87. (1) India Office Library : Ms. Turki 2 ; 1893년 5월 14일 筆寫 ; 74f, (2) INA AN SSSR : C 578 ; 78f ; Muginov, no.28; Dmitrieva, no.137 참조, (3) 印刷本 *Kitâb-i târîkh-i jarîda-i jadîda*(Kazan, 1889), p.71 (4) Staatsbibliothek zu Berlin : Ms. Orient, oct., 1670.

Târîkh-nâma-i Ya'qûb Khân, Maḥmûd Valad-i Mîr Aḥmad Shaykh Gharîb ; INA AN SSSR : B 772 ; 1316/1898 ; 78f ; Muginov, no.41 ; Tikhonov, "Uigurskie", pp.157-159.

Târîkh-i rashîdî(TR), Mîrzâ Muḥammad Ḥaydar(Dughlât) ; 사본의 종류나 소장지에 관해서는 Storey의 *Persidskaia*, vol.2, pp.1202-1206 참조 ; 영역본은 Ross 항목 참조 ; 본서에서는 대영도서관에 소장된 두 종의 사본(Or.157과 Add 24,090)도 이용했다.

Târîkh-i ḥamîdî(TH), Mullâ Mûsa b. Mullâ 'Îsa Sairâmî ; *Târîkh-i amniyya*의 改訂本. (1) Gunnar Jarring Collection, Prov. no.163(TH/Jarring) ; 1326/ 1908-09경 저술(124r) ; 1345/1927년 이후에 筆寫 ; 筆寫者는 Ḥâjjî Ghulâm Muḥammad Khân Khwâjam일지도 모름. (2) 중국 사회과학원 민족연구소 ; 1908년 7월 10일 ; 1911년 7월 7일 저자 자신이 筆寫 ; 399p ; 1955-57년 악수와 카쉬가르에서 발견된 두 사본에 관해서는 Iudin, "Review", p.200을 참조 ; 중국에 있는 저자친필 사본은 Enver Baytur에 의해 현대 위구르어로 번역되어 *Tarikhi hämidi*(北京 民族出版社, 1986 ; TH/Baytur)로 출간되었다.

Târîkh-i ṣighar(TS), 'Abd Allâh Pânṣad ; British Library : Or. 8156 ; 1291년

Muḥarram월 15일, 즉 1874년 3월 4일 ; 107f ; *Report of a Mission to Yarkund in 1873*에 Bellew가 집필한 야쿱 벡에 관한 부분은 이 사본에 의거.

Tâvârîkh-i shahrukhiyya(일명 *Târîkh-i shahrukhi*), Pantusov 항목 참조.

Târîkh-i ḥamsa-i sharqî, Imâm Qurbân ʿAlî Ḥâjjî Ḥamîd Oghli, Kazan, 1910.

Valikhanov, Ch. Ch. "O sostoianii altyshara ili shesti vostochnykh gorodov Kitaiskoi provintsii Nan-Lu(Maloi Bukharii) v 1858-1859 godax", *Ch.Ch. Valikhanov : Sobranie sochinenii v piati tomakh*, tom 3. Alma-Ata, 1985. 이에 앞서 그의 전작집(*Sobranie sochinenii v piati tomakh*, vols.5, Alma-Ata, 1961-1972)이 이미 출판된 바 있다.

Vambery, H. *Čagataische Sprachstudien*, 1867 ; Amsterdam, 1975.

Ve'liaminov-Zernov, V.V. "Istoricheskiia izvestiia o Kokanskom khanstve ot Mukhammeda-Ali do Khudaiar-Khana", *Trudy Vostochnogo otdeleniia Russkogo arkheologicheskogo obshchestva* 2(1856).

Veniukov, M. I. *Opyt voennago obozreniia russkikh granits v Azii*, St. Peterburg, 1873-1876.

"Vospominaniia Illiiskago Sibintsa o Dungansko-Taranchinskom vozstanii v 1864-1871 godakh v Iliiskom krae", A. D'iakov 서문, *Zapiski Vostochnogo otdeleniia Russkogo arkheologicheskogo obshchestva* 18(1907-1908).

Wathen, W. H. "Memoir on the U'sbek State of Kokan, Properly Called Khokend(the Ancient Ferghana) in Central Asia", *Journal of the Asiatic Society of Bengal* 3, no. 32(1834).

——, "Memoir on Chinese Tatary and Khoten", *Ibid.*, 4, no.48(1835).

——, "Notes of a Pilgrimage Undertaken by an Usbek and His Two Sons from Khokend or Kokan, in Tatary, through Russia, &c. to Mecca. Obtained in Conversation with the Parties", *Ibid.*, 3, no.32(1834).

Yâqûb Begdin ilgäri Kashgharni alghan Ṣiddîq Begning dâstân tadhkirasi, Qâḍî ʿAbd al-Bâqî Kâshgharî ; India Office Library : Ms. Turki 3 ; Mîrzâ Jalâl ad-Dîn Akhûnd가 1282년 Jumâda I월 13일, 즉 1865년 10월 4일에 필사 ; 28f.

Zenker, J. Th. *Dictionnaire turc-arabe-persan*, vols.2, Leipzig, 1866-76 ; repr. Hildesheim and New York, 1979.

Ẓafar-nâma, Mullâ Shaqîr ; 중국에 있는 사본은 Mukhlisov, pp.16-17 참조 ; *Äsirlär sadasi*, pp.310-332에 일부분이 轉寫되어 있음.
Ẓafar-nâma, Muḥammad 'Alî Khân Kashmîrî ; India Office Library : Ms. Turki 5 ; 1284/1867-68 ; 95f.

「오스만 제국의 공문서」, 이스탄불 Başbakanlık Arşivi에 야쿱 벡 정권과의 외교관계에 관한 문서들이 다수 보관되어 있다. 그 가운데 상당수는 사신들의 왕래에 관한 간단한 기록이지만, 일부는 매우 귀중한 정보를 포함하고 있다. 필자가 본서에서 이용한 문서들은 다음과 같다.

* Yıldız tasnif(다음의 숫자는 kısm, evrak, zarf, karton의 순서를 나타냄) : 33-1211-73-91, 33-1279-73-91, 33-1481-73-91, 33-1638-73-91, 14-382-126-9.
* İrâde tasnif : (1) Dahiliye ; 15524, 15546, 46454, 46685, 46753, 47768, 47978,49016, 49054, 49145, 49220, 49338, 49343, 49426, 49650, 50480, 60621, 60710, 60716 (2) Majlis-i Mahsus ; 1992 (3) Hariciye ; 15817, 15837, 16299, 16353, 16500, 16526 (4) Nâme-i Hümâyûn ; defter no.13.

「영국 외무성 문서」, 런던의 공문서관(Public Record Office)에는 영국령 인도 정부, 러시아 주재 영국대사관, 북경 주재 영국 대사관, 런던의 외무성 사이에 오간 문서들이 보관되어 있는데, 그들 가운데 대다수는 F.O.65(Russia)와 F.O.17 (China)로 분류되어 있다. 특히 유용한 자료는 당시 러시아에서 출판된 잡지나 신문의 기사들이 포함되어 있는 F.O.65이다. 이외에 'Parliamentary Papers : House of Common Report' 에도 본서의 주제와 관련된 문서들이 있다.

(2) 研究文獻

榎一雄, 「新疆の建省」 1-5, 『近代中國』 15-19號 , 1984-87.
高桑駒吉, 「阿古栢伯克(Yakub Beg)の死因に就いて」, 『史學雜誌』 30, no.4(1919).
關連吉, 「關于馬化龍之死的歷史眞象」, 『民族硏究』, 1984年 第5期
菅原純, 「クーチャー·ホージャの「聖戰」とムスリム諸勢力」, 『內陸アジア史硏究』 11(1996).

堀直, 「十八-二十世紀ウイグル族人口試論」, 『史林』, 60-4(1977).
——, 「清代回疆の貨幣制度」, 『中嶋敏先生古稀紀念論集』(東京 : 汲古書院, 1980)
——, 「清朝の回疆統治についての二,三問題」, 『史學雜誌』(88-3, 1979)
——, 「東京大學 東洋文化研究所藏『葉爾羌城莊里數回戶正賦各項冊』」, 『甲南大學紀要』(文學編, 51, 1983).
紀大椿, 「關於阿古柏之死」, 『新疆大學學報 · 社科版』, 1979年 第2期.
——, 「試論一八六四年新疆農民起義」, 『民族研究』, 1979年 第2期.
——, 「阿古栢對新疆的入侵及其復滅」, 『歷史研究』, 1979年 第3期.
——, 「維吾爾族度量衡舊制考索」, 『西域研究』, 1991年 第1期.
金浩東, 「모굴汗國의 初期 무슬림聖者들」, 『歷史學報』, 119집(1988).
——, 「위구르 歷史家 사이라미(1836-1917)의 歷史著述에 나타난 傳統과 近代」, 『東洋史學研究』, 第57輯(1997).
羅運治, 『清高宗統治新疆政策的探討』, 臺北 里仁書局, 1983.
羅正鈞, 『左宗棠年譜』, 校點 再刊本, 長沙 岳麓書社, 1982.
嶋田襄平, 「ホーヂャ時代のベク達」, 『東方學』, 제3집(1952).
——, 「清代回疆の人頭税」, 『史學雜誌』, 61-11(1952).
董蔡時, 『左宗棠評傳』, 中國社會科學出版社, 1984.
馬霄石, 『西北回族革命簡史』, 上海 東方書舍, 1951.
馬通, 『中國伊斯蘭教派門宦制度史略』, 寧夏人民出版社, 1983.
——, 『中國伊斯蘭教派門宦溯源』, 寧夏人民出版社, 1987.
勉維霖, 『寧夏伊斯蘭教派概要』, 銀川, 1981.
穆淵, 『清代新疆貨幣史』, 新疆大學出版社, 1994.
苗普生 主編, 『新疆歷史常識』, 新疆人民出版社, 1993.
潘志平, 「和卓崇拜的興衰」, 『民族研究』, 1992년 第2期.
——, 『中亞浩罕國與清代新疆』, 中國社會科學出版社, 1991.
潘志平 · 蔣莉莉, 「1832年清與浩罕議和考」, 『西北史地』, 1989年 第1期.
樊嘯, 「對於阿古栢這一人物評價的商榷」, 『新華月報』, 1955年 第3期.
濱田正美, 「'鹽の義務'と'聖戰'との間で」, 『東洋史研究』, 52-2(1993).
——, 「ムッラービラールの『聖戰記』について」, 『東洋學報』, no.55-4(1973).
——, 「十九世紀ウイグル歷史文獻序說」, 『東洋學報』, no.55(1983).

『沙俄侵華史』3卷, 北京 中國社會科學院近代史研究所, 1981.
常德忠, 「白彦虎的英雄形象不容歪曲」, 『回族文學論叢』 第一輯, 寧夏人民出版社, 1990.
西田保, 『左宗棠と新疆問題』, 東京, 1942.
『新疆簡史』, 3卷, 新疆人民出版社, 1980-87.
新勉康, 「ヤークーブ·ベグ政權の性格に關する一考察」, 『史學雜誌』, 96-4(1987).
安瓦爾·巴依圖爾, 「毛拉穆莎·莎依然米和『伊米德史』」, 『民族研究』, 1984年 第3期.
楊東梁, 『左宗棠評傳』, 湖南人民出版社, 1985.
吳萬善, 「淸朝同治年間陝甘回民起義性質的再檢討」, 『西北民族學院學報』 哲社版, 1985年 第1期.
——, 『淸代西北回民起義研究』, 蘭州大學出版社, 1991.
王珂, 『東トルキスタン共和國研究』, 東京, 1995.
王希隆, 「淸代烏魯木齊屯田述論」, 『新疆社會科學』, 1989년 第5期.
羽田明, 「明末淸初の東トルキスタン」, 『東洋史研究』, 7-5(1942).
——, 「ワリ汗の一史料」, 『塚本博士頌壽紀念佛教論叢』, 京都, 1961.
——, 「Ghazât-i Müsliminの譯稿 : Ya'qûb-bäg反亂の一史料」, 『內陸アジア史論集』, 東京, 1964.
——, 『中央アジア史研究』, 京都 臨川書店, 1982.
柳用能, 「阿古柏最後覆滅的歷史見證」, 『新疆大學學報』 社科版, 1979年 第3期.
劉正寅, 「和卓家族興起前伊斯蘭教在西域的活動及其政治背景」, 『世界宗教研究』, 1991년 第4期.
林吉, 「淸代陝甘回民起義研究概述」, 『民族研究』, 1988年 第5期.
林恩顯, 『淸朝在新疆的漢回隔離政策』, 臺北 商務印書館, 1988.
佐口透, 「タランチ人の社會—イリ溪谷のウイグル部族史, 1760-1860」, 『史學雜誌』, 73-11(1964).
——, 「東トルキスタン封建社會史序說 : ホジャ時代の一考察」, 『歷史學研究』, no.134 (1984).
——, 『十七-十八世紀東トルキスタン社會史研究』, 東京, 1963.
——, 『新疆民族史研究』, 東京, 1986.
——, 『新疆ムスリム研究』, 東京, 1995.
『中國少數民族』, 北京, 1981.

中村吉信, 『中國回教史序說』, 東京, 1966.
曾問吾, 『中國經營西域史』, 上海, 1936 ; 1986年 重印.
秦翰才, 『左文襄公在西北』, 長沙 岳麓書舍 ; 1984年 重印.
『淸代伊斯蘭教論集』, 寧夏人民出版社, 1981.
崔熙在, 「1874-5年 海防·陸防論議의 性格」, 『東洋史學硏究』 22(1985).
包爾漢, 「論阿古栢政權」, 『歷史硏究』, 1958年 第3期.
——, 「關於新疆歷史的若干問題」, 『民族硏究』, 1979年 第1期.
——, 「再論阿古栢政權」, 『歷史硏究』, 1979年 第8期.
馮增烈·馮鈞, 「伊斯蘭教在同治年間陝西回民反淸起義中所起的作用」, 『伊斯蘭教在中國』(寧夏, 1982).
胡正華 主編, 『新疆職官志 : 1762-1949』, 新疆維吾爾自治區人民政府辦公廳, 1992.
洪源, 「阿古栢政權的本質和淸兵西征的意義」, 『新華月報』, 1955年 第3期.

Abduraimov, M. A. *Ocherki agrarnykh otnoshenii v Bukharskom khanstve v XVI-pervoi polovine XIX veka*, vols. 2, Tashkent, 1966-70.
Ahmad, A. *Studies in Islamic Culture in the Indian Environment*, Oxford, 1964.
Alder, G. J. *British India's Northern Frontier 1865-95 : A Study in Imperial Policy*, London, 1963.
Arat, R. R. "Kašgar", *İslam Ansiklopedisi*. vol. 6, Istanbul, 1977.
Aristov, N. "Nashi otnosheniia k Dunganam, Kashgaru i Kul'dzhe", *Edzhegodnik : Materialy dlia statistiki Turkestanskago kraia* 2(1873).
Baikova, N. B. "Anglo-Kashgarskii torgovyi dogovor 1874 goda", *Kratkie soobshcheniia Instituta Vostokovedeniia* 4(1952).
Bales, W. L. *Tso Tsungt'ang : Soldier and Statesman of Old China*, Shanghai, 1937.
Baranova, Iu. G. "Svedeniia Uigurskoi khroniki Ta'rikh-i amniia o vosstanovlenii Tsinskogo gospodstva v Sin'tsziane v 1875-1878gg", *Materialy po istorii i kul'ture uigurskogo naroda*, Alma-Ata, 1978.
Barfield, T. J. *Perilous Frontiers : Nomadic Empires and China*. Cambridge, MA., 1989.

Bartol'd, V. V. *Akademik V. V. Bartol'd, Sochinenie*, vols.9, vol.2 in 2 parts, Moskva, 1963-1977.

——, "Izvlechenie iz Ta'rîkhi Shâkhrukhî", *Ibid.*, vol.2, pt.2.

——, "Otchet o komandirovke v Turkestan", *Ibid.*, vol.8.

——, "Taarikh-i Emenie." *Ibid.*, vol.8.

Bawden, C. R. *The Modern History of Mongolia*, New York, 1968.

Becker, S. *Russia's Protectorate in Central Asia ; Bukhara and Khiva, 1865-1924*, Cambridge, Mass., 1968.

Beisembiev, T. K. "Ta'rikh-i Shakhrukhi o Vostochnom Turkestane", *Iz istorii Srednei Azii i Vostochnogo Turkestana XV - XIX vv*, Tashkent, 1987.

Bekin, A. R. "Sultan Abdülhamid'e sunulan Doğu Türkistan ile ilgili bir rapor", *Ibid.*, 3, no.4(1983).

——, "Yakub Beğ zamanında Doğu Türkistan'ın dış ilişkileri", *Doğu Dilleri* 2, no.1(1971).

——, "Yakup Beğ'den önce Doğu Türkistan'daki ayaklanmalar", *Ibid.*, 2, no.4 (1981).

——, "Yakup Beğ'in Doğu Türkistan'ı egemenliği altına alması", *Ibid.*, 2, no.2 (1975).

Beveridge, H. "The Khojas of Eastern Turkistan", *Journal of the Asiatic Soceity of Bengal* 71(1902).

Boulger, D. C. *The Life of Yakoob Beg ; Athalik Ghazi and Badaulet ; Ameer of Kashgar*, London, 1878.

Bykov, A. A. "Monety Rashaddina, Uigurskogo povstantsa", *Strany i narody Vostoka* 15(1973).

Chen, Ching-lung, "Aksakals in the Moslem Region of Eastern Turkistan", *Ural-Altaische Jahrbücher* 47(1975).

Chou, N. J. "Frontier Studies and Changing Frontier Administration in the Late Ch'ing China ; The Case of Sinkiang 1759-1911", Ph. D. dissertation : University of Washington, 1976.

Chu, Wen-djang. *The Moslem Rebellion in Northwest China 1862-1878 : A Study of Government Minority Policy*, The Hague, 1966.

Clubb, O. E. *China and Russia* : The "*Great Game*", New York, 1971.

Courant, M. *L'Asie centrale aux XVIIe et XVIII siècles : Empire kalmouck ou empire mantchou?*, Lyon and Paris, 1912.

Dabbs, J. A. *History of Discovery and Exploration of Chinese Turkestan*, The Hague, 1963.

Duman, L. I. *Agrarnaia politika Tsin'skogo pravitel'stva v Sin'tsiane v kontse XVIII veka*, Moskva, 1936.

——, "Zavoevanie Tsinskoi imperiei Dzhungarii i Vostochnogo Turkestana", *Man'chzhurskoe vladychestvo v Kitae*, Moskva, 1966.

Dyer, S. R. "Soviet Dungan Nationalism : A Few Comments on Their Origin and Language", *Monumenta Serica*, 33(1977-78).

"Eastern Toorkistan", *The Edinburgh Review* 284(1874).

Einzmann, H. *Religiöses Volksbrauchtum in Afghanistan : Islamische Heiligenverehrung und Wallfahrtswesen im Raum Kabul*, Wiesbaden, 1977.

Fields, L. B. *Tso Tsung-t'ang and the Muslims*, Kingston, Ontario, 1978.

Fletcher, J. F. "China and Central Asia. 1368-1884", *The Chinese World Order : Traditional China's Foreign Relations*, ed. by J. K. Fairbank, Cambridge, Mass., 1968.

——, "Ch'ing Inner Asia c.1800", *The Cambridge History of China*, ed. by D. Twitchett and J. K. Fairbank, vol.10, pt.1, Cambridge, Mass., 1978.

——, "The Heyday of the Ch'ing Order in Mongolia, Sinkiang and Tibet", *Ibid.*

——, "The Biography of Khwush Kipäk Beg(d. 1781) in *Wai-fan Mêng-ku Hui-pu wang-kung piao chuan*", *Acta Orientalia* 35, no.1-3(1982).

——, "Les ⟨⟨voies⟩⟩(ṭuruq) soufies en Chine", *Les ordres mystiques dans l'Islam*, ed. by A.Popovic & G.Veinstein. Paris, 1985.

——, *Studies on Chinese and Islamic Inner Asia*, London, 1995.

Forbes, A. D. W. *Warlords and Muslims in Chinese Central Asia*, Cambridge, 1986.

Fretchling, L. E. "Anglo-Russian Rivalry in Eastern Turkistan, 1863-1881", *Royal*

Central Asian Journal 26, pt.3(1939).
Gramlich, R. *Die Wunder der Freunde Gottes*, Wiesbaden, 1987.
Gregorian, V. *The Emergence of Modern Afghanistan*, Stanford, 1969.
Grigor'ev, V. V. *Zemlevedenie K. Rittera*, vol. 2, St. Peterburg, 1869-1873.
Gubaeva, S. S. *Etnicheskii sostav naseleniia Fergany v kontse XIX-nachale XX v*, Tashkent, 1983.
Gurevich, B. P. "Velikokhan'skii shovinizm i nekotorye voprosy istorii narodov Tsentral'noi Azii v XVIII-XIX vekakh", *Voprosy istorii*, no.9, 1974.
——, *Mezhdunarodnye otnosheniia v Tsentral'noi Azii v XVII-pervoi polovine XIX v*, Moskva, 1979.
——, "Istoriia 'Iliiskogo voprosa' i ee Kitaiskie fal'sifikatory", *Dokumenty oprovergaiut protiv fal'sifikatsii istorii Russko-Kitaiskikh otnoshenii*, Moskva, 1982.
Hamada, Masami. "Islamic Saints and Their Mausoleums", *Acta Asiatica* 34 (1978).
——, "L'Histoire de Hotan de Muḥammad A'lam", In 3 parts, *Zinbun*, no.15 (1979), no.16(1980), no.18(1982).
——, "De l'autorité religieuse au pouvoir politique : la révolte de Kûcâ et Khwâja Râshidîn", *Naqshbandis*, ed. by M.Gaborieau, A.Popovic, T.Zarcone, Istanbul-Paris, 1990.
Hamrajev, M. "Bilal Nazim : ein Klassiker der uigurischen Literatur", *Ungarische Jahrbücher* 42(1970).
Hartmann, M. *Chinesisch-Turkestan : Geschichte, Verwaltung, Geistesleben und Wirtschaft*, Halle a. S., 1908.
Hsu, I. "British Mediation of China's War with Yaqub Beg, 1877", *Central Asiatic Journal* 9, no.2(1964).
——, "The Great Policy Debate in China, 1874 ; Maritime Defense vs. Frontier Defense", *Harvard Journal of Asiatic Studies* 25(1964-65).
——, *The Ili Crisis*, Oxford, 1965.
——, "The Late Ch'ing Reconquest of Sinkiang : A Reappraisal of Tso Tsung-

t'ang's Role", *Central Asiatic Journal* 12, no.1(1968).

Ibragimova, G. M. "Kratkaia kharakteristika nekotorykh istochnikov o Man'-chzhurskikh zavoevaniakh Sin'tsziana", *Uchenye zapiski Instituta Vostokovedeniia* 16(1958).

Ibragimova, G. M. "Rukopis' Mukhammeda Aliama", *Istoriografiia i istochnikovedenie istorii Azii*, vol.1(1965).

Ingram, E. *The Beginning of the Great Game in Asia 1828-1834*, Oxford, 1979.

Isiev, D. A. "Nachalo natsional'no-osvoboditel'nogo vosstaniia Uigurov vo vtoroi polovine XIX v. (1864-1866gg)", *Materialy po istorii i kul'ture Uigurskogo naroda*, Alma-Ata, 1978.

——, *Uigurskoe gosudarstvo Iettishar*, Moskva, 1981.

Istoriia narodov Uzbekistana, vol.2, Tashkent, 1947.

Istoriia Kazakhskoi SSR c drevneishikh vremen do nashikh dnei v piati tomakh, vol.3, Alma-Ata, 1979.

Istoriia Kirgizskoi SSR, vol.1, Frunze, 1984.

Istoriia Uzbekskoi SSR, vol.1, Tashkent, 1955-56.

Iudin, V. P. "Nekotorye istochniki po istorii vosstaniia v Sin'tsiane v 1864 godu", *Trudy Instituta istorii, arkheologii i etnografii im, Ch. Ch. Valikhanov Akademii Nauk Kazakhskoi SSR* 15(1962).

——, Yusuf Beg Mukhlisov의 *Uigur klassik edibiyati qol yazmılırı katalogı)*에 대한 서평, *Ibid.*, 15(1962).

——, "Tarikh-i amniia", *Materialy po istorii Kazakhskikh Khanstv XV - XVIII vekov*, Alma-Ata, 1969.

Ivanov, P. P. *Ocherki po istorii Srednei Azii (XVI-sredina XIX v)*, Moskva, 1958.

Karpat, K. H. "Yakub Bey's Relations with the Ottoman Sultans : A Reinterpretation", *Cahiers du Monde russe et soviétique*, vol.32, no.1(1991).

Keddie, N. R. *Sayyid Jamâl ad-Dîn "al-Afghânî", A Political Biography*, Berkeley, 1972.

Khanykov, N. *Opisanie Bukharskago khanstva*, St. Peterburg, 1843.

Khasanov, A. Kh. *Narodnye dvizheniia v Kirgizii v period Kokandskogo khanstva*, Moskva, 1977.

Khodzhaev, A. *Tsinskaia imperiia, Dzhungariia i Vostochnyi Turkestan*, Moskva, 1979.

——, "Zakhvat Tsinskim Kitaem Dzhungarii i Vostochnogo Turkestana, Bor'ba protiv zavoevatelei", *Kitai i sosedi v novoe i noveishee vremia*, Moskva, 1982.

Khokhlov, A. N. "Popytki ukrepleniia man'chzhurskikh voisk v Kitae vo vtoroi polovine XIX - nachale XX v", *Voprosy istorii i istoriografii*, Moskva, 1968.

Kiernan, V. G. "Kashghar and the Politics of Central Asia, 1868-1878", *The Cambridge Hitorical Journal*, vols. 11, no. 3(1955).

Kuhn, A. von. *The Province of Ferghana, formerly Khanate of Kokand*, tr. from German by F. Henvey. Simla, 1876.

Kutlukov, M. "Vzaimootnosheniia Tsinskogo Kitaia s Kokandskim Khanstvom", *Kitai i sosedi v novoe i noveishee vremia*, Moskva, 1982.

Kuznetsov, V. S. *Ekonomicheskiaia politika Tsinskogo pravitel'stva v Sin' tsiane v pervoi polovine XIX veka*, Moskva, 1973.

——, *Tsinskaia imperiia na rubezhakh Tsentral'noi Azii*, Novosibirsk, 1983.

——, "Imperiia Tsin i musul'manskii mir", *Tsentral'naia Aziia i sosednie territorii v srednie veka*, ed. by B.E.Larichev, Novosibirsk, 1990.

Lattimore, O. *Inner Asian Frontiers of China*, 1940 ; repr. in 1961, Boston.

——, *Pivot of Asia, Boston,* 1950.

Le Coq, A. von. *Volkskundliches aus Ost-Turkistan*, Berlin, 1916.

——, *Buried Treasures of Chinese Turkestan*. 1928 ; Oxford University Press, 1985.

——, "Osttürkische Gedichte und Erzählungen", *Keleti Szemle*, no. 18(1918-1919).

Lewis, B. *The Emergence of Modern Turkey*, 1961 ; 2nd ed. in Oxford, 1968 ; 1979 repr.

Liu, Kwang-ching and Smith, R. J. "The Military Challenge : The North-west and the West", *The Cambridge History of China*, vol. 2, pt. 2. ed. by J. K. Fairbank and K. C. Liu, Cambridge, 1980.

Madzhi, A. E. "Novyi istochnik po istorii Kokanda, Kashgara i Bukhary", *Izvestiia otdeleniia obshchestvennykh nauk Akademii Nauk Tadzhikskoi SSR* 35, no. 1(1958).

Magomet-Iakub, Emir Kashgarskii, St. Peterburg, 1903, I. G.라는 인물에 의해 露譯. 원본 소설은 프랑스어.

Maksheev, A. I. *Istorichesii obzor Turkestana i nastupatel'nago dvizheniia v nego Russkikh*, St. Peterburg, 1890.

Mardin, Ş. *The Genesis of Young Ottoman Thought*, Princeton, 1962.

Martynov, A. S. *Status Tibeta v XVII-XVIII vekakh v traditionnoi Kitaiskoi sisteme politicheskikh predstavlenii*, Moskva, 1978.

Michell, R. "Eastern Turkestan and Dzungaria and Rebellion of the Tungans and Taranchis, 1862 to 1866", 출판지, 연도 불명.

Minorsky, V. *Tadhkirat Al-Mulûk : A Manual of Ṣafavid Administration*, E. J. W. Gibb Memorial Series, New Series 16, London, 1943 ; repr. 1980.

Morgan, G. *Anglo-Russian Rivalry in Central Asia : 1810-1895*, London, 1981.

Nalivkin, *Kratkiia istoriia Kokandskago Khanstva,* Kazan, 1885 ; French tr. by A. Dozon, *Histoire du Khanate de Khokand*, Paris, 1889.

Nyman, L. E. *Great Britain and Chinese, Russian and Japanese Interests in Sinkiang, 1918-1934*, Stockholm, 1977.

M.Parvin & M.Sommer. "Dar al-Islam : The Evolution of Muslim Territoriality and Its Implication for Conflict Resolution in the Middle East", *International Journal of Middle East Studies,* 2(1980).

Pelliot, P. *Notes sur l'histoire de la Horde d'Or*, Paris, 1949.

——, *Notes critique d' histoire Kalmouke : Texte*, Paris, 1960.

Petrushevskii, I. P. "K istorii instituta soiurgala". *Sovetskoe vostokovedenie* 6 (1949).

Pipes, R. *Russia under the Old Regime*, New York, 1974.

Pishchulina, K. A. *Iugo-Vostochnyi Kazakhstan v seredine XIV - nachale XVI vekov*, Alma-Ata, 1977.

Rawlinson, H. *England and Russia in the East*, London, 1875.

Rawlinson, J. L. *China's Struggle for Naval Development, 1839-1895*, Cambridge, Mass., 1967.

Romodin, V. A. "Some Sources on the History of the Farghanah and the Khoqand Khanate(16th to 19th cc) in the Leningrad Mss Collection", In *XXV International Congress of Orientalists : Papers Presented by the USSR Delegation*, Moskva, 1960.

Rostovskii, S. "Tsarskaia Rossiia i Sin'-Tsian v XIX-XX vekakh", *Istorik-Marksist* 3(55)(1936).

Saray, M. *Rus işgali devrinde Osmanlı devleti ile Türkistan hanlıkları arasındaki siyasi münasebetler(1775-1875)*, Istanbul, 1984.

Schimmel, A. *Mystical Dimensions of Islam*, Chapel Hill, 1975.

Semenov, A. A. "Bukharskii traktat o chinakh i zvaniiakh i ob obiazannostiakh nositelei ikh v srednevekovoi Bukhare", *Sovetskoe vostokovedenie* 5(1948).

——, "Ocherk pozemel'no-podatnogo i nalogovogo ustroistva v Bukharskogo khanstva", *Trudy Sredne-Aziatskogo Gosudarstvennogo Universiteta* 2, no.1 (1929).

Shaw, S. J. & Shaw, E. K. *History of the Ottoman Empire and Modern Turkey*, vol.2, London, 1977.

Skrine, C. P. and Nightingale, P. *Macartney at Kashgar : New Light on British, Chinese and Russian Activities in Sinkiang, 1890-1918*, Norfolk, 1973.

Stratanovich, G. G. "K voprosu o kharaktere administrativnogo ustroistva i sotsial'noi otnoshenii v Dunganskom Soiuze gorodov(1863-1872gg)", *Izvestiia Akademii Nauk Kirgizskoi SSR(SON)* 2, no.2(1960).

Sukhareva, O. A. *Islam v Uzbekistane*, Tashkent, 1960.

Sushanlo, M. *Dunganskoe vosstanie vtoroi poloviny XIX veka i rol' v nem Bai Ian'-khu*, Frunze, 1959.

Suzuki, Ch. "China's Relation with Inner Asia ; The Hsiung-nu, Tibet", *The Chinese World Order : Traditional China's Foreign Relations*, ed. by J.K. Fairbank, Cambridge, Mass., 1968 ; 1970 repr.

Terent'ev, M. A. *Russian and England in Central Asia*, vols.2, Calcutta, 1876 ;

Rossiia i Angliia v Srednei Azii, St. Peterburg, 1875의 영역본.

Tikhonov, D. "Vosstanie 1864g. v Vostochnom Turkestane", *Sovetskoe vostokovedenie* 5(1948).

——, "Uigurskie istoricheskie rukopisi kontsa XIX i nachala XX v", *Uchenye zapiski Instituta Vostokovedeniia* 9(1954).

——, "Nekotorye voprosy vnutrennei politiki Iakub-beka", *Ibid*., 14(1958).

Trimingham, J. S. *The Sufi Orders in Islam*, Oxford, 1971.

Troitskaia, A. L. "Voennoe delo v Bukhare v pervoi polovine XIX veka", *Trudy Akademii Nauk Tadzhikskoi SSR(Institut istorii, arkheologii i etnografii)* 17 (1953).

——, "'Zopovedniki'-kurûk Kokandskogo Khana Khudaiara", *Sbornik Gosudarstvennoi Publichnoi Biblioteki imeni M. E. Saltykova-Shchedrina* 3(1955).

——, "Arkhiv Kokandskikh khanov XIX veka", *Ibid*., 2(5)(1957).

——, *Katalog arkhiva Kokandskikh khanov XIX veka*, Moskva, 1968.

Usmanov, K. "Uigurskie istochniki o vosstanii v Sin'tsziane 1864 goda", *Voprosy istorii*, no.2, 1947.

Vakar, N. "The Annexation of Chinese Turkestan", *The Slavonic and East European Review* 14, no.40(1935).

Waley-Cohen, J. *Exile in Mid-Qing China : Banishment to Xinjiang, 1758-1820*, New Haven, 1991.

"Western China", *The Edinburgh Review* 127(April, 1868).

Whiting, A. S. and Sheng, Shih-ts'ai, *Sinkiang : Pawn or Pivot?*, East Lansing, Michigan, 1958.

Yüan, Tsing. "Yaqub Beg(1820-1877) and the Moslem Rebellion in Chinese Turkestan", *Central Asiatic Journal* 6, no.2(1961).

Zlatkin, I. Ia. *Istoriia Dzhungarskogo khanstva(1635-1758)*, Moskva, 1964.

Revolution and Its Failure in Modern Central Asia

— The Rise and Fall of Muslim State(1864-1877) in Eastern Turkestan —

Table of Contents

索 引

근대 중앙아시아의 혁명과 좌절

1999년 11월 25일 1판 1쇄
2016년 3월 15일 1판 5쇄

지은이 | 김호동

편집 관리 | 이진·이창연
디자인 | 윤지현
제작 | 박흥기
마케팅 | 이병규·양현범

출력 | 한국커뮤니케이션
인쇄 | POD코리아
제책 | 책다움

펴낸이 | 강맑실
펴낸곳 | (주)사계절출판사
등록 | 제 406-2003-034호
주소 | (우)10881 경기도 파주시 회동길 252
전화 | 마케팅부 031)955-8588, 8558
전송 | 마케팅부 031)955-8595 편집부 031)955-8596
홈페이지 | www.sakyejul.co.kr 전자우편 | skj@sakyejul.co.kr
독자카페 | 사계절 책 향기가 나는 집 cafe.naver.com/sakyejul
페이스북 | www.facebook.com/sakyejul
트위터 | twitter.com/sakyejul

값은 뒤표지에 적혀 있습니다.
잘못 만든 책은 구입하신 서점에서 바꾸어 드립니다.

사계절출판사는 성장의 의미를 생각합니다.
사계절출판사는 독자 여러분의 의견에 늘 귀기울이고 있습니다.

ISBN 987-89-7196-620-4 93920